Über den Verfasser Christoph Wulf, Dr. phil., ist Professor für Allgemeine und Vergleichende Erziehungswissenschaft, Mitglied des Interdisziplinären Zentrums für Historische Anthropologie, des Sonderforschungsbereichs «Kulturen des Performativen» und des Graduiertenkollegs «Körper-Inszenierungen» an der Freien Universität Berlin; Forschungsaufenthalte und Gastprofessuren u. a.: Stanford University, The University of Tokyo, Université de Paris: Nanterre, Saint Denis, Denis Diderot; Universiteit van Amsterdam; Stockholms Universitet, University of London; Fondazione San Carlo, Modena.

Veröffentlichungen u. a.: Mimesis. Kultur – Kunst – Gesellschaft (mit Gebauer: 1992; 2. Aufl. 1998); Vom Menschen. Handbuch Historische Anthropologie (Hg. 1997); Spiel – Ritual – Geste. Mimetisches Handeln in der sozialen Welt (mit Gebauer: 1998); Anthropologie der Erziehung (2001); Körperteile. Eine kulturelle Anatomie (mit Benthien Hg. 2001); Das Soziale als Ritual. Zur performativen Bildung von Gemeinschaften (u. a. 2001); Grundlagen des Performativen (u. a. Hg. 2001); Theorien des Performativen (mit Fischer-Lichte Hg.). Paragrana. Internationale Zeitschrift für Historische Anthropologie, 10 (2001) 1; Logik und Leidenschaft. Erträge Historischer Anthropologie (mit Kamper Hg. 2002); Erziehungswissenschaftliche Zeitdiagnosen (mit Beillerot 2003 Hg.); Mimetische Weltzugänge (mit Gebauer) 2003; Rituelle Welten (mit Zirfas Hg.). Paragrana. Internationale Zeitschrift für Historische Anthropologie 12 (2003) 1 u. 2; Körper und Recht. Anthropologische Dimensionen der Rechtsphilosophie (mit Schwarte Hg. 2003); Innovation und Ritual (mit Zirfas Hg.). Zeitschrift für Erziehungswissenschaft. 2. Beiheft 2004; Die Kultur des Rituals (mit Zirfas Hg.) 2004. Bildung im Ritual (u. a. 2004); Formen des Religiösen (u. a. Hg. 2004); Praktiken des Performativen (mit Fischer-Lichte Hg.). Paragrana. Internationale Zeitschrift für Historische Anthropologie 13 (2004) 1.

Herausgeber bzw. Mitherausgeber der «Zeitschrift für Erziehungswissenschaft» und der Reihen «Historische Anthropologie» (1988 ff.), «European Studies in Education» (1995 ff.), «Pädagogische Anthropologie» (1996 ff.), «Berliner Arbeiten zur Erziehungs- und Kulturwissenschaft» (2000 ff.), geschäftsführender Herausgeber von «Paragrana». Internationale Zeitschrift für Historische Anthropologie (1992 ff.).

Christoph Wulf

Anthropologie

Geschichte
Kultur
Philosophie

rowohlts enzyklopädie
im Rowohlt Taschenbuch Verlag

rowohlts enzyklopädie
Herausgegeben von Burghard König

Für
Rosemarie, Katharina
und Alexander

Originalausgabe
Veröffentlicht im Rowohlt Taschenbuch Verlag,
Reinbek bei Hamburg, Oktober 2004
Copyright © 2004 by Rowohlt Verlag GmbH,
Reinbek bei Hamburg
Umschlaggestaltung any.way, Walter Hellmann
Satz Minion PostScript InDesign bei
Pinkuin Satz und Datentechnik, Berlin
Druck und Bindung Clausen & Bosse, Leck
Printed in Germany
ISBN 3 499 55664 2

Inhalt

Einleitung

In fast allen Wissenschaften spielen anthropologische Fragen eine wichtige Rolle. In vielen Fächern der Geistes- und Sozialwissenschaften, der Kultur- und Naturwissenschaften ist sogar von einer anthropologischen Wende die Rede. Mit einer solchen Ausrichtung sind verschiedene Erwartungen verknüpft. In einigen Fällen werden neue Fragen und Probleme entdeckt, in anderen wird fragmentarisches Wissen auf größere Problem- und Sinnzusammenhänge bezogen; dann erhofft man sich Orientierungshilfen angesichts normativer und inhaltlicher Verunsicherung. So heterogen die Erwartungen an Anthropologie sind, so unterschiedlich sind die Vorstellungen davon, was unter Anthropologie zu verstehen ist. Eine Antwort auf diese Frage zu geben, bemüht sich die vorliegende Untersuchung.

In einer etymologischen Annäherung lässt sich Anthropologie als das Wissen von einem durch seinen aufrechten Gang charakterisierten Lebewesen bezeichnen.[1] Dieses Wissen umfasst universelle und partikulare, auf die historische und kulturelle Mannigfaltigkeit bezogene Elemente und ist eng mit dem Entwicklungsstand von Gesellschaft, Wissenschaft und Philosophie verbunden.

Als «Titel einer Disziplin» geht der Begriff Anthropologie nicht auf die Antike zurück, sondern ist eine Neubildung, mit der die Hinwendung des Denkens zum Menschen selbst bezeichnet wird, die sich zwischen dem 16. und dem 18. Jahrhundert vollzieht. Als Buchtitel erscheint Anthropologie erstmals bei Galeazzo Capella 1533, dessen Schrift drei Teile umfasst: Im ersten werden die Würde und der Wert des männlichen, im zweiten der Reiz des weiblichen Geschlechts und im dritten Teil das Elend des Menschen behandelt.[2] In dieser Zeit vollzieht sich eine allmähliche Distanzierung vom theologischen Gedankengut und eine deutliche Hinwendung zum Individuum; in Montaignes Essais wird das Subjekt zum Zentrum anthropologischer Reflexion.[3]

Mit der Entwicklung der bürgerlichen Gesellschaft und der Aufklärungsphilosophie wird Anthropologie zum Wissen vom Menschen. Während die Vervollkommnung des Einzelnen Aufgabe der Erziehung ist[4], obliegt der Anthropologie die Verbesserung der Menschheit.[5] In Kants *Anthropologie in pragmatischer Hinsicht* von 1798 wird zwischen einer physiologischen und einer pragmatischen Anthropologie unterschieden. Während die physiologische Anthropologie die von der Natur gegebenen unveränderlichen Bedingungen des Menschseins bezeichnet, kommt der pragmatischen Anthropologie die Aufgabe der Zivilisierung und Kultivierung der Menschheit zu. Die pragmatische Anthropologie bezeichnet den Bereich, in dem der Mensch die Möglichkeit und die Aufgabe hat, sich und seine Zukunft zu gestalten.[6]

Im Unterschied zu Kant haben Johann Gottfried Herder[7] und Wilhelm von Humboldt[8] den historischen und kulturellen Charakter der Anthropologie betont und damit für die Anthropologie der Gegenwart wichtige Akzente gesetzt. Nach Humboldts Auffassung soll die vergleichende Anthropologie die historisch-kulturellen Ausprägungen der verschiedenen Gesellschaften untersuchen. Dabei will sie die Differenzen zwischen den Gesellschaften, Kulturen und Individuen erforschen und zugleich in der Mannigfaltigkeit der Unterschiede und Kontingenzen «das Ideal der Menschheit» begreifen. Dazu bedarf es naturwissenschaftlicher, historisch-hermeneutischer Verfahren sowie der philosophischen Reflexion und des ästhetischen Urteils. Durch die Erforschung verschiedener Zeiträume und Kulturen entsteht ein anthropologisches Wissen, das zu einem besseren Verständnis gesellschaftlicher und kultureller Entwicklungen beiträgt. Für Humboldt zielt anthropologische Erkenntnis nicht nur auf Wissen um des Wissens willen, sondern auch auf die Anbahnung von Bildungsprozessen mit dem Ziel der Verbesserung des Menschen.

Nietzsches und Foucaults Forderung nach dem Ende der Verbindlichkeit einer abstrakten anthropologischen Norm radikalisiert Humboldts Überlegungen und führt zu einer Ausweitung der anthropologischen Themen und Bezugspunkte über die europäische Geschichte und Kultur hinaus und zur Einbeziehung der ethnologischen Perspektive.

Heute versucht Anthropologie, die Geschichtlichkeit und Kulturalität ihrer Begriffe, Perspektiven und Methoden auf die Geschichtlichkeit und Kulturalität ihrer Gegenstände zu beziehen. *Als Historische Anthropologie verarbeitet sie die Ergebnisse der Humanwissenschaften und der geschichts- und kulturphilosophisch fundierten Anthropologie-Kritik und macht sie für neuartige Fragestellungen fruchtbar. Im Kern ihrer Bemühungen herrscht eine Unruhe des Denkens, die nicht stillgestellt werden kann. Die Forschungen Historischer Anthropologie sind weder auf bestimmte kulturelle Räume noch auf einzelne Epochen beschränkt. In der Reflexion ihrer eigenen Geschichtlichkeit und Kulturalität vermögen sie den Eurozentrismus der Humanwissenschaften hinter sich zu lassen und offenen Problemen der Gegenwart wie der Zukunft den Vorzug zu geben.*

Diese Zielsetzungen implizieren Skepsis gegenüber in sich geschlossenen anthropologischen Gesamtdeutungen, wie sie z. B. in den Biowissenschaften manchmal vorgetragen werden. Historische Anthropologie bezeichnet keine einzelne Fachwissenschaft. Sie bildet sich durch den Bezug auf viele Wissenschaften und auf die Philosophie. Sie stellt kein geschlossenes Forschungsfeld dar. Vielmehr konstituiert sie sich durch den Bezug auf verschiedene, im Vorhinein nicht festgelegte Wissenschaften. Je nach Forschungsfragen und Themen können diese Bezugnahmen sehr unterschiedlich sein. Das ganze Feld der menschlichen Kultur kann zum Gegenstand und Thema Historischer Anthropologie werden, und dies in unterschiedlichen historischen Zeiträumen und Kulturen. Die Forschungen Historischer Anthropologie gehen von einer Pluralität der Kulturen aus und nehmen an, dass Kulturen keine in sich geschlossenen Systeme bilden, sondern dass sie dynamisch, füreinander durchlässig und für die Zukunft offen sind.

Historische Anthropologie ist das Ergebnis einer wissenschaftlichen Haltung, mit der Fragen und Themen verschiedener Zeiten und Kulturen untersucht werden. Deshalb können sich Forschungen zur Historischen Anthropologie auch in mehreren Fachwissenschaften, wie in der Erziehungs-, Geschichts-, Literatur- und Sprachwissenschaft, der Soziologie und Psychologie, entwickeln. Doch selbst in diesen Fächern haben ihre Untersuchungen eine Tendenz, die Fachgrenzen aufzulösen und transdisziplinär zu werden. Dadurch initiieren sie in den Fachwissenschaften neue Fragestellungen und Themen sowie neue Formen wissenschaftlicher Interaktion und Kooperation. In diesen Prozessen finden mehrere Forschungsmethoden Anwendung. Zu diesen gehören die historisch-hermeneutischen Verfahren der Textinterpretation, die Methoden qualitativer Sozialforschung und die nur schwer methodisierbare philosophische Reflexion. In manchen Forschungen werden auch künstlerische und literarische Materialien verwendet und damit die traditionellen Grenzen zwischen Wissenschaft, Literatur und Kunst überschritten.[9] Im Bewusstsein der starken Bedeutung kultureller Traditionen für die Entstehung unterschiedlicher Forschungsfragen, Themen und Perspektiven gehört auch die zunehmende Überschreitung nationaler Kulturgrenzen zu den zentralen Anliegen der anthropologischen Forschung. Angesichts der Europäisierung und der Globalisierung gewinnt die transnationale Ausrichtung anthropologischer Forschung ebenfalls steigende Bedeutung. In diesen für die Historische Anthropologie konstitutiven Grenzüberschreitungen führen Neugier und Bereitschaft dazu, neue paradigmatische Fragestellungen zu entwickeln und zu erproben.

Nach dem Ende einer verbindlichen anthropologischen Norm ist es erforderlich, die wichtigsten anthropologischen Paradigmen zu untersuchen und die zwischen ihnen bestehenden Gemeinsamkeiten und Unterschiede herauszuarbeiten. Darauf aufbauend gilt es, Aufgaben und Vorgehensweisen der Historischen Anthropologie darzustellen und ihre Bedeutung für geistes-, sozial- und kulturwissenschaftliche Forschungen zu verdeutlichen.

Wenn das Thema der Anthropologie die Erforschung des historischen Menschen ist, dann liegt es nahe, die Hominisation in den Horizont der Anthropologie einzubeziehen, um das «Rätsel des Humanen» zu verstehen. Doch erst als Teil der Geschichte des Lebens wird die Menschwerdung verständlich. Die Irreversibilität der Hominisation und der Geschichte des Lebens, dessen Entstehung heute als Folge *materieller Selbstorganisation* begriffen wird, bildet auch eine Dimension der Historischen Anthropologie. Wie die Anthropologie den geschichtlichen Charakter ihrer Fragen und Untersuchungen hervorhebt, so betont die Evolutionstheorie die radikale Verzeitlichung der Natur und der Hominisation. Zeit und Geschichte werden damit zu zentralen Dimensionen

10

der Evolution. Die Hominisation ist der lange Prozess der Entwicklung vom Vormenschen zum Urmenschen, Frühmenschen und modernen Menschen, in dessen Verlauf sich die Menschwerdung als eine *mehrdimensionale Morphogenese aus den Wechselwirkungen ökologischer, genetischer, zerebraler, sozialer und kultureller Faktoren* vollzieht.

Während es bei der Einbeziehung der Evolution in die Anthropologie um den Nachweis der *Verwandtschaft allen Lebens* miteinander und die lange Dauer der Menschwerdung sowie um den Nachweis allgemeiner Entwicklungsgesetze geht, steht im Mittelpunkt der Philosophischen Anthropologie der sich aus dem Mensch-Tier-Vergleich ergebende besondere Charakter des Menschen. Nach Max Schelers Auffassung ermöglicht er Gegenstandsbewusstsein und *Weltoffenheit*. Für Helmuth Plessner liegt das Besondere des Menschen in seiner *Exzentrizität*. Diese ermöglicht es ihm, seinen Körper nicht nur im Modus des Seins, sondern auch im Modus des Habens zu erfahren. Indem der Mensch seine Hand fühlt und empfindet, spürt er sie einerseits als Teil seines Körpers; andererseits erfährt er sie als ein Organ, das er einsetzen, über das er verfügen und dessen Gebrauch er kontrollieren kann. Auch in Arnold Gehlens Anthropologie steht die Besonderheit des Menschen im Mittelpunkt. Unter Rückgriff auf Herder, der bereits hundert Jahre zuvor im Mangel das konstitutive Moment menschlicher Existenz gesehen hatte, entwickelt Gehlen eine Theorie des Menschen als «Mängelwesen». Mithilfe individuellen und kollektiven Handelns muss der Mensch seine Mängel und Unzulänglichkeiten überwinden; darin haben Kultur, Sprache und Institution ihren Ursprung.

Wie die Evolutionstheorie auf einen allgemeinen Begriff des Lebens und *des* Menschen zielt, so versucht die Philosophische Anthropologie die Besonderheit des Menschen durch den Vergleich mit dem Tier herauszuarbeiten. Dabei übersehen die Vertreter der Philosophischen Anthropologie bisweilen, dass der von ihnen zugrunde gelegte allgemeine Mensch eine Abstraktion ist, die in der geschichtlichen und kulturellen Welt keine Entsprechung hat, welche jedoch den Anschein erweckt, es gäbe den Menschen außerhalb historischer und kultureller Spezifizierungen. Gegenüber dieser Abstraktion wird von Seiten der *Geschichtswissenschaft* und der *Kulturanthropologie* auf der Notwendigkeit bestanden, die Menschen in ihren historischen und kulturellen Ausprägungen zu untersuchen, deren jeweils unterschiedliche Merkmale das spezifisch Menschliche ausmachen.

Seit in der französischen Schule der *Annales* und in der von ihr ausgehenden *Mentalitätsgeschichte* anthropologische Themen bearbeitet werden, entsteht eine Neuorientierung der Geschichtsschreibung. Diese ergänzt die Darstellungen und Analysen der Ereignisgeschichte sowie die Untersuchungen der Struktur- und Sozialgeschichte durch neue Themen und methodische Vorgehensweisen. Mit der Konzentration auf anthropologische Fragen werden sowohl die gesellschaftlichen Strukturen sozialer Wirklichkeit als auch die subjektiven Momente des Handelns sozialer Subjekte thematisiert; dadurch werden elementare menschliche Verhaltensweisen und Grundsituationen erforscht. Die mittlerweile klassischen, in Frankreich erarbeiteten Studien Lucien Febvres und Marc Blochs, die etwa zur gleichen Zeit wie die Arbeiten der Philosophischen Anthropologie entstehen und an die Historiker wie Fernand Braudel, Emmanuel LeRoy Ladurie, Philippe Ariès, Georges Duby, Jacques LeGoff anknüpfen, sind Beispiele für die gelungene Untersuchung anthropologischer Themen in der Geschichtswissenschaft, in der historisches Wissen in der Spannung zwischen Ereignis und Erzählung, Realität und Fiktion, Strukturgeschichte und narrativer Geschichtsschreibung entsteht.

In Deutschland werden anthropologische Fragestellungen und Themen in der historischen Kulturforschung, historischen Familienforschung, Frauen- und Geschlechterforschung sowie in der Mentalitäts-, Alltags- und Mikrogeschichte bearbeitet. Das Themenspektrum reicht von Fallstudien konkreter menschlicher Lebensgeschichten über die Lokal- und Regionalgeschichte bis hin zur Mentalitätsgeschichte und historischen Kulturanthropologie. Verschiedene Mentalitäten sind füreinander durchlässig und miteinander kombinierbar. Sie präformieren Handlungen in konkreten Situationen und bieten Orientierungs- und Entscheidungshilfen für soziales Handeln. Sie sind kultur-, schicht- und gruppenspezifisch. Mentalitäten entstehen unter spezifischen gesellschaftlichen Bedingungen und strukturieren das gesellschaftliche Handeln sozialer Subjekte vor, ohne es festzulegen. Sie erlauben es dem Einzelnen, anders zu sein und anders zu handeln. Sie sind offen für Veränderungen und historischen Wandel. Das Verständnis ihrer

Geschichtlichkeit macht den Blick frei für die *prinzipielle Offenheit von Geschichte*.

Auch die Kulturanthropologie bzw. Ethnologie bietet der Anthropologie wichtige Anregungen.[10] In ihrer Sicht findet man den Menschen nicht «hinter» der Vielfalt seiner historischen und kulturellen Ausprägungen, sondern in ihnen. Deshalb reicht es nicht aus, «Körper», «Sprache» oder «Imagination» als kulturelle Universalien zu identifizieren, sondern es bedarf ihrer Untersuchung in verschiedenen Kulturen. Gerade deren Mannigfaltigkeit liefert Aufschluss über den Menschen. Aus dem Vergleich kulturell unterschiedlicher Äußerungen entstehen neue Unsicherheiten und Fragen. Mit ihren Forschungen über die Heterogenität von Kulturen liefern ethnologische Untersuchungen einen wichtigen Beitrag zur Kulturanthropologie. Als Wissenschaft vom *Fremden* haben die von der Kulturanthropologie gewonnenen Erkenntnisse nachhaltige Wirkungen auf das Verständnis des Fremden in der eigenen Kultur. Infolge neuerer Entwicklungen wird heute von einem *erweiterten Kulturbegriff* ausgegangen, in dessen Rahmen die Bearbeitung von Gemeinsamkeiten und Differenzen zwischen den Kulturen eine wesentliche Rolle spielt. Angesichts der Globalisierung von Politik, Wirtschaft und Kultur entstehen Überschneidungen, Durchmischungen und kulturelle Assimilationen von Globalem, Nationalem, Regionalem und Lokalem. In der Folge werden neue Formen des Umgangs mit dem Fremden erforderlich. Die Frage nach dem *Verstehen des Nichtverstehens fremder Kulturen* gewinnt zentrale Bedeutung. Die in der Sozial- bzw. Kulturanthropologie auf der Grundlage der «teilnehmenden Beobachtung» entwickelten ethnographischen Methoden führen zu anderen Formen des Wissens als historische Quellenarbeit und philosophisches Denken. Sie sensibilisieren nicht nur für das Fremde anderer Kulturen, sondern auch für das Fremde in der eigenen Kultur. Daher führt die Anwendung der kulturanthropologischen Perspektive auf die Kulturen Europas zu einer wichtigen Ausweitung und Vertiefung anthropologischer Forschung.

In der Nähe zur anthropologischen Forschung in der Geschichtswissenschaft und unter Einbeziehung der in der Kulturanthropologie entwickelten ethnographischen Methoden bearbeiten die Forschungen im Interdisziplinären Zentrum für Historische Anthropologie an der Freien Universität Berlin auch Themen, deren Behandlung nur schwer mit dem inhaltlichen und methodischen Rüstzeug einer einzigen Disziplin erfolgen kann. Dazu gehören Themen wie die «Seele», das «Heilige», das «Schöne», die «Liebe», die «Zeit», das «Schweigen». Andere Forschungen richten sich auf die anthropologische Bedeutung von «Mimesis» und die Bedeutung mimetischer Prozesse für die Entstehung, Vermittlung und Veränderung von Kultur, auf die Geschichte und Soziologie der «Imagination», auf die «Mythologie der Kindheit», die «Vaterschaft», den «übersinnlichen Leib». In einigen dieser Untersuchungen spielen auch literaturwissenschaftliche, soziologische und philosophische Dimensionen eine wichtige Rolle; hinzu kommt die Reflexion der Geschichtlichkeit und Kulturalität der eigenen anthropologischen Forschung und ihres Beitrags zur Diagnose und Selbstauslegung der Gegenwart.

Im Zentrum der Anthropologie steht der Körper. Dies gilt in gleicher Weise für die Evolutionsforschung, die Philosophische Anthropologie, die Anthropologie in der Geschichtswissenschaft, die Kulturanthropologie und die Historische Anthropologie. Allerdings liegen diesen Paradigmen unterschiedliche Vorstellungen und Begriffe vom menschlichen Körper zugrunde. In den ersten beiden geht es um den menschlichen Körper als Teil der Geschichte des Lebens sowie um seine Besonderheit und Differenz zum Körper der Tiere. In den drei anderen Paradigmen steht der durch Gesellschaft und Kultur, Raum und Zeit geprägte Körper im Mittelpunkt des Interesses. Obwohl die Grundbedingungen und Bedürfnisse des menschlichen Körpers gleich sind, werden sie historisch und kulturell unterschiedlich gebildet. Dies gilt z. B. für Geschlecht, Generationsverhältnis, Ernährung und Kleidung. Auch im Verhältnis zum Mitmenschen und zur Umwelt wird der Körper in den verschiedenen Kulturen und historischen Zeiträumen unterschiedlich geformt. Er steht im Mittelpunkt mimetischer Lernprozesse, mit denen Menschen sich ihre Mit- und Umwelt erschließen, und spielt bei der Bildung von Gemeinschaften in Ritualen eine wichtige Rolle. Wenn es darum geht, den performativen Charakter von Kultur zu begreifen, ist der Bezug auf die Inszenierung und Aufführung des Körpers unhintergehbar. Selbst Sprache und Imagination sind performativ und lassen sich ohne ihre Verwurzelung im Körper nicht begreifen. Schließlich verweisen Tod und Vergänglichkeit ebenfalls auf die körperlichen Voraussetzungen menschlichen Lebens.

Von der zentralen Rolle des Körpers in der Historischen Anthropologie ausgehend wird die anthropologische Bedeutung *mimetischer Prozesse* untersucht, in denen Menschen in kreativer Nachahmung die Welt in ihrer Vorstellung noch einmal für sich gewinnen und diese sich dadurch als ihre aneignen. In mimetischen Prozessen wird Kultur erzeugt, vermittelt und verändert. Ohne den Bezug auf Vorangegangenes ist keine eigenständige Entwicklung möglich. Mimetische Prozesse finden im Bereich des Ästhetischen und des Sozialen statt. Mimetisches Lernen ist kulturelles Lernen und beruht auf dem Körper, seinen Sinnen und Imaginationen.

Mimetische Prozesse erzeugen unterschiedliche «Kulturen des Performativen», in Bezug auf die drei Aspekte wichtig sind. Der eine bezeichnet unterschiedliche Formen der kulturellen Aufführung des Sozialen; der zweite bezieht sich auf den performativen Charakter des Sprechens, der dadurch gegeben ist, dass eine Äußerung zugleich eine Handlung darstellt, wie etwa das «Ja» in einer Heiratszeremonie; der dritte verweist auf die mit der körperlichen Inszenierung und Aufführung eng verbundene ästhetische Seite. Im Unterschied zu einer Auffassung von Kultur als Text zielt ein performatives Verständnis von Kultur auf deren Inszenierungs- und Aufführungscharakter. Das zur Performativität von Handlungen erforderliche praktische Wissen wird in mimetischen Prozessen erworben; rituelle Arrangements spielen dabei eine wichtige Rolle. Diese Überlegungen werden am performativen Charakter von Wahrnehmung, Medien und *gender* konkretisiert.

Mimetische und performative Prozesse spielen auch in der Inszenierung und Aufführung von *Ritualen* eine wichtige Rolle, deren Bedeutung für das Gelingen von Übergängen in und zwischen Institutionen, für die Herstellung von Ordnung und die Kanalisierung von Gewaltpotenzialen sowie für die Bildung von Gemeinschaften lange nicht gesehen wurde. Rituale ermöglichen die Bearbeitung von Differenzen und stellen Kontinuität zwischen Vergangenheit, Gegenwart und Zukunft her. Sie erzeugen Gemeinschaften und das Soziale. Metaphorisch gesprochen sind sie «Fenster», die einen Einblick in die Strukturen von Gesellschaft und Kultur erlauben.

In allen bisher beschriebenen Prozessen spielen *Sprache* und das Symbolische eine wichtige Rolle. Sprechen wird durch eine allen Menschen angeborene Fähigkeit ermöglicht, die in der Existenz des Sprachzentrums ihre biologische Voraussetzung hat. Die Fähigkeit, Sätze zu bilden, ist allen Menschen angeboren. Von dieser allgemeinen Voraussetzung jedoch abgesehen, lernen Menschen nur in historisch und kulturell ausgeprägten individuellen Sprachen sprechen. Dabei spielen mimetische, rituelle und performative Aspekte eine wichtige Rolle. Sprache bildet ein Feld, in dem sich Erkenntnisse einer allgemeinen Anthropologie mit den konkreten kulturellen Aspekten der Historischen Anthropologie überlagern und verschränken. Sprechen entsteht infolge körperlicher Artikulationen in Gebrauchssituationen; Sprachspiele bilden sich im Zusammenhang mit historisch und kulturell unterschiedlichen Lebensformen.

Wie die Sprache spielt die *Imagination* bei der Hervorbringung von Kultur und Gesellschaft eine zentrale Rolle. Sie erzeugt Bilder, deren Ort der menschliche Körper ist. Wer diesen in seinen historischen und kulturellen Formen begreifen will, erfährt viel über ihn in den kollektiven und individuellen Bildern der Menschen. Um sichtbar zu werden, benötigen die Bilder des Imaginären ein Medium. Je nach dessen Art finden diese Bilder unterschiedliche Formen der Materialisierung und Konkretisierung. Zu den wichtigen Fragen Historischer Anthropologie gehört es herauszufinden, welche Rolle die Medien bei der Erzeugung und Veränderung individueller Vorstellungsbilder spielen, wie sich die Austauschprozesse zwischen kollektivem und individuellem Imaginären vollziehen und wie in diesen Prozessen kultureller Wandel entsteht. Angesichts der wachsenden Bedeutung der Bilder in den global vernetzten Kulturen der Gegenwart kommt der Frage, welches die anthropologische Bedeutung von Bildern ist, eine zentrale Bedeutung zu.

Die ersten Bilder vom Menschen sind *Totenbilder* bzw. Totenmasken; sie entstehen durch den Abdruck vom Gesicht eines Verstorbenen. Durch diesen Abdruck wird der Tote, der für immer die Lebenden verlassen hat, als Bild wieder in ihre Gegenwart gebracht. Das Bild macht ihn als Abwesenden anwesend; es repräsentiert ihn in der Gemeinschaft der Lebenden. Während der Körper jedes Menschen vergeht, kann er im Medium des Bildes den Menschen erhalten bleiben. Schon beim Neandertaler bezeugen die Beigaben der Gräber, dass der Tod das Imaginäre der Menschen beschäftigt und sie an ein Leben nach dem Tod glauben. Je nach Kultur und historischem Zeitraum unterscheiden sich die Vorstellungen vom Tod und die Riten des Umgangs mit ihm. So differenziert der französische Historiker Philippe Ariès für den europäischen Kulturraum zwischen dem gezähmten und dem eigenen Tod, dem Tod des Anderen und dem ins Gegenteil verkehrten Tod. Wie auch immer man solche Versuche einschätzt, Einstellungs- und Mentalitätsunterschiede im Hinblick auf den Tod zu identifizieren, sie sind Ausdruck dafür, dass der Tod zu den großen Themen Historischer Anthropologie gehört. Dies ergibt sich auch daraus, dass mit der zentralen Rolle des Körpers in der Anthropologie die Fragen nach Geburt und Tod unausweichlich sind. Sie beunruhigen die Menschen und führen zur intensiven Auseinandersetzung mit Geschichte und Kultur. Wie jeder Körper in seinen biologischen Bedingungen einmalig ist und Sozialisation und Enkulturation seine Besonderheit weiter entwickeln, so führt jedes historisch-kulturelle, gesellschaftliche Subjekt sein Leben und erlebt «seinen» Tod.

Für die Historische Anthropologie ist die Komplexität und Rätselhaftigkeit menschlichen Lebens konstitutiv. Je mehr wir vom Menschen wissen, desto nachhaltiger wächst unser Nicht-Wissen. In unserer Zeit, Kultur und Gesellschaft ist dieser Zusammenhang nicht auflösbar. Rückblicke in die Geschichte, Ausblicke in andere Kulturen machen dies deutlich. In der Historischen Anthropologie, die sich um die Erschließung der Komplexität menschlicher Geschichte und Kultur bemüht, ist die Erfahrung unvermeidlich, dass Annäherungen an menschliche Lebenswelten und Lebensformen nur in Ausschnitten möglich sind und dass daher Selbstkritik und Anthropologie-Kritik unerlässlich sind.

Paradigmen der Anthropologie

I. Evolution – Hominisation – Anthropologie

Zur Anthropologie gehören heute auch Perspektiven der Evolutions-forschung, die zu einer grundsätzlichen Veränderung unseres Welt-verständnisses beigetragen haben. Die Evolution des Lebens und die Menschwerdung bilden nur einen kleinen Ausschnitt von der Entste-hung des Weltalls. Nach wie vor gibt die Evolution viele Fragen auf, von deren Beantwortung wir weit entfernt sind. Doch gerade deshalb ist ihre Einbeziehung in das menschliche Selbstverständnis von zentraler Bedeutung. Biologie, Chemie und Physik haben deutlich gemacht, dass der Kosmos und mit ihm die Erde und das Leben auf ihr *nicht sind, sondern werden* und dass daher das Konzept der *Irreversibilität* auch in den Naturwissenschaften heute eine außerordentliche Bedeutung ge-wonnen hat. Ilya Prigogine, Nobelpreisträger von 1977, beschreibt diese Entwicklung «vom Sein zum Werden» mit folgenden Worten: «Irrever-sible Prozesse sind erstens ebenso ‹real› wie reversible; sie entsprechen nicht irgendwelchen zusätzlichen Näherungen, die wir den zeitreversi-blen Gesetzen überstülpen müssten. Zweitens spielen irreversible Pro-zesse eine fundamentale *konstruktive* Rolle in der physikalischen Welt; sie liegen bedeutsamen kohärenten Prozessen zugrunde, die mit beson-derer Klarheit auf der biologischen Ebene zutage treten. Drittens ist die Irreversibilität tief in der Dynamik verankert. Man kann sagen, dass die Irreversibilität beginnt, wo die Grundbegriffe der klassischen Mechanik und der Quantenmechanik (wie etwa Trajektorien oder Wellenfunktionen) aufhören, observable zu sein.»[1] Mit dieser Wendung entdecken auch die Naturwissenschaften die Zeitlichkeit und die Geschichtlichkeit der von ihnen beschriebenen Prozesse und liefern damit eine weitere Begründung für die Tatsache, dass Anthropologie heute nur als Historische Anthropologie angemessen begriffen werden kann. Aus Sicht Historischer Anthropologie gilt diese Perspektive auch für die Forschungen zur Evolution und Hominisation.

Evolution

Die Entstehung des Lebens

Die Anthropologie hat eine lange Vorgeschichte in der Evolution, die mit der Entstehung des Universums[2], der Erde und des Lebens sowie der Entwicklung seiner Vielfalt verbunden ist. Nach unserem heutigen Wissen ist Leben aus unbelebter Materie entstanden. Dafür gab es Entstehungsbedingungen, deren Grundstrukturen experimentell simulierbar sind. So lassen sich z. B. aus einer Verbindung der anorganischen Substanzen Ammoniak, Methan, Wasserdampf und anderer Gase mithilfe elektrischer Funken organische Verbindungen erzeugen. Dabei entstehen zwar keine Lebewesen, jedoch erste Bausteine des Lebens. Die Wahrscheinlichkeit, dass aus diesen Bausteinen die bereits äußerst komplexen molekularen Verbindungen einer primitiven Zelle bzw. ihrer Vorformen entstehen, ist verschwindend gering. Manfred Eigen, der Evolution als «ein Spiel mit wenigen festen Regeln und offenem Ausgang» begreift[3], konnte aber experimentell nachweisen, dass unter bestimmten Bedingungen Materie die Tendenz hat, sich selbst vermehrende Systeme hervorzubringen, beim Vorliegen unterschiedlicher materieller Strukturen (Moleküle) stets eine Selektion erfolgt und die Verbindung solcher molekularen Strukturen die Grundbedingung für Leben erfüllt.[4] Nach unserem heutigen Wissen entsteht also *Leben als Folge materieller Selbstorganisation.*[5]

Das ultraviolette Licht zerlegt Wasserdampf in Wasserstoff, Sauerstoff und Ozon und bewirkt die Erzeugung organischer Stoffe wie Aminosäuren, Fettsäuren usw. In dieser präbiotischen Evolution entsteht Kohlenstoff, der Verbindungen mit sich selbst eingehen kann und deshalb für Lebewesen notwendig ist.[6] Verbindungen von Molekülen bilden sich, die zu komplexeren, bereits als Lebewesen zu bezeichnenden Systemen führen. In diesem Prozess entstehen die beiden wichtigsten chemischen Bausteine des Lebens: *Proteine* oder *Eiweiße* als Bestandteile der Zelle[7], die aus noch kleineren Bestandteilen, den Aminosäuren entstehen, und die *Nukleinsäuren*, die die Programme des Lebens enthalten und die genetischen Informationen von einer Generation zur anderen weitergeben.[8] Für die Entwicklung jedes einzelnen Lebewesens ist die Dekodierung des sich aus Proteinen und Nukleinsäuren zusammensetzenden genetischen Codes erforderlich. Zwar sind erste Formen des Lebens auf der Erde schon sehr früh entstanden, doch bleiben sie lange in der Form von Mikroorganismen. Durch die Reproduktion erzeugen die Mikroorganismen Kopien ihrer selbst und schaffen dabei Varianten, sodass die natürliche Auslese wirksam werden kann. Erst die geschlechtliche Fortpflanzung ermöglicht dann die ungeheure genetische Variation und mithilfe der Selektion die Evolution des Lebens.[9]

Die Entfaltung des Lebens

Die ersten Lebewesen sind Einzeller, die den Bakterien vergleichbar sind und in großer Artenvielfalt entstehen. Der Übergang von Einzellern zu vielzelligen Organismen, die ihre Leistungen auf verschiedene Zellen verteilen können, ist eine tief greifende Veränderung, deren Zustandekommen nach wie vor viele Rätsel aufgibt. Möglicherweise entstehen die mehrzelligen Organismen aus Zellkolonien einzelliger Arten. Die ersten die Vielfalt mehrzelliger Tiere dokumentierenden Fossilien sind 700 Millionen Jahre alt.

Während früher lediglich zwischen dem Pflanzen- und dem Tierreich unterschieden wurde, werden die Lebewesen heute in fünf Reiche differenziert:

– Prokaryonten oder Moneren (Einzeller ohne Zellkern): Blaualgen, Bakterien
– Protisten (Einzeller mit Zellkern): Goldalgen, Sporentierchen, Geißeltierchen
– Pilze: echte Schleimpilze, Algenpilze, Schlauchpilze, Ständerpilze
– Pflanzen: Rotalgen, Moospflanzen, Gefäßpflanzen (Farnpflanzen, Blütenpflanzen)
– Tiere: Schwämme, Plattwürmer, Weichtiere (Kopffüßer, Muscheln, Schnecken), Gliederfüßer (Tausendfüßler, Spinnentiere, Krebstiere, Insekten), Stachelhäuter, Rückensaitentiere (vor allem Wirbeltiere).[10]

Bei den Lebewesen dieser fünf Reiche lassen sich drei Ernährungsweisen unterscheiden: die Fotosynthese, bei der Lichtenergie in chemische Energie umgewandelt wird und eine Assimilation von Kohlendioxid und Ernährung durch anorganische Stoffe erfolgt, die Absorption gelöster organischer Nährstoffe und die aktive Nahrungsaufnahme durch Einverleibung und innere Verarbeitung meist organischer Nahrung.

Die Entstehung der Wirbeltiere ist ein weiterer Schritt in der Geschichte des Lebens auf der Erde. Mit ihnen entstehen ein neuer Bauplan und viele Unterbaupläne. Charakteristisch für Wirbeltiere ist die Gliederung ihres Körpers in Kopf, Rumpf und Schwanz und ihre Verbreitung in allen Klimazonen der Erde. Wirbeltiere bewohnten zunächst das Wasser und traten vor etwa 450 Millionen Jahren in Erscheinung. Vor etwa 400 Millionen Jahren sind ihr knöchernes Innenskelett und ihre Kieferbögen entstanden; Letztere lassen sich bei Fischen vor etwa 300 Millionen Jahren nachweisen.

Erst seit etwa 400 Millionen Jahren gibt es Lebewesen auf dem Land. Zu den ersten gehörten Algen und «Nacktpflanzen». Vor 350 Millionen Jahren bildeten die Landpflanzen die karbonischen Steinkohlenwälder mit über 20 Metern hohen Pflanzen. Zu dieser Zeit gab es auch bereits Insekten und Spinnentiere. Als älteste Wirbeltiere lassen sich zu dieser Zeit Lurche und Amphibien nachweisen. Aus den Amphibien entstehen die Reptilien, aus denen dann später Vögel und Säugetiere hervorgehen.[11]

Von den heute lebenden Arten und Spezies sind etwa 1,5 Millionen bekannt. Ihre tatsächliche Zahl ist wesentlich größer und wird auf das Zehn- bis Fünfzehnfache geschätzt. Doch selbst diese Zahl ist gering, wenn man sie mit der Gesamtzahl der Arten vergleicht, die seit der Entstehung des Lebens vor über drei Milliarden Jahren auf der Erde existiert hat und die nach Schätzungen etwa eine Milliarde beträgt.

Von den heute bekannten Arten gehören mit 751 000 etwa die Hälfte zu den Insekten, 281 000 zu den sonstigen Tieren, 1000 zu den Viren, 4800 zu den Moneren (Bakterien und ähnliche Formen), 69 000 zu den Pilzen, 26 000 zu den Algen, 248 000 zu den Höheren Pflanzen, 30 800 zu den Protozoen.[12] Nach der Evolutionstheorie sind alle diese Lebewesen in abgestufter Form miteinander *verwandt*, d. h., sie haben eine gemeinsame *Abstammung*. Innerhalb dieser gewaltigen Formfülle des Lebens bildet der Mensch lediglich eine Art.[13]

Der Prozess der Evolution

Mit der Evolutionstheorie erfolgt eine *Verzeitlichung* und *Historisierung* der Natur, mit der gleichzeitig ihre Dynamisierung einhergeht. Deswegen wird die Entwicklung nicht mehr als eine statische Stufenleiter, sondern als vielfältig verzweigter *Stammbaum* dargestellt, mit dessen Hilfe die *Verwandtschaft* und die *Auseinanderentwicklung* der Arten deutlich gemacht werden kann. Entscheidend ist nun nicht mehr die Ähnlichkeit zwischen den Lebewesen, sondern ihre stammesgeschichtliche Zusammengehörigkeit. Innerhalb der Biowissenschaften kommt der Biologie mit ihren verschiedenen Disziplinen für die Erforschung der Evolution besondere Bedeutung zu. Dabei geht es um die Geschichte der Evolution und die Veränderungsprozesse der Organismen, um die Rekonstruktion ihrer Verwandtschaftsverhältnisse und der Kräfte, die die Evolution hervorgebracht haben und sie nach wie vor vorantreiben.

In einem Artikel im *Spektrum der Wissenschaften* unterscheidet Ernst Mayr vier für die Evolutionstheorie Charles Darwins zentrale Postulate.[14] Danach verhält sich die Welt nicht statisch, sondern ist in ständiger Bewegung begriffen. Erstens verändern sich die Arten kontinuierlich; einige sterben aus, andere entstehen neu. Wie die Fossilien belegen, erfolgt diese Veränderung mit den sich wandelnden Lebensbedingungen. Zweitens vollzieht sich die Evolution langsam und kontinuierlich und macht keine plötzlichen Sprünge. Drittens hält Darwin es für möglich, «alles Lebendige auf einen gemeinsamen Ursprung» zurückzuführen. Viertens geht Darwin von der natürlichen Auslese, der Selektion aus. Im Zuge der Generationenfolge entsteht eine große genetische Variation. Dabei überleben «zweifellos diejenigen, denen die geeignetste Kombination von Eigenschaften zugefallen ist, um mit der Umwelt fertig zu werden»[15].

Die Evolution vollzieht sich im Wechsel von Phasen der *Stagnation* und Phasen *beschleunigter Veränderung*, doch nicht durch plötzliche Entwicklungssprünge. Das genetische Material bleibt sich gleich und wird nur durch Fortpflanzung und Mutation verändert.[16] Dass Evolution nicht dem Prinzip des Fortschritts folgt, ergibt sich auch daraus, dass die heute lebenden Pflanzen- und Tierarten ein sehr unterschiedliches Alter haben, also ältere zeitgleich mit jüngeren Arten zusammenleben. Der Schwertschwanzkrebs, der in Wirklichkeit zu den Spinnentieren gehört, ist z. B. der Vertreter einer Gattung, die bereits vor 180 Millionen Jahren gelebt hat; der Ginkgobaum ist die einzige überlebende Spezies einer vor 130 bis 180 Millionen Jahren sehr verbreiteten Pflanzengruppe; die Aufspaltung der Säugetiere in Raubtiere, Nagetiere und Primaten erfolgt vor 20 bis 30 Millionen Jahren. Für die in zeitlicher Hinsicht unterschiedliche Entwicklung von Tieren und Pflanzen hier einige in Millionen Jahren angegebene, aufgrund fossiler Funde recht zuverlässige Beispiele:[17]

Säugetiere	200	Krebstiere	540
Vögel	150	Spinnentiere	420
Reptilien	300	Schnecken	580
Amphibien	390	Ginkgogewächse	200
Knorpel-, Knochenfische	410	Nadelhölzer	320

In der Evolution zeigen sich Kräfte der *Bewahrung* und solche der *Innovation*. Einerseits werden in unterschiedlicher Geschwindigkeit immer wieder neue Arten und Gattungen des Lebens hervorgebracht; andererseits werden alte Strukturen bewahrt und tritt Bewährtes auch in Zukunft auf. Die Speicherung und Weitergabe genetischer Informationen, der *genetische Code*, hat sich bewährt und ist seit über drei Milliarden Jahren gleich. Er verleiht jeder Spezies ihre *genetische Identität* und verändert sich erst in langen Zeitspannen. Innerhalb einer Art gleichen die genetischen Informationen grundsätzlich denen der Eltern, die in der Ontogenese übernommen werden. «Anatomische Merkmale, physiologische Eigenschaften und Verhaltensleistungen werden kontinuierlich von einer zur anderen Generation übertragen. Dieser Erbkonstanz der Arten stehen aber Veränderungen der Generationenabfolge gegenüber. Da bei den Nachkommen einer Elterngeneration neue Genkombinationen auftreten und sich in der Ontogenese beim ‹Kopieren› der genetischen Information gelegentlich Fehler einschleichen, entsteht eine genetische Vielfalt der Individuen, die Evolution überhaupt erst ermöglicht.»[18]

Neben Bewahrung und Innovation spielen auch *Anpassung* und *Spe-*

zialisierung eine wichtige Rolle in der Evolution. An den berühmten Finken der Galapagos-Inseln lässt sich dies verdeutlichen, deren Stammart vor etwa zehn Millionen Jahren auf die Galapagos-Inseln verschlagen wurde und dort eine *ökologische Nische* fand. Im Verlauf der Zeit spaltete sie sich in viele Arten auf, die unterschiedliche Nahrungsquellen nutzten. Manche Finken wurden Insektenfresser mit langen spitzen Schnäbeln, andere wurden Körnerfresser mit kräftigen kurzen Schnäbeln, und wieder andere fanden ihre Nahrung am Boden und entwickelten abermals andere Schnabelformen. Im Fall der Finken ermöglichten Anpassung und Spezialisierung ihr Überleben. In anderen Fällen, etwa beim Pandabären, der von nährstoffarmen Bambussprossen lebt, gefährden die starke Spezialisierung und die damit einhergehende mangelnde Flexibilität das Überleben.

Die Prozesse der Evolution sind *irreversibel*. Einmal erreichte stammesgeschichtliche Veränderungen können nicht rückgängig gemacht werden; lediglich in kleinen Dimensionen sind Einzelmerkmale reversibel.[19] Ein Beispiel für die Irreversibilität der Evolution bietet das Pferd; vor 60 Millionen Jahren hatte es fünf Zehen und die Größe einer Katze; im Verlauf seiner Orthogenese, d. h. seiner gleichgerichteten Entwicklung, entstanden seine heutige Größe und sein «einzehiger Springfuß». Doch darf eine solche Entwicklung nicht vom heutigen Entwicklungsstand her beurteilt werden. «Wir wissen heute, dass es in der Evolution keine Zukunftsplanung gibt, sondern nur ‹Entscheidungen für den Augenblick›; was sich momentan bewährt, das zählt (und tritt häufig auf), anderes stirbt aus – also nicht allein durch ökologischen Raubbau. So können evolutive Trends nur als ganz bestimmte Entwicklungsmuster nachvollzogen werden: nicht als von vornherein determinierte Entwicklungen, sondern als Phänomene, die unter bestimmten Umweltbedingungen auftreten, auf die die betroffenen Lebewesen auch adäquat reagieren können.»[20]

Wie Individuen und Gesellschaften, so sind auch die Arten sterblich. An zahlreichen Beispielen lässt sich zeigen, dass auf Dauer keine Spezies überleben kann. Aus der Erdgeschichte sind mehrere Phänomene des Massenaussterbens bekannt. Zu den bekanntesten gehört der Untergang der Saurier vor etwa 65 Millionen Jahren, der wahrscheinlich auf den Einschlag eines Asteroiden und die dadurch ausgelöste Umweltkatastrophe zurückgeht. Noch größer war das Massenaussterben, das vor 250 Millionen Jahren stattfand und in dem 80 Prozent aller damals lebenden Tiere umkamen. Noch umfangreicher und schneller ist das Massenaussterben, das sich heute vollzieht und in dem die Spezies Mensch unzählige andere Arten vernichtet.

Im 19. Jahrhundert überlagern sich die Evolutionstheorie und die bereits vorhandene Fortschrittsidee. *Vervollkommnung* wird nun als Ziel der Evolution angenommen und mit dem Hinweis auf die Entwicklung vom «Affen» zum *«homo sapiens»* belegt. Besonders in der Kulturanthropologie bzw. Ethnologie führt diese Auffassung zu einer Bewertung von Kulturen als «besser» oder «schlechter», die nachhaltige Auswirkungen auf die Prozesse der Kolonialisierung hat und die aus heutiger Sicht unhaltbar ist.[21] Zwar geht man in der Evolutionsbiologie von einem im Rahmen der Evolution erfolgenden generellen Komplexitätszuwachs aus. Doch hat man Vorstellungen von einer linearen Höherentwicklung verabschiedet. «Vorstellungen von einer linearen, progressiven Evolution unterschlagen die vielen Seitenäste jeder Formenreihe, die ‹abgebrochenen Äste des Stammbaums›, und sind Abstraktionen, die die vielen verschlungenen Wege der Evolution nicht erfassen … In der Evolution werden also nicht einfach alte und ‹primitive› Formen sukzessive durch ‹höhere› ersetzt.»[22]

Kräfte und Mechanismen der Evolution

Zu den wichtigsten Kräften der Evolution gehört die Selektion, die an der genetischen Vielfalt durch die Neukombination der Gene und die Mutationen ansetzt und der Evolution ihre jeweilige Richtung gibt. Da die meisten Arten in Form eines männlichen und eines weiblichen Geschlechts in Erscheinung treten und ihre Nachkommen durch sexuellen Kontakt erzeugen, werden zwei verschiedene genetische Informationen gemischt, sodass eine *genetische Rekombination* mit einer außerordentlichen genetischen Vielfalt entsteht. «Die Sexualität hat zur Folge, dass in jeder Generation immer wieder neue Genkombinationen von der Umwelt getestet werden können. Welch ein gewaltiges Potenzial dem bei der geschlechtlichen Fortpflanzung auftretenden Vorgang der genetischen Rekombination innewohnt, wird deutlich, wenn wir uns vergegenwärtigen, dass bei sich geschlechtlich fortpflanzenden Arten nie zwei

Individuen genetisch identisch sind.»[23] Die Mutationsrate, in der spontane genetische Veränderungen auftreten, ist recht niedrig und spielt für die Entstehung der Vielfalt eine viel geringere Rolle als die genetische Neukombination. Neben der genetischen Rekombination und Mutation spielt die *natürliche Auslese* für die Evolution des Lebens die entscheidende Rolle, in der aus der großen Zahl der genetischen Varianten die ausgewählt werden, die für die jeweiligen Lebensbedingungen am besten geeignet sind. Im Unterschied zu früher gehen heute die meisten Evolutionsbiologen davon aus, dass der Evolution kein Plan zugrunde liegt, der ihren Verlauf regelt. Doch wo setzt die Auslese an? «An den Genen, am individuellen Organismus, an Populationen oder an der Art? Darüber ist viel diskutiert und geschrieben worden. Eine wirklich eindeutige Antwort gibt es heute noch nicht. Wahrscheinlich ist, dass die natürliche Auslese auf verschiedenen Ebenen ansetzen kann und man daher mit ihrer pluralistischen Wirkungsweise rechnen muss. Aber wo auch immer sie ansetzt und wie trickreich sie auch arbeiten mag – es steht fest, sie verfolgt keine Absichten.»[24]

Wie wir am Beispiel der Finken der Galapagos-Inseln gesehen haben, spielt die *Umwelt* beim Selektionsprozess eine zentrale Rolle. Klimatische Faktoren und andere Lebewesen sind dabei besonders wichtig. Die natürliche Auslese führt dazu, den Konkurrenzdruck durch Spezialisierung und Anpassung zu vermindern, und trägt dadurch zur Vielfalt der Arten bei. In diesem Selektionsprozess wirken äußere, durch die Umwelt bedingte, und innere, durch die Aktivität der Lebewesen bedingte Faktoren zusammen. Die Wechselwirkungen zwischen *äußerer* und *innerer Selektion* sind eng und äußerst subtil. Während erstere die die Selektion bedingenden Veränderungen der Umwelt bezeichnet, benennt letztere die Anpassung der Organismen an eine gegebene Umwelt.[25] Wenn diese misslingt und die Organismen nicht bzw. weniger lebensfähig sind, werden sie in der Regel eliminiert. Während die Umbildung eines Merkmals wie die verschiedenen Schnäbel der Darwinfalken leicht nachvollziehbar ist, wirft die Entstehung von *Bauplänen*, die z. B. dazu führen, dass seit 150 Millionen Jahren alle Vögel ein Federkleid haben, nach wie vor schwierige Fragen auf. Häufig kommt es zur gleichzeitigen Erscheinung «älterer» und «jüngerer» Merkmale. Der Urvogel Archaeopteryx ist ein gutes Beispiel für eine solche «Mosaikevolution», in dessen Bauplan es neben «alten» Reptilienmerkmalen zugleich auch «Innovationen» im Hinblick auf Federkleid und Skelett gibt. Da Mutationen als nicht zielgerichtete Veränderungen die Entstehung des neuen Bauplans der Vögel nicht ausreichend erklären können, spielen wahrscheinlich in den Organismen liegende Entwicklungszwänge auch eine Rolle.

Idealtypisch formuliert lassen sich in der Evolution drei Aspekte unterscheiden, aus deren Zusammenwirken sich die Vielfalt des Lebens erklären lässt:

— «Jede Änderung in der Evolution besteht aus einer Reihe von Schritten. Der erste Schritt besteht lediglich in der Erzeugung von genetischer Vielfalt. Dabei regiert der reine Zufall. Er sorgt aber dafür, dass – Mutation und genetische Rekombination – das Material für die Evolution vielfältig bleibt.

— Die zufällig entstandenen genetischen Varianten der Lebewesen sind nicht nur einfach voneinander verschieden, sondern sie unterscheiden sich in ihren Tauglichkeitsgraden. Sie sind im Hinblick auf ihren Fortpflanzungserfolg sehr unterschiedlich ausgerüstet. Die Selektion begünstigt, ohne irgendeinem Konzept zu folgen, einfach alles, was die Wahrscheinlichkeit des genetischen Überlebens erhöht.

— Außenweltfaktoren und die den Organismen jeweils eigenen Konstruktions- und Funktionsbedingungen engen aber die Möglichkeit einer sozusagen schrankenlosen Entwicklung ein; in ihrer komplexen Wechselwirkung lenken sie die Entwicklung in bestimmte Richtungen.»[26]

Hominisation

Aus den bisherigen Ausführungen wurde deutlich, wie sehr die Geschichte des Menschen mit der Geschichte des Lebens auf der Erde verbunden ist. Vor 200 Millionen Jahren entstanden die ersten Säugetiere, die sich wahrscheinlich aus einer Gruppe räuberischer Therapsiden entwickelten. Sie waren relativ klein, wogen weniger als zehn Kilo und gehörten zu den Tieren, die dem Massensterben am Ende der Kreidezeit entgingen.[27] Erst nach dem Aussterben der Saurier in der Erdneuzeit konnten sie sich stärker ausdifferenzieren und verbreiten. Heute reicht ihr Spektrum vom 30 Meter langen und 140 Tonnen schweren Blauwal bis zur sechs Zentimeter großen, nur sechs Gramm schweren Zwergspitzmaus. Den mehr als 2000 ausgestorbenen, in Fossilien erhaltenen Gattungen stehen etwa 1000 rezente Gattungen gegenüber. Unter den etwa 200 Arten der Primaten existiert der *Homo sapiens sapiens* seit 40 000 Jahren. Wie es zu seiner Entstehung kam, ist Gegenstand der Hominisation, der Menschwerdung. Zu ihrer Erforschung haben nicht nur Paläontologie[28], Paläoökologie und Paläoanthropologie, sondern auch Genetik, Hirnforschung, Primatenforschung, Soziobiologie und Kulturanthropologie wichtige Beiträge geleistet. Die Erforschung der Hominisation fällt nicht in die Zuständigkeit einer Wissenschaft, sondern ist Aufgabe interdisziplinärer Forschungen, in denen unterschiedliche Methoden und Wissenschaftsauffassungen eine Rolle spielen.

Der Stamm der Primaten reicht bis in die Kreidezeit vor 80 Millionen Jahren zurück. Aus der Grube Messel bei Darmstadt sind 49 Millionen Jahre alte Primatenreste bekannt. Diese Primaten sind Baumbewohner und gute Kletterer und zunächst sehr klein; ihre Füße und Hände sind zum Klettern und Greifen geeignet. Wahrscheinlich hatten sie gute Augen und ein relativ großes Gehirn; sie waren Allesfresser, die sich von Insekten und Früchten ernährten, und ähnelten den heutigen Halbaffen. Während die Wurzeln der höheren Primaten, der Anthropoidea, bis in das Ende des Eozäns zurückreichen[29], finden sich in den Funden von Fayum in der Nähe Kairos Fossilien anthropoider Primaten aus dem Oligozän[30], die sich deutlich von den Halbaffen unterscheiden. Der Vor- und Urmensch sowie der *Homo erectus* und wahrscheinlich auch der *Homo sapiens* sind nach unserem heutigen, vor allem auf Fossilien und ihrer Datierung beruhenden Wissen dann in Afrika entstanden.[31]

Vormensch

1992 wurden bei Aramis in Äthiopien zahlreiche Schädel-, Kiefer- und Skelettfragmente entdeckt, die ca. 4,4 Millionen Jahre alt sind. 1994 wurde sogar ein nahezu vollständiges Skelett gefunden. War man anfangs davon ausgegangen, dass es sich um Australopithecinen-, also Vormenschen-Funde handelte, erschienen die Unterschiede bald als so groß, dass man hier den Vertreter einer neuen Hominiden-Gattung erkannte, dem man den Namen *Ardipithecus ramus* gab.[32] Der *Ardipi-*

thecus hatte relativ kleine Backenzähne mit dünnem Zahnschmelz und den Menschenaffen ähnelnde Vorbackenzähne.[33] Wahrscheinlich lebte er in einer Randzone des tropischen Regenwalds, in der sich auch die Linien der Menschenaffen von den Hominiden trennten. Die Konstruktion seines Körpers deutet darauf hin, dass er einen Ausgangspunkt der Entwicklung der zweibeinig-kletternden Fortbewegung der Australopithecinen darstellte.

Die Vormenschen, die *Australopithecinen*, entstanden im Pliozän vor über fünf Millionen Jahren und waren zahlenmäßig nur gering vertreten.[34] Ihre ältesten fossilen Reste stammen aus dem Turkana-Becken in Nordkenia, sie sind älter als vier Millionen Jahre. Die Fortbewegung der Australopithecinen erfolgte auf zwei Beinen und kletternd. Ihr Schädel und ihre Gehirngröße ähneln heutigen Menschenaffen. Ihre Extremitäten sind hingegen nur mit Mühe von denen des *homo sapiens* zu unterscheiden. Da sie noch keine Werkzeuge hatten, waren sie zur Nahrungsverarbeitung auf ihre Backenzähne angewiesen.

Das zurzeit bekannteste, 3,6 Millionen Jahre alte Exemplar eines Vormenschen, *Lucy* genannt, ist ein Exemplar des *Australopithecus afarensis*[35]; es wurde 1974 bei Hadar in Äthiopien gefunden, wog 30 bis 50 kg, war nicht größer als 1,2 m und ist jünger als der *Australopithecus anamensis*.[36] Beim *Australopithecus afarensis*[37] war der aufrechte Gang bereits entwickelt. Seine relative Gehirngröße entspricht der heutiger Schimpansen. Doch seine Backenzähne sind größer und deuten auf grobe Nahrung hin, wie sie in den an den Regenwald angrenzenden Savannen zu finden ist. Während seine Arme relativ lang waren, lassen seine im Vergleich zum *Homo sapiens* kurzen Beine auf eine recht kraftaufwendige Fortbewegung schließen. Wahrscheinlich lebten diese Australopithecinen vor drei Millionen Jahren in Gruppen in bewaldeten Graslandschaften im Gebiet des afrikanischen Riffs. «Jedes Gruppenmitglied war offensichtlich weitgehend selbst für das Organisieren der eigenen Nahrung verantwortlich, denn es gibt noch keine direkten Hinweise auf Nahrungsteilung zu dieser Zeit. Der Nahrungserwerb dürfte relativ unspezialisiert gewesen sein. Früchte, Beeren, Nüsse, Samen, Schösslinge, Knospen und Pilze standen zur Verfügung. Unterirdische Wurzeln und Knollen konnten ausgegraben werden. Im Wasser und am Boden lebende kleine Reptilien, Jungvögel, Eier, Weichtiere, Insekten und kleine Säugetiere wurden nicht verschmäht.»[38] Infolge einer vor 2,5 Millionen Jahren erfolgenden Abkühlung und zunehmender Trockenheit kam es zu einer Verlagerung der Lebensräume an Fluss- und Seeufer und einem Selektionsdruck, der die Entwicklung der Hominiden mit größeren Backenzähnen förderte und möglicherweise so stark wurde, dass es zu einer stammesgeschichtlichen Spaltung des *Australopithecus afarensis* in die robusten Australopithecinen (Paranthopus) und den *Homo* kam. Nach dieser Hypothese «gab es zwei unterschiedliche ‹Strategien›, wie der zunehmenden Klimaverschlechterung und der damit einhergehenden Zunahme harter pflanzlicher Nahrung begegnet wurde: mit bestehender unmittelbarer Umweltabhängigkeit durch eine Verstärkung der Kaumuskulatur (bei den robusten Australopithecinen) und durch Auskoppelung aus der unmittelbaren Umweltabhängigkeit durch Entwicklung einer Werkzeugkultur (bei *Homo rudolfensis*)»[39].

Urmensch

Wenngleich die Frage nach dem Ursprung des Menschen in der Paläoanthropologie nach wie vor nicht geklärt ist und fortwährend Funde auftauchen, die zur Revision bisheriger Erkenntnisse führen, kann man gegenwärtig davon ausgehen, dass der *Homo rudolfensis* mit 2,5 bis 1,8 Millionen[40] und der *Homo habilis* mit 2,1 bis 1,5 Millionen Jahren[41] zu den frühesten *Homo*-Arten gehören. In beiden Fällen liegt eine Vermischung von Australopithecinen- und Menschen-ähnlichen Merkmalen vor. «Während *Homo rudolfensis* ein eher ursprüngliches Gebiss aufweist, dafür aber im Fortbewegungsapparat schon *Homo*-ähnlich erscheint, zeigt *Homo habilis* mit reduzierten Zahnwurzeln ein fortschrittlicheres Gebiss, ist aber im Skelettbau eher den Menschenaffen ähnlich als den Menschen.»[42] Zum jetzigen Zeitpunkt fehlen noch Fossilien, die es erlauben, eindeutige Verbindungslinien zu den früheren Australopithecinen und zum späteren *Homo erectus* zu ziehen. Im Unterschied zu den ebenfalls vor 2,5 Millionen Jahren entstandenen robusten Australopithecinen zeigt der *Homo rudolfensis* eine stärkere Flexibilität in der Anpassung an die Umwelt. Hinzu kommen die Tendenz zu einer omnivoren (allesfressenden) Ernährungsweise sowie zu einer beginnenden Werkzeugkultur. Diese erlaubt es, die infolge des Klimawechsels veränderten Nahrungsbedingungen besser zu nutzen. Steine werden zur

Zerkleinerung von Pflanzen und zur Zerlegung und Bearbeitung des Fleischs von Beutetieren verwendet. Diese ersten Formen kultureller Spezialisierung bei gleichzeitig geringerer körperlicher Spezialisierung erzeugen eine wachsende Unabhängigkeit vom Lebensraum, dafür jedoch eine zunehmende Abhängigkeit von den selbst geschaffenen Steinwerkzeugen. «*Homo rudolfensis* blieb im östlichen tropischen Afrika heimisch, teilweise wegen seiner Vorliebe für offene Habitate im Bereich des Regenschattens des afrikanischen Rift-Valleys, teilweise vielleicht auch wegen einer sich entwickelnden Lebensraumkonkurrenz zu *Australopithecus (Homo) habilis*. Aus *Homo rudolfensis* entwickelte sich vor ca. 1,8 Millionen Jahren der *Homo ergaster* (‹Handwerker›), die frühe afrikanische Variante des *Homo erectus*.»[43]

Mit der Gattung Mensch entstehen die ersten kulturellen Produkte; ca. 2,6 Millionen Jahre alte Steinwerkzeuge wurden in Äthiopien und Tansania gefunden. Mit ihrer Verwendung geht eine Verfeinerung der Kommunikationsmöglichkeiten einher. Da nach Auffassung einiger Forscher beim *Homo habilis* die für die Sprache des Menschen wichtigen Gehirnzentren, das Wernicke- und das Broca-Areal, ansatzweise bereits vorhanden sind, entstehen möglicherweise hier die ersten rudimentären Formen der Sprache. Beim *Homo habilis* verlängert sich die Empfängnisbereitschaft der Weibchen, bis schließlich eine kontinuierliche sexuelle Paarungsbereitschaft entsteht, die allmählich dazu führt, dass die Gruppenmitglieder Paarbeziehungen eingehen. Dies führt zur Intensivierung der sozialen Beziehungen, zu besseren Aufzuchtbedingungen für den Nachwuchs und zu ersten Formen der Arbeitsteilung, in deren Rahmen das Fleisch von den männlichen Gruppenmitgliedern zum vorübergehenden Lebensort der Gruppe geschafft wird. Wahrscheinlich finden bereits vor über zwei Millionen Jahren die ersten Auswanderungen aus Afrika statt.

Frühmensch (Homo erectus)

Fossilien des *Homo erectus* finden sich in Afrika, Asien und Europa. Dessen Verbreitung reicht vom frühen *Homo erectus (Homo ergaster)* vor 2 bis 1,5 Millionen Jahren über den späten afrikanischen und asiatischen *Homo erectus* vor 1,5 bis 0,3 Millionen Jahren zum europäischen *Homo erectus (Homo heidelbergensis)* vor 800 000 bis 400 000 Jahren. Ursprung für den *Homo erectus* ist wahrscheinlich ein relativ robuster Prototyp, der mit dem *Homo rudolfensis* zusammen vor ca. 2,5 Millionen Jahren im östlichen Afrika entstand.[44] «Gegenüber dem *Homo rudolfensis* zeigen sich bei *Homo erectus* Körpermerkmale, die eine progressive Entwicklung zum *Homo sapiens* andeuten. Hierzu gehören vor allem die Vergrößerung des Hirnschädelvolumens, die Veränderung der Proportionen des Hirn- und Gesichtsschädels, die Verstärkung der Schädelbasisknickung, die tiefere Lage der Öffnung der Schädelunterseite *(Foramen magnum)*, der Bau des Kieferngelenkes und die rundlichere Zahnbogenform … Während die Australopithecinen und frühe Mitglieder der Gattung *Homo* noch viele Skelettmerkmale aufweisen, die sogar an die Menschenaffen erinnern, stimmt die Anatomie des Skelettes von *Homo erectus* schon in vielen Einzelheiten weitgehend mit der des modernen Menschen überein.»[45] Die Hominisation ist das Ergebnis des Zusammenwirkens einer Reihe von Faktoren, in denen sich natürliche und kulturelle Elemente überlagern und sich so eng miteinander verschränken, dass eine neue, für den Menschen charakteristische Komplexität entsteht[46], zu der folgende Faktoren beitragen: Gehirn, Hände und Werkzeuge, Nahrung und Lebensraum, Feuer und Jagd, Sprache und Kultur.

Gehirn: Innerhalb von ca. zwei Millionen Jahren vollzieht sich vom frühen zum späten *Homo erectus* eine beträchtliche Entwicklung des Gehirns, das bei den frühen Funden wie dem Turkana Boy ca. 800 bis 900 ccm[47], vor einer Million Jahren etwa 900 bis 1000 ccm, vor 500 000 Jahren etwa 1100 bis 1200 ccm und heute im Durchschnitt 1450 ccm aufweist. Setzt man die Gehirngröße in Bezug zum Körpergewicht, so erreichen die Primaten im Vergleich zu anderen Säugetieren einen Faktor von 1,6 bis 3,1. Bei den Australopithecinen beträgt er zwischen 2,4 und 3,2, beim *Homo erectus* zwischen 4,5 und 5 und beim *Homo sapiens* ca. 7,2.[48] Für die Leistungen des Gehirns spielt weniger die Größe als die Qualität der neuronalen Vernetzung eine Rolle.[49] Für die Speicherung und Verknüpfung von Informationen und für die Verarbeitung von Erfahrungen ist der *Neocortex* wichtig, der sich nach den entsprechenden Fossilien im Verlauf der Hominisation erheblich ausweitet. Auch das Kleinhirn *(Cerebellum)*, das für die Koordination der Motorik von zentraler Bedeutung ist, erweitert sich vor allem in den Gesicht und Hand betreffenden Bereichen erheblich.[50] Neuere Ergebnisse der Hirnforschung machen zudem deutlich, dass sich das Gehirn nach der Geburt unter dem Einfluss der jeweiligen (kulturellen) Umwelt noch beträchtlich verändert.[51]

Hände und Werkzeug: Der aufrechte zweifüßige Gang entsteht am Rande der tropischen Wälder als eine neue Strategie, die Zwischenräume zwischen den Bäumen am Boden zu überwinden. Dadurch werden die Hände von der Lokomotion freigesetzt. Das Zusammenspiel zwischen Gehirnwachstum, Freisetzung der Hände, Entwicklung der vorderen Schädelpartie und der Sprache führt zu einer neuen, für den Menschen charakteristischen evolutiven Komplexität.[52] Mit der Freisetzung der Hände erfolgt allmählich eine Umbildung der Hand vom «Kraftgriff» der Menschenaffen, die Objekte mit Finger und Daumen nur umklammern können, über die «Greifhand» zum «Präzisionsgriff» des *Homo erectus*, bei dem der Daumen sich zu der Spitze der anderen Finger bewegen, sich ihnen also gegenüberstellen lässt.[53] Damit entsteht die anatomische Voraussetzung für die Handhabung kleinerer Objekte und einen geschickteren Werkzeuggebrauch. Doch vollzieht sich die Entwicklung langsam. Mehr als eine Million Jahre werden Steinwerkzeuge durch das Abschlagen von Splittern hergestellt. In der Olduwai-Schlucht in Tansania fand man viele dieser einfachen, kaum bearbeiteten Werkzeuge. Erst vor ca. 1,5 Millionen Jahren finden sich stärker bearbeitete Faustkeile.

Nahrung und Lebensraum: Da der Mensch zu einem Allesfresser wurde, verkleinerte sich sein Darm. Im Vergleich zu Pflanzenfressern benötigen Fleischfresser einen kürzeren Darm. Durch diese Veränderungen der Ernährung werden Energien frei, die auch der Entwicklung des menschlichen Gehirns zugute kommen. So führt besonders die fleischreiche Ernährung der stillenden Mütter zu einer besseren Ernährung der Säuglinge und ihres nach der Geburt stark wachsenden Gehirns. Die Verwendung von Steinwerkzeugen zur Nahrungsverarbeitung entlastet die Zähne von den gröberen Aufgaben und erlaubt eine Verkleinerung der Backenzähne. «So sind die Backenzähne des späten *Homo erectus* denen des frühen *Homo sapiens* bereits sehr ähnlich.»[54] In dieser Zeit erfolgen wahrscheinlich auch die Bildung der vorstehenden knorpeligen Nase, die Entwicklung der Haarlosigkeit und der Schweißdrüsen. Da der *Homo erectus* bessere Möglichkeiten der Nahrungsbeschaffung und -verarbeitung entwickelt hat, die ihn seiner Umwelt gegenüber stärker freisetzen, kann er auch von Afrika nach Asien, Amerika und Europa migrieren.

Feuer und Jagd: Die ersten Hinweise auf den Gebrauch von Feuer finden sich in Koobi Fora in Ost-Turkana vor 1,5 Millionen Jahren. Höchstwahrscheinlich nutzt bereits der frühe *Homo erectus* das Feuer für sich. Es dient ihm dazu, Wärme zu erzeugen, sich vor wilden Tieren zu schützen und Fleisch zuzubereiten und vor dem Verfaulen zu schützen. Die Kontrolle und der Umgang mit dem Feuer erfordern nicht nur technische, sondern auch soziale Fähigkeiten der Regelung und Koordination. Auch erste Belege für das Jagen und Erbeuten von Tieren stammen vom *Homo erectus*. So fand man Steinwerkzeuge und Tierknochen mit Schnittspuren, die darauf hindeuten, dass eine große Zahl von Tieren zerlegt wurde, die an diesen Beute- und Verteilungsplätzen nur infolge gezielten Jagens vorhanden gewesen sein konnten. Auch die Jagd und die Verteilung der Beute erfordern ein hohes Maß an Geschicklichkeit sowie an Kommunikations- und Koordinationsfähigkeit. Ihre Bedeutung für die Entwicklung der Arbeitsteilung zwischen Mann und Frau und für die Herausbildung menschlicher Gemeinschaften kann kaum überschätzt werden. Serge Moscovici drückt diesen Sachverhalt in der einprägsamen Formel aus, «dass der Jäger zum Menschen und nicht der Mensch zum Jäger wird»[55].

Sprache und Kultur: Mit dem Wachstum des Gehirns und der Freisetzung der Hände werden erste Formen von Sprache möglich. Auch zur Herstellung von Werkzeugen sind diese erforderlich. Selbst wenn sie wegen der fehlenden Möglichkeiten für eine differenzierte Erzeugung von Lauten noch nicht der heutigen menschlichen Sprache glichen, sind ihre Vorformen für die Verschränkung von physiologischen und kulturellen Elementen im Prozess der Hominisation wichtig. Im Zusammenwirken von wachsendem Gehirn, Praktiken der Werkzeugherstellung, Jagd und Verteilung des Fleischs entsteht ein *call system*, mit dem eine bessere Kommunikation möglich wird. Wo dessen Möglichkeiten und Grenzen liegen, lässt sich heute nicht mit Gewissheit sagen. Doch ist sicher, dass diese Formen sprachlicher Verständigung eine wichtige Rolle für die Herausbildung früher Formen der Kultur spielen. Diese Paläo-Kultur ist «ein System, das eine hohe Komplexität erzeugt und ohne das diese hohe Komplexität verfiele, um einem niedrigeren Organisationsniveau zu weichen»[56]. Es umfasst Organisationsregeln, Gebräuche und Gebote, technische Kenntnisse zur Werkzeugerzeugung, Kunstfertigkeiten und Geschicklichkeiten im Zusammenhang mit der Jagd und der Aufzucht des Nachwuchses sowie allgemeine Kenntnisse über die Umwelt im Hinblick auf Wetter, Pflanzen, Tiere usw.[57]

Nach verbreiteter, doch nicht völlig gesicherter Auffassung liegt der Ursprung des *Homo erectus* in Afrika.[58] Werkzeuggebrauch, Kontrolle des Feuers, Jagdtechniken und die damit verbundenen sozialen Fähigkeiten bilden wichtige Voraussetzungen dafür, in andere Teile der Welt zu migrieren. Wahrscheinlich finden die ersten Auswanderungen des späten *Homo rudolfensis* bzw. des frühen *Homo erectus* vor zwei Millionen Jahren statt. Für diese Zeit ist auch die Ausdehnung der nahrungsreichen Biotope belegt. Die ältesten Spuren der Menschen in Java und China sind etwa 1,8 Millionen Jahre alt. Weitere Auswanderungen erfolgen vor 800 000 Jahren. Vor 400 000 Jahren ist der *Homo erectus* in Ost- und Südasien sowie in Mittel- und Südeuropa weit verbreitet. «An einigen chinesischen Fundstellen erschienen vor ca. 280 000 Jahren Frühmenschen, die anatomisch eine Zwischenform von *Homo erectus* und *Homo sapiens* darstellen und daher manchmal als ‹archaischer *Homo sapiens*› klassifiziert werden.»[59] Diesem entspricht in Europa der *Homo heidelbergensis*, dessen anatomische Merkmale eine Mischung aus dem *Homo erectus* und dem Neandertaler darstellen. In Atapuerca in Spanien wird 1997 eine neue Art entdeckt, die *Homo antesessor* genannt wird und bei der es sich um den gemeinsamen afrikanischen Vorfahren von Mensch und Neandertaler handeln soll.

Homo sapiens (sapiens)

Vor etwa 700 000 Jahren entsteht der archaische *Homo sapiens* in Afrika, Asien und Europa. Während aus seiner späten Form, dem *homo steinheimensis*, in Europa der Neandertaler[60] hervorgeht, kommt es in Afrika zeitgleich bereits zur Entstehung des *Homo sapiens sapiens*. Nachdem der Neandertaler und der moderne Mensch vor etwa 90 000 Jahren im Nahen Osten aufeinander treffen, existieren sie 50 000 Jahre neben- und miteinander, bis der Neandertaler vor etwa 30 000 Jahren von der

Bildfläche verschwindet – ein Ereignis, das zu vielen Spekulationen Anlass gab.[61] Fossilien der frühen Neandertaler zwischen 180 000 und 90 000 finden sich in Kroatien, Italien und Gibraltar. Funde des klassischen Neandertalers zwischen 60 000 bis 30 000 werden in Deutschland im Neandertal und in Salzgitter-Lebenstedt gemacht. Auch in Spy in Belgien und an vielen Orten in Frankreich sowie in Israel und Kurdistan stößt man auf entsprechende Fossilien. Das Gehirn des Neandertalers ist mit 1600 ccm größer, bezogen auf das Körpergewicht jedoch etwas kleiner als das des modernen Menschen. Der Neandertaler ist fast genauso groß wie der moderne Mensch, jedoch stark gebaut und dadurch schwerer als dieser.[62] Seine geringe Körpergröße legt die Annahme nahe, dass er in kälteren Klimazonen lebte, denn durch die Verringerung der Körperfläche im Verhältnis zum Körpervolumen geht weniger Körperwärme verloren. Eine vergleichbare Situation zeigt sich bei den heutigen Bewohnern Grönlands. Da während der letzten Eiszeit die Lebensbedingungen hart sind, ist Unterernährung verbreitet. Die eingeschränkte Verfügbarkeit pflanzlicher Nahrung wegen des im Vergleich zu heute sechs Grad kälteren Klimas macht Fleisch zum wichtigsten Nahrungsmittel. Die Stoßzähne der Mammuts dienen zur Herstellung von Waffen und Geräten. Die Neandertaler haben eine entwickelte Werkzeugkultur; neben Faustkeilen, Schabern, Spitzen gibt es bereits einschneidige Messer.

Einen wichtigen Einblick in ihre Kultur bietet die Tatsache, dass die Neandertaler ihre Toten mit Grabbeigaben bestatten. Dazu gehören Farben, Ausrüstungen und Proviant, die den Schluss zulassen, dass die Neandertaler an ein Weiterleben nach dem Tod glaubten. In Ferrasie in Frankreich wurden ein Mann, eine Frau und drei Kinder gefunden, wobei die Kinder mit Ocker bestreut waren. In der Höhle von Shanidar in Kurdistan wurden unter und über den Skeletten Pollen von Rosen, Nelken und Hyazinthen entdeckt, woraus sich folgern lässt, dass die Toten auf Blumen gebettet wurden. Aus diesen Funden lässt sich schließen: Die Lebenden sorgten sich um die Gestorbenen und begriffen diese als nach wie vor zu ihnen gehörig. Sie kannten Schmerz und Trauer und hatten Vorstellungen von der Endlichkeit menschlichen Lebens, die sie mithilfe des Glaubens an ein jenseitiges Leben zu kompensieren hofften. Die Neandertaler hatten nicht nur ausgeprägte Vorstellungen von

Vergangenheit und Zukunft, sondern auch Vorstellungen von einem Imaginären und der Möglichkeit der Toten, in einer jenseitigen Welt weiterzuleben. Bereits hier zeigt sich ein Bewusstsein vom Tod und seiner Bedeutung für das Leben der Menschen, das bis heute zu den wichtigsten Kultur und menschliches Selbstverständnis erzeugenden Bedingungen gehört.[63]

Nach unserem heutigen Wissenstand spricht vieles dafür, dass auch der *Homo sapiens sapiens* vor etwa 120 000 Jahren in Afrika entstand und in der Folge den Nahen Osten, Asien und Europa besiedelte. Funde in Border Cave, River Mouth in Südafrika und in Omo/Kibish in Äthiopien belegen seinen afrikanischen Ursprung. Ihnen gehen Fossilien des frühen[64] und des späten[65] archaischen *Homo sapiens* voraus. Mit dieser Erkenntnis musste die lange verbreitete Ansicht, dass der *Homo sapiens sapiens* in Europa entstanden sei, aufgegeben werden. Zu dieser war man zunächst aufgrund des Fundes von fünf Skeletten 1868 im Abri von Cro-Magnon in der Dordogne in Südfrankreich gekommen, die sich vom Neandertaler deutlich unterschieden und in anatomischer Hinsicht zum modernen Menschen, dem *Homo sapiens sapiens* gehörten. Infolge dieser etwa 25 000 Jahre alten Fossilien war nun vom Cro-Magnon-Menschen die Rede. In Borneo und China entdeckte Fossilien sind 40 000 Jahre, in Amerika gefundene Fossilien 30 000 Jahre alt. Ein multiregionaler Ursprung des modernen Menschen ist unwahrscheinlich. Die vor etwa 40 000 Jahren nach Mitteleuropa gekommenen modernen Menschen lebten nicht in den Höhlen[66], sondern in den Eingangsbereichen dieser Kultstätten, in Zelten und mit Fellen gegen die Kälte geschützt. Die modernen Menschen waren den Neandertalern nicht nur in der Werkzeugtechnik überlegen. Für das Aurignacien vor 28 000 bis 22 000 Jahren lassen sich neben Messern, Schabern und Grabsticheln auch Speere, Pfeil und Bogen nachweisen. Im Gravettién vor 28 000 bis 20 000 Jahren werden Speerspitzen an hölzernen Schäften angebracht. Im Magdalién vor 18 000 bis 11 500 Jahren gibt es bereits Speerschleudern und ästhetisch ansprechende Kunstobjekte.[67] Mit der Erfindung der Metallbearbeitung vor einigen tausend Jahren geht schließlich die seit 2,5 Millionen Jahren verbreitete Steinwerkzeugkultur zu Ende. Im Vergleich zu den Neandertalern konnten die modernen Menschen vor allem «die Ressourcen der Umwelt besser nutzen, ihre

Form der sozialen Organisation war höher, sie entwickelten tradierte Sitten und Gebräuche, ihr Skelett- und Muskelbau war weniger energie-aufwendig, die Kindersterblichkeit war niedriger, insgesamt lebten sie weniger gefahrvoll, erreichten ein höheres Alter und waren fruchtba-rer»[68]. In der Folgezeit wird aus der Evolution des *Homo sapiens sapiens* die Geschichte der Menschen.

Die Erkenntnis, dass Menschen und Schimpansen 98 Prozent der Gene gemeinsam haben, führt heute dazu, dass weniger die Unterschie-de als vielmehr das Gemeinsame zwischen Mensch und Tier im Mit-telpunkt des Interesses steht.[69] Diesen Akzent setzt auch die Primaten-forschung[70], deren Ergebnisse in den letzten Jahrzehnten dazu führten, dass unser Bild vom Tier komplexer geworden ist und wir stärker als früher die Spuren evolutiven Verhaltens in unserem Handeln sehen.[71] Diese Veränderung der Wahrnehmung des Verhältnisses zwischen dem Menschen und dem Tier ist ein Ergebnis der Evolutionsforschung und der prinzipiellen Schwierigkeit zu bestimmen, ab welchem Ent-wicklungsstadium der Fossilien und anderen Überreste die Rede vom Menschen sein kann. Deshalb haben zwar Menschen Geburtstag, nicht aber der Mensch. Der Mensch ist nicht das Ergebnis eines einmaligen Schöpfungsakts, sondern das Resultat eines langen Prozesses, in dem viele Faktoren zusammenwirken und an dessen Ende der Mensch da ist. Menschwerdung ist ein zeitlicher, ein historischer Prozess, in dem sich «natürliche» und «kulturelle» Elemente in unauflösbarer, einander bedingender Weise durchdringen. Nicht einzelne Faktoren, sondern das Gesamt vieler höchst unterschiedlicher Faktoren erzeugt den Men-schen.

Die Menschwerdung lässt sich als eine mehrdimensionale Morphogene-se aus den Wechselwirkungen ökologischer, genetischer, zerebraler, sozialer und kultureller Faktoren begreifen. In diesem Prozess greifen nach heuti-ger Erkenntnis ineinander *ökologische Veränderungen*, die zur Ausbrei-tung der Savanne und damit zu einem «offenen» Biotop führten, eine *genetische Veränderung* bei einem bereits aufrecht gehenden, hoch ent-wickelten Primaten, eine *Veränderung der sozialen Selbstreproduktion* durch die Abspaltung jugendlicher Gruppen und die Nutzung neuer Territorien. Die neuen Biotope führten zu erheblichen Ansprüchen an Geschicklichkeit und Kommunikationsfähigkeit des zweihändigen

Zweifüßers, der bereits einfache Werkzeuge gebrauchen und herstellen konnte. Für den zum Allesfresser gewordenen Hominiden stellt die Jagd neue Anforderungen an Wachheit, Aufmerksamkeit und listiges Verhalten. Neue Formen der Kooperation und der gesellschaftlichen Zusammenarbeit zum Schutz vor Raubtieren, für die Suche nach Nahrung, für die Jagd und die Verteilung der Beute sowie für die Aufzucht des Nachwuchses werden notwendig und führen zu einer Weiterentwicklung der zerebralen Fähigkeiten. «Es ist also die Savanne, das neue Ökosystem, das die (zugleich phänomenale und genetische) Dialektik von Fuß, Hand und Gehirn ausgelöst hat und zum Ursprung der Technik und aller übrigen Entwicklungen wurde.»[72] Im Verlauf dieser Prozesse entsteht eine Paläo-Gesellschaft mit einer kulturell gestützten Arbeitsteilung zwischen Männern und Frauen und einer Hierarchisierung der sozialen Beziehungen, mit allmählich komplexer werdender Sprache und Kultur. Eine Verjugendlichung bzw. Neotenie, ein Nichtvollendetsein des Gehirns bei der Geburt, eine ausgedehnte Kindheit mit längeren affektiven Bindungen zwischen den Generationen und die dadurch gegebenen Möglichkeiten umfassenden kulturellen Lernens intensivieren den Prozess der Menschwerdung. Zerebralisierung, Verjugendlichung und steigende gesellschaftliche und kulturelle Komplexität bedingen einander wechselseitig. Die Komplexität des Gehirns erfordert eine ihr entsprechende soziokulturelle Komplexität. Die generativen Potenzen des Gehirns können sich nur in einer sich mit ihnen parallel entwickelnden soziokulturellen Komplexität ausdrücken und weiter entfalten. Aus dieser dialektischen Beziehung folgt: Von Anfang an ist der Mensch ein Kulturwesen, dessen «natürliche» Entwicklung kulturell ist. «Die Endstation des Prozesses der Menschwerdung ist in der Tat zugleich ein Anfang. Der Mensch, der im *Homo sapiens* seine Vollendung erreicht, ist eine jugendliche und kindliche Art; sein geniales Gehirn ist ohne den kulturellen Apparat debil; seine gesamten Fähigkeiten müssen mit der Flasche aufgezogen werden. Die Menschwerdung vollendet sich in der unabänderlichen und grundsätzlichen schöpferischen Unvollendetheit des Menschen.»[73] In ihrem Verlauf wird deutlich, dass *Homo sapiens* und *Homo demens* in untrennbarer Weise miteinander verschränkt sind und alle großartigen menschlichen Entwicklungen durch Schrecken und Grauen konterkariert werden.[74]

Rück- und Ausblick

Anthropologie als Wissen vom Menschen verweist auf die Evolution des Lebens und die Geschichte der Menschwerdung (Hominisation). Ohne diesen Bezug entgehen ihr wichtige, für ihr Wissen konstitutive Dimensionen. Unsere Konzeptionen der Evolution und der Menschwerdung werden durch den Forschungs- und Wissensstand unserer Zeit bestimmt, in deren Rahmen die Geschichtlichkeit des Gegenstandsbereichs und die Geschichtlichkeit der heutigen Forschungen aufeinander bezogen und miteinander verschränkt werden. Was heute in der Evolutionsforschung und in der Paläontologie als gültig angesehen wird, ist eine Folge des geschichtlich entstandenen Wissens und kann sich durch neue Funde und Forschungsergebnisse sowie die von ihnen bewirkten Erkenntnisse wieder verändern.

Durch die Einbeziehung der evolutiven Perspektive in die Anthropologie ergibt sich ein gemeinsamer, für das Selbstverständnis der Menschen wichtiger Referenzpunkt. Nicht die Erzeugung des Menschen in einem einmaligen Schöpfungsakt, sondern der Prozesscharakter der Entstehung des Lebens und der Hominisation, also die Zeitlichkeit und Historisierung, bilden die Perspektiven der Evolution und Hominisation.

Im Unterschied zu früher, als der Fortschrittsgedanke mit der Evolutionstheorie eng verbunden war, gehen heute die meisten Forscher in diesem Bereich nicht mehr von einem der Natur innewohnenden, auf Vervollkommnung angelegten Plan aus. Man begnügt sich damit, in der genetischen Rekombination, Mutation und natürlichen Auslese, in der inneren und äußeren Selektion die Kräfte und Mechanismen der Evolution zu sehen.

Überholt sind Vorstellungen, die die Menschwerdung aus einem Prinzip erklären. Entscheidend ist vielmehr das Zusammenwirken mehrerer Faktoren, unter denen die sozialen und kulturellen sehr früh bereits eine bestimmende Rolle spielen. Es kommt zum Zusammenwirken biologischer und kultureller Evolution, bei dem, je nach Bereich, mal biologische, mal kulturelle Elemente stärkeren Einfluss haben. Dabei spielen die Faktoren der biologischen Evolution und in wachsendem Maß auch die Faktoren der kulturellen Entwicklung eine wichtige Rolle.

Das Spektrum der kulturellen Entwicklung umfasst Werkzeuggebrauch, Kommunikation, Sozialverhalten, Kognition, Gehirnstruktur, Anatomie, Fortbewegung.

Durch gezielte Eingriffe verändert der moderne Mensch die Natur nachhaltig. Seine Handlungen bewirken das größte Artensterben, das sich je auf der Erde vollzogen hat; sie führen zu Klimaveränderungen, deren zerstörerische Auswirkungen immer deutlicher werden, ohne dass dadurch eine grundsätzliche Änderung menschlichen Verhaltens bewirkt würde. Die nicht erneuerbaren Ressourcen der Erde, die menschliches Leben ermöglichen, werden bedenkenlos aufgebraucht. *Nachhaltige Entwicklung* ist lediglich ein Stichwort für Eingeweihte.[75] In der Gegenwart hat die Entwicklung dazu geführt, dass Menschen mithilfe der Genmanipulation die Möglichkeit haben, unmittelbar in die Evolution einzugreifen. Die sich daraus ergebenden ungewollten Nebenwirkungen sind kaum abschätzbar.

Infolge von Wissenschaft und Technik, globaler Wirtschaft und Kommunikation sowie weltweiter politischer, sozialer und kultureller Vernetzung hat die Komplexität menschlichen Lebens weiter zugenommen. Angesichts dieser Entwicklung kommt den Bemühungen der anthropologischen Forschung, einen Beitrag zur Selbstinterpretation und Selbstauslegung des Menschen zu leisten, wachsende Bedeutung zu. Wenn es gelingt, universelle und partikulare Perspektiven aufeinander zu beziehen und dabei die Komplexität anthropologischer Zusammenhänge sichtbar zu machen, können diese Untersuchungen einen wichtigen Beitrag zu den Prozessen individueller, gesellschaftlicher und globaler Selbstverständigung leisten.

2. Philosophische Anthropologie

Während die Evolutionsforschung im 19. Jahrhundert entstand und sich zunächst mit dem bereits existenten Glauben an den kontinuierlichen Fortschritt historischer Entwicklung verband, während sie und alle in ihrem Kontext arbeitenden Wissenschaften sich als empirisch orientierte Naturwissenschaften begriffen und die Menschwerdung im Zusammenhang mit der Geschichte des Lebens und der Verwandtschaft allen Lebens erforschten, entstand die Philosophische Anthropologie nach dem Ersten Weltkrieg in einer Zeit, in der der Mensch am allgemeinen Fortschritt und an sich selbst zu zweifeln begonnen hatte und durch die Bezugnahme auf das biologische Wissen und den Mensch-Tier-Vergleich eine Grundlage für das menschliche Selbstverständnis gewinnen wollte.

Im Zentrum der Philosophischen Anthropologie stehen die anthropologischen Arbeiten Max Schelers (1874–1928), Helmuth Plessners (1892–1985) und Arnold Gehlens (1904–1976).[1] Trotz erheblicher Unterschiede zwischen den Autoren werden deren Bemühungen in der ersten Hälfte des 20. Jahrhunderts als Philosophische Anthropologie bezeichnet, in der herausgearbeitet werden sollte, worin sich der Mensch vom Tier unterscheidet, worin die spezifischen Bedingungen des Menschen bestehen und was die *conditio humana* ausmacht. Bei aller Differenz stimmen die Autoren darin überein, dass im Mittelpunkt der Anthropologie der *menschliche Körper* steht, an dem sich bereits wesentliche Unterschiede zum Tier deutlich machen lassen. Mit der Wendung zum Körper erhoffte man sich in einer Zeit, in welcher der Mensch sich seiner selbst höchst unsicher geworden und sich dessen bewusst war, ein durch naturwissenschaftliche Forschungen gesichertes Wissen als Ausgangspunkt der Selbstvergewisserung.[2] Mit dieser Ausrichtung vollzieh t sich eine Abwendung vom Idealismus und der Bewusstseinsphilosophie sowie eine entschiedene Fokussierung des Körpers als Ausgangspunkt anthropologischen Denkens. Nicht mehr die Vernunft, sondern die schöpferische Vielfalt des Lebens interessiert die Philosophie.

1927 hielt Max Scheler in Darmstadt einen Vortrag mit dem Titel «Die Sonderstellung des Menschen», der 1928 unter dem Titel *Die Stellung des Menschen im Kosmos* erschien und als Beginn der Philosophischen Anthropologie gilt. Als Scheler noch im gleichen Jahr starb, gab es zu einem für 1929 angekündigten anthropologischen Werk noch keine greifbaren Vorarbeiten. Hingegen legte 1928 der Philosoph und Biologe Helmuth Plessner sein anthropologisches Hauptwerk *Die Stufen des Organischen und der Mensch* vor. Trotz großer Unterschiede im Material und in der Argumentation ähneln sich Schelers Schrift und Plessners Buch darin, dass sie von einem Stufenaufbau des Organischen ausgehen. Von diesem Ansatzpunkt unterscheidet sich Arnold Gehlens Untersuchung *Der Mensch. Seine Natur und seine Stellung in der Welt*, die in einer von Anklängen an nationalsozialistisches Gedankengut bereinigten und überarbeiteten Fassung 1947 erscheint und in dessen Mittelpunkt der Mensch als handelndes Wesen steht.

Die Stellung des Menschen im Kosmos

Ausgangspunkt der Anthropologie Schelers ist die Erkenntnis, dass «zu keiner Zeit der Geschichte der Mensch sich so *problematisch* geworden ist wie in der Gegenwart»[3]. Auf dieser Einsicht fußend geht es darum, im Rahmen des Stufenaufbaus des Kosmos die Sonderstellung des Menschen herauszuarbeiten, die in seiner metaphysischen Verwurzelung besteht. Von der anorganischen Welt sind Pflanze, Tier und Mensch durch den ekstatischen Gefühlsdrang getrennt, in dem sich der *Lebensdrang* manifestiert, der nicht zentriert ist und sich daher empfindungs- und bewusstlos nach außen richtet. Für Scheler ist alles Lebendige beseelt; neben einer nach außen drängenden sichtbaren umfasst es eine nach innen gewandte, nicht zugängliche Seite.

Mit dem *Instinkt*, der zweiten Stufe des Lebendigen, kommt bereits das Verhältnis von Mensch und Tier ins Spiel. Im Unterschied zum instinktschwachen Menschen hat das Tier durch seine Instinktsteuerung eine starke Verhaltenssicherheit. Beim Tier steuern die angeborenen Instinkte seinen Lebensdrang und sein Verhältnis zur Umwelt. Infolge seiner Instinktschwäche fehlt diese Sicherheit dem Menschen weitgehend. Dieser Mangel ist zugleich auch eine Stärke; er ermöglicht instinktfreies, spontanes menschliches Handeln. Nach Schelers mit Sigmund Freud und Gehlen geteilter Auffassung liegt im Fehlen der instinktiven Steuerung des Triebdrangs die Ursache des für den Menschen charakteristischen Triebüberschusses. Um in sozialen Zusammenhängen und gesellschaftlichen Strukturen angemessen leben zu können, muss der Mensch seine überschüssigen Triebenergien durch Verdrängung und Sublimierung bearbeiten.

Mit dem Tier teilt der Mensch ebenfalls die Fähigkeit des *assoziativen Gedächtnisses*, das mit dem instinktiven Verhalten, den Trieben und den Bedürfnissen zusammenhängt und bei dem bedingte Reflexe und die Reproduktion von Verhalten eine wichtige Rolle spielen. Im assoziativen Gedächtnis liegt eine Fähigkeit, die über die bloße Instinktgebundenheit hinausreicht. «Die Wirksamkeit des assoziativen Prinzips bedeutet im Aufbau der psychischen Welt zugleich Zerfall des Instinktes … Sie bedeutet ferner zunehmende *Herauslösung* des organischen *Individuums* aus der Artgebundenheit …»[4]

Die vierte, in jedem Fall mit den Primaten geteilte Stufe machen *praktische Intelligenz* und *Wahl* aus. Sie sind die höchste Form des Biophysischen. Der praktischen Intelligenz kommt die Aufgabe zu, durch Handeln die menschlichen Bedürfnisse zu befriedigen. Dazu sind Auswahlprozesse erforderlich, bei denen Werturteile vollzogen werden, mit deren Hilfe eine Ausrichtung des Handelns auf die Verwirklichung von Zwecken stattfindet. Um praktisch handeln zu können, ist eine Antizipation von Zielen nötig, die auf die Erfüllung von Bedürfnissen bezogen sind. Hier spielt praktisches Wissen eine zentrale Rolle (vgl. Kapitel 7).

Von diesen vier Stufen des Biophysischen, an denen auch der Mensch Anteil hat, unterscheidet sich als letzte Stufe der Bereich des Geistes, zu dem nur der Mensch Zugang hat. Denn über seine natürliche Gebundenheit hinaus ist er nicht nur wie die Tiere trieb- und umweltgebunden, sondern umweltfrei und weltoffen. *Ein solches geistiges Wesen hat Welt.* Im Unterschied zum Tier, das die Umwelt im Hinblick auf seine

Triebe und Instinkte wahrnimmt, ermöglichen es Instinktschwäche und Hiatus zwischen Trieb und Trieberfüllung dem Menschen, ein «geistiges Wesen» zu sein und statt einer spezifischen Umwelt das Sosein der Gegenstände und damit die Welt zu erfassen. Nach Schelers Auffassung durchdringt der Geist alle Bereiche und Handlungen menschlichen Lebens und nimmt Einfluss auf deren Gestaltung. Zwar hat er die Macht, die mit den Tieren geteilten Bereiche des Lebens zu gestalten, doch verfügt er selbst nicht über die dazu erforderliche Kraft. Vielmehr ist er zur Ausübung seiner Macht auf die Lebensenergie angewiesen. Zwar kann der Geist «nein» sagen, doch nur mithilfe der Lebenskraft kann er Wünsche und Bedürfnisse zurückweisen. Aufgrund des Geistes ist der Mensch der «Asket des Lebens». «Letztes Telos ist die Verlebendigung des Geistes und die Sublimierung des Lebens zum Geist.»[5]

Im Zentrum der menschlichen Beziehung zur Welt steht die *Weltoffenheit*. Sie ist Möglichkeit und Aufgabe. Ermöglicht wird sie durch das «Abschütteln des Umweltbannes» und die «existentielle Entbundenheit vom Organischen», durch die sich die Widerstandszentren, die in der Außenwelt vom menschlichen Organismus wahrgenommen werden, in Gegenstände transformieren. Weil der Mensch geistiges Wesen ist, vermag er das Sosein dieser Gegenstände selbst zu erfassen, ohne Beschränkung, die diese Gegenstandswelt oder ihre Gegebenheit durch das vitale Triebsystem und die ihm vorgelagerten Sinnesfunktionen und Sinnesorgane erfährt. So charakterisiert Scheler die Umweltfreiheit, Gegenständlichkeit und Weltoffenheit des Menschen. Dabei werden bei ihm die Einstellung auf Gegenständlichkeit und die Einstellung auf das Sosein eines Gegenstandes nicht unterschieden. Schelers Charakterisierung der Fähigkeit zur Vergegenständlichung und zur Versachlichung als die den Menschen auszeichnende Weltoffenheit greift zu kurz. Sowohl der Fähigkeit zur Vergegenständlichung als auch der Fähigkeit zur Sachlichkeit liegen bestimmte historisch gewordene und kulturell geprägte Einstellungen zugrunde, die das Ergebnis eines langen Zivilisationsprozesses sind und uns in unserer Kultur heute befähigen, die Welt gegenständlich und sachlich wahrzunehmen. «Die Befähigung zu reiner Sachlichkeit, zu distanzierter Gegenstandsauffassung kann nicht als Vollendung der Weltoffenheit angesehen werden. Vielmehr wird es eben der Weltoffenheit verdankt, wenn die Grenzen der distanzierenden Vergegenständlichung erkannt und durchbrochen werden, obwohl zunächst die Weltoffenheit der Ermöglichungsgrund auch für die distanzierende Vergegenständlichung der Welt war. Die Weltoffenheit realisiert sich in der Reihe der Antworten, die der Mensch, seine eigene Existenz verändernd, den Herausforderungen der Welt zu geben weiß. Einer formellen Betrachtungsweise wird es sich dabei nur um die Verteilung der Gewichte zu handeln scheinen, so daß der Mensch das eine Mal sich selbst das Übergewicht gibt, indem er sich zur Herrschaft ermächtigt weiß, das andere Mal das Übergewicht der Welt anerkennt, indem er sich anpasst. In Wahrheit liegt hier aber ein dialogisches Verhältnis vor …»[6]

Gegen Schelers Entwurf einer philosophischen Anthropologie wurde eingewendet, sie entwickle keine Perspektive, die über sein bisheriges Werk hinausreicht. Auch sei es ihm nicht gelungen, die seit Platon und Aristoteles wiederholt artikulierte Dichotomie zwischen Körper und Geist zu überwinden. Vielmehr schreibe er die cartesianische Spaltung in Bewusstsein und Körper fort. Einer phänomenologischen Wesensschau und Wesensontologie geschuldet und auf einen traditionellen Personen- und Weltbegriff zurückgreifend sei Schelers Anthropologie zu stark den philosophischen Strömungen seiner Zeit verhaftet geblieben und habe daher auch nicht in ausreichender Weise empirisches Material aus den Natur- und Geisteswissenschaften verarbeitet.[7]

Die Stufen des Organischen und der Mensch

Plessners 1928 erschienenes zentrales Werk *Die Stufen des Organischen und der Mensch* greift den Gedanken der Stufen des Lebens auf, arbeitet ihn aus und entwickelt aus ihm einen vielschichtigen, lange nicht angemessen berücksichtigten, nicht leicht rezipierbaren Entwurf einer Philosophischen Anthropologie. Sein Ausgangspunkt ist die Unterscheidung zwischen Organismen und unbelebten Dingen. Organismen haben eine Grenze, die je nach Blickrichtung von außen und von innen wahrgenommen werden kann und die unauflösbar ist. Im Unterschied zu den Dingen haben lebendige Körper ein Verhältnis zu ihrer Grenze, die eine doppelte Funktion hat: Sie schließt gegen das «Außen» ab und auf. Die Grenze wird nur angemessen begriffen, wenn sie unter dem *Doppelaspekt* von «außen» und «innen» wahrgenommen wird. Dieser beinhaltet die Frage nach dem Verhältnis von Organismus und Umfeld. Im Unterschied zu unbelebten Dingen schließt die *Grenze* Pflanze, Tier und Mensch zur Welt des Lebendigen zusammen. «Die Grenze stellt die Minimalbedingung des Lebens dar. Lebendige Dinge sind grenzrealisierende Körper. Erscheinungsmäßig unterscheiden sich die lebendigen Körper ... als ‹raumbehauptend› von den unbelebten Körpern als nur ‹raumerfüllend›. In systemtheoretischer Logik gefasst, trennt *und* verbindet die Grenze einen Bereich mit dessen Außen, vermittelt ein substanzielles Innen mit seinem äußerlichen Positionsfeld, Aktionsraum, Umfeld ... Die Grenze erfüllt gegen das Umfeld einen abschließenden und aufschließenden Funktionswert, sie geht durch den Organismus hindurch und bildet dessen inneren Antagonismus.»[8] Lebendige Dinge sind «grenzrealisierende Dinge». Als solche sind sie positioniert. *Positionalität* bezeichnet das Gesetzt- oder Gestelltsein des lebendigen Körpers und charakterisiert seine Position in Raum und Zeit und damit zugleich seinen räumlichen und zeitlichen Charakter. Plessner verwendet diesen Begriff, um lebendige Dinge zu kennzeichnen und zu unterscheiden. So dient der Begriff der *zentrischen Positionalität* dazu, das Tier und den Menschen von der Pflanze zu unterscheiden.[9]

Die Pflanze hat kein Zentrum und ist durch ihre offene Form gekennzeichnet; Mensch und Tier sind hingegen durch ihre geschlossene Form, ihre Zentralität bestimmt. Während bei der Pflanze ihre nicht zentrierte offene Form vor allem aufgrund fehlender Bewegungsmöglichkeiten mit einem geschlossenen Positionsfeld korrespondiert, entspricht beim Tier und beim Menschen die geschlossene zentrierte Form dem offenen Positionsfeld, in dem sich Tier und Mensch ansiedeln können. Die Pflanze, der Zentralorgane fehlen, von denen Bewegungsimpulse ausgehen können, ist unmittelbar in ihre Umgebung eingefügt. Lebewesen, die ein Zentrum haben, sind nur mittelbar in ihre Umwelt eingegliedert. Sie können sich von ihrem Umfeld absetzen. Plessner spricht in diesem Zusammenhang von «vermittelter Unmittelbarkeit». «Zentrische Positionalität impliziert ‹Frontalität›, Gegenübergestelltheit zu einer dinglich gegliederten Umwelt, und ‹Spontaneität›, Aktionsbereitschaft.»[10] Mit der zentralen Positionalität kommt es zu einer Gegenüberstellung zwischen der Mannigfaltigkeit des Körpers und seinem Zentrum. Die in der Gegenübergestelltheit gegebene Abhängigkeit des Körpers von seinem Zentrum ermöglicht es, ihn als beherrschbar im Modus des Körper-Habens zu erfahren. Das Oszillieren zwischen den beiden Modi des Körper-Seins und des Körper-Habens ist für Lebewesen mit geschlossener Organisationsform charakteristisch. Es führt dazu, dass Distanz zum eigenen Körper eingenommen werden kann. Im Unterschied zum Menschen lebt das Tier im Zentrum seiner Positionalität, aus dem heraus es handelt, das ihm jedoch verborgen bleibt.

Der Mensch hingegen lebt als Mitte, exzentrisch als Ich. Ihm ist das Zentrum seiner Positionalität zugänglich. Er ist ex-zentrisch in der Lage, sich von sich zu distanzieren. Dabei ist er diesseits und jenseits der durch die Distanzierung entstehenden Kluft. Er ist gebunden im Körper und in der Seele und ist zugleich ortlos außerhalb jeder Beziehung zu Raum und Zeit. Das Leben des Menschen kann seine Zentrierung nicht durchbrechen, ist jedoch zugleich aus ihr heraus exzentrisch. Die Exzentrizität ist Ausdruck seiner frontalen Gegenüberstellung gegen die Umwelt. Als Person ist der Mensch bestimmt durch den Körper, das Innere des Körpers, die Seele, sowie durch den Blickpunkt von außerhalb auf den Körper und die Seele, dessen Sphäre Plessner auch als Geist bezeichnet. Die Dreieinheit von Körper, Seele und Geist nennt Plessner Person. «Persona» ist die Maske, die zugleich verhüllt und enthüllt; sie ist die angemessene Erscheinungsweise für eine Substanz, die eine unbestimmte seiende Möglichkeit ist. Mit der exzentrischen Position des Menschen entsteht eine vielfältig artikulierte Zweideutigkeit, die immer wieder mit folgenden Begriffen artikuliert wird: «Wurzellosigkeit, Gleichgewichtslosigkeit, Unergründlichkeit, prinzipiell entfremdet; ortlos, zeitlos, ins Nichts gestellt; nach Ausdruck drängen; in der zweideutigen Lage, Ding unter Dingen und absolute Mitte zu sein; ein Leben zu führen, das aufgegeben ist, will sagen, sich zu dem, was es schon ist, erst machen muss; in der Geschichte eine Spur eigener Unrast und Produktivität hinterlassen; ein sich selbst nicht ausschöpfbares Sein *(homo absconditus)* usw.»[11]

Der Mensch ist also durch folgende Merkmale charakterisiert:
— Er hat einen Körper, mit dem er die Erfahrung einer ihm entgegenstehenden Außenwelt macht;
— er ist im Körper, mit einer Seele und einem Innenleben;

– von einem außerhalb des Körpers liegenden, nicht realen Blickpunkt aus kann er die beiden anderen Modi und den unhintergehbaren Wechsel zwischen Innen und Außen wahrnehmen.

Dieser Struktur entspricht eine Dreiteilung der Welt in Außenwelt, Innenwelt und Mitwelt. Die *Außenwelt* wird durch das Kontinuum der Ausdehnung der Dinge geschaffen. Sie kann nicht zur Umwelt des Tiers transformiert werden, wie diese auch nicht in die Außenwelt des Menschen überführt werden kann. Der Grund dafür ist der mit der menschlichen Exzentrizität gegebene Doppelaspekt, der dazu führt, «innen» und «außen» zugleich wahrzunehmen. Infolge der menschlichen Fähigkeit, außen und innen in doppelter Perspektive wahrzunehmen, entspricht der Außenwelt die *Innenwelt* im Doppelaspekt von Seele und Erlebnis. Auch in der Innenwelt gibt es den Unterschied zwischen der Erscheinungsweise von Gegenständen und der Art und Weise, wie sie individuell erlebt werden. Auch hier gilt: Man ist und hat seine Erlebnisse. Dabei reicht das Spektrum vom distanzierten Modus der Selbstreflexion zu Erlebnissen des Schmerzes und der Ekstase, die zu einer Aufgabe des Selbst führen. «Wirkliche Innenwelt: das ist die Zerfallenheit mit sich selbst, aus der es keinen Ausweg, für die es keinen Ausgleich gibt.»[12] Die *Mitwelt* ist mit der exzentrischen Positionalität des Menschen gegeben. Sie umgibt ihn nicht wie die Außenwelt; sie erfüllt ihn nicht wie die Innenwelt; sie ermöglicht ihn als Person. Sie ist die Welt des Sozialen, ohne die der Mensch nicht möglich wäre. «Mitwelt ist die vom Menschen als Sphäre anderer Menschen erfasste Form der eigenen Position.»[13] Sie ist die Welt des Geistes und als solche von der Außen- und Innenwelt, von Seele, Subjekt und Bewusstsein zu unterscheiden. Der Mensch hat Körper und Seele, «weil er sie ist und lebt. Geist dagegen ist die Sphäre, kraft deren wir als Personen leben».[14]

Aus den skizzierten Überlegungen zur Theorie des Lebendigen entwickelt Plessner drei anthropologische Strukturformeln über die Prinzipien *natürliche Künstlichkeit, vermittelte Unmittelbarkeit, utopischer Standort.*[15]

Der Begriff der *natürlichen Künstlichkeit* verweist auf die Tatsache, dass Kultur für den Menschen konstitutiv ist. Daraus ergibt sich für den Menschen eine antinomische Aufgabe: «Weil dem Menschen durch seinen Existenztyp aufgezwungen ist, das Leben zu führen, welches er lebt,

d. h. zu machen, was er ist – eben wie er nur ist, wenn er vollzieht –, braucht er ein Komplement nichtnatürlicher, nichtgewachsener Art. Darum ist er von Natur, aus Gründen seiner Existenzform *künstlich.*»[16] Mit dieser Position unterscheidet sich Plessner deutlich von Gehlen, der davon ausgeht, dass der Mensch mithilfe von Kultur seine konstitutionellen Mängel überwinden kann, bei dem also Kultur eine ausgleichende Funktion hat. Nach Plessners Auffassung ist die menschliche Natur nicht defizitär; dennoch bedarf sie der Ergänzung durch etwas, was sich nicht auf Natur reduzieren lässt. In den menschlichen Entdeckungen und Erfindungen bildet sich das Verhältnis des Menschen zur Welt. «Der Mensch erfindet nichts, was er nicht entdeckt.»[17] Seine Erfindungen vollziehen sich im Austausch mit der Natur; er erfindet das, was er entdeckt. Das Tier hingegen kann nur finden und nicht erfinden, weil es nichts entdeckt. Aufgrund seiner Exzentrizität wird der Mensch nicht nur vom Lebensdrang getrieben, sondern er kann sich auch zu diesem Drang verhalten, Forderungen an sich stellen und so sein Leben steuern. Dabei gibt es kein dauerhaftes Gleichgewicht; jede einmal erreichte Sicherheit wird zum Ausgangspunkt neuer Erfindungs- und Konstruktionsprozesse.

Aufgrund der Exzentrizität ist das menschliche Weltverhältnis nicht unmittelbar; vielmehr wird es in vielen Prozessen vermittelt, sodass eine *vermittelte Unmittelbarkeit* besteht, die das Weltverhältnis des Menschen charakterisiert. Die menschliche Exzentrizität impliziert einmal eine Verwobenheit mit der Welt, zum anderen die Fähigkeit zur Grenzziehung und Distanzierung. Vermittlung erfolgt im Verhältnis zur Außenwelt durch die Sinne, mithilfe von Empfindungen und seelischen Regungen in der Innenwelt und in Bezugnahmen zu anderen Menschen in der Mitwelt. Auch menschliche Ausdruckshandlungen werden durch Sprache, Bilder und Gesten vermittelt, sind damit Ergebnis vermittelter Unmittelbarkeit und lassen sich nur paradoxal begreifen: «Adäquatheit der Äußerung als einer das Innere wirklich nach außen bringenden Lebensregung *und* ihre wesenhafte Inadäquatheit und Gebrochenheit als Umsetzung und Formung einer nie selber herauskommenden Lebenstiefe».[18] Vermittelte Unmittelbarkeit wird auch in Kultur und Geschichte sichtbar.

Mit der Exzentrizität des Menschen ist seine Mehrdeutigkeit und

Unergründbarkeit gegeben. Eindeutigkeit, Sicherheit und Gewissheit bedeuten Reduktion, Selbstfesselung und Unproduktivität. Mit dieser Situation des Menschen ist eine Ort- und Zeitlosigkeit in Raum und Zeit gegeben, angesichts derer lediglich ein *utopischer Standpunkt* möglich ist. Mit ihm einher geht die Kontingenz menschlicher Erlebnisse und Handlungen und die damit verbundene Weltoffenheit. Dieser utopische Standort des Menschen kann durch Religionen oder andere Versuche in Gefahr geraten, dort Sicherheiten zu gewinnen, wo keine möglich sind. Konsequent wird daher gefolgert: «Wer nach Hause will, in die Heimat, in die Geborgenheit, muss sich dem Glauben zum Opfer bringen. Wer es aber mit dem Geist hält, kehrt nicht zurück.»[19]

In Folge der Machtergreifung der Nationalsozialisten musste Helmuth Plessner Deutschland verlassen, und sein Werk hat lange nicht die ihm zukommende Aufmerksamkeit gefunden. Obwohl Plessners spätere anthropologische Schriften bald nach seiner Rückkehr aus Holland sehr bekannt wurden, hat sich die Situation im Hinblick auf sein Hauptwerk erst in den letzten Jahren geändert. Allmählich entstehen detaillierte Auseinandersetzungen mit dieser Studie, welche die Berührungspunkte mit Schelers anthropologischem Denken herausstellen, zugleich aber auch ihren eigenständigen und originellen Charakter betonen. Darüber hinaus wächst seit einiger Zeit das Interesse am Werk Plessners kontinuierlich.[20]

Sosehr auch Plessners Überlegungen zur exzentrischen Positionalität einen Erkenntnisfortschritt gegenüber Schelers wenig begründeter Setzung des Geistes als Charakteristikum des Menschen darstellen, es bleiben doch einige Fragen offen. Schelers Unterscheidung zwischen Körper-Sein und Körper-Haben, diese «Futuralsituation», diese «Binnenlage meiner selbst in meinem Körper», die sich als eine Folge der exzentrischen Position ergibt, wirft das Problem auf, wie sichergestellt werden kann, ob das Leib-Ich mit dem Ich, das den Körper hat, identisch ist. Die Übereinstimmung von beiden Ich-Teilen in *einem* Ich kann nicht gesichert werden. Es gibt kein inneres Kriterium für die Gleichheit innerer Entitäten; die innerpsychische Identifizierbarkeit von inneren Ereignissen oder Identitäten kann zwar behauptet, nicht aber bewiesen werden. Darauf hat schon Wittgensteins Privatsprachen-Argument verwiesen.[21]

Der Mensch – seine Natur und seine Stellung in der Welt

Im Unterschied zu Scheler und Plessner, die den Menschen im Rahmen einer Theorie des Lebendigen verorten und in der Folge Geist bzw. exzentrische Positionalität als die besonderen Merkmale des Menschen bestimmen, hält Gehlen diesen Versuch, eine Stufenlehre des Lebendigen mithilfe von Begriffen wie Seele und Geist zu entwickeln, für wenig erfolgversprechend.[22] Stattdessen möchte er eine Konzeption des Menschen entwickeln, bei der sich der Mensch aus sich selbst heraus erklären kann. Dazu dient ihm in Anlehnung an den amerikanischen Pragmatismus seiner Zeit die *Handlung*, die nach Gehlens Auffassung den Menschen hervorbringt und gestaltet.

Mithilfe der Handlung soll der Mangel überwunden werden, der für die menschliche Natur konstitutiv ist. Zur Unterstützung seiner These greift Gehlen auf Herders Überlegungen zurück.[23] Auch bei Nietzsche finden sich ähnliche Gedanken. Hier wird der Mensch z. B. als das «missrathenste Thier»[24] bezeichnet.[25] Seine im Vergleich zum Tier defizitäre Ausstattung macht ihn zu einem «riskierten» Wesen. Nur mithilfe des Handelns können seine im Vergleich zum Tier konstitutionellen Mängel überwunden werden. Dadurch kann die morphologisch defizitäre Situation kompensiert und zur Vervollkommnung genutzt werden.[26] Im Prozess des Handelns veräußerlicht, vergegenständlicht und institutionalisiert sich der Mensch; Indirektheit, Vermitteltheit und Entfremdung sind dabei unvermeidbar. Als «riskiertes Wesen» bedarf der Mensch kultureller und institutioneller Sicherungen sowie der Selbststabilisierung und Disziplinierung. «Das Handeln, Instinktentbindung und Triebüberschuss voraussetzend, konfiguriert sich unter biologischem Druck zu steigender Vermitteltheit und Symbolgeladenheit. Zunehmende Indirektheit und triebdynamische Umschichtung stellen das menschliche Verhalten unter das Gesetz der Entlastung und garantieren mit der Funktionstüchtigkeit der Institutionen die Sicherheit der Handlung.»[27]

Nach Auffassung Gehlens ist der menschliche Mängelcharakter der biologischen Sonderstellung geschuldet; *Neotenie* und *extrauterines Frühjahr*, *Instinktreduktion/Triebüberschuss* und *Weltoffenheit*, *Entlastung* und *Institution* sind zentrale anthropologische Stichworte.

Neotenie: Unter Bezug auf Louis Bolk[28], der durch den Vergleich der Morphologie von neugeborenen Affen und Kindern und deren unterschiedlicher Entwicklung im späteren Alter zur These von der Fötalisation der menschlichen Morphologie, also der Beibehaltung eines fötalen Stadiums beim Menschen gelangte, entwickelt Gehlen die Überzeugung, dass der gesamte menschliche Lebenslauf als verlangsamte Entwicklung gedeutet werden müsse. Die außerordentlich lange Kindheit, die ausgedehnte Adoleszenz, die lange Zeit des Alters werden dafür als Argumente herangezogen. Während nach Haeckels Hypothese die Ontogenese der Phylogenese folgt, also der individuelle Mensch *in nuce* die Menschheitsgeschichte durchläuft, weist die Neotenie-Hypothese darauf hin, dass gerade die frühen Stadien der menschlichen Entwicklung nicht schnell durchlaufen werden. Im Vergleich zu anderen Primaten treten beim Menschen viele Entwicklungen in Ontogenese und Phylogenese erst sehr viel später oder gar nicht ein. Danach ist das Charakteristikum des Menschen weniger die Schnelligkeit als vielmehr die Langsamkeit seiner Entwicklung. In der Phylogenese gilt dies sogar für die Organausstattung, von der Gehlen annimmt, dass sie Entwicklungsmerkmale festhalte, die andere Primaten längst hinter sich gelassen haben. Mit Bolk unterstellt Gehlen Funktionsstörungen im endokrinen System, welche die unterschiedliche Entwicklung des Menschen erklären könnten. Diese Annahme hat zudem den Vorteil, dass sie nicht mit den Erkenntnissen in Konflikt gerät, die zwischen Menschen und anderen Primaten eine weitgehende Übereinstimmung in biochemischer Hinsicht nahe legen.

Sicherlich hat die These von der Neotenie einigen Erklärungswert, doch sollte man sie nicht überschätzen. Eine Reihe Charakteristika der menschlichen Morphologie unterliegen keiner Verlangsamung der Entwicklung. Gehlen verweist z. B. darauf, dass die Proportionen zwischen Rumpf und Extremitäten bei den Affen viel stärker dem fötalen Zustand entsprechen als beim Menschen.[29] Besonders die Entwicklung der Beine ist beim Menschen beschleunigt. Mittlerweile sind auch bei anderen Tieren und sogar bei Pflanzen ähnliche Entwicklungsverzögerungen entdeckt worden, sodass aufgrund von Verlangsamungsprozessen kaum mehr von einer besonderen Stellung des Menschen die Rede sein kann. Neotenie widerspricht «zudem nicht den üblichen evolutionstheoretischen Erklärungen, weil sie unter bestimmten Bedingungen ein phylogenetischer Vorzug sein kann»[30].

Das extrauterine Frühjahr: Ein weiteres Argument zur Begründung der Sonderstellung des Menschen gewinnt Gehlen aus den Forschungen Adolf Portmanns, die sich auf Schwangerschaft, Geburt und das erste Lebensjahr von Menschen und anderen Primaten richten.[31] Portmann unterscheidet zwischen Nesthockern und Nestflüchtern und versucht nachzuweisen, dass der Mensch im Vergleich zu beiden eine Sonderstellung einnimmt. Zu den Nesthockern gehören Insektenfresser und Nagetiere. Ihre Tragezeit ist kurz; bei jedem Wurf werden viele Junge zur Welt gebracht. Sie sind unbehaart, ihre Augen und Ohren sind verschlossen; sie können ihr «Nest» nicht verlassen und sich auch nicht selbst ernähren. Daher sind sie in jeder Hinsicht auf die Hilfe ihrer Eltern angewiesen. Anders verhält es sich mit den Nestflüchtern, denen Portmann Huftiere, Wale und Affen zuordnet. Ihre Jungen absolvieren bereits im Leib des Muttertiers das Stadium des Nesthockers. Bei ihnen dauert die Tragezeit länger, und die Nachkommenzahl ist wesentlich geringer. Die neugeborenen Jungen können hören und sehen, sich selbständig bewegen und schon bald mit dem Muttertier interagieren. Fohlen und junge Elefanten können z. B. schon nach kürzester Zeit stehen und laufen.

Die Menschen nun passen weder zu den Nesthockern noch zu den Nestflüchtern. Obwohl der Mensch aufgrund der genannten Merkmale eigentlich zu den Nestflüchtern gehört, ähnelt der neugeborene Mensch in vieler Hinsicht den Nesthockern. Erst nach einem Jahr, dem *extrauterinen Frühjahr*, erreicht der Mensch den Entwicklungsstand, den die Nestflüchter bereits bei der Geburt erlangt haben. Eigentlich müsste die Schwangerschaft beim Menschen wesentlich länger dauern. Deshalb sehen Portmann und Gehlen im Menschen einen Sonderfall und bezeichnen ihn als «sekundären Nesthocker». Gehlen folgert daraus, dass der Mensch in hohem Maß auf Erziehung und Sozialisation, d. h. auf die Vermittlung von Kultur angewiesen ist, ohne die er nicht lebensfähig wäre. Diese frühe Hilflosigkeit des Menschen ermöglicht eine Verschränkung von somatischer und psychischer, individueller und sozialer Entwicklung. Ihr kommt eine zentrale Bedeutung für die Entwicklung des kleinen Kindes zu. Die Hirnforschung[32] und die neueren Forschungen zur kulturellen Entwicklung menschlichen Denkens[33] haben die zentrale Bedeutung dieser frühen extrauterinen Entwicklungsphase für die Ontogenese bestätigt. Dennoch ergeben sich Zweifel an Gehlens Versuch, das extrauterine Frühjahr zur Unterstützung seiner These vom Mängelwesen Mensch heranzuziehen und es zur Begründung einer biologischen Sonderstellung des Menschen zu verwenden.

Instinktreduktion und Triebüberschuss: In Gehlens Sicht ist der Charakter des Menschen als «Mängelwesen» nicht nur durch Neotenie und extrauterines Frühjahr bedingt, sondern auch durch Instinktreduktion und Triebüberschuss. Die rudimentäre Instinktausstattung, die auch für Schelers und Plessners Überlegungen zentral ist, hat zahlreiche Konsequenzen. Beim Menschen wird sie in den unwillkürlichen Bewegungen bei der Nahrungsaufnahme (Saugen, Kauen, Schlucken), der Sexualität (Geschlechtsverkehr, Geburt, «Kindchenschema») und den Reaktionen in plötzlichen Gefahrensituationen (Panik, Flüchten etc.) sichtbar. Ansonsten gibt es keine angeborene Verbindung zwischen einem Antrieb und bestimmten Objekten und Bewegungen. Zwar reagieren Menschen auf Schlüsselreize, die in ihnen das Gefühl schaffen, etwas machen zu müssen, doch sind sie diesem Gefühl nicht ausgeliefert und können ihm widerstehen. Menschliches Verhalten ist durch die Kluft, durch den Hiatus zwischen Trieben und auf sie bezogenen Reaktionen gekennzeichnet, der die Möglichkeit gibt, sich von den Antrieben zu distanzieren und «nein» zu sagen. Diesen Verlust der Instinktsteuerung interpretiert Gehlen als Beleg für seine These vom «Mängelwesen» Mensch und als Voraussetzung für die zentrale Bedeutung, die Lernen im Leben der Menschen spielt. Doch auch andere Primaten lernen viel mehr, als Gehlen dachte. In der neueren Primatenforschung finden sich dafür zahlreiche Belege.[34] Die Unterschiede zwischen verschiedenen Affengruppen der gleichen Art sind je nach bewohntem Biotop beträchtlich und können aufgrund von Lernprozessen erklärt werden. In einer Makaken-Gruppe in Japan wusch im Herbst 1953 ein Weibchen erstmals eine Süßkartoffel im Meerwasser. Bis heute hat sich dieses Verhalten in dieser Gruppe erhalten und wurde sogar von den nachwachsenden Generationen übernommen. Bei einer anderen, nicht weit entfernt lebenden Makaken-Gruppe wurde dieses Verhalten bis heute nicht angetroffen. Wenn in der Geschichte der Evolution offene Verhaltensprogramme einen Entwicklungsvorteil bringen, werden geschlossene Verhaltensprogramme des

Öfteren durch sie ersetzt. Danach wäre die residuale Instinktausstattung des Menschen kein Mangel, sondern eher ein Entwicklungsvorteil. Um diesen Entwicklungsvorteil wahrzunehmen und entsprechend zu leben, werden komplexere genetische Anlagen als bei geschlossenen Programmen benötigt.[35] «Der Mensch ist auch im Instinktiven kein Mängelwesen.»[36] Dies legt den Schluss nahe, «dass beim Menschen die genetische Vorprogrammierung nicht geringer, sondern größer ist als bei allen Tieren. Wenn man die absoluten Zahlen errechnen könnte, so hätten die Menschen mehr genetisch verankerte Verhaltensdispositionen als die Tiere. Nur ihr relativer Anteil am tatsächlichen Handeln ist kleiner, weil die andere Seite, die kulturell erworbenen Verhaltenskomponenten, noch stärker angewachsen ist.»[37]

Triebüberschuss: Gehlen geht nicht von mehreren Trieben, sondern von *einem* entdifferenzierten Trieb aus. Dieser ist beim Menschen nicht wie bei den Tieren in spezifische Triebe untergliedert, die mit verschiedenen Funktionskreisen wie Nahrung und Fortpflanzung zusammenhängen. Er durchdringt alle Bereiche menschlichen Handelns und verbindet sich mit anderen Antrieben wie der Aggressivität und den Macht- und Dominanzbestrebungen. Im Unterschied zum Sexualtrieb der Tiere unterliegt die menschliche Sexualität keinen jahreszeitlichen Rhythmen. Sie ist auf Dauer gestellt und artikuliert sich in einem anhaltenden Drang, mit dem eine unstillbare Bedürftigkeit einhergeht. Gehlen beschreibt sie als eine «fast unerschöpfliche gerichtete Energie» und spricht von einer «potentiellen Antriebsbesetzung schlechterdings aller menschlichen Tätigkeitsarten»[38]. Aus dieser Strukturierung des menschlichen Innenlebens ergibt sich der Triebüberschuss, für dessen weitere Präzisierung Gehlen sich auf Scheler und Freud bezieht. Nach seiner Auffassung ist der Antriebsüberschuss für das «Mängelwesen» Mensch notwendig. Denn es bedarf starker Energien, um die sich aus der Instinktreduktion ergebenden vielfältigen Verhaltensmöglichkeiten auch wahrnehmen zu können.

Der Triebüberschuss ergibt sich aus der Neotenie. Die Triebenergien treffen nach Buytendijk wegen der verzögerten Entwicklung des Menschen auf die noch lange Zeit unausgebildete Motorik und Sexualität des Kindes. In der langen Entwicklungsphase der Kinder und Jugendlichen verbindet sich dieser Überschuss auch mit zahlreichen nicht zweckgerichteten Handlungen wie dem Spiel- und Neugierverhalten. Daraus ergibt sich in Gehlens Sicht ein «biologisch paradoxes Verhalten». «Die aus direkten Bedürfnisbefriedigungsmustern entbundenen Triebpotentiale können dazu führen, dass wir unser Leben aufs Spiel setzen. Die überschießende Energie treibt uns über das Selbsterhaltungsziel hinaus. Ohne diese Fähigkeit hätten die Menschen nie neue Ufer erreicht. Der Mensch ist das riskierte Wesen, aber er ist auch … das Wesen, das das Risiko sucht.»[39] Aufgrund dieser Situation bedarf es des Zwangs zur Formierung und Domestikation. Infolge des Hiatus zwischen Reiz und Reaktion sind Kontrolle und Steuerung des Antriebsüberschusses möglich und notwendig. Sie erfolgen mithilfe von kulturell erzeugten und vermittelten Bildern, die dazu dienen, die menschliche Bedürfnisstruktur zu entwickeln und zu formen und dazu führen, dass eine Befriedigung von Bedürfnissen über die Vermittlung von Bildern erfolgt. Dadurch kommt es zu einer zunehmenden Indirektheit des menschlichen Verhaltens. Neben den Bildern spielt in diesem Prozess auch die Sprache eine zentrale Rolle. Die Antriebe werden sprachlich überformt. Das Innere wird sprachmäßig strukturiert; es entsteht eine Grammatik des Inneren. Eine weitgehende Versprachlichung des Inneren erscheint erforderlich. «Ein Mensch, der es … zu keiner weltzugewandten und dauertätigen Bedürfnisformierung und Interessenarchitektur bringt, entartet im Überdruck des drängenden Antriebsüberschusses in selbstzerstörerischen Süchten.»[40] Mit der Entstehung einer im Imaginären sprachlich strukturierten inneren Außenwelt wird die Grenze zwischen Außen und Innen durchlässig. Dadurch entsteht eine Bereicherung und Differenzierung der menschlichen Empfindungen. In späteren Werken hat Gehlen seine Auffassung vom monistischen Charakter des menschlichen Antriebs modifiziert.[41]

Weltoffenheit: Wie Scheler und Plessner geht Gehlen davon aus, dass im Unterschied zur Umweltgebundenheit des Tiers der Mensch weltoffen ist.

Anders als das Tier verfügt er über keine spezialisierten Organe, sondern ist organisch unspezialisiert. Das gilt für seine Sinne, für das weitgehende Fehlen eines Haarkleides, das es dem Menschen ermöglicht, in heißen und in kalten Regionen zu leben, sowie für die damit zusammenhängende stärkere Sensibilität der Haut und die größeren Möglichkeiten mimischen Ausdrucks. Auch das Gehirn ist nach Gehlens Auffassung kein Spezialorgan, da es sich ohne eine entsprechende morphologische Basis nicht hätte entwickeln können.[42] In evolutionsgeschichtlicher Perspektive entsteht der aufrechte Gang sehr viel früher als die hypertrophe Entwicklung des Gehirns, die erst vor einer halben Million Jahren das Ausmaß der anderen Primaten wesentlich überschritt. Gehlen sieht im Gehirn ein «paradoxes Organ», «weil es zusammen mit den Händen alle Spezialisierungen von Organen überflüssig gemacht hat»[43]. Deshalb stimmt er Konrad Lorenz zu, wenn dieser vom Menschen als dem «Spezialisten auf Nichtspezialisiertsein» spricht.[44] Da es eine Entsprechung zwischen der Umwelt und der Spezialisierung von Organen gibt, gilt auch der Umkehrschluss. Da der Mensch keine artspezifische Umwelt hat, hat er auch keine spezialisierten Organe. Diese Einsicht geht auf Uexkülls Erkenntnis zurück, dass Tiere nicht unabhängig von ihrer Umwelt betrachtet werden können, mit der sie über eine Reihe von Funktionskreisen verbunden sind.[45] Aus der Sicht der Tiere gibt es nur Faktoren, die für ihr Überleben wichtig sind. In gleicher Weise gilt dies für die Wahrnehmung und das Verhalten, für die Merkwelt und für die Wirkwelt der Tiere. Uexküll überträgt diese Überlegungen auf den Menschen und macht deutlich, dass Menschen ihre Umwelt auch perspektivisch wahrnehmen. So sieht der Förster den Wald anders als der Erholung suchende Spaziergänger. Im Unterschied zum Tier können Menschen jedoch verschiedene Umwelten wahrnehmen und dabei ihre Perspektive verändern. Daher ist der Mensch nicht umweltgebunden, sondern weltoffen; er lebt nicht in geschlossenen Funktionskreisen, sondern in offenen Handlungskreisen. Anders als bei Scheler, der die Weltoffenheit des Menschen im Geist begründet sieht, ist sie nach Gehlen Ergebnis seiner mangelhaften biologischen Konstitution. An die Stelle der tierischen Umwelt tritt die Kultur, die sich der Mensch mithilfe von Sprache und Arbeit selbst schaffen muss. Da es dem Menschen nicht vorgegeben ist, wie er welche kulturellen Figurationen schafft, ist er weltoffen. Konstitutionelle, historische und kulturelle Bedingungen schränken die Weltoffenheit ein.[46] Wenn menschliches Handeln zur Zerstörung der Natur führt, schlägt Weltoffenheit in ihr Gegenteil um.[47]

Entlastung: Bei der Konstitution des Menschen spielt die Entlastung eine zentrale Rolle. Mit ihrer Hilfe werden Wahrnehmung und Bewegung koordiniert. Verhaltensweisen werden ausgebildet; wenn sie sich bewähren, werden sie geübt und automatisiert und sind dann ohne besondere Aufmerksamkeit und Reflexion verfügbar. In solchen Prozessen werden Gewohnheiten entwickelt, die Sicherheit geben. Haltungen entstehen, die das Verhalten verlässlich machen.[48] Nur ein mittels Gewohnheiten und Routinen entlasteter Alltag macht den Menschen für produktive Handlungen frei.[49] Gäbe es nicht die Entlastung, wäre der Mensch wegen seiner starken Triebregungen ständig auf diese bezogen und nur in eingeschränktem Maß zu anderen Handlungen fähig. Auch Technik und Institutionen tragen zur Entlastung bei. Technik stellt einen Organersatz dar und entlastet den Menschen von seinen alltäglichen Auseinandersetzungen mit der Natur. Institutionen vermitteln ihm Ordnungsstrukturen und schützen ihn gegen Unsicherheit. Sie schreiben Gewohnheiten fest, stellen Kontinuität her und sorgen für das Gelingen von Gemeinschaftsprozessen. Sie entlasten den Menschen von der äußeren Reizüberflutung und den Anforderungen des Triebüberschusses. Neben der Technik und den Institutionen leistet auch die Kunst einen Beitrag zur Entlastung der Menschen. Kunst fördert die Entwicklung einer ästhetischen Haltung, die auf einem entlasteten Verhältnis zur Welt basiert.

Diese Prozesse führen zur Vermeidung körperlicher Anstrengungen, erzeugen Distanz und vollziehen sich unbewusst. Entlastetes Verhalten birgt jedoch die Gefahr, dass es in Gewohnheit und Routinisierung erstarrt.

Institutionenlehre: Der umstrittenste Teil von Gehlens anthropologischem Werk ist seine Institutionenlehre. Nach seiner Auffassung wird in Institutionen Handeln auf Dauer gestellt, das die menschlichen Mängel kompensieren kann. Institutionen geben einen äußeren und inneren Halt, mit dessen Hilfe einerseits die Bedrohungen der äußeren Welt gehandhabt, andererseits die triebbedingten Irritationen und Verunsicherungen der inneren Welt kontrolliert werden können. Dadurch werden sie zu Garanten von Stabilität und Sicherheit. Gehlen zufolge leidet die Gegenwart daran, dass infolge zunehmender Individualisierung und Subjektivierung die Institutionen ihre strukturierende und steuernde Kraft verlieren. «Eine Kultur der Subjektivität ist ihrem Wesen nach nicht stabilisierbar, sie muß in einer massenhaften ephemeren Überschußproduktion enden.»[50] Institutionen stabilisieren Gesellschaften, indem sie deren «Leitideen» materialisieren. Dies vollzieht sich auch außerhalb der Intentionen der Individuen, ihrer rationalen Entscheidungen und rechtsstaatlicher Kontrolle. Indem Institutionen gesellschaftliche Strukturen auch außerhalb demokratischer Kontrolle auf Dauer stellen, entlasten sie die Gesellschaft. Den Institutionen, die Gehlen zunächst noch «Führungssysteme» nannte, kommt die Aufgabe zu, die Welt zu deuten, das Handeln zu formieren und den Menschen Sicherheit zu geben. Unter ihnen spielt der Staat für die zeitliche Kontinuität und soziale Stabilität der Gesellschaft eine besondere Rolle. Der Bedeutungsverlust des Staates und der Institutionen führt dazu, dass die Individuen weniger durch diese geformt werden, sondern dass sie zwischen Superstrukturen, wie sie im Rahmen der Globalisierung entstehen, und Organisationen geraten, die beide nicht wie die Institutionen normativen Leitideen verpflichtet sind.

In Gehlens Überlegungen fehlt eine den historischen Wandel berücksichtigende kritische Einschätzung der Institutionen und ihres Anspruchs auf Unter- und Einordnung der Individuen. Dementsprechend gibt es in dieser Institutionenlehre auch keine Legitimierung durch demokratische Prozesse.

Gehlens unhistorischer Setzung einer festen Struktur und Funktion von Institutionen entspricht auch seine Konzeption der *posthistoire*. Nach dieser Auffassung gibt es zwar in vielen Bereichen des menschlichen Lebens einen quantitativen Fortschritt, ohne dass dieser jedoch zu wirklichen Innovationen in Kultur und Gesellschaft führe. Vielmehr zeige sich eine für die Zeit typische kulturelle Kristallisation, die bewirke, dass in der Kunst nichts wirklich Neues entsteht. Mit dem Begriff der *posthistoire*, die auf Kojèves Hegellektüre zurückgeht, wird nicht das Ende der Zeit oder der Menschheit, auch nicht der historischen Ereignisse bezeichnet. Gemeint ist lediglich, dass es keine wirklichen kulturellen Innovationen, keine neuen politischen Systeme oder Ideen mehr geben werde, mit denen die einzelnen Menschen auf die Superstrukturen der Gegenwart Einfluss nehmen können. Politisches Handeln sei «ein im tiefsten Sinne konservativer Versuch, eine Kontrollchance über einen metahumanen Prozess sich einzureden, der sich eben dieser Kontrolle bereits entzogen hat»[51].

Rück- und Ausblick

Die Philosophische Anthropologie der ersten Hälfte des 20. Jahrhunderts ist kein kohärenter Ansatz. Zwar gibt es zwischen Scheler und Plessner im Ausgangspunkt und in Teilen der Argumentation Ähnlichkeiten, die Ersteren auch zu einem allerdings unhaltbaren Plagiatvorwurf veranlassten, doch sind die Unterschiede zu Gehlens Ansatz beträchtlich. Ging es Scheler und Plessner darum, die Stellung des Menschen im Rahmen einer Theorie des Lebendigen zu bestimmen, wollte Gehlen eine Theorie des Menschen aus dem Strukturprinzip der Handlung entwickeln. Noch vielfältiger wird das Feld, wenn man Autoren wie Michael Landmann[52] hinzuzieht, die anregende eigene Beiträge zur Philosophischen Anthropologie geleistet haben.

Während Scheler und Plessner in ihrem Vorgehen von der Hermeneutik Diltheys, der Phänomenologie Husserls und der Fundamentalontologie Heideggers beeinflusst sind[53], ist es bei Gehlen vor allem der amerikanische Pragmatismus, der im Hintergrund seiner Theorie der Handlung steht. Geht es bei Scheler und Plessner unter Verwendung von Forschungen aus der Biologie um die besondere Stellung des Menschen im Rahmen des Lebendigen, so dienen Gehlen die von ihm verarbeiteten biologischen Forschungen dazu, seine Theorie vom Menschen als «Mängelwesen» zu entwickeln.

Während Schelers Stufenaufbau des Kosmos der traditionellen Trennung von Geist und Körper bzw. Leben verhaftet bleibt, gelingt es Plessner in seinen *Stufen des Organischen* mit den Unterscheidungen zwischen offener und geschlossener Form, zwischen zentrischer und exzentrischer Positionalität mit den Möglichkeiten der Distanz zu sich selbst und einem doppelten Verhältnis zum Körper (Körper-Sein, Körper-Haben), einen Schritt in Richtung auf eine Überwindung dieses Dualismus zu machen. Ein abschließendes Urteil, wie weit Plessner in dieser Hinsicht gekommen ist, steht noch aus.

Wo sich die Philosophische Anthropologie auf das biologische Wissen ihrer Zeit stützt, kommt sie zwar für ihre Zeit zu weiterführenden Einsichten. Da jedoch Teile des damaligen biologischen Wissens aus heutiger Sicht keinen Bestand haben, müssen einige ihrer Erkenntnisse modifiziert werden. Deutlich wird dies z. B. an der Überschätzung der Bedeutung der Neotenie und des «extrauterinen Frühjahrs» durch Gehlen.

Aufgrund neuerer biologischer Forschungen ist auch Gehlens eingängige These vom «Mängelwesen» Mensch problematisch, selbst wenn sie nur dazu herangezogen wird, die Angewiesenheit des Menschen auf Kultur und Erziehung zu begründen und um deutlich zu machen, dass der Mensch sein Leben führen und deswegen auch handeln muss. Man wird heute eher davon ausgehen müssen, dass die Momente, die Gehlen dazu bewegen, den Mängelcharakter des Menschen zu postulieren, in Wirklichkeit von vornherein Evolutionsvorteile darstellen. Die von Gehlen aus dem Mängelcharakter hergeleitete hohe Einschätzung von Kultur und Erziehung, Institutionen und Ordnungsstrukturen für die Schaffung und Erhaltung von Gesellschaften mag man teilen oder nicht, einige seiner Einsichten über die Zusammenhänge zwischen den biologischen Voraussetzungen des Menschen und seinem Handeln erscheinen nach wie vor bedenkenswert.

Kritik muss sich gegen Gehlens Institutionenlehre richten, die zwar bedenkenswerte Aspekte enthält, deren unhistorische Konzeption mit der Festschreibung einer bestimmten Ausprägung und Funktion der Institution aber inakzeptabel ist. Auch Gehlens Überbetonung des Entlastungsprinzips, die Geringschätzung der Individualisierung und Subjektivität sowie seine provokanten Thesen zur modernen Kunst und zur «posthistoire» fordern Widerspruch und Kritik heraus.

Bei aller Unterschiedlichkeit ist Plessner und Gehlen gemeinsam, dass sie sich in ihren späteren Arbeiten stärker der Soziologie und der Geschichte zuwenden und hier anregende Einzeluntersuchungen vorlegen. Allerdings führt diese Wendung nur zu einer in Ansätzen befriedigenden Erweiterung oder Modifikation ihrer Anthropologie-Konzeptionen.

Scheler, Plessner und Gehlen reflektieren in ihren Anthropologien kaum die Geschichtlichkeit und Kulturalität ihrer eigenen Forschungen. Sie gewinnen dadurch auch keine anthropologiekritische Perspektive. Lediglich beim späten Plessner findet sich, etwa im Konzept des «homo absconditus», eine ins Grundsätzliche gewendete, die Ausschnitthaftigkeit und Vorläufigkeit des anthropologischen Wissens bedenkende Anthropologiekritik.

Mit dem Interesse der Philosophischen Anthropologie an *dem* Menschen entgeht ihr die historische und kulturelle Vielfalt *der* Menschen. Dies ist die notwendige Konsequenz aus dem aus prinzipiellen Gründen zum Scheitern verurteilten und dennoch anregenden Versuch, *eine* kohärente Konzeption des Menschen zu entwickeln, der dabei der Reichtum menschlicher Lebensformen entgeht. Diese zu erforschen ist das Ziel einer auf anthropologische Fragen ausgerichteten Geschichtswissenschaft, wie sie zunächst in Frankreich in der Schule der *Annales* entstand und dann in der *nouvelle histoire* ihre Fortsetzung fand. Entsprechendes gilt für die *cultural anthropology* der angelsächsischen Welt, die ihre Forschungen auf die Mannigfaltigkeit der Menschen in verschiedenen Kulturen richtete und dazu umfangreiches empirisches Material erarbeitete.

3. Anthropologie in der Geschichtswissenschaft

Geht es in der Philosophischen Anthropologie um Fragen *des* Menschen, werden in der anthropologischen Forschung der Geschichtswissenschaft die elementaren Situationen und Grunderfahrungen *der* Menschen zum Thema. Lässt sich im ersten Fall der Gegenstandsbereich der Philosophischen Anthropologie auf die Werke Max Schelers, Helmuth Plessners und Arnold Gehlens eingrenzen, so ist eine solche Konzentration im Fall der Anthropologie in der Geschichtswissenschaft nicht möglich. Während es sich bei der Philosophischen Anthropologie um ein zurzeit weitgehend abgeschlossenes Untersuchungsfeld handelt, in dem über die Auseinandersetzung mit den genannten Autoren hinausgehende Forschungen die Ausnahme sind, erweist sich die Wendung zur Anthropologie in der Geschichtswissenschaft weiterhin als produktiv. Diese Forschungen beginnen etwa zur gleichen Zeit wie die Untersuchungen der Philosophischen Anthropologie mit der 1929 in Frankreich gegründeten Zeitschrift *Annales*.[1] Im Verlauf weniger Jahrzehnte entstanden dann viele neue Untersuchungen, die es rechtfertigen, von einer «neuen Geschichtswissenschaft» *(nouvelle histoire)* zu sprechen. In ihrem Mittelpunkt steht die Untersuchung der Menschen im Wandel der Zeit. Diese Arbeiten richten sich nicht auf das Gattungswesen Mensch, sondern auf die Vielfalt menschlichen Lebens in verschiedenen historischen Zeiträumen. Das Fühlen und Erleben, Denken und Handeln, Wünschen und Träumen der Menschen wird zum Thema. Damit vollzieht sich eine erhebliche Ausweitung der Themen, Forschungsansätze und Methoden. Zunächst wird die Wendung zur *Mentalitätsgeschichte* und zur *Historischen Anthropologie der französischen Geschichtswissenschaft* beschrieben. Sodann werden die von diesen Forschungen stark beeinflussten Entwicklungen im deutschsprachigen Raum dargestellt.

Abschließend gilt es in einigen zusammenfassenden und weiterführenden Überlegungen die Bedeutung dieser Forschung für die Anthropologie einzuschätzen.

Die Schule der *Annales*

Zur Zeitschrift der *Annales* gehört eine Gruppe Historiker, die im Lauf von zwei Generationen die *nouvelle histoire* schaffen, welche die historische Forschung in vielen Ländern beeinflusst hat und ohne die sich die anthropologische Wendung in der Geschichtswissenschaft auch in Deutschland wohl kaum vollzogen hätte. Zu den bekanntesten Vertretern dieser Gruppe gehören Lucien Febvre, Marc Bloch, Fernand Braudel, Georges Duby, Jacques LeGoff und Emmanuel LeRoy Ladurie. Das Ziel ihrer Arbeit lässt sich so charakterisieren: «Erstens: Problemorientierte, analytische Geschichte statt konventioneller Berichte von Ereignissen. Zweitens: Eine Geschichte des menschlichen Handelns in seiner ganzen Breite statt einer primär politischen Geschichte. Drittens, um die beiden genannten Ziele zu erreichen: Zusammenarbeit mit anderen Disziplinen wie Geographie, Soziologie, Psychologie, Wirtschaftswissenschaft, Linguistik, Ethnosoziologie und so weiter.»[2] Im Allgemeinen werden die um die *Annales* angesiedelten Forschungen in drei Phasen eingeteilt. Die erste Phase reicht von der Gründung der Zeitschrift bis zum Ende des Zweiten Weltkriegs. In dieser Zeit wenden sich ihre Vertreter gegen die politische Geschichte und die Ereignisgeschichte. In ihrem Mittelpunkt stehen Lucien Febvre und Marc Bloch. In der zweiten Periode zwischen 1945 und 1968, in der diese Gruppe einen bestimmenden Einfluss auf die französische Geschichtswissenschaft ausübt, steht Fernand Braudel in ihrem Zentrum. In der dritten, bis in die Gegenwart reichenden Zeitspanne haben die in dieser Tradition stehenden Autoren nach wie vor einen nachhaltigen Einfluss auf die historische Forschung in Frankreich; doch verlieren sie ihren Zusammenhalt und damit die Kohärenz früherer Zeiten. Einige Autoren wenden sich wieder der soziokulturellen Geschichte, andere der politischen Geschichte zu.

Lucien Febvre und Marc Bloch lernten sich 1920 in Straßburg kennen, wo sie bis 1933, bevor sie nach Paris gingen, zusammenarbeiteten.

Hier standen sie im Zentrum einer interdisziplinären Arbeitsgruppe, zu der u. a. der Sozialpsychologe Charles Blondel gehörte, dessen Arbeiten zur historischen Psychologie Lucien Febvre beeinflussten. Auch Georges Lefebvre, der über die Französische Revolution arbeitete und sich für Mentalitätsgeschichte interessierte, lehrte zu dieser Zeit in Straßburg. Ebenso gehörten der Religionssoziologe Gabriel Le Bras und der Altertumshistoriker André Piganiol zu den Gesprächspartnern Febvres und Blochs.[3]

1924 erscheint Marc Blochs *Les rois thaumaturges*.[4] In dieser Studie wird der in England und Frankreich vom Mittelalter bis ins 18. Jahrhundert verbreitete Glaube untersucht, nach dem Könige durch rituelles Handauflegen in der Lage seien, ein zur damaligen Zeit verbreitetes Hautleiden zu heilen. Diese Untersuchung ist für die Entstehung der Mentalitätsforschung und die Wendung zu anthropologischen Themen in der Geschichtswissenschaft von Bedeutung. Einmal konzentriert sie sich auf Vorstellungen von der Wunder erzeugenden Kraft des Königtums, in denen die besondere Macht des Königs zum Ausdruck kommt. Dabei handelt es sich um «kollektive Vorstellungen», die in der Mentalitätsgeschichte starke Beachtung finden. Bei Blochs Untersuchung dieses Heilungsrituals wird ausdrücklich seine lange zeitliche Dauer berücksichtigt. Ferner wird als methodisches Verfahren der Vergleich verwendet, dessen systematische Ausarbeitung nach wie vor zu den Desideraten historisch-anthropologischer Forschung gehört. Auch Blochs einige Jahre später veröffentlichte Studie über die Kultur des Feudalismus enthält viele neue und anregende Gesichtspunkte.[5] In dieser Untersuchung interessiert sich der Autor für die «Formen des Fühlens und Denkens», das «kollektive Gedächtnis» sowie für das mittelalterliche Zeitverständnis.[6]

Auch Lucien Febvres Studien zur Renaissance und zur Reformation[7] widmen sich der Untersuchung kollektiver Einstellungen. Febvre interessiert sich für das Problem der «Beziehungen zwischen dem Individuum und der Gemeinschaft, der persönlichen Initiative und der sozialen Notwendigkeit»[8]. Getreu seinem Engagement für interdisziplinäre Forschung, problemgeschichtliche Untersuchungen und für die Geschichte der Gefühle führt Febvre seine Arbeiten nach seiner Berufung an das Collège de France und der Etablierung der *Annales* in Paris weiter.[9] Febvre interessiert sich dafür, wieso Margarete von Navarra, eine kluge und fromme Adlige, das *Heptameron* mit seinen anrüchigen Geschichten schrieb. Er will herausfinden, inwieweit Rabelais gläubig oder ungläubig war. Dabei geht es ihm darum zu zeigen, warum seiner Auffassung nach Atheismus im 16. Jahrhundert noch nicht möglich ist und Ungläubigkeit noch nicht zum «mentalen Handwerkszeug» dieser Zeit gehört.[10] Viele Hypothesen Febvres werden später in Detailuntersuchungen infrage gestellt und bedürfen der Modifikation. Dennoch verdankt die Mentalitätsgeschichte seinen und Blochs innovativen Fragestellungen und Perspektiven viel.[11]

Nach dem Krieg, in dem Marc Bloch als Mitglied des Widerstands getötet wird, gründet Lucien Febvre die «Sixième Section» der «École Pratique des Hautes Études», deren Vorsitzender er wird und an der in der Folgezeit die Geschichtsschreibung in seinem Sinn weiterentwickelt wird. Sein Nachfolger wird 1956 Fernand Braudel, der von nun an andere Akzente setzt. Bereits in seinem ersten dreibändigen Werk wird dies deutlich.[12] Hier wird zuerst die «‹gleichsam unbewegte› Geschichte der Menschen in ihren Beziehungen zum ‹umgebenden Milieu› behandelt, dann die allmählich sich verändernde Geschichte der ökonomischen, sozialen und politischen Strukturen und schließlich die rasch verlaufende Ereignisgeschichte»[13]. Die erste Form der Geschichte ist eine Art historische Geographie, in der der Einfluss der Landschaft und des Milieus auf die Menschen untersucht wird. Gebirge und Ebenen, Küstenstreifen und Inseln, Klima und Verkehrswege werden behandelt. Auf dieser Ebene findet historischer Wandel sehr langsam statt. Im zweiten Teil werden die «kollektiven Schicksale und Gesamtbewegungen» untersucht. Die Geschichte der ökonomischen, staatlichen, gesellschaftlichen und kulturellen Strukturen wird hier Gegenstand der Forschung. Diese Geschichte vollzieht sich zwischen den langen Zeiträumen der historischen Geographie und der sich schnell wandelnden Ereignisgeschichte. Im ersten Fall spielt sie sich im Wechsel der Generationen und Jahrhunderte ab. Bei der Ereignisgeschichte handelt es sich um die dynamische, an menschlichen Handlungen reiche Geschichte, die Braudel mit der Erzählung folgender Metapher charakterisiert: «Ich entsinne mich, daß ich eines Nachts in der Nähe von Bahia eingehüllt war in eine feuerwerkartige Darbietung von phosphoreszierenden Glühwürmchen: ihre blassen Lichter glühten, verlöschten, leuchteten wieder auf, und alles, ohne daß die Nacht wirklich erleuchtet wurde. So ist es auch mit den Ereignissen; jenseits ihres Glühens herrscht Dunkelheit.»[14]

So neuartig die Einbeziehung der historischen Geographie in die Geschichtsschreibung ist, in Braudels Werk finden sich nicht mehr wie bei seinen Vorgängern Ausführungen über Einstellungen, Werte, Haltungen oder Mentalitäten. Es fehlen z. B. Analysen über die Zusammenhänge von Ehre und Männlichkeit, die für die sozialen Beziehungen in den Mittelmeerkulturen eine wichtige Rolle spielen. Auch Ausführungen über das Verhältnis von Christentum und Islam sucht man vergeblich. Dargestellt wird eine Welt, die durch die Ungleichzeitigkeit verschiedener Zeitrhythmen bestimmt wird, in der viele Ereignisse der menschlichen Kontrolle entzogen sind und in der Menschen als Handelnde nur am Rande vorkommen. Allerdings gelingt es dieser Untersuchung, die zentrale Bedeutung von Raum und Zeit, d. h. einer geographischen, sozialen und individuellen Zeit herauszuarbeiten und damit ebenfalls einen wichtigen Beitrag zur Historischen Anthropologie zu leisten.

Braudels zweites großes Werk, das im Deutschen unter dem Titel *Sozialgeschichte des 15.–18. Jahrhunderts* erschienen ist, nimmt die dreiteilige Gliederung des Mittelmeerbuchs wieder auf. Auch hier behandelt der dem «Alltag» gewidmete erste Teil die kaum bewegliche Geschichte des materiellen Lebens, der zweite, den «Handel» beschreibende Teil die sich langsam verändernden historischen Strukturen des Wirtschaftslebens und der dritte, «Aufbruch zur Weltwirtschaft» überschriebene Teil die Mechanismen des Kapitalismus und die durch ihn bewirkten raschen Veränderungen. Im ersten Buch wird die etwa vier Jahrhunderte dauernde traditionelle Wirtschaftsordnung dargestellt. Dabei spielen die lange Zeitdauer, die «longue durée», und die globale Perspektive für die Erklärung langsamer Veränderungen eine zentrale Rolle. Im zweiten Buch stehen der Handel und das mit ihm verbundene ökonomische Leben im Mittelpunkt. Im dritten Buch erfolgt eine mehrdimensionale Darstellung der Entstehung des Kapitalismus. Nach Braudels Auffassung ist der Kapitalismus nicht – wie es Marx und Weber nahe legen – aus einer einzigen Quelle entstanden. Er sei vielmehr ein heterogenes, widersprüchliches Phänomen, zu dessen Erklärung Theorien aus mehreren Wissenschaftsdisziplinen herangezogen werden müssten. Wie schon im Mittelmeerbuch bleiben auch hier Blochs und Febvres mentalitätsgeschichtlichen Perspektiven Braudel fremd. Erst in der dritten Phase der Schule der *Annales* nehmen sie wieder eine zentrale Stellung ein, die damit beginnt, dass LeGoff das Amt des Sektionsvorsitzenden von Braudel übernimmt und 1975 Präsident der umorganisierten «École des Hautes Études en Sciences Sociales» wird.

Für die Weiterentwicklung der Mentalitätsgeschichte und der Historischen Anthropologie gewinnt die 1960 erschienene *Geschichte der Kindheit* von Philippe Ariès zentrale Bedeutung. Nach dessen These gibt es im Mittelalter keinen «Begriff der Kindheit». Bis zum Alter von sieben Jahren spielen Kinder keine Rolle; danach werden sie wie kleine Erwachsene behandelt. Kindheit wird in Frankreich erst im 17. Jahrhundert entdeckt. Von nun an gibt es besondere Kleidungsstücke für Kinder; seit dieser Zeit beginnen sich die Erwachsenen in zunehmendem Maß um ihre Kinder zu kümmern. Auch findet sich eine wachsende Zahl von Kinderbildnissen, die ebenfalls nahe legen, dass es erst seit dieser Zeit eine Vorstellung von einer besonderen Lebensphase Kindheit gibt. Auch Ariès' zweites Buch befasst sich mit einem anthropologischen Thema, mit der *Geschichte des Todes*; hier werden unterschiedliche Einstellungen zum Tod unterschieden, die vom «gezähmten Tod» im Mittelalter bis zum «unsichtbaren Tod» in der Moderne, von Gefühlen resignativer Ohnmacht bis zur Tabuisierung des Todes reichen. Auch dieses Werk findet wegen der Originalität seiner Thesen und des Reichtums seines Materials große Aufmerksamkeit.

Obwohl von einem Autor geschrieben, der anfangs unter den Historikern eher ein Außenseiter war, initiierte es weitere Untersuchungen zur Geschichte der Familie, der Sexualität, der Liebe. Wichtig werden die Arbeiten von Jean-Louis Flandrin[15], die wie die Untersuchungen von Braudel, Ariès, LeGoff und Duby auch ins Deutsche übersetzt werden. Robert Mandrou veröffentlicht eine historisch-psychologische Untersuchung des modernen Frankreichs, in der es detaillierte Ausführungen über Krankheit, Gefühle und Mentalitäten gibt.[16] In mentalitätsgeschichtlicher Hinsicht sind auch die Forschungen von Delumeau zur *Angst im Abendland*[17] und zum Verhältnis von Sünde und Angst bemerkenswert.[18] Desgleichen liefert LeRoy Laduries Studie über Montaillou einen wichtigen Beitrag zur Erforschung der Katharer, der französischen

Agrargeschichte, zur materiellen Kultur des Dorfs und zur Mentalität seiner Bewohner, zu ihren Einstellungen zu Gott und Natur, Zeit und Raum, Tod und Sexualität. Diese Untersuchung ist eine ethnologisch inspirierte mikrohistorische Fallstudie, die wertvolle Aufschlüsse über das Leben in Okzitanien liefert. In einer weiteren mentalitätsgeschichtlichen Studie untersucht LeRoy Ladurie den Karneval in Romans unter Verwendung psychologischer und psychoanalytischer Konzepte als eine Art Psychodrama, in dem sich die Menschen einen Zugang zum Unbewussten schaffen.[19]

Seit Anfang der 1960er Jahre werden besonders die Forschungen von LeGoff und Duby für die Mentalitätsgeschichte und die Entwicklung anthropologischer Fragen wichtig. In *Die Geburt des Fegefeuers* untersucht LeGoff den Wandel des Weltbildes im Mittelalter und macht deutlich, wie sich die Einstellungen zu Raum, Zeit und Zahl verändern, wie neue Denkgewohnheiten entstehen und vermittelt werden.[20] Von ethnologischen Arbeiten beeinflusst arbeitet er an einer «Kulturethnologie des Mittelalters»[21]. Anhand der Fallstudie *Die drei Ordnungen* untersucht Duby das Verhältnis zwischen dem Materiellen und dem Mentalen im Hinblick auf die drei Stände «Priester», «Ritter» und «Bauern» und macht deutlich, dass mit der Wiederbelebung des Bildes einer dreistöckigen Gesellschaft im frühen 11. Jahrhundert ein politisches Programm zur Beeinflussung der Mentalitäten verbunden ist.[22] Später gibt er mit Ariès zusammen eine fünfbändige, auch ins Deutsche übersetzte Geschichte des Privatlebens heraus, in der mentalitätsgeschichtliche und anthropologische Fragen eine wichtige Rolle spielen.[23]

Ein weiteres Thema, das starke Auswirkungen auf die Veränderung der Mentalitäten hat, ist die Alphabetisierung, die Furet und Ozouf in Frankreich zwischen dem 16. und 19. Jahrhundert untersuchen.[24] In diesem Prozess spielt die Geschichte des Buchs eine wichtige Rolle, in deren Rahmen die Untersuchung von Trends der Buchproduktion, der Lesegewohnheiten und der Lesekultur im Mittelpunkt steht[25], die nachhaltige Wirkungen auf den Bildungsbereich ausüben.[26] Kulturelle Phänomene und Mentalitäten, die oft als Gegebenheiten angesehen werden, sind selbst das Ergebnis eines Konstruktionsprozesses.[27] Dies zeigen auch die Untersuchungen von Ariès zur Geschichte der Kindheit und des Todes. In beiden Fällen geht es nicht um Kindheit oder Tod, sondern um historisch unterschiedliche Vorstellungen dieser Phänome-ne.[28] In Frankreich hat die Erforschung dieser Fragen unter dem Begriff des Imaginären in der Folgezeit eine große Rolle gespielt.

Die anthropologische Wendung

In Deutschland erfolgt die Wendung zur Anthropologie in den Ge-schichtswissenschaften in den 80er und 90er Jahren des 20. Jahrhun-derts. Ein Grund dafür liegt in der wachsenden Skepsis gegenüber dem Optimismus der 1970er Jahre, mit dem die Hoffnung einhergegangen war, alle großen gesellschaftlichen Probleme lösen zu können. Die ato-mare Bedrohung und die drohende Umweltzerstörung verstärkten den Zweifel an dem Glauben, die Moderne würde in wichtigen Bereichen menschlichen Lebens wachsenden Fortschritt bringen. In dieser Zeit entsteht eine nachhaltige Zivilisations- und Kulturkritik, die ein neues Interesse an historischen Fragen fördert. Im Unterschied zu der sich in diesen Jahren entwickelnden historischen Sozialwissenschaft, die sich auf die Erforschung des 19. und 20. Jahrhunderts konzentriert und den Ar-beiten Hans Ulrich Wehlers und Jürgen Kockas viel verdankt[29], entsteht wie in der französischen Forschung das Interesse an anthropologischen Themen vor allem in der *Mediävistik* und in den Studien zur *Frühen Neuzeit*. Die Untersuchungen des Übergangs von der vorindustriellen zur industriellen Gesellschaft[30] und zur Arbeitergeschichte[31] fördern das Interesse an anthropologischen Fragen. Eine allmähliche Konzentra-tion auf die Erforschung konkreter Lebenszusammenhänge findet statt. Durch Bezugnahmen auf die angelsächsische Kulturanthropologie, die Volkskunde[32] und die entstehende «Europäische Ethnologie»[33] wird die-se Entwicklung gefördert.

Diese Entwicklungen werden in drei Annäherungen dargestellt. In der ersten erfolgt eine kurze Darstellung von sechs Forschungsbereichen, in denen die anthropologischen Fragen behandelt werden. Sodann werden die dabei wichtigen Fragestellungen und Forschungsansätze skizziert. Schließlich werden von den zentralen Themenfeldern historischer An-thropologie drei in exemplarischer Absicht vorgestellt.

Forschungsbereiche

Versucht man die wichtigsten Bereiche historischer Forschung zu identifizieren, in denen sich anthropologische Fragen und Themen entwickelt haben, so ergeben sich wenigstens die folgenden sechs:[34] *Histori-*
sche Kulturforschung, Historische Demographie und Familienforschung,
Historische Alltagsforschung, Frauen- und Geschlechterforschung, Menta-
litätsforschung, Historische Kulturanthropologie.

Historische Kulturforschung: Eine historische Volkskultur- bzw. Kulturforschung entstand, in der anthropologische Themen verstärkt an
Bedeutung gewannen. In ihrem Rahmen richtet sich das Interesse auf
Unterschichten und Randgruppen. Edward P. Thompson mit seinen
Arbeiten über die plebejische Kultur, Peter Burke mit seinem Buch
über die europäische Volkskultur und Robert Muchembled mit seiner
Studie zum Verhältnis von Volkskultur und Elitenkultur setzen wichtige Akzente.[35] Am Tübinger Institut für Volkskunde fanden Arbeiten
zur Sozialgeschichte und Sozialpsychologie von Dorfbewohnern statt.[36]
Einige Untersuchungen Richard van Dülmens gehören ebenfalls in diesen Kontext.[37] Diese Autoren wenden sich gegen die Missachtung und
Vernachlässigung der Volkskultur. Mit dem Versuch, die Schaffung der
Volkskultur als eigenständige produktive Leistung zu begreifen, entsteht
die Suche nach einem neuen Kulturbegriff, der sich vom bürgerlichen
unterscheidet und Kultur nicht einem gesellschaftlichen Teilbereich allein zuordnet, sondern sich an dem umfassenden Kulturverständnis der
Ethnologie orientiert (vgl. Kapitel 4).

Historische Demographie und Familienforschung: Auch in der historischen Demographie entstanden Beiträge zu anthropologischen Fragen.
Arthur E. Imhof arbeitete über Krankheit und Sterblichkeit. Er unter-
suchte, wie sich der Anstieg der Lebenserwartung seit dem 17. Jahrhundert auf die Lebenseinstellungen auswirkte und welche Strategien Menschen der Unterschicht entwickelten, mit den Bedrohungen des Lebens
und den Herausforderungen des Alltags umzugehen.[38] Auch wenn die
quantitativen Daten Konkretisierungen im Hinblick auf Gefühle, Denken und Handeln einzelner Menschen kaum zulassen, entstehen in diesen umfangreichen empirischen Untersuchungen anthropologisch relevante Aussagen über Einstellungsveränderungen im Hinblick auf Leben
und Tod. Neben anderen Studien zur Historischen Familienforschung[39]

verdienen in diesem Zusammenhang auch Mitterauers Arbeiten zur historischen Familienforschung Beachtung. Waren seine früheren Arbeiten an der Untersuchung allgemeiner Familienmerkmale wie Heiratsalter, Ehedauer, Geburten- und Sterberaten interessiert und ging es ihm z. B. darum, die Unzulänglichkeit reduktionistischer Modelle einer Evolution von der «Großfamilie» zur Kleinfamilie nachzuweisen[40], so richteten sich seine späteren Forschungen eher auf Familienprobleme und die darauf bezogenen unterschiedlichen Einstellungen der Familienmitglieder.[41]

Historische Alltagsforschung: Ein weiterer Bereich anthropologischer Forschung ist die Alltagsgeschichte[42], in der die Untersuchung des Lebens einfacher Menschen und die Subjektivität ihrer Lebenserfahrungen im Mittelpunkt stehen.[43] Nicht nur werden hier Ernährungs- und Kleidungsgewohnheiten sowie Wohnungs- und Arbeitsverhältnisse erforscht, es wird auch versucht, eine «Geschichte von unten» zu rekonstruieren, in der das Befinden der Menschen und ihr Innenleben beschrieben werden. Dabei wird davon ausgegangen, dass sich die gesellschaftlichen Strukturen und das Handeln der Menschen im Alltag wechselseitig durchdringen. Alltägliche Lebenspraxis konstituiert sich in Wiederholungen und Erfahrungen, die soziale Kontinuität schaffen. Viele Arbeiten in diesem Bereich sind regional oder lokal ausgerichtet und verwenden aus dem Alltag stammende Dokumente wie Briefe, Tagebücher, Autobiographien und Fotos. Das Spektrum dieser Studien ist weit. Es reicht von Untersuchungen der Alltagskultur im Industriezeitalter und in der bürgerlichen Gesellschaft über die von Hans Teuteberg und Peter Borscheid herausgegebenen *Studien zur Geschichte des Alltags*[44] bis zu Forschungen über den Alltag im Dritten Reich.[45]

Frauen- und Geschlechterforschung: Seit dem Ende der 1970er und Anfang der 1980er Jahre entstehen Forschungen zu diesem Bereich, in denen immer wieder anthropologische Themen eine wichtige Rolle spielen.[46] Das Interesse richtet sich nicht mehr auf die «großen Frauen». Stattdessen werden die alltäglichen Lebenserfahrungen einfacher Frauen untersucht. Ihre Rollen in Familie und Arbeitswelt werden erforscht. Nicht nur die soziale Funktion der Frauen wurde zum Thema; auch weibliches Fühlen und Handeln außerhalb ihrer sozialen Aufgaben wurde untersucht. Die Geschichte der Frau wurde als eine Geschichte der Frauen behandelt. In diesen Arbeiten wurden «Frau» und «Geschlecht» historisiert, konkretisiert und kontextualisiert. Die Rolle und der Geschlechtercharakter von «Frau» und «Mann» wurden als historisch-kulturelle Konstruktionen angesehen und in ihrer Entstehung und ihrem Wandel rekonstruiert. In vielen dieser Arbeiten wurden weibliche Sexualität, Geburt, Frauenarbeit und weibliche Formen der Geselligkeit zum Thema. Dabei wurde auch deutlich, wie sehr Frauen-, Männer- und Geschlechterforschung aufeinander verwiesen sind.

Mentalitätsforschung: Ein weiteres zentrales Arbeitsfeld der historischen Anthropologie stellt die Mentalitätsgeschichte dar. Zutreffend bestimmt Ulrich Raulff Mentalität als die «kategorialen Formen des Denkens, die als eine Art ‹historisches Apriori› dem Denken selbst entzogen sind», und als die «gefühlsmäßig getönten Orientierungen»; sie sind «Matrices, die das Gefühl erst in seine (erkennbaren, benennbaren) Bahnen lenken. Mentalitäten umschreiben kognitive, ethische *und* affektive Dispositionen».[47] Auf sie hat der Einzelne nur schwer Zugriff. Sie sind unbewusst, strukturieren jedoch die Wahrnehmung, die Gefühle, das Bewusstsein und das Handeln der Menschen in jeder historischen Zeit und Kultur. In Differenz zu vielen eher mikroanalytisch orientierten anthropologischen Untersuchungen zielen mentalitätsgeschichtliche Forschungen auf größere Zusammenhänge und sprengen daher häufig den Rahmen der traditionellen Forschung.[48] Zwar unterliegen auch Mentalitäten dem historischen Wandel, doch vollzieht dieser sich im Rahmen einer «langen Dauer». Dies zeigen die Studien zur europäischen Mentalitätsgeschichte, in denen menschliche Elementarerfahrungen im Zusammenhang mit Individuum/Familie/Gesellschaft, Sexualität/Liebe, Krankheit, Lebensalter, Kommunikation, Zeit/Geschichte, Raum, Natur/Umwelt usw. in der Antike, im Mittelalter und in der Neuzeit dargestellt werden.[49] Auch die Untersuchungen von Norbert Elias zum *Prozess der Zivilisation* und von Michel Foucault zu *Überwachen und Strafen* gehören in diesen Zusammenhang, wie auch einige Arbeiten zur Struktur des Imaginären.[50] Wegen der Komplexität ihrer Themen sind solche Studien leicht kritisierbar. Denn in allen untersuchten Zeiträumen lassen sich immer auch Gegenbeispiele finden, die mentalitätsgeschichtliche Aussagen infrage stellen. Dennoch ist die Untersuchung des Imaginären unerlässlich; denn es präfiguriert das Fühlen, Denken und Handeln der Menschen in ihrer jeweiligen Zeit.

Historische Kulturanthropologie: In diesem Bereich sind die von Wolfgang Reinhard vorgelegten *Lebensformen Europas* das wichtigste Werk. Im Mittelpunkt dieses Ansatzes stehen *Verhalten* und *Gewohnheit*, also die zentralen Schwerpunkte der historischen Verhaltensforschung. Da die mentalen Dimensionen, die das Verhalten von «Angehörigen menschlicher Gruppen im Sinne von Gleichförmigkeit regeln … Kultur»[51] genannt werden, liefern diese Untersuchungen der historischen Verhaltensforschung einen zentralen Beitrag zur historischen Kulturanthropologie. Die Erforschung der Lebensformen erfolgt in einem diachronen Kulturvergleich. Ausgangspunkt ist der menschliche *Körper* in seinen historischen Ausprägungen. Hinzu kommen die *Mitmenschen* und die *Umwelt* sowie ihr Einfluss auf die Herausbildung des Körpers und seiner Lebensformen.

Fragestellungen und Forschungsansätze

Fragt man genauer, was in diesen Forschungsbereichen unter anthropologischer Orientierung verstanden wird, welche Probleme angegangen werden und welche Ansätze sich herausgebildet haben, so sind vier Aspekte wichtig: *elementare Situationen und Grunderfahrungen, Subjektivität, Kulturbegriff* und *Fallstudie*.

Historische Anthropologie zielt auf die Untersuchung *elementarer Situationen und Grunderfahrungen des Menschseins*. Sie erforscht einen «anthropologisch konstanten Grundbestand von Denk-, Empfindungs- und Verhaltensweisen» (Peter Dinzelbacher[52]), «menschliche Grundphänomene» (Jochen Martin[53]), «elementare menschliche Verhaltensweisen, Erfahrungen und Grundsituationen» (Hans Medick[54]). Auch wenn man es anders verstehen könnte, es geht in diesen Bestimmungen nicht um eine allgemeine Erkenntnis des Menschen, sondern um die Kenntnis und das Verständnis der mehrdimensionalen Lebensbedingungen und Erfahrungen konkreter Menschen in ihren verschiedenen geschichtlichen Kontexten. Diese anthropologischen Untersuchungen zielen auf die Erforschung der Mannigfaltigkeit, in der die verschiedenen Formen menschlichen Lebens zum Ausdruck und zur Darstellung kommen. Dieser Vielfalt der Phänomene entspricht die Mehrdimensionalität und prinzipielle Unabgeschlossenheit der anthropologischen Definitionen und Forschungsansätze. Im Rahmen dieser Forschungen ist es notwendig, eine Sensibilität für die *Differenz zwischen der untersuchten geschichtlichen Welt und dem gegenwärtigen Referenzrahmen der Forschung zu entwickeln.*[55] Da z. B. sprachliche Metaphern und Begriffe in verschiedenen Zeiten und Zusammenhängen unterschiedliche Bedeutungen haben, muss diese Bedeutungsdifferenz mitbedacht werden. Entsprechendes gilt bei Forschungen über elementare menschliche Verhaltensweisen, Erfahrungen und Grundsituationen. Aus Sicht der Geschichtswissenschaft lassen sich die untersuchten Gefühle, Handlungen und Ereignisse nur in ihrer historischen Einmaligkeit begreifen, in der sie dynamisch sind und dem historischen Wandel unterliegen.[56] Ariès konnte zeigen, dass die Auffassung der Kindheit dem historischen Wandel unterliegt und daher in keiner geschichtlichen Zeit gleich ist[57], dass sich sogar das Verhältnis zum Tod im Verlauf der Jahrhunderte ändert.[58]

In der historischen Anthropologie besteht ein zentrales Interesse darin, Menschen in ihrer jeweiligen *Einmaligkeit und Subjektivität* darzustellen. Da es sich dabei nicht um Menschen handelt, die zu den «großen» historischen Männern oder Frauen gehören, artikuliert sich hier ein neues Verständnis vom Menschen und von den Aufgaben der Geschichtsschreibung. Dementsprechend werden häufig auch Angehörige der unteren Schichten bzw. Vertreter von Randgruppen untersucht.[59] Da in der Rekonstruktion ihres Lebens zahlreiche Elemente der Lebensgeschichte vieler Menschen zur Darstellung kommen, erfolgt eine erhebliche «Ausweitung» der Perspektive auf geschichtliche Lebenszusammenhänge. Damit richtet sich das Interesse auf neue Gegenstände und Themen. Mit der Fokussierung des Lebens «einfacher» Menschen geht häufig ein Bemühen um die Rekonstruktion der subjektiven Seite ihres Lebens einher. Die Aufmerksamkeit richtet sich auf Menschen, die mit ihren Empfindungen, Gedanken und Handlungen ihr Leben gestalten. Menschliche Lebenspraxis wird als Handlungsfeld untersucht. *Konkrete Lebensgeschichten* und *Formen subjektiver Lebensführung* finden Aufmerksamkeit. Verschiedene Formen individuellen Handelns werden herausgearbeitet, Widersprüche und Vieldeutigkeiten beschrieben. Untersucht wird, wie Menschen mit politischen und ökonomischen Bedingungen umgehen und sich subjektives Handeln als Auseinandersetzung mit gesellschaftlichen Strukturen vollzieht. Neben rationalen finden andere Formen menschlichen Handelns Beachtung; Empfindungen, Gedanken und Träume werden «geschichtsfähig»; subjektive Aneignungs- und Gestaltungsprozesse werden thematisiert. Die Geschichte des Privatlebens enthält faszinierende Beispiele für den subjektiven Charakter individuellen Handelns und die subjektive Gestaltung vorgegebener Bedingungen.

Die Bearbeitung anthropologischer Themen und Perspektiven führt zu einer Veränderung des Begriffs «Kultur». Von der Ethnologie beeinflusst, wird in der historischen Forschung der letzten Jahrzehnte ein neuer Kulturbegriff verwendet. Dieser ist zwar nicht einheitlich, doch werden in der Regel Kultur und die mit ihr verbundenen Werte, Einstellungen und Handlungen nicht mehr einem Teil der Gesellschaft zugesprochen. Stattdessen wird von einem *erweiterten Kulturbegriff* ausgegangen. «Er bezeichnet ein historisch überliefertes System von Bedeutungen, die in symbolischer Gestalt auftreten, ein System überkommener Vorstellungen, die sich in symbolischen Formen ausdrücken, ein System, mit dessen Hilfe die Menschen ihr Wissen vom Leben und ihre Einstellungen zum Leben mitteilen, erhalten und weiterentwickeln.»[60] Nach diesem Verständnis ist Kultur ein überliefertes symbolisches System, in das Menschen hineinwachsen und das sie handelnd mitgestalten und weiterentwickeln. Auch ist der Begriff so weit gefasst, dass er Menschen aufgrund von Unterschieden und Differenzen nicht ausschließt.

Viele anthropologisch orientierte historische Forschungen sind *Fallstudien* und lassen sich dem Bereich der *Mikrogeschichte* zuordnen.[61] Einige von ihnen sind von der Kulturanthropologie beeinflusst. Sie fokussieren kleine überschaubare Räume, Zeitspannen und Handlungseinheiten, in denen komplexe anthropologische Zusammenhänge und Konstellationen bearbeitet werden. Die Begrenzung des Gegenstands ermöglicht die Untersuchung von Details und deren multiperspektivische Bearbeitung. Oft gelingt es auch, in einem untersuchten Fall allgemeine Zusammenhänge zu spiegeln, ohne dass dessen Einmaligkeit und Dichte in diesen Erkenntnissen aufgelöst wird. Fallstudien sind oft lokale oder regionale Untersuchungen, in denen sich allgemeine Sachverhalte aufgrund einer überschaubaren Quellenlage konkretisieren lassen. Nur in Fallstudien lassen sich die Lebensschicksale, die einmaligen Handlungen von Subjekten, ihr Lebensgefühl und ihre Lebensperspektiven begreifen. Mit der mikrohistorischen Arbeitsweise geht oft Skepsis gegenüber allgemeinen Theorien einher, die allerdings häufig eher in einer persönlichen Vorliebe als in der Sache begründet ist.[62] Denn häufig erlauben erst allgemeine Theorien eine angemessene Einordnung und Interpretation historischer Details. Die Mentalitätsgeschichte hat dafür viele Beispiele.[63]

Themenfelder

Die Breite und der prinzipiell unabgeschlossene Charakter der Forschungen historischer Anthropologie machen eine Beschränkung auf wenige Themenfelder kaum möglich.[64] Daher soll lediglich am Beispiel von drei Themen gezeigt werden, wie anthropologische Problemkonstellationen in der Geschichtswissenschaft bearbeitet werden. Viele menschliche Grunderfahrungen haben einen unmittelbaren Bezug zum Körper.[65] Die Frage ist jedoch, in welchen Repräsentationen der Körper in Erscheinung tritt. Je nach Erkenntnisinteresse gibt es verschiedene Möglichkeiten. Einige neuere Studien bemühen sich darum, seiner Materialität besser gerecht zu werden, als dies in früheren Arbeiten z. B. über Hygiene, Ernährung und Mode der Fall war. Die Wendung zum Alltagsleben führt auch dazu, dem körperlichen Charakter der alltäglichen Lebensformen mehr Gewicht einzuräumen.[66] In diesem Zusammenhang gehören *Sexualität und Geburt*[67], *Kindheit, Jugend und Alter*[68], *Ernährung*[69] *und Kleidung*[70], *Krankheit*[71], *Sterben und Tod*[72], *Feste, Feiern und Rituale*.[73] Das wachsende Interesse an der subjektiven Seite des Handelns verstärkte die Konzentration auf die körperlich-sinnliche Seite von Wahrnehmungen, Gefühlen und Handlungen. Die Konzentration vieler Untersuchungen auf Fragen des Raums und der Zeit, auf Lokal- und Regionalgeschichte führt ebenfalls zu einer stärkeren Berücksichtigung körperbezogenen Quellenmaterials.

Ein weiterer Komplex elementarer Erfahrungen wird durch den Bereich der *Religion* konstituiert. Dieser Auffassung sind schon die Gründer der *Annales*, Marc Bloch und Lucien Febvre. Von anderen Autoren dieser Gruppe wird diese Sicht in der Folgezeit bestätigt. In der Religion geht es um die Erfahrung der an den Körper gebundenen Vergänglichkeit und der an die Religion geknüpften Hoffnung, diese zu überwinden. Die zentrale Rolle, die Religion in allen Bereichen des Lebens spielt, wird in der normativen Anthropologie des Mittelalters deutlich, von der sich sagen lässt, «dass wenige Epochen von der Existenz eines allgemein gültigen und ewigen Menschenbildes so überzeugt waren wie das christliche Mittelalter des 11. bis 15. Jahrhunderts. In dieser von der Religion beherrschten und bis in ihre intimsten Strukturen durchdrungenen Gesellschaft wurde dieses Menschenbild offenbar von der Religiosität definiert.»[74] Für den mittelalterlichen Menschen gibt es keinen Ort außerhalb der Religion. Wo Menschen wie Ketzer und Häretiker sich außerhalb der «offiziellen» Religion stellen, werden sie mit dem Tod bedroht und häufig getötet. Auch für die Hervorbringung des Individuums spielt die Religion, besonders nach der Erfindung des Jüngsten Gerichts und des Fegefeuers, eine zentrale Rolle. Jeder wird für seine Taten verantwortlich gemacht. Eine Individualisierung des Empfindens und Handelns ist die notwendige Folge. Stärker als lange Zeit angenommen sind magische und volksreligiöse Praktiken mit der von der Kirche vertretenen Religion verbunden.[75] Ginzburgs aus Inquisitionsakten rekonstruierte Darstellung des religiösen Weltbilds eines oberitalienischen Müllers um 1600, das von den Vorstellungen der religiösen Eliten stark abweicht, ist für die Vielfalt religiöser Erfahrungen und Weltbilder in der frühen Neuzeit ein wichtiges Zeugnis.[76]

Ein anderer großer Bereich der Erforschung elementarer Situationen und menschlicher Grunderfahrungen ist mit dem *Fremden* verbunden. In dieser Perspektive werden bisher nicht wahrgenommene historische Phänomene und Konstellationen zum Thema. Weder im Mittelalter noch in der frühen Neuzeit gibt es einen einheitlichen Begriff des Fremden. Fremd ist häufig schon, wer nicht zur Haus- und Dorfgemeinschaft gehört. Zu den Fremden zählt in jedem Fall, wer nicht die eigene Sprache beherrscht und andere Umgangsformen praktiziert. Das den führenden Schichten Fremde wird in Randgruppen und besonderen historischen Konstellationen zum Thema. Unter denen, die nicht zur etablierten Gemeinschaft gehören, finden Juden und Zigeuner, Spielleute und Prostituierte besondere Aufmerksamkeit in der Forschung. Außerdem wird die historische Welt der Menschen, die als Ketzer oder Hexen angeklagt werden, unter dem Gesichtspunkt der Differenz zur Kirche und zum Adel untersucht. Ebenso kommen die Strategien und Mechanismen in den Blick, mit deren Hilfe man sich des Fremden im kirchlichen und politischen, im dörflichen und städtischen Kontext zu erwehren sucht. Das Verfremden bekannter Phänomene und Ereignisse führt zu neuen Perspektiven und Erkenntnissen und lässt auch das Vertraute anders erscheinen.

Rück- und Ausblick

Die Geschichtswissenschaft ist ein gutes Beispiel dafür, dass die Wendung zur Anthropologie äußerst produktiv ist; sie führt zur Entdeckung vieler neuer Themen und Schwerpunkte. Zu diesen gehören Wahrnehmungen, Gefühle und Handlungen von Menschen, die bis dahin nicht als «geschichtswürdig» galten. Das Interesse richtet sich nun auf deren Weltsicht und deren Subjektivität. Damit werden Kenntnisse über das Leben von Menschen in ihren spezifischen geographischen Räumen und historischen Zeiten gewonnen. Mit der Erforschung von Randgruppen wächst die Sensibilität für historische Mannigfaltigkeit und Vielfalt. Im Mittelpunkt stehen die besonderen Erfahrungs- und Handlungsbedingungen von Außenseitern und Fremden. Aufgrund von Themenwahl und Quellenlage entstehen in steigendem Maß Fallstudien mit der Schwerpunktsetzung auf die Lokal- und Regionalgeschichte. Diese Fokussierung mikrohistorischer Forschung geht häufig mit einem geringeren Interesse an allgemeinen Theorien der Interpretation historischer Entwicklungen einher. Stattdessen zielt mikrohistorische Forschung darauf, räumlich und zeitlich begrenzte Phänomene multidimensional zu untersuchen und Einblick in die Komplexität historischer Zusammenhänge zu gewinnen.

Einen anderen, methodisch nicht weniger interessanten Ansatz der Erforschung anthropologischer Phänomene stellt die historische Mentalitätsforschung dar, in deren Rahmen die kollektiven Repräsentationen untersucht werden, die den Wahrnehmungen, Gefühlen und Handlungen der Menschen vorgelagert sind und die in konkreten historischen Situationen ihr Empfinden, Wahrnehmen und Handeln bestimmen. Um die Zusammenhänge zwischen kollektiven Repräsentationen und individuellem Handeln begreifen zu können, werden die langfristigen Veränderungen von Mentalitäten untersucht. Die Fokussierung solcher

Grunderfahrungen wird begleitet von einem Interesse am Körper. Untersucht werden historische Phänomene und Konstellationen, in denen seine Materialität und seine jeweiligen Symbolisierungen eine zentrale Rolle spielen.[77] Mit dieser Fokussierung geht die Entdeckung vieler neuer Themen einher.[78] Unter Bezug auf die Ethnologie werden Grundzüge einer historischen Kulturanthropologie entwickelt.[79]

Mehr denn je erfordert anthropologische Forschung in der Geschichtswissenschaft Interdisziplinarität, mit deren Hilfe es möglich wird, der Komplexität der Fragestellungen und Sachverhalte gerecht zu werden. Ethnologie und Psychologie, Soziologie und Theologie, Ökonomie und Geographie sind heute für die Bearbeitung vieler Themen historischer Anthropologie notwendig. Das diesen Forschungen zugrunde liegende Verständnis von Geschichte als «offener Geschichte» unterscheidet sich von Auffassungen, die Geschichte als «Fortschritts-» oder «Verfallsgeschichte» begreifen. Nach dieser Auffassung ist geschichtliches Handeln kontingentes Handeln, für das auch die Wahrnehmung seines Möglichkeitshorizonts von Bedeutung ist.

4. Kulturanthropologie

In den letzten Jahren hat die ethnologische Dimension in der Anthropologie stark an Bedeutung gewonnen. Aufgrund der durch die Globalisierung veränderten Weltlage ist das Interesse an Ethnologie als der Wissenschaft vom Fremden erheblich gewachsen. Mit ihren Beiträgen zu einem umfassenden Kulturbegriff und zur Methodologie qualitativer Sozialforschung hat die Ethnologie erheblichen Einfluss auf die Geistes-, Sozial- und Kulturwissenschaften gewonnen. In der Geschichts- und Erziehungswissenschaft, in der Psychologie und in der Literaturwissenschaft ist diese Entwicklung offensichtlich.

Die Ethnologie entsteht in der zweiten Hälfte des 19. Jahrhunderts. In Frankreich wird sie *Anthropologie*, in Großbritannien *Sozialanthropologie* und in den USA *Kulturanthropologie* genannt.[1] Bevor die ersten Ethnologen ihre Arbeit begannen, gab es bereits eine Reihe wichtiger Vorläufer. Einer von ihnen ist der Franziskanermönch Bernardino de Sahagún (1499–1590), der in Mexiko als Missionar arbeitete, die dortige Sprache, das Nahuatl, lernte, in den verschiedenen Dörfern die Einheimischen befragte und deren Weltsicht systematisch aufzeichnete. Im 18. Jahrhundert entstehen im Zusammenhang mit den großen Entdeckungsreisen von Bougainville, Cook und La Pérouse viele Reisebeschreibungen, die wertvolle Einblicke in heute längst vergangene Welten geben. In der zweiten Hälfte des 19. Jahrhunderts werden große Expeditionen durchgeführt, in deren Rahmen umfangreiche Berichte erstellt werden. Allmählich wächst ein ausgedehntes Wissen über die Angehörigen fremder Kulturen.

Mit dem Evolutionismus entsteht die erste bis ins 20. Jahrhundert wirkungsvolle Strömung der Kulturanthropologie.[2] Für ihre Entwicklung spielt Herbert Spencer (1820–1903), der unter dem Einfluss Darwins den Begriff «survival of the fittest»[3] prägt, eine wichtige Rolle.[4] Noch wichtiger wird Lewis Henry Morgan (1818–1881), der als einer der ersten Feldforscher bei den Irokesen arbeitet und in der Folgezeit seine Felderfahrungen so interpretiert, dass die Entwicklung der Menschheit vom Zustand der Wildheit über die Barbarei zur Zivilisation vorangeht.[5] Auch Edward B. Tylor (1832–1917), der eine methodische Anleitung für die Abfassung von Reiseberichten entwickelte, teilt diese Position.[6]

Im letzten Drittel des 19. Jahrhunderts besteht eine klare Zweiteilung zwischen Missionaren, Verwaltungsbeamten und Reisenden, die Informationen über fremde Kulturen zusammentragen, und den «Lehnstuhl-Ethnologen», die ohne Erfahrungen vor Ort von ihren Gewährsmännern gesammelte Informationen sichten, ordnen und auswerten. So verfährt auch James Frazer (1854–1941), der Europa nie verlassen hatte, bei der Verfertigung des *Golden Bough*, dieser umfangreichen kulturanthropologischen Studie über «das Geheimnis von Glauben und Sitten der Völker»[7].

Unter dem Einfluss des in Deutschland geborenen und zunächst als Naturwissenschaftler ausgebildeten, später in die USA ausgewanderten Franz Boas (1858–1942) ändert sich die Situation der neu entstehenden Kulturanthropologie nachhaltig.[8] Während seines einjährigen Aufenthalts im Norden Kanadas erforscht Boas die Sprache und Lebenswelt der dortigen Inuit-Bevölkerung. Nachdem er sich in den USA niedergelassen hatte, machte er später noch mehrere Reisen zu den Indianern an der amerikanischen Nordwestküste, in deren Verlauf er sie nach ihren Sprachen und Traditionen befragte und ihre Aussagen mithilfe eines Dolmetschers aufzeichnete. Im Unterschied zu Tyler und Frazer in Großbritannien, die unter dem Einfluss des Evolutionismus Darwins, Spencers und Morgans von einer in den Völkern unterschiedlich weit erfolgten Gesamtentwicklung der Menschheit ausgingen, war Boas, vom Historismus in Deutschland beeinflusst, davon überzeugt, dass jede Kultur einen besonderen Charakter habe.[9] Nicht die Parallelität allgemeiner kultureller Entwicklungen, sondern die Partikularität jeder Kultur sei zu erforschen. Biologischer Reduktionismus, kultureller Parallelismus und universelle Standards des Fortschritts müssten vermieden werden.[10] Jede Form eines kulturellen Determinismus und die Überschätzung generalisierender Vergleiche sei abzulehnen. Mit diesen Überlegungen zum Kulturrelativismus, in dessen Rahmen Kultur als ein «geschlossenes Ensemble spezifischer und unverwechselbarer Lebensformen»[11] begriffen wird, entsteht nun eine Gegenposition zum Evolutionismus, die bis in die Gegenwart hinein in den USA eine wichtige Rolle spielt.

Die Wendung zur Feldforschung und zur Fokussierung der Partikularität jeder Kultur wird von Boas' Schülern Alfred Lewis Kroeber (1876–1960) und Robert Lowie (1883–1957) vorangetrieben.[12] Auch die Forschungen seiner Schülerin, Ruth Benedict (1887–1947), die 1937 seine Nachfolgerin an der Columbia Universität wurde, gehen in die gleiche Richtung. In ihrem populären Buch *Patterns of Culture* versucht sie zu zeigen, dass aus einer unbegrenzten Zahl möglicher Verhaltensweisen jede Kultur lediglich ein bestimmtes Segment entwickelt.[13] Das Interesse Margaret Meads (1901–1978)[14], einer weiteren Schülerin von Franz Boas, richtet sich auf die «dominant cultural attitudes», die von Benedict als «pattern» bezeichnet werden und deren Ähnlichkeit mit Mentalitätsmustern offensichtlich ist. In Meads *Coming of Age in Samoa* von 1928, dem ersten ihrer auf umfangreichen Feldstudien beruhenden Bücher, enthält bereits der Untertitel «A Psychological Study of Primitive Youth for Western Civilization» den Hinweis auf Meads Anliegen, «die Existenz biopsychologischer Formbarkeit menschlicher Angelegenheiten hervorzuheben, welche ausreichend ist, um die kulturelle Konditionierung adoleszenter Verhaltensmuster entlang von Linien zu gestatten, die sich vom Stereotyp der Adoleszenz in der euro-amerikanischen Mittelklassekultur unterscheiden»[15]. Diese Intention, von der Autorin auch in anderen Büchern weiterverfolgt, führt zu heftigen Kontroversen. In methodischer Hinsicht betreten Margaret Mead und Gregory Bateson mit ihrer umfangreichen Verwendung von Fotos und Filmen neue Wege, die für die Entwicklung visueller Anthropologie äußerst wichtig werden.[16]

In Großbritannien publiziert Bronislaw Malinowski (1884–1942) 1922 seine Studie *Argonauten des westlichen Pazifik*, in der die Grundsätze der Feldforschung und der teilnehmenden Beobachtung entwickelt werden und die den Beginn der klassischen Zeit der Ethnologie bzw. Kulturanthropologie markiert.[17] Mit dieser Untersuchung wird die teilnehmende Beobachtung zum «Paradigma der modernen Ethnologie»[18] und in der Folge zu einem der Schwerpunkte Qualitativer Sozialforschung.[19] In Abgrenzung von dem weiter gefassten Kulturbegriff Malinowskis und der Boas-Schule wird in der britischen Sozialanthropologie das auf Durkheim zurückgehende Konzept eines strukturellen Funktionalismus in den Mittelpunkt gerückt. Danach erhalten sich soziale Systeme über einen längeren Zeitraum durch die Entwicklung einer Kohärenz und Solidarität sicherstellenden Struktur, die nach Auffassung von Radcliffe-Brown drei Funktionen erfüllen muss: Arrangements bereitstellen, durch die sie sich an die physische Umwelt anpasst; «Vorkehrungen treffen, durch die ein geordnetes soziales Leben aufrecht erhalten werden kann»; und kulturelle Mechanismen umfassen, durch die ein Individuum «Gewohnheiten und mentale Eigenschaften» erwirbt, «die es befähigen, am sozialen Leben teilzunehmen».[20] Dabei müssen soziale Gesetzmäßigkeiten zur Anwendung kommen: «Zu solchen Gesetzen oder notwendigen Bedingungen der fortdauernden Existenz gehört ein bestimmter Grad funktionaler Konsistenz zwischen den konstitutiven Teilen des sozialen Systems. … Zu diesem Gesetz … können wir ein zweites hinzufügen … Rechte und Pflichten müssen in einer Weise definiert sein, dass ein Widerstreit von Rechten gelöst werden kann, ohne die Struktur zu zerstören. … Ein weiteres soziologisches Gesetz [ist] die Notwendigkeit nicht nur der Stabilität, Bestimmtheit und Konsistenz der Sozialstruktur, sondern auch der Kontinuität.»[21] Gegen diese Akzentuierung des universellen Charakters funktionalistisch-struktureller Aussagen tritt Evans-Pritchard für eine stärkere Berücksichtigung der historischen und der kulturrelativistischen Dimension in der sozialanthropologischen Forschung ein, wenn er ausführt, dass Sozialanthropologie mehr mit Geschichte als mit Naturwissenschaft gemein hat, sie die Gesellschaften als moralische und symbolische Systeme und nicht als natürliche Systeme untersucht, weniger am Prozess als am Design interessiert ist, Modelle und keine Gesetze sucht, Zusammenhänge statt notwendiger Beziehungen aufzeigt und eher interpretiert, als dass sie erklärt.[22]

Ebenfalls von Durkheim beeinflusst, entwickelt Marcel Mauss sein Konzept vom Tausch als der «totalen sozialen Handlung», die Gesellschaft konstituiert.[23] In ihrem Mittelpunkt stehen die Reziprozität von Geben, Nehmen und Erwidern und die dadurch initiierten sozialen und symbolischen Ordnungen. Geben drückt eher ein aktives, Nehmen ein eher passives Verhältnis zur Welt und zu anderen Menschen aus. Beide regulieren Nähe und Distanz und strukturieren Zugehörigkeit und Verehrung, Aggression und Feindschaft. Geben, Nehmen und Erwidern sind zentrale Handlungen des Austauschs mit der Natur, den Göttern und unter Menschen. Claude Lévi-Strauss übernimmt diesen Gedanken und überträgt ihn auf die Verwandtschaftsbeziehungen, deren Struktur durch den Tausch, vor allem durch den Tausch von Frauen und die damit verbundenen Interaktionen geschaffen wird.[24] So unterschiedlich die Heiratsregeln in den einzelnen Gesellschaften auch sind, sie richten sich stets nach dem Grundsatz der Reziprozität und folgen dem Inzestverbot. Daraus ergibt sich: «Heiraten sind Tauschakte, die auf dem Prinzip der Gegenseitigkeit beruhen und darauf abzielen, Allianzen zwischen sozialen Gruppen herzustellen»[25].

Während sich nach dem Zweiten Weltkrieg in vielen europäischen Ländern das Interesse an der Ethnologie zu verringern schien, kam der Kulturanthropologie in den USA wachsende Aufmerksamkeit zu. In diesem Prozess konkurrierten funktionalistische und strukturalistische, neoevolutionistische, kulturrelativistische und kulturökologische Positionen um Einfluss auf die Entwicklung. In den beiden letzten Jahrzehnten des letzten Jahrhunderts gewinnen die von Clifford Geertz und Victor Turner, James Clifford und George Marcus vertretenen hermeneutischen Ansätze eine große Bedeutung.[26] Sie gehen davon aus, dass sich Kulturanthropologie nicht auf die Beschreibung des empirisch Gegebenen beschränken dürfe, sondern Formen finden müsse, tiefer liegende Bedeutungen herauszuarbeiten. Von «dichter Beschreibung» und Gesellschaft als Text sowie von einer interpretativen und selbstreflexiven Wende ist die Rede. Damit einher geht ein wachsendes Interesse an der kulturanthropologischen Erforschung der modernen Gesellschaften, an einer «Anthropologie der gegenwärtigen Welten»[27].

Feldforschung – teilnehmende Beobachtung – Ethnographie

Zwischen 1914 und 1918 befindet sich Malinowski für zwei Jahre auf den Trobriandinseln nördlich von Guinea. In dieser Zeit entwickelt er die Methode der *teilnehmenden Beobachtung*, die in der Feldforschung zur Anwendung kommt. In ihrem Rahmen wird eine örtlich und zeitlich begrenzte Forschung durchgeführt, in der viele voneinander abhängige Elemente in ihrem Gesamtzusammenhang untersucht werden. Im Mittelpunkt steht die «Beobachtung»; sie besteht nicht in einem einfachen «Hinschauen», sondern ist theoriegeleitet, der Feldforscher hat demnach ein Vorwissen, einen durch seine Ausbildung entwickelten Referenzrahmen und Fragestellungen, die seine Beobachtungen leiten, ohne sie jedoch zu determinieren.[28] In erster Linie kommt es darauf an, «den Standpunkt des Eingeborenen, seinen Bezug zum Leben zu verstehen und sich *seine* Sicht *seiner* Welt vor Augen zu führen»[29]. Aus diesem Grund muss sich der Forscher mit der fremden Kultur vertraut machen, die Sprache lernen und vorbehaltlos an der Lebenswelt der Menschen teilhaben. Dazu wohnt er bei ihnen und begleitet sie bei ihren Handlungen. Da er jedoch nicht an ihrer Lebenspraxis teilhat, sondern, um seine Position als Beobachter nicht zu gefährden, Abstand halten muss, kann er nicht zu einem vollwertigen Mitglied ihrer Gemeinschaft werden. Daran ändert auch die wachsende Vertrautheit mit der fremden Welt nichts. In der Einleitung zu den *Argonauten des westlichen Pazifiks* von 1922 wird das Konzept der «teilnehmenden Beobachtung» entwickelt, mit der die klassische Periode kulturanthropologischer Forschung begründet wird. Wie sie mit Malinowskis Werk begann, so findet sie auch ihr Ende mit der posthumen Veröffentlichung seiner Tagebücher im Jahre 1967. In diesen wird deutlich, wie wenig es selbst ihrem Autor gelang, seine Grundsätze zu verwirklichen, und dies nicht aus persönlicher Unzulänglichkeit, sondern aus prinzipiellen Gründen.

In seiner berühmten Einleitung in die *Argonauten des westlichen Pazifiks* unterscheidet Malinowski drei einander ergänzende Verfahren:

– die statistische Dokumentation der Informationen, die durch Befragung und Beobachtung gewonnen werden und mit denen die Regelmäßigkeiten und Ordnungsmechanismen der fremden Gesellschaften dargestellt werden;

– die kontinuierlichen und detaillierten Beobachtungen der Menschen im Feldtagebuch, mit deren Hilfe typische Verhaltensweisen festgehalten werden und mit denen die eher trockenen Informationen der statistischen Dokumentation anschaulich ergänzt werden;

– die Schaffung einer Sammlung typischer Erzählungen, magischer Formeln und Redeweisen, aus denen sich die Mentalität der Menschen erschließen lässt.

Mithilfe dieser verschiedenen Informationen wird ein vielschichtiges Bild der Gesellschaft entworfen, auf dessen Grundlage Generalisierungen erarbeitet werden können. Eine wichtige Voraussetzung für das Gelingen der Forschung ist die Einsamkeit des Feldforschers, die es erst ermöglicht, sich auf die Lebenspraxis der Menschen einzulassen und die in der eigenen Kultur angelegten Vorurteilsstrukturen zu überwinden.

Zwar führt die «teilnehmende Beobachtung» zur Überwindung der Aufspaltung zwischen den «Lehrstuhlethnologen» und ihren Gewährsmännern, doch entstehen trotz des methodischen Fortschritts auch mit diesem Verfahren einige ungelöste Forschungsprobleme. Wie die Differenz zwischen Zuschauer und Schauspieler im Theater nicht aufhebbar ist, so ist auch der Unterschied zwischen dem Feldforscher und den in ihrer Lebenswelt handelnden Personen nicht überwindbar. In beiden Fällen bleibt ein unaufhebbarer Unterschied. Aus dieser Differenz entsteht die Frage nach der Repräsentativität der Beobachtungen des Feldforschers: «Wenn die Ethnographie Kulturinterpretationen aufgrund intensiver Forschungserfahrungen hervorbringt, wie wird dann eine unlenksame Erfahrung in einen autoritativen schriftlichen Bericht verwandelt?»[30] In der teilnehmenden Beobachtung entsteht eine in sich abgeschlossene holistische Momentaufnahme, der die historische Dimension fehlt. Die fremde Kultur gerät lediglich in der durch das methodische Vorgehen bestimmten Form in den Blick, für das die Konzentration auf einen Zeitabschnitt, die Distanzierung und die Relativierung durch den Beobachter konstitutive Bedingungen sind. In der Folge dieses Verfahrens löst sich die Singularität der konkreten Menschen «in ein Groß‹subjekt›: ‹der› Eingeborene aus Trobriand»[31] auf.

Während sich die «Eingeborenen» nach ihrer Weltsicht verhalten und aus ihr heraus erzählen, übernimmt der Ethnograph die Aufgabe, die zahlreichen heterogenen Beobachtungen und Erzählungen zu ordnen und so zu übersetzen, dass sie für die Angehörigen seiner Kultur verständlich werden. Dieser Prozess der Erarbeitung eines ethnographischen Textes ist in hohem Maß konstruktiv. Allerdings liegt die Aktivität der Herstellung des Textes weniger bei den untersuchten Menschen, die lediglich das «Rohmaterial» zur Verfügung stellen, aus dem der Text erarbeitet wird, sondern mehr bei dem Feldforscher, der das Material auswählt, organisiert und interpretiert. Damit übernimmt er die Aufgabe der Darstellung, Vermittlung und Repräsentation. Dieses ethnographischer Realismus genannte Verfahren lässt sich begreifen als «Versuch, eine Lebensform als ganze mithilfe ausgiebiger und detaillierter Beschreibung ‹realer› alltäglicher Ereignisse und Situationen zu schildern, die dem jeweiligen Autor aus eigener unmittelbarer Anschauung zugänglich sind»[32]. Dabei wird angenommen, dass es eine Entsprechung zwischen der Wirklichkeit und ihrer Darstellung im Text gibt, die es dem Leser ermöglicht, wichtige Informationen über das Leben in der anderen Kultur zu erhalten. Die dazu geeignete Form ist die Monographie, in der die in sich geschlossene Lebenswelt der Angehörigen einer fremden Gesellschaft dargestellt wird; im Lauf der Zeit wird sie zu der Darstellungsform der Kulturanthropologie. Infolge ihrer Beliebtheit entstehen viele Einzeluntersuchungen von Gesellschaften, die sich später erheblich verändert haben, sodass diese Studien heute wichtige historische Quellen darstellen, aus denen Informationen über vergangene gesellschaftliche und kulturelle Zustände gewonnen werden können.

In den 80er und 90er Jahren des vergangenen Jahrhunderts werden einige mit dem literarischen Genre der ethnographischen Monographie zusammenhängende methodologische Probleme entdeckt und diskutiert. Das erste hängt mit der Konstruktion des Gegenstands zusammen, bei der die unvermeidbaren hermeneutischen und kommunikativen Probleme übersehen werden, die sich beim Übergang von den «Rohdaten» zur Konstruktion und Darstellung des Untersuchungsgegenstands ergeben. Das zweite besteht in der Spannung zwischen der Situation partikularer Forschung und dem Problem der Generalisierung, denn: «Ethnographie soll eine Brücke schlagen zwischen persönlichem Erfahrungsbericht und unpersönlicher gesellschaftlicher Struktur; Ethnographie soll das Einzelne, Unvergleichbare, Inkommensurable in einen allgemeinen Bezugsrahmen stellen; Ethnographie soll den naturgemäß begrenzten Umfang an Erfahrungen und Beobachtungen der Forschenden mit der Forderung in Einklang bringen, eine Welt oder Lebensform als ein Ganzes oder zumindest als integrierten Zusammenhang zu präsentieren»[33]. Drittens müssen schließlich die beiden Rollen des Feldforschers und des Autors aufeinander bezogen werden, zwischen denen es unüberwindbare Differenzen gibt.

An diesen Problemen setzen die Vertreter der interpretativen bzw. der reflexiven Ethnologie an[34], nach deren Auffassung eine Aufgabe der Kulturanthropologie darin besteht, durch umfangreiche Forschungen die Kenntnisse über andere Gesellschaften zu erhöhen; es geht darum, Wissen darüber zu erzeugen, wie in anderen Kulturen die Grundprobleme des Lebens angegangen und gelöst werden. Für das dazu erforderliche Verständnis fremder Lebens- und Weltentwürfe bedarf es einer Wendung zur Hermeneutik. In deren Sicht ist die Welt der Menschen immer schon eine interpretierte Welt, deren Bedeutungen entdeckt und herausgearbeitet werden müssen. Diese Welt wird in kulturellen Praktiken erzeugt und vermittelt, in denen sich Sinnzusammenhänge bilden, auf die sich die Angehörigen der verschiedenen Lebenswelten in ihrem Handeln beziehen. In sozialen Handlungen und Beziehungen werden Vorstellungen und Bedeutungen vermittelt. Der Kulturanthropologe versucht diese nachzuvollziehen, sie wie einen Text zu lesen und aus ihrer Lektüre ihren objektiven Gehalt zu erschließen. In einer darauf aufbauenden «dichten Beschreibung» (Geertz) werden die unterschiedlichen Bedeutungselemente erfasst und zur Darstellung gebracht. «Fremdverstehen beschränkt sich darauf, Fragmente des Anderen in den eigenen Horizont einzurücken. Die zum Teil massiven Bedeutungsverschiebungen, die indigene, erfahrungsnahe Begriffe bei einer derartigen De- und anschließenden Rekontextualisierung erfahren»[35], werden dabei allerdings nicht thematisiert.

Ricœur, auf den sich die Vertreter der interpretativen Kulturanthropologie des Öfteren beziehen, beschreibt den Unterschied zwischen dem Sprechen und dem Verfertigen eines Textes wie folgt: «Was wir durch das Schreiben nun tatsächlich festhalten, ist nicht der Sprechakt, sondern das, was ‹ausgesagt› worden ist – wobei wir unter dem ‹Ausgesagten› die gewollte ‹Äußerung› (exteriorization) verstehen, die für das Ziel des Diskurses konstitutiv ist und durch die das Sagen zur Aussage wird, zur Kundgabe und zum Kundgegebenen. Kurz, was wir schreiben, was wir registrieren, ist das noema des Sprechens. Es ist der Bedeutungsgehalt des Sprachereignisses, nicht das Sprachereignis als Ereignis.»[36] In diesem Prozess werden wirksam: die Unterschiede zwischen der Intention des Autors und dem von ihm fixierten Sinngehalt, die Ablösung dieses Sinngehalts von der Dialogsituation und die Öffnung des Textes für beliebig viele Leser. Die kulturanthropologische Interpretation ist nur eine Lesart mehrerer möglicher Lektüren, die von sozialen Handlungen, Ritualen und Institutionen vorgenommen werden können. Neben den in der Wissenschaft entwickelten Normen und Fragestellungen gehen in diese Lektüre auch die subjektiven Bedingungen des Kulturanthropologen ein, seine Vorurteile, psychosozialen Konflikte und Zielsetzungen, die seine Wahrnehmung der sozialen Realität und seine Konstruktion des ethnographischen Textes stark beeinflussen. Trotz dieser Unterschiede garantiert die Textförmigkeit der kulturellen Wirklichkeit die Möglichkeit ethnographischer Texte. Eine objektive Wirklichkeit vor einer Interpretation gibt es nicht. Kultur wird als Text begriffen.

Dementsprechend versteht Clifford Geertz den Hahnenkampf in Bali als eine Kunst- und Ausdrucksform der balinesischen Kultur, dessen Lektüre ihn als ein «paradigmatisches menschliches Ereignis» in den Blick rückt. Geertz' Analyse bezieht sich weder auf einen konkreten Hahnenkampf noch auf die Handlungen und Deutungen konkreter Balinesen; außerdem liegt die virtuose Interpretationsleistung ausschließlich beim Verfasser des Textes; «Hahnenkampf» und Balinesen geraten nur in überindividueller Gesamtheit in den Blick. Geertz interpretiert den Hahnenkampf als Ergebnis eines Einschreibungsprozesses und vollzieht damit eine zweifache Verkürzung: «Zum einen legt er nicht offen, wie er zu seiner Auslegung kommt und die interpretative Welt der Anderen erschließt (1), zum anderen läßt er im unklaren, wie die Angehörigen einer Gesellschaft ihren kulturellen Text verfassen oder wie er aus ihrem Handeln als kollektives Sediment ersteht und sich erhält (2). Geertz konzentriert sich allein auf die Bedeutung von Texten und vernachlässigt deren Produktion und Reproduktion.»[37] Dabei ergeben sich einige Probleme: Der konkrete Andere gerät nicht in den Blick, in der dichten Beschreibung wird der tatsächliche Erkenntnisprozess nicht sichtbar. Trotz Geertz' grundsätzlicher Einsicht in die Probleme der Repräsentation, des Schreibens und der Autorenschaft thematisiert er nicht das Ungleichgewicht zwischen seinem eigenen wissenschaftlichen Diskurs und dem Sprechen derjenigen, auf die sich dieser Diskurs bezieht. Auch untersucht er nicht das Verhältnis zwischen Interpretation und sozialer Praxis sowie zwischen der Hervorbringung und Vermittlung sozialer Strukturen und den kulturellen Lebenswelten. Die Subjektivität der

Handelnden wird reduziert auf ihre Fähigkeit, Sinn zu erzeugen. Ihre Fähigkeit, ihre Lebenswelt nicht nur zu interpretieren, sondern auch zu gestalten, gerät nicht in den Blick.

Versuche, dem Anderen mehr Raum und Sprache einzuräumen, führen zu verschiedenen Formen experimenteller ethnographischer Schreibweise. Zu diesen gehört die ethnographische Bekenntnisliteratur mit Michel Leiris' *Phantom Afrika* und Lévi-Strauss' *Traurige Tropen*.[38] In beiden Fällen stehen der ethnographische Autor und sein Erleben der Fremde im Zentrum des Textes. Thema sind seine Empfindungen, Erwartungen und Enttäuschungen, seine Erinnerungen und Träume, sein Imaginäres und seine Einsamkeit. In diesen Schriften geht es nicht um die Wirklichkeit des Anderen, sondern darum, wie diese von den Autoren zu einem bestimmten Zeitpunkt erfahren wird. Thema sind die subjektiven Formen der Begegnung mit dem Fremden und der anderen Lebenswelt sowie die Einsicht, der eigenen Kultur auch in der Auseinandersetzung mit dem Anderen nicht entgehen zu können.

Nicht weniger faszinierend sind ethnographische Lebensgeschichten wie *Nisa. Das Leben einer Nomadenfrau in Afrika*. Diese Lebensgeschichte besteht aus 15 Interviews, die Marjorie Shostak mit einer älteren !Kung-San-Frau geführt und transkribiert hat.[39] Im Unterschied zu traditionellen Lebensgeschichten wird hier jedes Kapitel durch Kommentare ergänzt, die auf Gespräche mit anderen !Kung-San-Frauen zurückgehen und den Kontext darstellen, in dem die subjektiven Empfindungen, Einschätzungen und Erlebnisse Nisas stehen. In einem Nachwort beschreibt die Verfasserin, wie diese Gespräche zustande kamen und wie alle Beteiligten mit der Interview-Situation umgegangen sind. So entsteht ein vielschichtiges Bild des Alltagslebens der !Kung-San.

Eine weitere Form experimentellen Schreibens besteht in der dialogischen Ethnographie, in der Dialoge zwischen dem Ethnographen und dem Angehörigen einer fremden Kultur wiedergegeben werden. Gelungene Beispiele für diese Form, den Anderen selbst zu Wort kommen zu lassen, sind Vincent Crapanzanos *Tuhami. Portrait eines Marokkaners* oder Kevin Dwyers *Moroccan Dialogues*.[40] In beiden Fällen erzählen die Gewährsleute ihre Lebensgeschichte und vermitteln dabei ihre Weltsicht und ihre Einschätzung der Dinge, in der Form eines Dialogs, in dem der Ethnologe sie zugleich mit der Sicht eines Gesprächspartners aus einer anderen Kultur konfrontiert. Im Dialog bestätigen und korrigieren sich beide Gesprächspartner. Es entsteht eine gemeinsame und zugleich unterschiedliche Sicht der Dinge, an deren Konstruktion beide Gesprächspartner gleichberechtigt beteiligt sind. «Indem der Autor die Komplexität der Gesprächssituation transparent macht und seine eigenen Deutungen nur vorbringt, um sie gleich selbst wieder in Frage zu stellen, verzichtet er bewußt auf sein Interpretationsmonopol. Seine Perspektive erweist sich als nicht weniger kulturgebunden als die seines Gesprächspartners. Das Selbst des Forschers erkennt sich im andren des Erforschten; die Fremdanalyse verwandelt sich in Selbstanalyse.»[41]

Diese Formen experimenteller Ethnographie schreiben sich in die Bemühungen um eine polyphone Kulturanthropologie ein, in der Vielstimmigkeit das zentrale Anliegen ist und in deren Rahmen der Andere die gleiche Möglichkeit wie der Kulturanthropologe erhält, sich auszudrücken und darzustellen.[42] Solche Versuche zielen darauf, dass der Forscher nicht wie ein Puppenspieler, der alle Fäden des Geschehens in der Hand hält, festlegt, was auf welche Weise zur Darstellung gebracht wird. Auch soll der Ethnologe nicht als Stellvertreter oder Anwalt für die Angehörigen der fremden Kultur sprechen, sondern diese sollen die Möglichkeit haben, sich darzustellen und selbst zu sprechen. In der sich in den Sozialwissenschaften ausbreitenden qualitativen Forschung spielt diese Fokussierung auf die Empfindungen und die Weltsicht der untersuchten Menschen eine entscheidende Rolle.[43] Damit wächst auch die Bedeutung mimetischer Prozesse in der Sozialforschung, in denen es um eine «Anähnlichung» des Forschers an die untersuchten Menschen und ihre Lebenswelt geht.[44]

Man geht in der Kulturanthropologie nicht länger von einer beschreibungsunabhängigen Wirklichkeit aus und begreift die ethnographische Repräsentation nicht mehr als innere Spiegelung der äußeren Welt. Stattdessen sieht man stärker den Machtcharakter von Interpretationen und den kontingenten, für Differenz und Diversität offenen Charakter aller Interpretationen. Da die Form und das Ergebnis von Interpretationen nicht neutral sind, muss in den dialogischen Ansätzen der Kulturanthropologie «ausgehandelt» werden, was als «Wirklichkeit» gelten soll.[45] Aufgrund ihres kontingenten Charakters bietet jede Interpretation nur eine Perspektive. Wenn sich im Dialog die Zahl der

Interpretationsperspektiven erhöht, so kann das auch zu einer pluralen Autorenschaft von Texten führen.[46] In jedem Fall richten sich viele Bemühungen heute auf eine stärkere Repräsentation des Anderen und auf die Entwicklung polyphoner Forschungs- und Darstellungsverfahren in der Kulturanthropologie.[47]

Alterität

Insofern sich Kulturanthropologie als Wissenschaft vom Fremden begreift, steht in ihrem Zentrum die Frage nach dem Anderen, die auch für andere Geistes- und Sozialwissenschaften von zentraler Bedeutung ist. So wird man auch in der historischen Forschung dem Mittelalter nicht gerecht, wenn man nicht seine Alterität begreift, die sich z. B. darin zeigt, dass Begriffe wie Familie, Staat, Religion im 12. Jahrhundert anders als heute verstanden werden müssen. Auch in der Pädagogik spielen die Wahrnehmung und der Umgang mit der Alterität von Kindern eine wichtige Rolle. Selbst in der Literatur hängt der ästhetische Reiz der dargestellten Situationen und Personen oft an ihrem Anderssein. Wenn in der Kulturanthropologie von dem Anderen die Rede ist, dann sind damit zunächst die Menschen gemeint, die in Europa lange als *Wilde*, *Primitive* oder *Angehörige von Naturvölkern* bezeichnet wurden.[48] Um die abwertende Tendenz dieser Benennungen zu vermeiden, ist heute von *archaischen Kulturen, vorindustriellen Gesellschaften, schriftlosen Kulturen, Stammesgesellschaften, small-scale-societies* oder *face-to-face-societies* die Rede.[49] In allen Fällen handelt es sich um überschaubare Gesellschaften von einigen Dutzend bis zu einigen tausend Menschen. Im Unterschied zu den modernen Gesellschaften Europas und Nordamerikas spielen in diesen Gemeinschaften Verwandtschaftsverhältnisse eine große Rolle. Diese Gesellschaften sind in sich geschlossen, haben ein starkes Zusammengehörigkeitsgefühl und erleben die Differenz zwischen sich und anderen Ethnien stärker als eher offene Gesellschaften wie die modernen Demokratien. In allen Gesellschaften lässt sich «ein bevorzugter Ort des symbolischen Prozesses» ausmachen, «von dem ein klassifikatorisches Raster ausgeht, das über die gesamte Kultur gelegt wird». In den westlichen Gesellschaften liegt dieses in der «Institutionalisierung des Prozesses in der Güterproduktion». Dadurch unterscheiden sich diese Staaten von der «primitiven» Welt, wo die sozialen

Beziehungen, besonders die Verwandtschaftsbeziehungen, der Ort der symbolischen Unterscheidung bleiben und andere Tätigkeitsbereiche durch die operativen Verwandtschaftsunterscheidungen bestimmt werden.[50] Verwandtschaftsbeziehungen haben ihre biologische Grundlage in der Beziehung zwischen Mutter und Kind; zugleich dienen sie auch als Klassifikationsmuster, die die sozialen Verhältnisse strukturieren und sich daher zur Fokussierung kulturanthropologischer Erforschung fremder Kulturen eignen.[51]

Viele Angehörige der europäischen Kulturen haben heute Schwierigkeiten zu verstehen, welche außerordentliche Bedeutung den verwandtschaftlichen Beziehungen in anderen Kulturen zukommt. Aufgrund der starken Ausdifferenzierung der Arbeitsteilung gehören die Menschen in den industriellen Gesellschaften vielen sich überlagernden Teilwelten und Teilkulturen an, in denen das Leben ein hohes Maß an Orientierungsfähigkeit und Flexibilität erfordert. Demgegenüber schafft die Organisation von Gesellschaften auf der Basis von Verwandtschaftsbeziehungen eine uns nur schwer zugängliche Alterität. Selbst wenn wir die Strukturen und die ihnen zugrunde liegenden Organisationsprinzipien begreifen, bleiben sie unserem eigenen Welt- und Gesellschaftsempfinden fremd. Angesichts einer dichter zusammenrückenden Welt sind Erfahrungen von Alterität immer häufiger. Doch wie geht man mit ihnen um? Einmal kann man versuchen, Fremdes auf Bekanntes zu reduzieren und damit Erfahrungen der Verunsicherung zu vermeiden. Oder man erlebt Alterität als Chance, neue, die bisherige Weltsicht erweiternde Erfahrungen zu sammeln. Dann öffnet man sich für diese und kann erfahren, wie die Angehörigen fremder Kulturen und Gesellschaften die Welt sehen und mit anderen Menschen umgehen. In diesem Fall erlebt man die Alterität anderer Gesellschaften und erfährt ihre Differenz zur eigenen Kultur.

Wenn Angehörige verschiedener Kulturen einander begegnen, finden komplexe Prozesse der Attraktion und Abstoßung, der Unterdrückung und Assimilation statt. In diesen spielen Gewalt und mimetische Prozesse eine wichtige Rolle. Todorov, Gruzinski und Greenblatt haben solche Prozesse bei der Kolonialisierung Mexikos und Lateinamerikas detailliert beschrieben.[52] Danach waren die Europäer den Indianern darin überlegen, dass sie deren Andersartigkeit besser begreifen und sie dadurch nach ihren Interessen manipulieren konnten. Nach ihrem militärischen Sieg richteten die Spanier alle Anstrengungen darauf, die Andersartigkeit der fremden Kultur zu zerstören und sie durch die spanisch-christliche Kultur zu ersetzen. Mit unvorstellbarer Grausamkeit wurden nicht nur die Indios getötet; bei den Überlebenden wurde ihr imaginäres durch das spanisch-christliche Gedanken- und Bildergut ersetzt; eine Mischkultur entstand, deren hybride Strukturen und Inhalte bis heute bestehen und sich kontinuierlich weiterentwickeln.

Die europäische Kultur hat drei Strategien entwickelt, die Wahrnehmung der Alterität anderer Völker und Kulturen einzuschränken: Logozentrismus, Egozentrismus und Ethnozentrismus.[53] Im Fall des Logozentrismus dient die europäische Form der Rationalität *(logos)* dazu, andere Formen rationalen Denkens und Handelns abzuwerten oder zu übersehen. Der Egozentrismus zielt auf die Fokussierung des Ich und seiner Durchsetzungskräfte, die für Angehörige anderer Kulturen oft fremd sind. Als Ethnozentrismus *(ethnos)* werden die Formen des Denkens, Fühlens und Handelns bezeichnet, die von einer höherwertigen Qualität der europäischen Kultur ausgehen und zugleich die Minderwertigkeit anderer Kulturen unterstellen. Bei der Unterwerfung Südamerikas, beim Kolonialismus des 18. und 19. Jahrhunderts sowie bei der Globalisierung des 20. und 21. Jahrhunderts spielen diese «Strategien» der Reduktion des Anderen auf das Eigene bis in die kulturanthropologische Forschung hinein eine große Rolle.[54]

Insoweit sich Kulturanthropologie als Wissenschaft vom Anderen begreift, bemüht sie sich darum, Prozessen entgegenzuwirken, in denen das Menschenrecht auf *kulturelle Differenz* verletzt wird. Eine wichtige Strategie, sich für den Umgang mit dem Anderen zu sensibilisieren und einen differenzierten Umgang mit der Alterität anderer Menschen zu entwickeln, besteht darin, den Anderen in sich selbst zu entdecken. Entsprechendes gilt für ein Denken vom Anderen her, für ein heterologisches Denken, für das die Erfahrung des Sich-selbst-fremd-Seins ebenfalls unerlässlich ist.[55]

Da sich die Gesellschaften und Kulturen, die einmal Gegenstand der Ethnologie waren, unter dem Einfluss der Moderne und der Globalisierung schnell verändern, erweitert sich das Spektrum der kulturanthropologischen Forschung. Nicht nur das Fremde in anderen Gesellschaften wird untersucht; von gleichem Interesse ist das Andere der eigenen Kultur. Unter Einfluss der Beschleunigung des Lebens, der Globalisierung der Warenproduktion und der Märkte sowie der Ubiquität und Simultaneität der Neuen Medien entstehen in der wechselseitigen Verschränkung von Tradition und Innovation neue soziale und kulturelle Formen, die zu erforschen heute zu den Aufgaben der Kulturanthropologie gehört. Marc Augés Untersuchungen *Pour une anthropologie des mondes contemporains* zielen auf die Untersuchung unterschiedlicher Welten in den zeitgenössischen Gesellschaften. Im Bewusstsein dessen, was wir nicht mehr sind, herauszubekommen, wer wir sind[56], ist Aufgabe dieser Forschungen. Augés ethnographische Arbeiten über die Pariser Metro und die «Nicht-Orte» sind Ausdruck dieses Anliegens.[57] Diese Untersuchungen richten sich auf alltägliche Erscheinungen gegenwärtigen Lebens, die mit dem verfremdenden Blick des Ethnologen betrachtet werden. Die Bedeutung kulturell geprägter Orte für die individuelle und kollektive Identität sowie ihr historisch gewordener Wert als Träger von Erinnerung und Sakralität gehören dazu; von ihnen werden «Nicht-Orte» wie Flughäfen, Bahnhöfe usw. unterschieden, denen die geschichtliche und kulturelle Dimension des Raums fehlt. Diese «Nicht-Orte» sind ein Ergebnis der Akzeleration der Zeit, des Übermaßes an Ereignissen und der Überspannung der Individualisierung. An Ziel und Funktionen gebunden, dienen diese anonymen Orte dem Transport, dem Transit und dem Handel und ähneln einander darin, dass sie keine Beziehung zu den historischen und kulturellen Umwelten haben.

Viele kulturanthropologische Studien richten sich heute auf die Erforschung moderner Städte, die in ethnischer Hinsicht viel weniger homogen als traditionelle Gemeinschaften sind. Viele dieser Städte sind synkretistisch; in ihnen entstehen neue kulturelle Formen, bei denen sich nur schwer unterscheiden lässt, welche Elemente aus welcher Kultur stammen. Aus diesen Mischungen ethnisch verschiedener Kulturen entsteht *Hybridität*.[58] Sie ist eine neue Form von Alterität, zu deren Verständnis ethnographische Forschung beitragen kann. Je stärker es diesen Untersuchungen gelingt, die Vielfalt und Komplexität sowie die Alterität und Polyphonie des Untersuchungsfeldes zur Darstellung zu bringen, desto wichtiger wird kulturanthropologische Forschung in diesem Bereich.

Kultur

Eine Präzisierung des Kulturbegriffs ist heute umso schwieriger, als Bezeichnungen wie Freizeitkultur, Subkultur, Kulturindustrie, Unternehmenskultur, Essenskultur, Liebeskultur, Begräbniskultur usw. zu einer inflationären Ausweitung und zur Gefahr des Verlusts der Differenzierungsfähigkeit des Begriffs geführt haben. Ein Blick in Philosophie, Soziologie und Ethnologie verdeutlicht die Heterogenität und Komplexität des Begriffs.[59] Sartre z. B. geht noch von einem allgemeinen Kulturbegriff aus, wenn er schreibt: «Die Kultur vermag nichts und niemanden zu retten, sie rechtfertigt auch nicht. Aber sie ist ein Erzeugnis des Menschen, worin er sich projiziert und wiedererkennt; allein dieser kritische Spiegel gibt ihm sein eigenes Bild.»[60] Ähnlich allgemein ist Gehlens anthropologisch fundierter Kulturbegriff konzipiert, dem zufolge der Mensch als weltoffenes, plastisches «Mängelwesen» gezwungen ist, «sich selbst und seine Welt herzustellen», d. h. Kultur zu erzeugen. Der Vorteil dieser Auffassung besteht darin, «daß sie alle ontologisierenden Trennungen von Handeln und Denken, von ‹Gesellschaft› und ‹Kultur› umgeht und deshalb beitragen kann zur kategorialen Grundlegung einer Sozialtheorie, die solche Dualismen endgültig hinter sich ließe. Es würden dann eben *alle* menschlichen Tätigkeiten als Einheit verstanden, d. h. als immer schon *zugleich* instrumentell und praktisch-manipulativ, als deutend, als notwendig ‹geistig› und eben dadurch durchgängig: als ‹kulturell› geformt.»[61]

Auch in der Kulturanthropologie finden sich viele Versuche, die Frage zu beantworten, was unter Kultur zu verstehen ist. Alfred Kroeber und Clyde Kluckhohn haben bereits in den frühen 1950er Jahren mehr als 160 Definitionen von Kultur angeführt, die sich allerdings oft nicht wesentlich voneinander unterscheiden.[62] Doch zeigt dieser Überblick, wie schwierig, wenn nicht gar unmöglich es ist, eine in sich kohärente allgemeine Definition von Kultur zu entwickeln. Deshalb können im Weiteren auch nur einige Dimensionen dieses Begriffs entfaltet werden. Seine Präzisierung kann nur kontextspezifisch, im Rahmen der einzelnen Untersuchung und ihrer jeweiligen Fragestellung erfolgen.

Eine in der Kulturanthropologie oft zitierte Definition geht auf Edward Tylor zurück, der Kultur mit Zivilisation gleichsetzt und sie bestimmt als «jenes komplexe Ganze, welches Wissen, Glaube, Kunst,

Moral, Recht, Sitte und Brauch und alle anderen Fähigkeiten und Gewohnheiten einschließt, welche der Mensch als Mitglied der Gesellschaft erworben hat»[63]. Nach dieser Definition werden kulturelle Kompetenzen nicht wie natürliche Anlagen vererbt, sondern erworben. Nach unserem Stand des Wissens im Hinblick auf den Menschen ist Kultur nicht mehr so eindeutig von Natur unterscheidbar. Zwar ist der Mensch von Natur aus ein Kulturwesen und wird zum Menschen nur mithilfe von Kultur, doch setzen kulturelle Prozesse schon bei der Menschwerdung ein; sie sind bereits beim Frühmenschen vorhanden und bringen in der Verschränkung mit der Natur den *Homo sapiens* hervor. Der Werkzeuggebrauch und die sozialen Institutionen machen den Menschen überlebensfähig und tragen dazu bei, dass er sich erfolgreich über die Erde ausbreitet.

Eine stärker die materiellen und gesellschaftlichen Bedingungen berücksichtigende Definition von Kultur entwickelt Malinowski: «Kultur ist ein aus teils autonomen, teils koordinierten Institutionen aufgebautes Ganzes. Zusammengehalten wird sie durch eine Reihe von Prinzipien, wie auf Abstammung beruhende Blutsgemeinschaft, räumlicher Zusammenhang in Verbindung mit Zusammenarbeit, Spezialisierung der Tätigkeiten, und nicht zuletzt durch die Machtanwendung bei der politischen Organisation. Jeder Kultur ist ihre Vollständigkeit und Selbstgenügsamkeit eigen, weil sie dem Gesamtbereich der grundlegenden, zweckbestimmten und integrierenden Bedürfnisse genügt.»[64] Danach erstreckt sich Kultur auf materielle wie auf nicht-materielle Bedingungen, auf geistige, soziale und politische Produktionen. Hinzu kommen unterschiedliche Lebensformen und Bereiche des Imaginären; Kultur formt den menschlichen Körper und ist zugleich eine Folge dieser Formung; in Brüchen und Innovationen erzeugt sie Wandel und Kontinuität zwischen Vergangenheit, Gegenwart und Zukunft. Sie schafft Grenzziehungen zwischen den Lebenden und den Toten, den Geschlechtern und den Generationen, innen und außen, oben und unten, und entwickelt differenzierte Formen der Arbeitsteilung. Kultur ist dynamisch, sie ist Praxis und Prozess; jede Kultur ist nicht eine, sondern umfasst viele Kulturen.

In die gleiche Richtung gehen auch Clifford Geertz' Überlegungen. Nach seiner Auffassung ist es «außerordentlich schwer, zwischen dem

Natürlichen, Universellen und Dauerhaften im Menschen und dem Konventionellen, Lokalen und Veränderlichen eine Grenze zu ziehen. Ja mehr noch, er [Geertz bezieht sich hier auf Shakespeare] legt sogar nahe, dass eine solche Grenzziehung die menschlichen Verhältnisse verfälscht oder zumindest fehlinterpretiert.»[65] Man findet den Menschen nicht «hinter» der Vielfalt seiner historischen und kulturellen Ausprägungen, sondern in ihnen. Erst die Untersuchung sozialer Phänomene in verschiedenen Kulturen zeigt ihre außerordentliche Vielfalt und liefert Aufschluss über die *Vielgestaltigkeit von Kultur*. In dieser Sicht ist es gerade die historische und kulturelle Vielfalt, die Aufschluss über die Gattung Mensch liefert. Allerdings kommt es weniger darauf an, lediglich «die empirischen Gemeinsamkeiten seines [des Menschen] von Ort zu Ort und Zeit zu Zeit so unterschiedlichen Verhaltens hervorzuheben, als vielmehr die Mechanismen, mittels derer die ganze Bandbreite und Unbestimmtheit seiner angeborenen Vermögen auf das eng begrenzte und hochspezifische Repertoire seiner tatsächlichen Leistungen reduziert wird»[66]. «Ohne die Orientierung durch Kulturmuster – organisierte Systeme signifikanter Symbole – wäre das Verhalten des Menschen so gut wie unbezähmbar, ein vollkommenes Chaos zielloser Handlungen und eruptierender Gefühle, seine Erfahrung nahezu formlos. Kultur, die akkumulierte Gesamtheit solcher Muster, ist demnach nicht bloß schmückendes Beiwerk, sondern – insofern sie die Grundlage seiner Besonderheit ist – eine notwendige Bedingung menschlichen Daseins.»[67]

Je nachdem, ob der Akzent auf der Einheit der Kultur oder auf der Vielfalt der Kulturen liegt, unterscheidet sich der Kulturbegriff.[68] Zu den Richtungen, die eher die grundsätzliche Einheit der Kultur betonen und sich darum bemühen, trotz offensichtlicher Unterschiede gemeinsame Prinzipien der Kulturentwicklung zu entdecken, gehören der *Diffusionismus*, der *Funktionalismus* und der *Strukturalismus*. «Im Diffusionismus stehen dabei die materiellen Kulturelemente im Vordergrund, während sich der Funktionalismus auf kulturelle und soziale Institutionen konzentriert und der Strukturalismus darüber hinaus auch die ideellen Hervorbringungen einzelner Kulturen mit einbezieht.»[69] Im ersten Fall geht es um Kulturtheorien, die von einem gemeinsamen Ursprung der Menschheit ausgehen, von dem aus sich die Kulturen verbreitet haben. Babylon, Atlantis, Ägypten galten jeweils als Ursprung der Menschheit.[70]

Eine größere Bedeutung gewinnt der Funktionalismus, nach dessen Auffassung Kultur dazu dient, die Grundbedürfnisse der Menschen zu erfüllen. Malinowski und seine Definition von Kultur, Radcliffe-Brown und viele andere gehören zu dieser Position. Im Mittelpunkt des Strukturalismus, der mit dem Werk von Lévi-Strauss eng verbunden ist, steht Reziprozität als Organisationsprinzip aller, auch noch so unterschiedlicher, Kulturen.

Von diesen Positionen unterscheiden sich der *Kulturrelativismus*, der *Neoevolutionismus* und die *Kulturökologie*. Unter dem Einfluss von Boas, Kroeber, Benedict und Mead wird der Kulturrelativismus sehr einflussreich. Er betont die Einzigartigkeit, Einmaligkeit und Unvergleichbarkeit jeder Kultur, die auch in der zitierten Kulturdefinition von Geertz zum Ausdruck kommen. In dieser Position zeigt sich eine antikolonialistische Haltung, die von der prinzipiellen Gleichwertigkeit aller Kulturen ausgeht und darauf besteht, dass bei Kulturvergleichen Werte, Einstellungen und Haltungen stets von einer kulturellen Position aus formuliert werden. Unbestritten gilt daher kultureller Relativismus als methodisches Prinzip: «Jede ethnologische Forschung hat der Einsicht in die Kulturgebundenheit unserer eigenen Normen, Wertvorstellungen und Verhaltensweisen Rechnung zu tragen. Die Relativierung des eigenkulturellen Standpunkts bildet die Grundvoraussetzung eines jeden Versuchs, sich fremdkulturellen Wirklichkeiten verstehend zu nähern.»[71] Im Unterschied zum mit dem Fortschrittsgedanken des 19. Jahrhunderts verbundenen Evolutionismus geht der Neoevolutionismus der 1950er und 1960er Jahre eher von Prozessen multilinearer Kulturentwicklung aus, bei denen je nach ökologischen Bedingungen auch unterschiedliche Entwicklungen möglich sind. Hier setzt die Kulturökologie ein, die die wechselseitige Abhängigkeit zwischen Umwelt und Kulturentwicklung betont.[72]

Rück- und Ausblick

In dreifacher Hinsicht hat die Kulturanthropologie nachhaltigen Einfluss auf die Anthropologie. Einmal wird unter ihrer Einwirkung in der Anthropologie ein *erweiterter Kulturbegriff* akzeptiert, der nicht auf

Literatur, Kunst, Musik und Theater eingeschränkt ist, sondern auch die Lebenswelten und Lebensformen der Menschen umfasst.[73] Ferner wird die Bedeutung des *Fremden* und der *Alterität* in der Anthropologie entdeckt und für ihr Verständnis von Historizität und Kulturalität in vielen Untersuchungen fruchtbar gemacht. Schließlich finden die zunächst als Methoden teilnehmender Beobachtung entwickelten *qualitativen Methoden* in der *rekonstruktiven anthropologischen Sozialforschung* eine starke Berücksichtigung.

Im Zusammenhang mit der Globalisierung entstehen heute in der Kulturanthropologie viele neue Fragen. Neben dem allmählichen Verschwinden der in sich geschlossenen Kulturen, die lange Zeit Thema ihrer Forschungen waren, entstehen neue, sich weltweit ausbreitende Kulturformen, die neben die traditionellen Kulturen treten, sie überlagern und sich mit ihnen mischen. Diese Überlappung, Durchmischung und Assimilation von Globalem, Nationalem, Regionalem und Lokalem führt zu neuen, bislang wenig erforschten Formen von Multikulturalität, Interkulturalität und Hybridität.[74] Am Beispiel der Globalisierung von Kultur lassen sich die Schwierigkeiten der Konzeptualisierung und Konstituierung des Forschungsfeldes verdeutlichen.

Wenn von Globalisierung der Kultur die Rede ist, dann ist damit die weltweite Vermarktung kultureller Produkte gemeint. Die einen schätzen diese Entwicklung positiv ein; sie erhoffen sich die Entstehung einer Weltgesellschaft, die von einer universellen demokratischen Kultur geprägt ist. Andere stehen einer solchen Entwicklung skeptisch gegenüber; sie erwarten eher einen Verlust von Identität und bestehen auf der Notwendigkeit kultureller Differenz. Bei einer Analyse des globalisierten Kulturmarkts sind sowohl die Mechanismen des Markts als auch der besondere Charakter der Kulturen und der Kulturwaren zu berücksichtigen. Angesichts dieser Entwicklung lassen sich vier Problemkomplexe identifizieren.[75] Der eine bildet sich durch die Erosion traditioneller Kulturen und globaler Entwicklungen ohne Glauben an die Ausbreitung von Fortschritt. Das zweite Problemfeld entsteht in der Zunahme des partikularen und heterogenen Charakters kultureller Waren und ihrer eingeschränkten adressatenspezifischen Verbreitung. Die dritte Konfliktkonstellation ist mit der Frage verbunden, ob und inwieweit fragmentarisierte Kulturen dazu beitragen können, über sie hinausreichende Loyalitäten zu schaffen und gesellschaftliche Kohärenz zu erzeugen. Viertens gilt es zu untersuchen, welchen Einfluss die Zersplitterung der Kultur auf die verschiedenen Bereiche gesellschaftlichen Lebens hat und inwieweit die Konzentration auf die Produktion kultureller Güter auf Kosten ihrer Vermittlung geht. Welche Entwicklung in diesen Problemkomplexen stattfinden wird, ist nicht voraussehbar. Jedenfalls gilt es zu vermeiden, gegen die in der Kultur liegende Offenheit zu verstoßen. Denn: «Kultur ... ist die Bewahrung des Möglichen. Die Weite ihres Horizonts ist der Lohn der Kontingenz.»[76]

5. Historische Anthropologie

Historische Anthropologie bezeichnet den Versuch, verschiedene anthropologische Perspektiven thematisch und methodisch aufeinander zu beziehen und in ihrer Historizität und Kulturalität zu berücksichtigen. Ihre Forschungen werden in einer Zeit durchgeführt, in welcher der normative Charakter und die Bindungskraft herkömmlicher Anthropologien keine Sicherheit mehr bieten und die Annahme, menschliche Geschichte ließe sich im Sinne von Vernunft und Fortschritt gestalten, zweifelhaft geworden ist. In der Historischen Anthropologie werden scheinbare Gewissheiten des gesellschaftlichen und kulturellen Lebens infrage gestellt, verfremdet und zu Gegenständen und Themen der Forschung gemacht. Ihre Untersuchungen richten sich auf menschliche Kulturen in bestimmten Räumen und Zeiten und auf die sich dort vollziehenden Veränderungen. Sie zielen nicht auf Konstanten des Menschen; stattdessen betonen sie den historischen und kulturellen Charakter ihrer Forschungsgegenstände und Erkenntnisse; sie sind pluralistisch, häufig transdisziplinär und transnational und reflektieren die Möglichkeiten und Grenzen ihrer Erkenntnisse. Sie bilden einen Mittelpunkt heutiger kulturwissenschaftlicher Forschung.

Historische Anthropologie bezeichnet keine Fachwissenschaft und kein in sich geschlossenes Feld der Forschung. Ihre Untersuchungen überschreiten Disziplingrenzen und versuchen, in inhaltlicher und methodischer Hinsicht neue Formen des Wissens zu schaffen. Bevor diese im Verlauf der Darstellung weiter entfaltet werden, sollen das interdisziplinäre und transnationale Projekt *Logik und Leidenschaft*[1] und die unter dem Titel *Vom Menschen. Handbuch Historische Anthropologie*[2] zusammengefassten Untersuchungen zu menschlichen Grundverhältnissen dargestellt werden. Diese Arbeiten lassen sich durch weitere

Studien zur Historischen Anthropologie[3], zur historisch-pädagogischen Anthropologie[4] und zu entsprechenden Arbeiten in der Psychologie und in den Literaturwissenschaften ergänzen.[5] Hinzu kommen die in *Paragrana*, der internationalen Zeitschrift für Historische Anthropologie, veröffentlichten Untersuchungen.[6]

Logik und Leidenschaft

Der Titel dieser Reihe historisch-anthropologischer Untersuchungen verweist auf ein Spannungsverhältnis zwischen Körper und Geist, mit dem im Verlauf des Zivilisationsprozesses unterschiedlich umgegangen wurde. Lange schien die Gefährdung des Menschen vom Körper und seiner Unzulänglichkeit auszugehen, und es galt daher, ihn zu disziplinieren und zuzurichten. Heute scheint eine wachsende Gefährdung von der Logik her zu kommen. Während Leidenschaft auf das Partikulare und Vielgestaltige zielt, drängt Logik auf das Universelle; dazwischen schieben sich die Bilder des Imaginären.

Die Spannung zwischen Logik und Leidenschaft durchzieht den menschlichen Körper und seine Sinne. Dabei erhebt sich die Frage, welche Rolle der Körper im Zivilisationsprozess, in der Kultur, in den Kulturwissenschaften spielt und welchen Beitrag die Auseinandersetzung mit ihm und den Sinnen zum Selbstverständnis der Zeit liefert. Die Unterschiede in den Deutungen des Körpers sind beträchtlich; dies gilt auch für die Sinne, ihr Verhältnis zueinander und ihre Rolle in der Gegenwart. Der Versuch, Körper und Sinne zu verstehen, trifft auf Widersprüche, Paradoxa und Antinomien. Im Rahmen dieser Erfahrungen stößt man unvermeidlich auf die Seele, die sich der Materialität des Körpers und seinen Leidenschaften sowie dem instrumentellen Zugriff der Logik entzieht. Stattdessen haftet der Seele etwas Transitorisches an, das über die Menschen und Dinge hinauszielt und auf Religion und Transzendenz verweist. Wie die Seele ist auch das Heilige nicht vergangen, sondern lediglich verschoben und verdrängt. Es widersetzt sich der Eindeutigkeit, ist schrecklich und faszinierend, ambivalent und paradox. In seinem Namen werden gesellschaftliche Strukturen erzeugt, zerstört und transformiert.

Das Heilige manifestiert sich im Schein des Schönen und im Schicksal der Liebe. Auch das Schöne lässt sich nicht eindeutig ausmachen; es ist scheinhaft, flüchtig und faszinierend. Jeder Versuch, sich seiner zu bemächtigen, zerstört es; es verweist auf das Nicht-Identische. Im Schönen drückt sich Unendliches in Endlichem aus. Kunst und Liebe, Leidenschaft und ästhetische Erfahrung überlagern sich. Liebe ist die Erfahrung des Anderen und damit Ausweg aus der Einsamkeit. Die Erfahrungen der Liebe können sehr unterschiedlich sein. Als Ausdruck des Mangels und der Fülle sind sie Anstoß des Sprechens. Im Verlauf der europäischen Geschichte bilden sich verschiedene Rhetoriken heraus, die unterschiedliche Gefühle erzeugen. Liebe verweist auf Geschlechtlichkeit, ohne mit ihr identisch zu sein. Sie gerät in die Spannung zwischen Institutionalisierung und Leidenschaftlichkeit. So wird das Schicksal der Liebe zu einem Gegenstand anthropologischer Reflexion.

In der Schönheit und in der Liebe werden Erfahrungen einer anderen Zeit gemacht, die nicht die lineare, das Alltagsleben bestimmende Zeit ist; es sind Erfahrungen einer im Augenblick *(kairos)* verdichteten Zeit, die dem Leben neue Dimensionen erschließen. Zeit ist eine der zentralen, das menschliche Leben konstituierenden Bedingungen. Körper und Sinne, Seele und Heiliges, Schönheit und Liebe erscheinen in der Zeit und verändern sich. Von Interesse sind die Gleichzeitigkeit ungleichzeitiger und die Ungleichzeitigkeit gleichzeitiger Ereignisse und die sich daraus ergebende Pluralität der Zeiten. Mit der Erforschung heterogener Zeiterfahrungen stellt sich die Frage nach dem Verhältnis von Sprache, Imagination und Schweigen. Welche Rolle spielt das Schweigen für das Sprechen und für die Erfahrung der Zeit? Wir sprechen in der Hoffnung, der Dinge, über die wir reden, habhaft zu werden. Aber dies gelingt nicht. Wir sprechen gegen diese enttäuschende Erfahrung. Wir können diese Unverfügbarkeit der uns umgebenden Welt nicht aushalten und machen den Versuch, die Stille durch Reden zum Schweigen zu bringen.

Im Weiteren sollen sieben Themenfelder skizziert werden, auf die sich die Forschungen Historischer Anthropologie in den ersten zehn Jahren konzentriert haben und denen gemeinsam ist, dass sie in der Folge dieser explorativen Untersuchungen zu zentralen Untersuchungsfeldern der Kulturwissenschaft geworden sind. Dabei handelt es sich um:

- die Wiederkehr des Körpers und das Schwinden der Sinne,
- die erloschene Seele,
- das Heilige,
- den Schein des Schönen,
- das Schicksal der Liebe,
- die sterbende Zeit.

Die Wiederkehr des Körpers und das Schwinden der Sinne

Wie in der Philosophischen Anthropologie ist auch in der Historischen Anthropologie der Körper Ausgangspunkt der Forschung. Anders als in den Kulturwissenschaften heute, in denen der Körper ein zentrales Thema darstellt, findet er in den Sozial- und Geisteswissenschaften der 60er und 70er Jahre des 20. Jahrhunderts kaum Aufmerksamkeit. Mit der Distanzierung, Disziplinierung und Instrumentalisierung des Körpers als Grundlage des historischen Fortschritts kommt es zu einer Verdrängung vor allem der Seiten des Körpers, die sich der Rationalität und Logik des Zivilisationsprozesses nicht einfügen und die nun verstärkt Beachtung verlangen. Andererseits erreicht die Manipulation des Körpers in der Prothesenmedizin und im «bio-engineering» neue Höhepunkte. Auch in den Medien werden neue Formen der Repräsentation, Fragmentarisierung und Manipulation des Körpers erprobt. Die Zunahme psychogener, soziogener, iatrogener Krankheiten, die Zahl der Suizide, der steigende Drogenkonsum lassen sich als Widerstand gegen diese Entwicklungen verstehen. Je nachdrücklicher die ungewollten Nebenwirkungen von Rationalisierung und Abstraktion in Erscheinung treten, desto stärker sieht man in der Disziplinierung und Kontrolle auch eine Reduktion der Vielfalt des Körpers und der Sinne. In der Folge geraten daher auch die Widersprüchlichkeit und Komplexität des Körpers neu in den Blick.[7]

Im Verlauf der Geschichte haben sich verschiedene Figurationen des Körpers herausgebildet. Als menschlicher hat sich der Körper in der griechischen Antike im Vergleich zum Körper der Götter konstituiert; als männlicher bzw. weiblicher formt er sich aus der Geschlechterdifferenz und in einer geschlechtsspezifischen Machtverteilung; als ein das Ganze spiegelnder Mikrokosmos wird er in Analogie zum Makrokosmos gesehen. Jede Figuration des Körpers wurde von dem Kontext bestimmt, in dem sie Gestalt gewann, und durch Vorstellungsbilder, Symbol- und Zeichensysteme sowie menschliche Handlungen beeinflusst.[8] Bei der Herausbildung solcher Figurationen spielt die Gewalt eine wichtige Rolle. Ohne sie gelingt keine Zurichtung; sie bewirkt Formation bzw. Deformation des Körpers. Das eine Mal wirkt sie über physische, das andere Mal eher über symbolische oder imaginäre Zwänge. Ziel ist die Reduktion der vielgestaltigen Formen des Körpers auf einen möglichst eindeutigen und gesellschaftlich nützlichen Individualkörper.[9]

Menschen zu beherrschen bedeutet stets auch, ihre Körper zu beherrschen. Wie dies geschieht, zeigt sich in den Formen menschlicher Arbeit, im Gebiet des Sexuellen und in Krankheitsbildern.[10] Nietzsches These zufolge schreckt die Menschheit nie vor einer Grausamkeit zurück[11], wenn es darauf ankommt, sich ein Gedächtnis für die Zukunft zu machen. Die dabei entstehenden Wunden und Narben prägen die Geschichte der Zivilisation. Sie belegen, dass es den Körper als natürliche «Substanz», als «Hort der Sinnlichkeit», als «Garant für Authentizität» nicht gibt. Vielmehr sind solche scheinbar «natürlichen» Qualitäten des Körpers ebenso historisch und gesellschaftlich bedingt wie seine Unschuld, Sündhaftigkeit, ästhetische Bedeutung etc.

Im Verlauf der Geschichte entwickeln sich nach und nach unterschiedliche Körpervorstellungen, welche die Arbeit an den realen Körpern beeinflussen. So wirken z. B. an der Herstellung des Arbeitskörpers zahlreiche Steuerungs- und Kontrollmechanismen mit.[12] Zu ihnen gehören die Zwänge der Zeitordnung[13], der Affektdisziplinierung und der Maschinisierung.[14] Sie münden in eine Ökonomie des Selbstzwangs, für die die Isolierung des Körpers, die kalkulierte «Weitsicht» und die Abhärtungsstrategien der frühbürgerlichen Erziehung wichtige Voraussetzungen darstellen. Auch der sexuelle Körper ist ein historisch-gesellschaftliches Produkt[15], in das sich Gewaltverhältnisse einschreiben. Über ihn laufen wichtige Mechanismen der Moralisierung und Selbstkontrolle. Auf ihn wirken die Prozesse der Versprachlichung und Verbildlichung[16] ein. Der Körper wird zur Oberfläche, über die sich die Ströme des Begehrens buchstäblich ergießen. Der Auflösungsprozess des Sexuellen ins Bild wird in der Pornographie ins Extrem getrieben.[17]

Auch die Sinne des Körpers werden zum Thema der Historischen Anthropologie.[18] Sie gewähren den Menschen eine sinnliche Gewissheit der Welt und ihrer selbst und sind dadurch an der Vermittlung von Sinn beteiligt. «Das Gegenwärtigsein des sinnlichen Empfindens – und damit das sinnliche Empfinden überhaupt – ist das Erleben des Mit-seins, das sich zum Subjekt und zum Gegenstand hin entfaltet. Der Empfindende hat nicht die Empfindungen, sondern indem er empfindet, hat er sich selbst.»[19] Das Empfinden der eigenen Gegenwärtigkeit in der sinnlichen Reaktion auf die Welt vermittelt Körper und Subjekt mit der Welt und den Objekten. In diesem Prozess werden Wandlung und Kontinuität empfunden. Darin liegt eine Voraussetzung menschlichen Selbstbewusstseins.

Im Zusammenhang mit der ubiquitären Verbreitung der neuen Medien und der Zunahme der Beschleunigung des Lebens kündigen sich nachhaltige Veränderungen im Umgang mit den Sinnen an. In diesen Prozessen scheint die kulturelle Differenzierung zwischen den «Fernsinnen» Auge und Ohr und den an den Rand der Gesellschaft, eher ins Private gedrängten «Nahsinnen» Tasten, Schmecken und Riechen zuzunehmen. Besonders nachhaltig haben die Zurichtungen des Sehsinns Einfluss auf den menschlichen Körper und das Gesamt der Sinne. Doch nach wie vor kommt auch dem Hören für die Selbsterfahrung des Sprechers und für die Erfahrung von Gemeinschaft zentrale Bedeutung zu. Die wichtige Rolle der Sinne im Rahmen der Forschungen Historischer Anthropologie soll am Beispiel des Sehens und Hörens verdeutlicht werden.

Das Auge, das «uns große Strecken weit aus uns hinaus» wirft[20], lässt sich als ein Sinn begreifen, der die außerhalb des Körpers gelegenen Gegenstände und Menschen ins Körperinnere bringt. Die Welt wird «ins Auge» gefasst. Im Sehen wird an den «Sinnesflächen des eigenen Leibes» (Plessner) das Fremde erfahren. Das Sehen richtet sich auf Gegenstände und andere Menschen und trifft eine Auswahl aus dem visuellen Umfeld. Es ist eine Bewegung der Zuwendung und Fokussierung bei gleichzeitiger Abwendung und Ausgrenzung. Der Sehsinn überbrückt die Entfernung zwischen den Menschen und Dingen, hält zugleich aber auch in der Wahrnehmung Distanz. Er stellt eine «Fernnähe» her und hat darin eine Affinität zu den Prozessen gesellschaftlicher Abstraktion. Sehend erfährt der Mensch nicht nur das Sichtbare, sondern auch sich selbst als Sehenden. «Das Rätsel liegt darin, daß mein Körper zugleich sehend und sichtbar ist. Er, der alle Dinge betrachtet, kann sich zugleich auch selber betrachten und in dem, was er gerade sieht, ‹die andere Seite› seines Sehvermögens erkennen.»[21]

Mit zunehmender Funktionalisierung des Blicks wird das Sehen zum Leitsinn unserer Kultur[22], dessen Kontroll- und Selbstkontrollfunktion zur Einschränkung seiner Mannigfaltigkeit führt. Das Auge wird ergänzt: mit Brillen, Ferngläsern, Mikroskopen – mit Apparaten, die nur noch den Ausschnitt aus der Welt zeigen, auf den sich das untersuchende Auge konzentriert. Ein «kalkulierender Blick» (Foucault) entsteht, der zu einem Distanz- und Machtmittel wird, der unterwirft und Herrschaft durchsetzt.[23] Die Entwicklung eines «sprechenden Auges» in den Wissenschaften und die Entwicklung eines überwachenden Blicks in den gesellschaftlichen Institutionen gehen Hand in Hand. Mit Hilfe der Technik und der Verwaltung entsteht ein dichtes Netz von Kontrollen, in dem die Welt des Sichtbaren und mit ihr der sehende Mensch gefangen wird.

Diesem auf Kontrolle und Objektivität angelegten Sehen steht ein vom Begehren getriebenes Sehen gegenüber, in dem die Augen nicht dem Willen gehorchen, sondern sich verselbständigen und den Menschen zwingen, sich ihren Streifzügen zu überlassen. Das Begehren des Blicks führt das Subjekt auf seine «signifikante Abhängigkeit» (Lacan) zurück. Noch deutlicher als in Freuds Interpretation des *Sandmanns* von E. T. A. Hoffmann, die er in seinem Aufsatz *Das Unheimliche* von 1919 entwickelt und in der er im Auge ein Symbol für den Phallus sieht[24], wird der erotisch-sexuelle Charakter des Auges und des Sehens in Batailles *Geschichte des Auges* zum Thema.[25] Hier erscheint das Auge in unterschiedlichen Konstellationen mal als Symbol für die Vagina, mal für den Anus und mal für den Mund. Es verweist auf den Wunsch nach Einverleibung, mit der die Diskontinuität des Lebens überwunden werden soll. Ein erotisches Begehren als «Zustimmung zum Leben bis in den Tod» erfasst das Sehen.

Eine andere Form des Sehens, in der sich der Macht- und Kontrollanspruch der Menschen nicht gegenüber den Gegenständen durchsetzt, in der das Sichtbare nicht den individuellen Leidenschaften geopfert wird, ist das von Goethe im Rahmen seiner naturwissenschaftlichen Studien entwickelte *anschauliche Denken*, das für das ästhetische Sehen eine wichtige Rolle spielt und dessen Grundlage die folgende Maxime formuliert: «Das Gebildete wurde sogleich wieder umgebildet, und wir haben uns, wenn wir einigermaßen zum lebendigen Anschaun der Natur gelangen wollen, selbst so beweglich und bildsam zu erhalten, nach dem Beispiele, mit dem sie uns vorgeht.»[26] Nicht die Gewinnung eines Standpunkts, von dem aus die Naturphänomene in objektiver Distanz zu beschreiben und zu vermessen sind, ist das Ziel des anschauenden Denkens. Vielmehr gilt es, sich lebendig und bildsam wie die Natur zu verhalten, mit den Augen ihrem Wachsen und Gestalten zu folgen und sich in nachschaffender Bildsamkeit zu üben. Das mimetische Denken Goethes erhebt gegen die Verdinglichung des Sehens Einspruch. Ob und inwieweit sich angesichts der Funktionalisierung des Sehens, der Herausbildung des kontrollierenden Blicks, der Beschleunigung der Bilder und der Gefräßigkeit des Auges[27] die Erinnerung an andere Formen des Sehens behaupten kann, ist eine offene Frage.

Mit der für die Gegenwart charakteristischen Hypertrophie des Sehens stellt sich die Frage nach der Bedeutung der anderen Sinne. Welche anthropologische Bedeutung haben heute Hören, Tasten, Riechen und Schmecken? Zwingt die Hypertrophie des Sehsinns die anderen Sinne, «sehförmig» zu werden? Wenn dies der Fall wäre, welche Bedeutung hätte dann diese Entwicklung? Entstünde eine Einschränkung früherer sinnlicher Vielfalt, oder entwickelten sich neue Wahrnehmungsgewohnheiten? Ein Blick auf den Hörsinn kann hier vielleicht Auskunft geben.

Mit der industriellen, der elektromechanischen und der elektronischen Revolution entstehen bis dahin unbekannte Geräusche. Industriemaschinen, Eisenbahnen, Autos, Flugzeuge, Telefon, Grammophon, Rundfunk, Fernsehen, Computer produzieren neue Ton-, Laut- und Klangwelten, deren Analyse bei einer historisch-anthropologischen Erforschung des Hörens aufschlussreiche Erkenntnisse verspricht. In ontogenetischer Hinsicht sind der Hör- und Bewegungssinn die ersten entwickelten Sinne. Bereits mit viereinhalb Monaten ist der Fötus in der Lage, auf akustische Reize zu reagieren. Über den Gehörsinn werden wir angesprochen, bevor wir geboren werden. Mit ihm hören wir andere, bevor wir sie sehen, riechen, berühren können; mit ihm vernehmen wir Sprache, bevor wir sprechen und verstehen. Hören ist Voraussetzung für Verstehen und Sprechen. Über die Wahrnehmung des Angesprochenseins bilden sich Gefühle der Geborgenheit und Zugehörigkeit. Der Hörsinn ist der *soziale Sinn*.[28] Keine Gemeinschaft entsteht, ohne dass ihre Mitglieder lernen, einander zuzuhören. Über den Hörsinn vernehmen wir nicht nur die im Sprechen anderer Menschen an uns gerichteten Wörter und ihre Bedeutungen. In der Art und Weise, in der Worte an uns gewendet werden, hören wir mehr als ihre Bedeutung: Wir erfahren etwas von dem Sprechenden, das sich nicht in den Worten, sondern nur im Sprechen selbst ausdrückt. Über das Timbre der Stimme, ihren Tonus, ihre Intensität, ihre Artikulation vermittelt sich der Sprechende dem Hörenden.

Da der Hörsinn rückbezüglich ist, hört sich der Sprechende selbst. Sein Hören folgt seinem Sprechen; es ermöglicht ihm, sich als Sprechendem zu folgen, also nach-denklich zu sein. Wenn ein zu einem anderen Menschen gesprochenes Wort vernommen wird, wird es bei Sprecher und Hörer zum Ausgangspunkt neuer Worte. Diese Eigenart des Hörsinns ermöglicht eine Selbstwahrnehmung, Selbstvergewisserung und Selbstaffektation des Menschen. Jedes Sprechen ist auch ein Sprechen zu sich. Daher spielt bei der Konstitution von Subjektivität und Sozialität der Hörsinn eine besondere Rolle. Sich wiederholende Geräusche und Stimmen führen zu einer «Beheimatung» in einer Lebenswelt. Kontingenzen zwischen Erinnerungsspuren früherer Wahrnehmungen und neuen Geräuschen entstehen. Über den Hörsinn geraten Außen-Geräusche ins Innere; Klang-Außenwelten werden zu Innenwelten. Besonders in ontogenetisch frühen Phasen sind Wiederholung und Nachahmung wichtige Elemente für die Entwicklung des Hörsinns. Ritualisierte, rhythmisch gegliederte sprachliche Wiederholungen fordern das *mimetische Vermögen* heraus. In variierenden Nachahmungen werden Sprechen und Verstehen gelernt.

Mithilfe des Gehörs vermittelt sich die *Dreidimensionalität des Raums*. Nimmt das Auge Gegenstände nur wahr, wenn sie «vor» ihm liegen, erfasst das Ohr auch Töne, Klänge und Geräusche, die sich hinter dem Kopf befinden. Über die Entfaltung des Hörsinns entwickeln sich das Raumgefühl und das Raumbewusstsein. Diesem Zusammenspiel zwischen Hörsinn und Raumgefühl entspricht auch die morphologische Verankerung des Gleichgewichtssinns im Ohr. Über das Hören «verorten» wir uns im Raum, sichern wir den aufrechten Gang und das Gleichgewicht. Im Unterschied zum zentrierbaren Sehen sind die Wahrnehmungen des Gehörs eher diffus. Das Auge kann man abwenden und sogar schließen, das Ohr hingegen ist kaum steuerbar. Die stärkere Verfügbarkeit des Auges im Vergleich zum Ohr kommt auch in der größeren Anzahl der auf das Sehen bezogenen Worte und Metaphern zum Ausdruck. Im Vergleich zum Auge und zu den Nahsinnen «Tasten», «Schmecken» und «Riechen», bezüglich deren die indogermanischen Sprachen seltsam «stumm» geblieben sind, nimmt der Hörsinn eine mittlere Stellung ein. Mit dem Übergang von der Oralität zur Literalität und mit den Formen «sekundärer Oralität» unter dem Einfluss der Neuen Medien entstehen tief greifende Veränderungen des Hörens.[29]

Folgt man den Fragen einer Anthropologie der Sinne weiter, so gelangt man zur Haut[30] und zur Hand und damit zum Tastsinn, der für die Erzeugung von Gewissheit, die Gliederung des Raums, die Vermittlung zwischen Welt und Mensch, den Einsatz von Technologien und die Herausbildung einer symbolischen Weltordnung eine zentrale Rolle spielt.[31] Man trifft auf den Geschmack, seinen Zusammenhang mit dem Essen und seine Rolle für das ästhetische und das soziale Urteil.[32] Nase und Geruch führen in den Bereich intimer Selbst- und Fremdwahrnehmung.[33] Weniger als Auge und Ohr scheinen die Nahsinne von den zivilisatorischen Zurichtungen des Körpers erfasst worden zu sein und bilden nach wie vor ein Fundament für einen sicheren Körpereinsatz; sie bedürfen weiterer Erforschung.

Die erloschene Seele

Immer wieder stößt die anthropologische Forschung auf das Andere des Körpers – die Seele. Als *psyche, anima, l'âme, soul* bezeichnet, hat sie sich von Anfang an dem verstehenden Zugriff entzogen. Daher ist von der «erloschenen Seele» die Rede, deren Spuren noch nicht vollends verschwunden sind.[34] Im Rahmen Historischer Anthropologie gilt es, das Aufflackern, Leuchten und Erlöschen der Seele im Verlauf der europäischen Geschichte zu rekonstruieren. Metaphorisch gesprochen verweist die Seele auf den Menschen und über ihn hinaus, auf den Anderen: Sie bezieht sich auf die Dinge und transzendiert sie. Die Seele hat eine Zwischenstellung zwischen lebloser Materie und Gott. Sie belebt Pflanze, Tier und Mensch. Als Lebensprinzip, Bewegungsursache und

Formursache ist sie vorbegrifflich. Alle Versuche, sie über ihre Metaphorik hinaus zu orten oder gar dingfest zu machen, sind nicht gelungen. Die Seele hat keine Substanz, sie ist immateriell. Daher entzieht sie sich dem identifizierenden Zugriff der Wissenschaften. Sie verweist auf eine Leerstelle im Menschen und in der Natur, die sich nicht ausfüllen lässt, die offen bleibt und beunruhigt.

Die Seele sichert die Evidenz des Lebensgefühls, des Gegenstandsbewusstseins und der Ungegenständlichkeit der Vernunft. Als oberste Stufe der Dinge im sichtbaren All und als unterste Stufe der geistigen Welt ist nach Augustinus allein die Seele zum Aufstieg zu Gott und zur Vereinigung mit ihm fähig. Durch die Besinnung auf die intelligible Welt des Geistes ist ihre Verschmelzung mit Gott möglich. Seele bezeichnet die Innenausstattung des Menschen: Nicht in der Außenwelt, sondern in der Seele ist die göttliche Wahrheit zu fassen. Schaut die Seele abwärts, erblickt sie den Körper, schaut sie aufwärts, gewahrt sie Gott. Wie in der Antike wird die Seele im Mittelalter eher körperlich gedacht. Nicht als unsichtbaren Geist, sondern als eine Art zweiten Körper stellt man sie sich vor. Im Mittelalter wird die Seele in Bildern sichtbar gemacht, die auf das Unsichtbare verweisen.[35]

In der Frühen Neuzeit tritt neben die Vorstellung vom kosmischen Charakter der Seele ihre Individualisierung. Ein wesentlicher Motor für diese Transformation ist die Inquisition. Als Seele wird das im Großen und im Kleinen wirkende Formprinzip bezeichnet, das aus dem Sein das Mögliche, d. h. seine Potenzialität hervorbringt. Als die Welt gestaltende Kraft ist die Seele unsterblich. Ob sie in ihren individuellen Ausprägungen ebenfalls unsterblich ist, ist umstritten. Die religiöse Seele wird zum Schauplatz moralischer Kämpfe; das Christentum zensiert und kontrolliert die Empfindungen. Seelsorge wird zur Kontrolle des Individuums, zu einem Instrument seiner Unterwerfung unter die Ansprüche von Kirche und Staat. Dagegen wendet sich die Aufklärung, für die die Idee der Autonomie des Menschen charakteristisch wird, zu deren Verwirklichung die Vernunft und die Wissenschaften beitragen sollen. Was im Mittelalter der göttliche Funken in jedem Menschen war, ist nun die subjektive Vernunft. Seele bezeichnet die Integrationskraft des Einzelnen als Gewähr der Einheit der Person. Erst mit Kants Erkenntniskritik verliert der Begriff in der Philosophie an Bedeutung.

In der Romantik wird die Seele als das Andere der Vernunft wieder zu einem zentralen Begriff, der im Kontext von Schlaf, Traum, Rationalität und Unbewusstem thematisiert wird. Menschliche Existenz wird nicht auf Vernunft reduziert. Ein Name für das Nicht-Reduzierbare ist die Seele. Im unbewussten Seelenleben liegt der Schlüssel zum Bewusstsein. Was hier zusammengedacht wird, separieren die im 19. Jahrhundert entstehenden Wissenschaften «Biologie», «Psychologie» und «Psychoanalyse». Biologie und Psychologie orientieren sich an den Naturwissenschaften.[36] Freuds Begriff des Unbewussten bezeichnet einen dem Bewusstsein und damit auch der Wissenschaft nicht zugänglichen Bezugspunkt, dessen epistemologischer Ort nach wie vor umstritten ist.

Über das Medium des Körpers schreibt sich der Zivilisationsprozess in die Seele ein.[37] Der intakte Körper erscheint als Garant einer intakten Seele. Menschliche Identität konstituiert sich aus Vernunft, einem wahren Selbst und einem Körper. Der Körper wird zum Maßstab und Ausdruck psychisch-sozialen Lebens. Ziel menschlicher Entwicklung ist nicht mehr die reine Seele, sondern der reine Körper und seine Selbstbehauptung. Allgemeine und individuelle Vernunft sind nicht mehr gleich: Die Inkongruenz zwischen gesellschaftlichen Strukturen und subjektiven Perspektiven erscheint unüberwindbar.[38] Selbstverwirklichung vollzieht sich über die Wiederentdeckung des Körpers. Nur noch in der Form der Verkörperung, der Verkörperung des Selbst in Lebensstilen, der Gefühlsbekenntnisse in intakten Körpern interessiert die immanent gewordene Seele. Die Transzendenz der Seele ist der Immanenz des Körpers gewichen. Lediglich in Bereichen wie Kunst, Literatur und Theologie zeigt sich noch die auf Transzendenz angelegte Seele. Nach mehr als zweitausend Jahren scheint sie, die so lange das abendländische Denken bewegte und zu so unterschiedlichen Erkenntnissen anregte, ihre beunruhigende Kraft zu verlieren.[39]

Das Heilige

Wer sich mit Geschichte des Körpers und der Seele befasst, trifft unweigerlich auf Religion, Heiliges, Sakrales. Seit kurzem ist das Religiöse wieder zu einem beunruhigenden Thema geworden.[40] Man interessiert sich für die unerwartete Aktualität der Religion und für die Ausbreitung profaner Sakralität. Noch vor wenigen Jahren hielten viele diese Fragen für überholt. Daher fand erst allmählich die Frage nach dem Heiligen wieder Beachtung. Die Wahl des Begriffs verweist auf Rudolf Otto und seine Beschreibung des Phänomens als faszinierend und erschreckend und damit als ambivalent. Will man sich mit dem so gekennzeichneten Phänomen weiter auseinander setzen, so gilt: «Auf das ‹Phänomen des Heiligen› stößt man überhaupt nur, wenn man sich irgendwie phänomenologisch einstellt. Stellt man sich wissenschaftlich anders ein, etwa funktionalistisch, sozialanthropologisch oder logisch-analytisch, dann kommt etwas ganz anderes heraus … Wenn man sich phänomenologisch einstellt, dann erscheint das Heilige als eine extrem zusammengesetzte Kategorie … So zusammengesetzt und synthetisch man das Heilige auch konzipiert, man kann es sinnvoll nur tun, wenn man es außerdem noch von irgend etwas unterscheidet. Das gilt sogar dann, wenn in grauer Vorzeit ‹alles Religion› gewesen sein sollte.»[41]

Ausgangspunkt der Bearbeitung des Themas in der Historischen Anthropologie ist die Gegenthese zu Max Webers Annahme einer Entzauberung der Welt durch Wissenschaft. Nach dieser Auffassung ist das Heilige nicht vergangen, sondern als Verschobenes, Verborgenes, Verdrängtes und Vergessenes durchaus aktuell. Nur kommt es darauf an, es zu entdecken und aus seinen verwischten Spuren zu rekonstruieren. Daher kann das Thema auch nur umstritten in Erinnerung gebracht werden. Das Heilige widerstrebt in seiner schrecklichen und in seiner faszinierenden Qualität jeder auf Eindeutigkeit ausgerichteten Identifikation. Zu untersuchen ist die Frage, was aus dem Heiligen in der Moderne geworden ist. Schien es einst so, als habe man sich im Verlauf der Aufklärung von ihm befreien können und als sei diese Befreiung ein Fortschritt, so trifft man nunmehr allerorts auf Verlustklagen, die den Sinn des Lebens reklamieren, das Leiden an einer «entheiligten», «heillosen» Wirklichkeit zum Ausdruck bringen und deutlich machen, dass offenbar ein starkes Bedürfnis besteht, auch in den profanen Räumen nach Hierarchie und Intensität zu suchen. Das Heilige ist kein Gegenstand, der in eine feste Zuständigkeit gehört, etwa in die der Religionswissenschaft, der Theologie oder der Ethnologie, sondern eine unausweichliche, jeden überfordernde Frage. Um diese dennoch zu bearbeiten, ist es erforderlich, folgende Annahmen weiter zu untersuchen:
– Der Begriff des Heiligen ist mehrdeutig; er kann nicht eindeutig ge-

macht werden. So bedeutet *sacer* heilig und verflucht, *tabu* rein und schmutzig.

- Der Bezug auf das Heilige ist paradox. Das Heilige fasziniert und erschreckt das Gefühl (Rudolf Otto).
- Wo sich das Heilige ereignet, liegt etwas Inkommensurables vor, das mit den Gesetzmäßigkeiten und Brüchen des menschlichen Lebens zu tun hat.
- Mithilfe des Opfers erzeugt das Heilige Ordnung aus Unordnung und Chaos. Daher ist es unauflösbar mit Gewalt und Tod verbunden.

Archaische Gesellschaften beruhen auf Gewalt und Tod, auf aus Diskontinuitäten erzeugter Kontinuität. Gegen diesen Zusammenhang wenden sich die Entzauberungsstrategien der öffentlichen Rede, der Vernunft und der Arbeit. Ökonomie statt Opfer lautet die Hoffnung der modernen Gesellschaft, über der, wie die jüngsten Kriege zeigen, noch immer die Schatten des Heiligen liegen. Die Schwierigkeit der Situation liegt darin, dass das Heilige ein Thema ist, das sich nicht stellen lässt, ohne sich zu entziehen. Es taucht auf als das Unmenschliche und Übermenschliche, als eine Instanz, die es erlaubt, Gewalt anzuwenden und zu töten, als das Fragile diesseits der Dialektik von Sakralisierung und Profanisierung. Mit dem «Tod Gottes» kommt es zu einer tief greifenden Umschichtung des Heiligen. Die Innenräume der Gesellschaft transformieren sich in kleinere und mittlere Transzendenzen. Mit der Sakralisierung des Individuums, der Heiligung der Familie, der Ausweitung profanisierter Sakralität ändern sich seine Figurationen.[42]

Der Schein des Schönen

Nicht nur das Heilige fasziniert und erschreckt zugleich, sondern auch das Schöne. Viele Bilder vor dem Zeitalter der Kunst beziehen sich auf das Heilige und teilen mit ihm Schönheit und Schrecken. Ein weiteres Merkmal haben das Schöne und das Heilige gemeinsam. Immer wieder hat man versucht, das Schöne «einzufangen» und es als Mittel einzusetzen, für das Gute und Schöne bei Platon, für die Größe Gottes im Mittelalter, für die Vervollkommnung des Menschen in der Moderne. Erst Nietzsche kehrte die Perspektive um. Für ihn ist der schöne Schein das

Vorgängige. Alle Wirklichkeit ist unabdingbar ein Scheinen, eine von der Einbildungskraft hervorgebrachte Erscheinung als Bild, und lässt sich nur als ästhetisches Phänomen begreifen. Dementsprechend ist die Fülle des Lebens, die Selbstverwirklichung des Menschen über den Menschen hinaus, seine Erhöhung ins Überindividuelle, nur ästhetisch möglich.

Da Schönheit sich dem feststellenden Zugriff entzieht, weckt sie den Wunsch, sich ihr mimetisch zu nähern. Mimetische Prozesse erscheinen als die Möglichkeit, nicht das Schöne dem Menschen, sondern den Menschen dem Schönen anzugleichen. Das Schöne existiert nicht als Gegenstand, vielleicht nicht einmal als vorgestelltes Bild, sondern lediglich als Form der Unmöglichkeit einer definitiven Bildvorstellung. Schönheit ist mitreißend; sie schafft Lust und erinnert an die Flüchtigkeit ihrer Erscheinung, an die permanente Zeitlichkeit menschlichen Lebens. Schönheit verweist auf das Nicht-Identische, lässt sich geradezu als das Nicht-Identische unter dem Aspekt der Identität begreifen. Sie verleiht den Dingen ein Antlitz mit einem rätselhaften, nicht auflösbaren Ausdruck, der die Einbildungskraft beunruhigt, in Bewegung setzt und mimetische Prozesse der Anverwandlung anregt.

Schon in der Antike verweist das Schöne auf sein Anderes: den Schrecken, den Wahnsinn, den Tod. Im Verlauf der Geschichte mag es geschehen, dass das Schöne von seiner Kehrseite ersetzt wird. Das Hässliche, Schreckliche, Wahnsinnige drängt in die Kunst und lässt das Schöne verschwinden. Zurück bleibt eine leere Stelle, an der sich Erinnerungen festsetzen können, in denen Spuren des Schönen aufschimmern. Heute gewahren wir weithin nur noch diesen Abglanz des Schönen. Seine in früheren Jahrhunderten hervorgebrachte Ordnung und Symmetrie ist noch in Spuren erlebbar; unsere Wirklichkeit jedoch ist anders. Sie ist gekennzeichnet durch Erschütterung, Abweichung, Unterschied. Nicht Symmetrie, sondern Asymmetrie und Differenz bestimmen die Gegenwart. Unsere Welt liegt jenseits des Schönen und oszilliert zwischen vergangener Schönheit und zukünftigem Schrecken.

Gegenüber der sich ausbreitenden Ästhetisierung der Welt und der Simulation, die heutzutage alles Wirkliche ergreifen und vernetzen, wird im «Schein des Schönen» der Schein als Schein zum Thema. Dadurch wird es möglich, den als Effekt der Dialektik der Aufklärung beschriebenen Glanz der entmachteten Schönheit zu reflektieren. In der so entstehenden Verbindung von Melancholie und Ästhetik deutet sich keineswegs das Ende der Kultur, sondern ein neuer Schlüssel zum Verständnis der Zeit an.

Was macht die Wirkung der Kunst aus? Wie ist ihr Verhältnis zur Realität, zur Sprache, zur Imagination? Ist der Begriff des «Schönen» noch geeignet, unsere ästhetischen Erfahrungen zu beschreiben? Seit seinen Anfängen in der griechischen Antike hat das Schöne den Menschen beunruhigt und ihn zu widerspruchsvollen Deutungen und Bestimmungen herausgefordert; es ist angegriffen und bekämpft worden, hat sich zurückgezogen und ist durch Metamorphosen gegangen. Dafür sind die Geschichte des Erhabenen und die Entstehung der ästhetischen Perspektive in den Sozialwissenschaften zwei Beispiele.

Schönheit verspricht nicht nur Versöhnung der Differenz; sie bewirkt auch unvorhergesehene Erschütterungen, die die Grenzen des Menschen zeigen und ihm seine Hinfälligkeit vor Augen führen. Den Umschlag von Schönheit in Schrecken führt Medusa vor Augen; ihn beendet im Mythos der Tod, auf den immer wieder die Schönheit verweist, die sich deshalb nur mühsam dem Chaos entwindet. Schönheit verheißt Vervollkommnung, verspricht Freiheit und unterwirft denjenigen mit Macht, der sie «angeschaut mit Augen». Sie birgt Irritationen und Widersprüche, verweist auf Unstimmigkeiten, Risse und Differenzen. Sie zerstört bis dahin gültige Ordnungen. Sie erlaubt auch eine neue Ästhetik, deren seismische Form auf eine Erschütterung der Fundamente der Wahrnehmung zurückgeht, die dabei ist, neue Figurationen zu ermöglichen.

In der Kehrseite des Schönen, in seinem Anderen, treten diese Figuren in Erscheinung. Sie verweisen auf das, was früher nicht als Gegenstand des Schönen galt: das Regellose, das Schreckliche, das Leere. Venedig und die Ästhetik der Ruinen sind längst Beispiele für morbide Schönheit und für die Faszination, die vom Vergehen menschlicher Kultur als dem Jenseits des schönen Scheins ausgeht. Heute schon ist die Balance zwischen Natur und Geschichte so gestört, dass Schönheit sich in die immer wieder künstlich erzeugte Erinnerung flüchtet, in der sie aufgespürt und rekonstruiert werden muss.

Das Schöne hält sich in Verlagerungen, Verschiebungen, Verdrängungen, Verzerrungen. Der gesuchte Schein fordert paradoxe Wendungen.

Dazu gehört die Konsequenz, den Schleier als Zeichen einer genuinen Wahrheit zu akzeptieren. Denn das Ende der gewohnten Strategie der Demaskierung und der gewalttätigen Identifizierung von Objekten ist nicht das Ende des Wahrnehmens und des Denkens. In der Erotik des Schleiers und der Bekleidung, im Spiel zwischen Unverborgenheit und Verdeckung entstehen andere Bewegungen. Diese schaffen imaginäre Bilder und Übergänge aus dem Nicht-Sein in menschliche Figurationen. Im Schein des Schönen spiegeln sich die Metonymien des Begehrens, die Zeichen der Selbstverzauberung, die stofflichen Verweise auf das Nichts. Sie ziehen in Mitleidenschaft, verdeutlichen die Zeitlichkeit der Wünsche und ihrer Artikulationen in der Regellosigkeit.[43]

Das Schicksal der Liebe

Liebe ist auf das geschlechtliche Verlangen bezogen, ohne sich darin zu erschöpfen[44]; sie sucht Lust und mündet häufig in Leid; sie zielt auf Dauer und erleidet ihre Zeitlichkeit. In ihrem Willen zu mehr Leben sprengt sie die Grenzen der Individuen und berührt den Tod. Liebe sucht den Anderen, ohne ihn aushalten zu können. Sie ist Ereignis und Nicht-Ereignis in einem und nur paradoxal erfahrbar. Je mehr von ihr erwartet wird, desto stärker enttäuscht sie. Ihr Versprechen, Antinomien zu versöhnen, kann sie nicht halten. Trennungen und Widersprüche sind endgültig und nur scheinbar überwindbar. Je mehr sich Imagination und Begehren stimulieren, desto unentrinnbarer werden die Verstrickungen. Liebe wird zum Schicksal; es widerfährt einem, sosehr man ihm handelnd zu entkommen versucht. Liebe ist kein isolierbarer «Gegenstand»; sie ist eine Kraft, die vielfältig gebrochen, verdichtet und verschoben in fast allen Bereichen menschlicher Kultur wirkt. Nicht immer sind die erotischen Verbindungen sichtbar. In den durch die folgenden Begriffe bezeichneten Gebieten werden sie erkennbar: Sprache, Bild, Mythos, Geschlecht, Geld, Zeit, Tod, der Andere, das Schöne, das Selbst, die Gemeinschaft – Chiffren für die labyrinthischen Verflechtungen der erotischen Energien.[45]

Was einem in der Liebe widerfährt und wie dieses Erlebnis zu verstehen ist, gehört zu den immer wiederkehrenden beunruhigenden anthropologischen Fragen. Im platonischen Mythos von der zerschnittenen Kugelgestalt des Menschen, in der sokratischen Deutung der Liebe als dem Verlangen nach Unsterblichkeit, den frühen Schriften zur Konstitution des Subjekts ist die Liebe Thema. Vom Christentum wird sie schon bald unter dem Gesichtspunkt ihrer Institutionalisierbarkeit in der Ehe behandelt. Als leidenschaftliche Liebe widersetzt sie sich diesem Versuch und besteht auf ihrem Schicksalscharakter. Nicht durch die Vereinigung, sondern durch die Trennung von der Geliebten entsteht das leidenschaftliche Gefühl. Freiwilligkeit und Ausschließlichkeit sind ihre Voraussetzungen. Leidenschaftliche Liebe ist prinzipiell nicht zu befriedigen. Erfunden werden diese Form der Liebe und die sie erst ermöglichende Rhetorik in der höfischen Welt des 12. Jahrhunderts. Ihre Wirkungen reichen bis in die Gegenwart. In ihrem Zentrum steht weniger das konkrete Du als der imaginäre Andere, der Ausdruck einer nicht erreichbaren Einheit ist. Das Wesen der Liebe tritt dadurch in Erscheinung, dass man von ihr erzählt. Wie von ihr gesprochen wird, bestimmt die Art und Weise, wie sie erlebt wird. Wie die Liebe ist das Sprechen über die Liebe unendlich. Es verbirgt und erhält sie eben dadurch; es sucht unaufhörlich nach ihrem Geheimnis, ohne es erfassen oder von ihm ablassen zu können, und verführt durch seine Versprechungen, ohne Erfüllung sichern zu können; es verweist auf eine Leere, der es sich zugleich verdankt.

Liebe ist das Ergebnis bestimmter kultureller Bedingungen; sie ist von den Mythen und rhetorischen Formen einer Gesellschaft abhängig und wird sozial kontrolliert. Eng mit dem Geschlechtstrieb verbunden, dient sie dem Willen zum Fortleben. Sie ist eine produktive Kraft, die den Menschen zu dem macht, was er ist. Die mit ihr verschränkten Sexualinstinkte müssen sozial kanalisiert werden. Die Liebe wird in das umfängliche System der Tauschökonomie integriert, ohne jedoch ausschließlich durch die gesellschaftlichen Tauschprozesse bestimmt zu werden. Jede Liebesleidenschaft hat eine der Formung durch die Gesellschaft sich widersetzende asoziale Seite. Im Rahmen heutiger Familienorganisation bestimmt die Liebe die Freiheit der Wahl. Man (er-)wählt seine Liebespartner und Ehepartner. Selbst im Alltag der Liebe spielt der Wunsch, mit Hilfe des Anderen von seiner Individualität und den damit verbundenen Zwängen der Vereinzelung befreit zu werden, eine entscheidende Rolle. Erlösungs- und Überlebenswünsche werden wirksam und binden die individuellen Erlebnisse an kollektive Mythen. Die

Mythisierung der Liebesbeziehung ist unausweichlich. In ihr mischen sich religiöse, ethische und ästhetische Elemente, die eine Mythenkritik zwar bewusst machen, aber nicht auflösen kann. Vielleicht lässt sich die in der leidenschaftlichen Liebe gesuchte Wiederverzauberung als Versuch begreifen, ekstatische, in archaischen Gesellschaften noch institutionalisierte Erfahrungen zu machen.

Die Geschichte der Liebe enthält viele verborgene Seiten. So ist es erforderlich, auch die andere Geschichte der Liebe zu erzählen, die mit dem Wahnsinn, dem Traum, dem «Geist der Schwere», der Reise nach innen verbunden ist, die eine Geschichte der Rückkehr ohne Ende ist. Odysseus und Christus kehren beide noch heim; ist nicht heute der Ort der Heimkehr endgültig verloren? Der Narzissmus macht es deutlich: Das Subjekt löscht sich aus, weil es sich nicht gewinnen kann.

Angesichts dieser Situation ist es kaum gerechtfertigt, von einem Gefühl der Liebe auszugehen; treffender ist die Rede von mehreren, durchaus widersprüchlichen Empfindungen. Obwohl je nach historischem und gesellschaftlichem Zeitpunkt «Liebe» unterschiedliche Gefühle bezeichnet, wird mit dem Begriff oft die Vielfalt der Empfindungen reduziert. Seit den Anfängen der Geschichte ist «Liebe» als Mangel und als Fülle Thema des Sprechens. Im Verlauf des historischen Wandels bilden sich unterschiedliche «Rhetoriken» der Liebe heraus, die die Gefühle der Menschen formen. Die Liebesliteratur ist ein wichtiger Ort, an dem sich Sprache und Begehren zu immer neuen Formen verbinden.

Die sterbende Zeit

Lässt sich das Heilige als ein Versuch der Menschen begreifen, dem Gang der Zeit etwas entgegenzusetzen, so sind das Schöne und die Liebe unauflöslich mit der Vergänglichkeit der Zeit verbunden. Im Schönen und in der Liebe gibt es kein dauerhaftes Verweilen. Doch was ist die Zeit? «Wenn niemand mich danach fragt, weiß ich es; wenn ich es dem Frager erklären will, weiß ich es nicht.» Wem wäre es nicht schon ähnlich gegangen wie Augustinus – gesetzt, er fände heute Zeit dazu –, wenn er über seine Irritation durch die Zeit nachdenkt. Seit Jahrzehnten hat sich die Frage insofern verschärft, als ihre Dringlichkeit in kein rechtes Verhältnis mehr zur Erfahrung der Zeit gebracht werden kann. Zwar sind die literarischen Dokumente zum Thema Zeit seit etwa 100 Jahren gespickt mit Anzeigen über ihr Schwinden, über den Stillstand der Zeit in musealer Allgegenwart, über ihr «Leerlaufen»; angesichts einer solchen Konsequenz, die niemand ernsthaft wollen kann, ist die Zeit nun zu einem zentralen Thema geworden.[46] Alle Ökonomie werde – so hat Marx vorhergesehen – schließlich zur «Ökonomie der Zeit». Je mehr Zeit dem ökonomischen Kalkül unterworfen wird, desto weniger Zeit gibt es. Paradoxie und Skandal werden jedoch erst dann deutlich, wenn der Punkt der Umkehr überschritten ist. Die Einsicht, dass nur der wirklich Zeit hat, der sie verschwenden kann, hat heute nichts Harmlos-Tautologisches mehr.

Allenthalben setzt sich die Einsicht durch, dass die Zeit des Menschen, der Natur, des Kosmos begrenzt ist. Die ökologische Krise und die sich andeutende Ressourcenknappheit tragen bei vielen Menschen zur Ausbreitung eines «apokalyptischen» Lebensgefühls bei, dem das Ende der Zeit immer näher zu rücken scheint. Hinzu kommt: Die Naturwissenschaften sind längst mit der Geschichtlichkeit der Natur und des Alls konfrontiert. Das Universum, die Natur und die menschliche Kultur haben einen Anfang und werden daher ein Ende haben, vielleicht viele Anfänge, viele Enden. Auch vermeintlich ungeschichtliche Entwicklungen sind nicht wiederholbar: Darin täuschte sich Newton. Es gibt kein Zurück, die Zeit ist irreversibel. Diese Irreversibilität gilt nicht nur für das menschliche Leben, das sterblich ist; auch Natur und Kosmos «altern». Beim Thema Zeit wird das wachsende Wissen von einem wachsenden Nicht-Wissen begleitet; diese Erfahrung machen Natur-, Sozial-, Literaturwissenschaftler, Historiker und Philosophen gerade dann, wenn sie umfangreiche Erkenntnisse über die Zeit und ihre Strukturen in Kultur, Natur und Kosmos vorweisen können.

Die veränderten Zeitvorstellungen der Gegenwart legen die Aufgabe nahe, die Geschichte des Kosmos, der Natur und des Menschen neu zu beschreiben. Überkommene Periodisierungen erscheinen willkürlich und sind der Komplexität heutigen Zeitbewusstseins nicht mehr angemessen. Dabei wird man stärker die Gleichzeitigkeit ungleichzeitiger und die Ungleichzeitigkeit gleichzeitiger Ereignisse berücksichtigen müssen. Aus einer solchen, die Pluralität der Zeiten ernst nehmenden Perspektive ergibt sich eine neue humanwissenschaftliche, nach Transdisziplinarität verlangende Komplexität des Problems.

Nach zwei Seiten hin hat das Nachdenken über «Altern» und «Sterben» der Zeit Früchte getragen. Einerseits sind die in den wissenschaftlichen Disziplinen vorliegenden Erkenntnisse gesammelt und für ein gegenseitiges adäquates Verständnis erschlossen worden. Andererseits ist es gelungen, etwas mehr von den geheimen Gesetzmäßigkeiten zu verstehen, die dazu führen, dass Zeit «jung» oder «alt» ist, in Fülle zur Verfügung steht oder im totalen Mangel ausgeht. Denn so viel auch über Räume, Felder, Gegenden, selbst über Horizonte gewusst wird, die Zeit ist immer noch ein Rätsel. Ihre Ungegenständlichkeit von Anfang an, ihr endliches Aufhören, sind noch keineswegs reflektiert. Um dergleichen wenigstens ansatzweise zu ändern, muss man mit der Tradition eines Denkens brechen, das die Zeit vom Rhythmus des Lebens abgekoppelt und in die große Maschinerie überführt hat und sie schließlich nur noch entweder als Posthistorie oder als Apokalypse kennt.

Das Schweigen

Im Unterschied zu den Ländern des Ostens haben wir eine wenig entwickelte Kultur des Schweigens. Wo sie entfaltet ist, weiß man, dass nicht nur das Gespräch, sondern auch das gemeinsame Schweigen verbindet. Auch Schweigen will gelernt sein. Oft ist der Zwang zur Rede zu stark, um gemeinsam schweigen zu können. Schweigen gilt häufig als Ausdruck von Inkompetenz und Unfähigkeit zur Artikulation. Im Unterschied zur Rede gilt es als Zeichen von Passivität und Schwäche. Die kulturbedingten Verkürzungen dieser Einschätzung sind offensichtlich. Zur Kultur des Schweigens gehören auch die Orte, an denen geschwiegen wird: die Tempel und Kirchen, die Konzerträume, Theatersäle, Kinos und Bibliotheken. Hierhin gehören die Rituale, die Schweigen erfordern und einüben: Gottesdienste, gesetzliche Handlungen wie Eheschließungen, Begräbnisse und ähnliche Veranstaltungen. Auch Tabus, Zonen und Bereiche des Schweigens, die von Gesellschaft zu Gesellschaft, von Subkultur zu Subkultur verschieden sind, haben hier ihren Ort.[47]
Was kann gesagt werden, was entzieht sich der Sprache, und welche Rolle spielt das Schweigen für das Sprechen? Sprechen ist nur möglich, wenn das, worüber geredet wird, nicht verfügbar ist. Wir sprechen in der Hoffnung, der Dinge, über die wir reden, habhaft zu werden. Aber wir werden enttäuscht. Wir sprechen gegen diese die Rede begleiten-

de enttäuschende Erfahrung. Wir können die Unverfügbarkeit der uns umgebenden Welt nicht aushalten und machen den Versuch, mithilfe der Sprache jene entsetzliche Stille, die um den ganzen Horizont schreit (Büchner), durch Reden zum Schweigen zu bringen. Immer wieder wird das Sprechen angesichts des übermächtigen Schweigens der Welt zu einem kraftlosen Stammeln, das vergeblich versucht, des durch die Allgegenwart des Schweigens ausgelösten Entsetzens Herr zu werden.

Schweigen ist ein doppelter Nullpunkt der Sprache, aus dem das Sprechen stammt, in den das Sprechen mündet.[48] Er kommt als Unterbrechung und als Grenze vor und kann als solcher kaum diskursiviert werden. Die Forderung jedoch, dass man von dem zu schweigen habe, über das man nicht reden kann, ist nicht das Ende der Rede. Vielmehr provoziert der Umstand, dass wir versagen, immer aufs Neue das Sprechen. In der einfachen Paradoxie, dass man über das Schweigen reden muss und zugleich nicht reden kann wie über eine andere Sache, manifestiert sich der genannte Doppelcharakter. Die Sprache ist dem Schweigen abgerungen und versinkt am Ende wieder ins Schweigen. Jede Nachlässigkeit, etwa im allzu schnellen Brückenschlag, führt ins Geschwätz. Gerade das verantwortende Sprechen hält Fühlung mit dem Doppelcharakter des Schweigens.

Schweigen verweist auf Sprechen; es ist in ihm Moment und Grenze. Ohne Pausen bildet sich keine Rede. Jedes sich in der Zeit konstituierende Sprechen verweist auf seinen Anfang und sein Ende – auf eine Zeit davor und eine danach. Diese liegt hinter der Grenze von Sprache und Mensch. Zugleich ist Schweigen Ausgangspunkt von Rede, Handlung und Kreativität. In Musik, Kunst und Poesie verstummt der Sinn alltäglicher Rede, den das Sprechen und Handeln so nachhaltig beschwören. In der Begegnung mit ihnen wird Schweigen eine notwendige Handlung, eine gekonnte Aktivität, welche die mimetische Auseinandersetzung erst ermöglicht. In ihr vollzieht sich die Angleichung des Rezipienten an die Werke von Musik, Kunst und Poesie, ohne deren Mehrdeutigkeit zu zerstören. Mithilfe mimetischer Prozesse wird eine Annäherung an das sich der ästhetischen Erfahrung zeigende, von der Stille umspielte Andere möglich: Sprechen gegen das Vergessen, Erinnerung als Widerstand gegen das Schweigen des Versunkenen und Anamnese als ihr Versuch, der zwingenden Wiederholung zu entrinnen. Die Aufhebung des

Schweigens erscheint als Konstitution der Person, durch deren Maske die Sprache hervortritt.

Schweigen ist immer auch Mangel an Erinnerung, Ausdruck des Vergessens und des sprachlosen Unglücks. Das stumme Leiden kann zwar verdrängt, nicht aber aus dem Gedächtnis getilgt werden. Vielmehr insistiert Letzteres, indem es die Traumata über Phantasmen immer wieder zur Sprache bringt. Das Schweigen ist dann ein Fundus, aus dem es unentwegt zur Wiederholung drängt. Vor allem die Massen schweigen; aus ihnen bilden sich erst erinnernd und sprechend die Individuen. Zu diesen schweigenden Massen gehören historisch auch die Frauen, deren Wortlosigkeit Ausdruck des Verstummens und der Unterdrückung ist; ihr Schweigen ist Ent-mündigung. Heute erheben Frauen die Stimme, überwinden ihre Stummheit, beginnen zu be-stimmen. Um ihr Schweigen zu brechen, bedarf es der Erinnerung an das Leid, das sie in der Vergangenheit verstummen ließ. Es ist der Ausdruck des Ausschlusses, durch den «Weiblichkeit» als das Andere des Mannes, des «Menschen», erst produziert wurde.

Schweigen verweist auf Vergessen und dieses auf das Geheimnis. Sprache spricht nur so lange, wie sie in Spannung zum Schweigen ist. Wo Schweigen Ergebnis von Vergessen ist, ist es beredt und bedarf einer Hermeneutik zu seiner Entschlüsselung. Dieser ist erfahrbar, dass die Stille eine Existenzform ist, in der heterogene Dinge zueinander kommen, in der die Spannung zwischen ihnen und ihrer Zweideutigkeit erhalten bleibt. Im Schweigen reorganisieren sich die Welt, das Sprechen, der Diskurs; in ihm transformiert sich Sinn, entsteht eine enigmatische Komplexität, an der sich die Sprache vergeblich abarbeitet; der Riss zwischen ihr und der Welt ist unüberschreitbar. Das Schweigen erschließt sich nur der Sprache und der mimetischen Bewegung der Wiederholung und Angleichung.

Schließlich verweist das Schweigen auf den Zusammenhang zwischen Leben und Tod. Wenn Leben nicht mehr ist, gibt es keine Sprache, keine Geräusche, keine Bewegung, nur noch Leere. Wo Bewusstsein und Sprache nicht sind, breitet sich Schweigen aus, in das autistische Kinder und andere Opfer versinken. Die Grenzen der Sprache, der Imagination, des Menschen und seiner Welt werden erfahrbar. Aber diese Erfahrung hilft nicht mehr. Im Tod schweigt auch der Sinn, Ende aller Hermeneutik.

Es gibt unaufhebbare Grenzen und Unterbrechungen für immer, die Leere des Schweigens, der keine Sprache mehr gewachsen ist. Selbst das dekonstruktive Verfahren, das sich angesichts der Unzulänglichkeit mit einer doppelten Negation zu helfen sucht, mit einer sprachlichen Negation der Sprache, die selbst noch einmal negiert wird, kann hier höchstens transparent werden für nichts.

Epistemologische Bestimmungen

Mit diesen Studien einher geht die Ausarbeitung epistemologischer Überlegungen, die zu folgender Begriffsbestimmung führen: Der Begriff «Historische Anthropologie» wird zur Bezeichnung vielfältiger transdisziplinärer Bemühungen verwendet, die auch nach dem Ende der Verbindlichkeit einer abstrakten anthropologischen Norm weiterhin Phänomene und Strukturen des Menschlichen erforschen. Nachdem die Anthropologie *des* Menschen (europäisch, männlich, abstrakt) ihre normierende Kraft verloren hatte, begannen die Forschungen zur Historischen Anthropologie, in denen versucht wird, die Reflexion der eigenen Geschichtlichkeit zum Ausgangspunkt der Arbeit zu machen. Die dabei entwickelte Historische Anthropologie bietet keine Alternative zur philosophischen Anthropologie, zur historischen Anthropologie in der Geschichtswissenschaft, zur Kulturanthropologie oder gar zur naturwissenschaftlichen Anthropologie. Sie setzt auch nicht die geschichtsphilosophische Kritik an der Anthropologie fort, sondern strebt nach einem anderen Erkenntnis- und Wahrnehmungsmodell, das zu seiner Verwirklichung keine eigene wissenschaftliche Disziplin benötigt. Die Forschungen in der Historischen Anthropologie zielen auf die Verschränkung zwischen Körper und Geist, Natur und Kultur und lassen sich von den Prinzipien der offenen Frage und der Unergründlichkeit, der Komplexität und der «Exzentrizität» leiten.

Forschungen in der Historischen Anthropologie stehen in der Spannung zwischen Geschichte und Humanwissenschaft. Aber sie erschöpfen sich weder in einer Geschichte der Anthropologie als Disziplin noch im Beitrag der Geschichte als Disziplin zur Anthropologie. Sie versuchen vielmehr die Geschichtlichkeit ihrer Perspektiven und Methoden und die Geschichtlichkeit ihrer Gegenstände aufeinander zu beziehen. Historische Anthropologie ist also in doppelter Hinsicht geschichtlich, sowohl im Hinblick auf ihre Gegenstände als auch im Hinblick auf ihre Methoden. Die miteinander verschränkte Geschichtlichkeit des Menschen und der Anthropologie schafft eine neue Komplexität, in deren Rahmen sich die Referenzpunkte der Forschung in Bewegung befinden. Konstruktion, Rekonstruktion und Dekonstruktion des historischen Wissens vom Menschen sind nur noch in der Bewegung möglich. Aus dieser Situation resultiert die Einsicht, dass es keinen definitiven Begriff vom Menschen gibt.

Die Forschungen Historischer Anthropologie können daher die Ergebnisse der Humanwissenschaften, aber auch die einer geschichtsphilosophisch orientierten Anthropologiekritik zusammenfassen und für neuartige, paradigmatische Fragestellungen fruchtbar machen. Im Kern ihrer Bemühungen herrscht eine Unruhe des Denkens, die nicht stillgestellt werden kann. Diese Forschungen sind nicht auf der Suche nach einer einheitlichen Theorie des anthropologischen Feldes. Sie müssen sich jedoch der strengen Struktur eines Denkens der Differenzen und Relationen stellen und die Frage nach dem Verhältnis von Theorie und Empirie, Reflexion und Kritik neu aufwerfen.

Die Forschungen Historischer Anthropologie sind weder auf bestimmte kulturelle Räume noch auf einzelne Epochen beschränkt. In der Reflexion ihrer eigenen Geschichtlichkeit und Kulturalität können sie sowohl den Eurozentrismus der Humanwissenschaften als auch das lediglich antiquarische Interesse an Geschichte hinter sich lassen und offenen Problemen der Gegenwart und der Zukunft den Vorzug geben. Selbst wenn diese Forschungen bislang auf den europäischen Kulturraum begrenzt sind, so geschieht dies nicht aus prinzipiellen Gründen. Angesichts der komplexen Globalisierungsprozesse ist eine Ausweitung auf andere kulturelle Räume erforderlich.

Vom Menschen

Wenn Menschen das erkennen, was sie gemacht haben, dann ist jede Erkenntnis der menschlichen Welt selbstreflexiv. Dann lassen sich aus der Untersuchung von Lebens- und Kulturwelten Erkenntnisse gewinnen, die über die Menschen, ihre Beziehungen zur Welt und zu sich Aufschluss geben. Bei diesen Welt- und Selbstbeziehungen der Menschen handelt es sich um reale, symbolische und imaginäre Beziehungen, die in verschiedenen gesellschaftlichen Handlungsfeldern und kulturellen Praxen institutionalisiert sind. Will man diese kulturellen Felder erforschen, so bedarf es unterschiedlicher Vorgehensweisen. Einmal gilt es zu untersuchen, wie in gesellschaftlichen und kulturellen Welten Menschen mit Hilfe sprachlicher und bildlicher Zeugnisse Natur und Realität symbolisch verarbeiten, worin vor allem eine Aufgabe der Philosophie und der Geisteswissenschaften liegt. Zum anderen bedarf es der empirischen Erforschung der materiellen gesellschaftlichen Institutionen und kulturellen Ordnungen; hierin besteht eher ein Anliegen der Sozialwissenschaften. In der anthropologischen Forschung werden beide Aufgabenfelder aufeinander bezogen. Dabei ist die wechselseitige Durchdringung realer, symbolischer und imaginärer Phänomene erforderlich, einschließlich der «medial vermittelten Handlungs- und Konfliktformen sowie deren Werte- und Normenhorizonte»[49]. Eine besondere Herausforderung besteht darin, Kultur nach Möglichkeit im umfassenden Sinn als Gegenstand und Referenzrahmen zu berücksichtigen.

Dazu bedarf es einer anthropologischen Untersuchung der zentralen Bedingungen menschlichen Lebens in der vielgestaltigen, polyzentrischen Kultur der Gegenwart. Die angestrebte kulturelle Verortung und Zeitdiagnose erfolgt im Bewusstsein der doppelten Historizität und der damit verbundenen Kontingenzen. An ihrem fragmentarischen Charakter ändert auch eine intensive interdisziplinäre Zusammenarbeit nichts. Allerdings schafft sie eine Grundlage für die weitere Erforschung gesellschaftlicher Vielfalt und damit für eine Verbesserung des Selbstverständnisses und der Selbstauslegung der Kultur. Die anthropologische Untersuchung der in Geschichte und Kultur verankerten Welt- und Selbstverhältnisse der Menschen heute führt zu Erkenntnissen, die eine Verfremdung vieler alltäglicher Funktionszusammenhänge bewirken. Solche Erfahrungen führen zu skeptischen Rückfragen an die Geschichte als Fortschritts- und Aneignungsgeschichte, die Logik des identifizierenden Begriffs, die Reichweite der Hermeneutik und an das selbst- und weltkonstitutive monozentrale Subjekt. Solche Skepsis führt zum Bewusstsein der historischen und kulturellen Relativität anthropologischer Erkenntnis. Im Unterschied zu früheren Auffassungen wird jedoch in der Vorläufigkeit anthropologischen Wissens kein Mangel, sondern ein Gewinn gesehen. Die Qualität dieses Wissens ist Folge der prinzipiellen Unbestimmbarkeit des Menschen, aus der jedoch auch die Offenheit für den Anderen und für das andere Wissen resultiert und die dazu anregt, nach Wegen zu suchen, die Komplexität anthropologischen Wissens zu erhöhen.

Angesichts dieser Situation liegt es nahe, eine Bestandsaufnahme des anthropologischen Wissens über die Welt- und Selbstbeziehungen der Menschen zu versuchen, wie sie in den sieben Themenfeldern *Kosmologie, Welt und Dinge, Genealogie und Geschlecht, Körper, Medien und Bildung, Zufall und Geschick, Kultur* des Handbuchs *Historische Anthropologie* zur Darstellung kommt.[50]

Kosmologie: Nach dem Ende der Verbindlichkeit der normativen Anthropologie des Christentums verlor auch die christliche Kosmologie an Bedeutung. Dessen ungeachtet lässt sich die Frage, was denn der Mensch sei und wie er sich im Verhältnis zur Natur begreife, auch heute nicht ohne eine Bezugnahme auf die vier Elemente «Feuer», «Wasser», «Erde» und «Luft» beantworten. In der ökologischen Debatte und bei den Fragen nach den Möglichkeiten einer zukunftsfähigen Entwicklung der Welt spielen nach wie vor die Elemente und der ressourcenschonende Umgang mit ihnen eine zentrale Rolle. Das Gleiche gilt für das Weltverständnis der Menschen, deren Bezugnahme zur Natur sich wesentlich über die vier Elemente vollzieht. Ihre Behandlung führt zur Frage nach dem Leben, an dessen langer Geschichte Pflanzen, Tiere und Menschen beteiligt sind und ohne die ein Verhältnis der Menschen zur Natur nicht zu denken ist.

Welt und Dinge: Allmählich scheint sich ein planetarisches Bewusstsein zu entwickeln, in dessen Rahmen sich die Vorstellungen über das Verhältnis von Welt und Mensch grundsätzlich ändern. Einerseits kommt es im Rahmen der wirtschaftlichen und kulturellen Globalisierung zu einer «Uniformierung» der Welt, gegen die sich massive Widerstände entwickeln und die den Umgang mit der Alterität zu einer der zentralen Aufgaben des zukünftigen menschlichen Zusammenlebens macht.[51] Diese Situation verlangt nach einer globalen Ethik, die Auswirkungen auf die Verfasstheit von Gesellschaften und Institutionen hat.[52] Mit der Entstehung eines vielfältig gebrochenen globalen Bewusstseins kommt es zu tief greifenden Veränderungen im Verhältnis der Menschen zu Raum und Zeit, Bewegung und Mobilität, Stadt und Haus, die auch den Lebensalltag nachhaltig verändern.

Genealogie und Geschlecht: In einer Zeit, in der Individualität und Subjektivität der Menschen im Zentrum der Aufmerksamkeit stehen, kann historisch-anthropologische Forschung diese Perspektive ergänzen, indem sie deren Gebundenheit an Genealogie und Geschlecht verdeutlicht. In dieser Sicht spielen Fragen der Fortpflanzung und Genetik, der Sexualität und der Generationsbeziehungen eine zentrale Rolle. Menschliches Leben entwickelt sich in Generationsverhältnissen[53] und wird in unterschiedlichen Familienverhältnissen geprägt. Dies führt zu historisch und kulturell heteronomen Formen, in denen Menschen sich als Mann und Frau, Vater und Mutter, Eltern und Kind wahrnehmen und handeln.

Körper: Auch hier steht im Mittelpunkt der menschliche Körper mit seinen verschiedenen Sinnen sowie in den Ausschnitten, die die Genom- und die Hirnforschung zu seinem Verständnis beitragen. Im Zusammenhang mit dem menschlichen Körper wird auch die anthropologische Bedeutung der Bewegung, des Sitzens und der Gesten sowie der Gefühle, der Ekstase und der Obszönität untersucht. Der Körper wird als ein Rätsel sichtbar, dessen biologische Konstitution und historisch-kulturelle Formung viele Fragen aufwerfen. Zugleich wird deutlich, dass er im Zentrum aller menschlichen Welt- und Selbstverhältnisse steht und eine andauernde Herausforderung für die anthropologische Forschung darstellt.

Medien und Bildung: Dass Medien für die Weltwahrnehmung der Menschen eine zentrale Rolle spielen, ist unstrittig. Sichtbar wird dies bereits beim Übergang von der Oralität zur Literalität in der griechischen Antike, im späten Mittelalter und in vielen Ländern der Dritten Welt, in denen die Durchsetzung von «Education for All» nach wie vor ein wichtiges Anliegen ist.[54] Neben der Schrift spielen hier die Kommunikationsmedien und die Neuen Medien eine besondere Rolle. In einem weiteren Sinn gehören auch Bild, Sprache, Zahl und Zeichen zu den Medien der Welt- und Selbstgestaltung. Im Umgang mit Medien unterschiedlicher Art werden Bildungsprozesse initiiert, in denen Menschen ihre Individualität entwickeln und ihre Identität ausbilden. Bildung vollzieht sich in Handlungen, in der Arbeit, in Prozessen der Erinnerung. Sie vollzieht sich in Erfahrungen, in der Schule und im Unterricht wie in der Arbeitswelt.

Zufall und Geschick: Im Unterschied zum Konstruktivismus wird in der historisch-anthropologischen Forschung davon ausgegangen, dass Menschen bei der Konstruktion ihrer Welt- und Selbstsicht zwar viele Möglichkeiten haben, doch ihnen auch vieles unabhängig von ihren Handlungen und Handlungsmöglichkeiten widerfährt, auf das sie wenig oder gar keinen Einfluss haben. Dazu gehören Schönheit und Glück, Krankheit und Gesundheit, Angst und Gewalt, Krieg und Frieden, das Böse und der Tod. Wie diese Phänomene und Ereignisse wahrgenommen werden, ob eher als Zufall oder eher als Geschick, hängt von den jeweiligen Welt- und Menschenbildern ab.

Kultur: Von einem weiten Kulturbegriff ausgehend, der sich auf alles bezieht, was Menschen hervorbringen, gilt es noch einige unabgeschlossene Fragen zu thematisieren, zu denen Wunsch und Phantasie, Religion und Alterität, Mythos, Utopie und Geheimnis, Spiel, Ritual und Fest sowie Musik und Theater gehören. Mehr als in den anderen Teilen geht es bei diesen Themen um die Rolle der Einbildungskraft und des Imaginären bei der Hervorbringung der Menschen.

In den beschriebenen Forschungsfeldern Historischer Anthropologie werden Themenkomplexe untersucht, im Hinblick auf deren Komplexität ein transdisziplinäres Vorgehen sinnvoll ist. Mit den in jedem Themenfeld gewonnenen Erkenntnissen werden so viele Fragen aufgeworfen, dass mit ihnen zugleich das Ausmaß des Nicht-Gewussten wächst. Dies führt zu der Erkenntnis, dass der Mensch sich selbst rätselhaft ist, dass sein Wissen perspektivisch und vorläufig ist und dass deshalb er sich selbst unergründbar ist, es also keinen definitiven Begriff vom Menschen gibt und aus prinzipiellen Gründen auch nicht geben kann.

Historische Anthropologie bezeichnet daher keinen in sich abgeschlossenen Gegenstandsbereich, sondern ist eher durch gemeinsame Fragen und Betrachtungsweisen gekennzeichnet. In der gegenwärtigen Situation der Wissenschaftsentwicklung ist dies ein Vorteil, der dazu beiträgt, neue Fragen und Themen zu entdecken und unter neuen Perspektiven zu bearbeiten. In dieser Situation spielen Forschungsintention und Themenauswahl, Materiallage und Entscheidungen über das methodische Vorgehen eine wichtige Rolle.

Rück- und Ausblick

Im Unterschied zur Philosophischen Anthropologie, die auf Erkenntnisse zielt, die für *den* Menschen charakteristisch sind, gehen die Forschungen der Historischen Anthropologie von der doppelten Geschichtlichkeit und Kulturalität ihrer Untersuchungen aus, die einmal durch die Geschichtlichkeit und Kulturalität des Gegenstands, zum anderen durch die geschichtliche und kulturelle Situation der Forscher bestimmt ist. Häufig bemühen sie sich darum, mit der Erforschung ihrer Themen einen Beitrag zur Selbstdeutung und zum Selbstverständnis der Gegenwart zu liefern. Ausgangspunkt der Historischen Anthropologie ist der menschliche Körper, weniger in seiner Differenz zum Tier als vielmehr in seinem historischen und kulturellen Charakter.

Neben Fragen der Körperlichkeit und der Sinnlichkeit richten sich die Untersuchungen Historischer Anthropologie auch auf Themen, für die, wie für die Seele, das Heilige, das Schöne oder die Liebe, kaum eine Fachwissenschaft zuständig ist. Dabei handelt es sich um Themen, die in der europäischen Kultur eine wichtige Rolle gespielt haben, deren wissenschaftliche Erforschung jedoch an Grenzen stößt. Manche Untersuchungen zielen auf die Rekonstruktion kultureller Phänomene, die starken Veränderungsprozessen unterliegen und bei denen es um eine Spurensuche bzw. Archäologie verschütteter Phänomene geht. Insofern es bei den damit verbundenen Phänomenen häufig auch um Verlusterfahrungen geht, ist ein diese Forschungen begleitender melancholischer Ton kaum vermeidbar.

Die Untersuchungen zur Historischen Anthropologie liefern wichtige Beiträge zu den Kulturwissenschaften. In der ersten Phase waren es vor allem explorative Forschungen, die sich weniger für empirische Untersuchungen eigneten. In Übereinstimmung mit ihren Fragen und Themen waren sie eher philosophisch orientiert. Im Lauf der Zeit hat sich diese Situation geändert. So gibt es heute auch zahlreiche empirische Untersuchungen. Für die Forschungen der Historischen Anthropologie ist eine Methodenvielfalt erforderlich, in deren Rahmen das Zusammenspiel von historischer Quellenarbeit, ethnographischen Verfahren und philosophischer Reflexion eine wichtige Rolle spielt. Viele Forschungen zur Historischen Anthropologie sind transdisziplinär und transnational und liefern als neue Formen der Erforschung europäischer Kulturgeschichte für die Entwicklung einer gemeinsamen Identität und Loyalität in der Europäischen Union einen wichtigen Beitrag. Auch wenn sie bisher auf die Kulturgeschichte Europas ausgerichtet waren – was zumindest in letzter Zeit zunehmend im Bewusstsein ihrer ethnozentrischen Orientierung geschah –, bieten die Forschungen der Historischen Anthropologie Perspektiven, die prinzipiell auch für andere Kulturen relevant sind.

Themenfelder
Historischer Anthropologie

6. Der Körper als Herausforderung

Nach dem Ende normativer Anthropologien bildet der Körper ein Zentrum anthropologischer Forschung heute. Diese ist mit der Schwierigkeit konfrontiert, dass der menschliche Körper nicht unmittelbar, sondern nur in verschiedenen Modi zugänglich ist. Daraus ergeben sich verschiedene Formen des Ausdrucks, der Darstellung und der Repräsentation. Ein Blick in die Geschichte und in andere Kulturen zeigt, dass menschliche Körper sehr unterschiedlich wahrgenommen, erfahren und interpretiert werden. Das Spektrum der dabei entwickelten Perspektiven ist umfangreich und macht deutlich, wie sehr die gesellschaftliche und kulturelle Verbreitung von Körperbildern mit Macht, Ökonomie und Biopolitik verbunden ist.[1]

Die bislang dargestellten Paradigmen der Anthropologie enthalten heterogene Vorstellungen vom Körper. Die Körperkonzepte, die auf der Grundlage der Evolutionstheorie und in der Philosophischen Anthropologie entwickelt werden, unterscheiden sich von den Körpervorstellungen der anthropologisch orientierten Geschichtswissenschaft, der Kulturanthropologie und der Historischen Anthropologie. Geht es in den beiden ersten Fällen um den Körper der Gattung Mensch, so stehen die historische und kulturelle Partikularität und Differenz der menschlichen Körper in den anderen drei Paradigmen im Mittelpunkt der Aufmerksamkeit.

137

Paradigmen der Anthropologie und des Körpers

Die Forschungen zu *Evolution* und *Hominisation*[2] verdeutlichen die Zeitlichkeit und die Genese des menschlichen Körpers, ebenso wie seine Verbundenheit mit der Geschichte des Lebens auf der Erde. Der menschliche Körper ist das Resultat eines irreversiblen Evolutionsprozesses, der bis zu den Anfängen des Lebens zurückreicht, dessen Entstehung als Folge materieller Selbstorganisation begriffen wird. Der menschliche Körper hat eine gemeinsame Abstammung mit allen bekannten Arten und Spezies und ist mit ihnen in abgestufter Form verwandt; er ist sowohl das Ergebnis dieser Verwandtschaft als auch das Resultat der Auseinanderentwicklung des Lebens im Prozess der Evolution. Für seine Herausbildung und Entwicklung kommt den Kräften der Bewahrung und der Innovation, der Anpassung und der Spezialisierung zentrale Bedeutung zu. Im Zentrum der Evolution des Körpers stehen die genetische Rekombination und die natürliche Auslese sowie die subtilen Wechselwirkungen zwischen der inneren und der äußeren Selektion.

Die Entwicklung der Wirbeltiere vor 200 Millionen und der Primaten vor 80 Millionen Jahren bildet wichtige Voraussetzungen für die Genese des menschlichen Körpers. Die bei Aramis in Äthiopien gefundenen Überreste einer *Ardipithecus ramus* genannten Hominiden-Gruppe sind ca. viereinhalb Millionen Jahre alt. Diese Hominiden lebten wahrscheinlich in einer der Randzonen des tropischen Regenwalds, in der sich auch die Linien der Menschenaffen von denen der Hominiden trennten. Die Körperkonstruktion der Hominiden bildet einen Ausgangspunkt für die Entwicklung der Vormenschen, die sich auf zwei Beinen kletternd fortbewegten und bei denen Schädel und Gehirngröße heutigen Menschenaffen ähneln. Die Extremitäten sind hingegen nur mit Mühe von denen des *Homo sapiens* zu unterscheiden. Da diese Vormenschen noch keine Werkzeuge hatten, benötigten sie zur Nahrungsverarbeitung ihre Backenzähne.

Während sich beim Vormenschen der aufrechte Gang herausbildet, entwickelt sich beim *Urmenschen* mit der Nutzung von Steinen allmählich eine Werkzeugkultur, mit der eine flexiblere Anpassung an die Umwelt und eine wachsende Unabhängigkeit von ihr einhergehen. Die omnivore Ernährungsweise entsteht. Beim zum Urmenschen gehörenden *Homo habilis* bilden sich im Gehirn die Sprachzentren heraus und verlängert sich die Empfängnisbereitschaft des weiblichen Geschlechts. Diese Entwicklung führt zu Paarbeziehungen, zur Intensivierung der sozialen Kommunikation, zur allmählichen Herausbildung einer Arbeitsteilung zwischen den Geschlechtern und zur besseren Aufzucht des Nachwuchses. Spätestens seit dem Urmenschen gewinnt Kultur einen stärkeren Einfluss auf die Entwicklung und Ausgestaltung des menschlichen Körpers.

Beim *Frühmenschen*, dem *Homo erectus*, kommt es im Verlauf von etwa zwei Millionen Jahren zu einer beträchtlichen Vergrößerung und Qualitätsverbesserung des Gehirns. Damit einher gehen die Entwicklung des Präzisionsgriffs der menschlichen Hand und das Entstehen der Werkzeugkultur. Diese Prozesse führen zu einer verbesserten Nahrungsbeschaffung und zur Zunahme der relativen Unabhängigkeit von der Umwelt. Jagd und Feuernutzung fördern die geschlechtliche Arbeitsteilung, die Kommunikationsmöglichkeiten und die Entstehung von Gemeinschaften. Mit der Freisetzung der Hände und dem Wachstum des Gehirns entwickeln sich die Möglichkeiten von Sprache und Kultur. Vielfältige Formen der Migration sind die Folge.

Während in Europa der Neandertaler aus einem späten archaischen *Homo sapiens* entsteht, kommt es wahrscheinlich gleichzeitig in Afrika zur Entstehung des *Homo sapiens sapiens* und damit zur Entwicklung des Körpers des modernen Menschen. Obwohl der Neandertaler bereits eine entwickelte Imaginationskraft hatte, ist ihm der *Homo sapiens sapiens* in fast allen Bereichen überlegen. Der moderne Mensch verfügt über ein im Vergleich zum Körpergewicht größeres Gehirnvolumen, einen weniger energieaufwendigen Skelett- und Muskelaufbau, eine größere Fruchtbarkeit und eine geringere Kindersterblichkeit sowie höher entwickelte, das Überleben fördernde kulturelle Fähigkeiten. Hinzu kommt eine besser entwickelte Werkzeugtechnik, wodurch er die Ressourcen der Umwelt besser nutzen kann. Der Körper des *Homo sapiens sapiens* ist das Ergebnis einer mehrdimensionalen Morphogenese aus den Wechselwirkungen zwischen ökologischen, genetischen, zerebralen, sozialen und kulturellen Faktoren.

Auf der Grundlage dieses in der Evolutionstheorie entstandenen Körperkonzepts haben sich in den letzten Jahrzehnten zwei Schwerpunkte der Körperforschung herausgebildet, in denen jeweils ein Teil des Körpers fokussiert wird und die beide auf ein starkes öffentliches Interesse stoßen. Bei diesen Bereichen handelt es sich um den «Genom-Körper» der Genetik und den «Gehirn-Körper» der Hirnforschung, deren anthropologische Bedeutung kurz dargestellt werden soll.

Nach der Auflistung der beim Menschen möglichen Kombinationen der vier DNA-Basen – Guanin, Cytosin, Adenin, Thymin – und der Sequenzierung und Kartierung des menschlichen Genoms richtet sich die Forschung darauf, die Basensequenzen der DNA körperlichen und geistigen Merkmalen zuzuordnen und mit Funktionen der Gene in Beziehung zu bringen. Wenn dies gelingt, wird der «Urtext» des Menschen entschlüsselbar, von dem angenommen wird, dass er «alle Informationen über die genetische Funktion physiologischer und psychologischer Prozesse im Menschen enthält. Seine ‹Entschlüsselung› gilt als Möglichkeit für den Menschen, sich über die Grenzen, die ihm seine vormals schicksalhafte und unverfügbare Natur gesetzt hat, zu einem ‹Subjekt seiner selbst› zu erheben.»[3] Mit diesem Wissen erhofft man in der medizinischen Verwendung Prognosen für Krankheitswahrscheinlichkeiten und therapeutische Maßnahmen erstellen zu können. Die Möglichkeit eugenischer Selektion und Züchtung sowie die Reduktion des Menschen auf einen Träger genetischer Information und auf ein Objekt ökonomischer Interessen werden sichtbar und zum Gegenstand ethischer und politischer Diskussion. Fragen der Technikfolgenabschätzung und Bioethik[4] haben zur Bioethikkonvention und zum Klonverbot des Europarats sowie zur Gen-Patentierungsrichtlinie der Europäischen Union geführt.

In den Diskussionen um diese Fragen wird eine «Dichotomie zwischen Natur und Kultur konstruiert, die die naturwissenschaftlichen Belange des Genomprojekts von seinen gesellschaftlichen Implikationen trennt. Als Effekt dieser Trennung begrenzen sich die Bewertungen der Chancen und Risiken der Genomanalyse auf die politisch-rechtlichen und sozialen Folgen.»[5] Was in den Bereich der Genomanalyse fällt, wird als Grundlagenforschung der Naturerkenntnis zugeordnet und unterliegt keinen politischen und ethischen Diskussionen. Lediglich der Bereich von Gen- und Reproduktionstechniken unterliegt der politischen Kontrolle. Dass diese Trennung zwar das öffentliche Gewissen beruhigt, faktisch aber nicht durchgehalten werden kann, zeigt die Erzeugung rekombinanter Lebewesen wie des Gen-Affen «Andi», der ein zusätzliches Gen erhielt, aufgrund dessen er bei Dunkelheit phosphoreszierend leuchten sollte. Mittlerweile werden in Korea sogar embryonale Stammzellen durch Klonen gewonnen. Für ihre Befürworter eröffnen solche Versuche langfristig große therapeutische Möglichkeiten, für ihre Gegner erfolgt hier eine nicht akzeptable Grenzüberschreitung.[6] Die mit diesen Versuchen verbundenen Diskussionen über das Klonen embryonaler Stammzellen für therapeutische Zwecke zeigen, wie schwer es in Wissenschaft und Politik ist, Handlungen zu unterlassen, die dem Menschen technisch möglich sind. Die hier angesprochenen Zusammenhänge eröffnen die Möglichkeit, in die biologischen Grundlagen des Menschen einzugreifen und diese so zu manipulieren, dass es trotz aller religiösen, ethischen und politischen Bedenken langfristig zu einer *Züchtung von Menschen* kommt, deren Nebenwirkungen unvorhersehbar sind.

Im Unterschied zur gegenwärtigen Überbetonung des genetischen Determinismus wird in der *Hirnforschung* darauf bestanden, «daß Gene nie alleine, sondern immer in einer Umwelt eingebettet sind, daß es Signale aus der Umwelt sind, die das Auslesen der genetischen Information initiieren und die Entwicklung vom Ei zum Organismus maßgeblich koordinieren. … Es vollzieht sich ein sich selbst organisierender Prozeß, der, getragen von einem kontinuierlichen Dialog zwischen Genom und umgebendem Milieu, zur Bildung zunehmend komplexerer Strukturen führt.»[7] In diesem Prozess entsteht das Gehirn, das sich darstellt «als extrem distributiv organisiertes System …, in dem zahllose Teilaspekte der einlaufenden Signale parzelliert und parallel abgearbeitet werden. Zwar stehen alle Zentren miteinander … in intensiver Wechselwirkung, aber es ist völlig unklar, wie ein derart parallel organisiertes System dazu kommt, das Bild einer kohärenten Wahrnehmungswelt zu entwerfen und sich insgesamt zielgerichtet zu verhalten.»[8]

Sicher ist jedoch, dass sich in der Entwicklung des menschlichen Gehirns aufgrund der bereits ausgebildeten Sinne nach der Geburt ein qualitativer Sprung vollzieht, der als Selbstorganisationsprozess beschrieben wird. Dieser «Selbstorganisationsprozeß – das Wechselspiel zwischen Signalen aus der Umgebung und den Genen – wird jetzt plötzlich von Aktivitätsmustern bestimmt, die von der Umwelt mit-geprägt werden. … Die Nervenzellen sind zum Zeitpunkt der Geburt im wesentlichen alle angelegt, aber in bestimmten Bereichen des Gehirns noch nicht miteinander verbunden. Dies gilt vor allem für die Großhirnrinde. Viele Verbindungen wachsen erst jetzt aus, aber ein erheblicher Anteil wird nach kurzer Zeit wieder vernichtet. Es vollzieht sich ein stetiger Umbau von Nervenverbindungen, wobei nur etwa ein Drittel der einmal angelegten erhalten wird. … Das bedeutet, daß die Ausbildung der funktionellen Architektur der Großhirnrinde in erheblichem Umfang von Sinnessignalen und damit von Erfahrung beeinflußt wird.»[9] Dies zeigt sich z. B. auch daran, dass das Sehen in frühem Alter gelernt werden muss. Wenn dies, etwa bei blind Geborenen, nicht rechtzeitig geschieht, kann die Sehfähigkeit später nicht mehr erworben werden. Auch die Erstsprache muss in einem durch Gehirn und Organismus festgelegten Zeitraum erworben werden.

Die Entwicklung höherer kognitiver Leistungen scheint das Ergebnis der Evolution der Großhirnrinde zu sein, einer zwei Millimeter dünnen, gefalteten Schicht, in der pro Kubikmillimeter etwa 40 000 Nervenzellen enthalten sind, von denen jede etwa 20 000 andere kontaktiert und von ebenso vielen Informationen empfängt. Erstaunlich ist dabei, dass diese Struktur im Verlauf der Evolution ihre innere Organisation weitgehend unverändert beibehalten hat und sich daher die Großhirnrinde der Maus strukturell kaum von der des Menschen unterscheidet. Dies hat Auswirkungen auf die Einschätzung der Prozesse, im Verlauf deren neue Funktionen entstehen. «Anders als in technischen Systemen ist im Gehirn keine Trennung zwischen Hard- und Software möglich. Im Gehirn wird das Programm für Funktionsabläufe ausschließlich durch die Verschaltungsmuster der Nervenzellen festgelegt. Die Netzstruktur ist das Programm. Die Algorithmen, nach denen die Großhirnrinde arbeitet, haben sich somit im Laufe der Evolution kaum verändert. Es sind lediglich mehr Areale hinzugekommen. Dies bedeutet, erstens, daß die von der Großhirnrinde erbrachten Verarbeitungsleistungen sehr allgemeiner Natur sein müssen und, zweitens, daß die Iteration ebendieser, im Prinzip gleichen Prozesse neue, qualitativ verschiedene Funktionen hervorbringen kann.»[10]

Hirnforschung begreift sich als interdisziplinäre Grundlagenforschung, für die charakteristisch ist: «Das Eingeständnis von Nichtwissen, das Bekenntnis zum Eigenwert von Erkenntnis, und schließlich der Mut, Wege zu gehen, für die sich nicht angeben läßt, zu welchem Ziel sie führen»[11]. Von einer solchen Position ausgehend kann die Hirnforschung darauf verweisen, dass Subjektivität an einen bestimmten Entwicklungsstand des Gehirns gebunden ist, der Selbstbewusstsein und dessen Vermittlung nach außen erst möglich macht und die Fähigkeit voraussetzt, «mentale Modelle von den Zuständen der je anderen Gehirne zu erstellen, eine ‹theory of mind› aufzubauen».[12] Eine so konzipierte Grundlagenforschung trägt zu einer Steigerung der Komplexität anthropologischen Wissens bei, wenn sie z. B. deutlich macht, mit welchen Mechanismen Wissen im Menschen entsteht: «Die Evolution, die Wissen über die Welt in den Genen speichert und dieses Wissen im Phänotyp des je neu ausgereiften Gehirns exprimiert, dann das während der frühen Ontogenese erworbene Erfahrungswissen, das sich ebenfalls in Strukturänderungen manifestiert – die übrigens von den genetisch bedingten zu unterscheiden sind –, und schließlich das übliche, durch Lernen erworbene Wissen, das sich in funktionellen Änderungen der Effizienz bereits konsolidierter Verbindungen ausdrückt.»[13]

Das Gehirn ist ein aktives System, das Hypothesen entwickelt und Problemlösungen sucht.[14] Auch wenn Außenreize fehlen, erzeugt es ständig hochkomplexe und oszillierende Erregungsmuster. Es liegt nahe, sich «das Gehirn als distributiv organisiertes, hochdynamisches System vorzustellen, das sich selbst organisiert, anstatt seine Funktionen einer zentralistischen Bewertungs- und Entscheidungsinstanz unterzuordnen; als System, das sich seine Koordinierungsräume gleichermaßen in der Topologie seiner Verschaltung und in der zeitlichen Struktur seiner Aktivitätsmuster erschließt, das Relationen nicht nur über Konvergenz anatomischer Verbindungen, sondern auch durch zeitliche Koordination von Entladungsmustern auszudrücken weiß, das Inhalte nicht nur explizit in hochspezialisierten Neuronen, sondern auch implizit in dynamisch assoziierten Ensembles repräsentieren kann und das schließlich auf der Basis seines Vorwissens unentwegt Hypothesen über die es umgebende Welt formuliert, also die Initiative hat, anstatt lediglich auf Reize zu reagieren. Insoweit entspricht die neue Sicht, mit der unser Gehirn seinesgleichen beurteilt, durchaus einer konstruktivistischen Position.»[15]

So differenziert diese Konzeption des Gehirns in vielen Aspekten ist[16], häufig gelingt es der Hirnforschung nicht, eine Reduktion der Komplexität des menschlichen Körpers auf das Gehirn zu vermeiden. Diese Reduktion wird z. B. bei Fragen nach der Qualität psychischer und mentaler Prozesse oder nach dem Zusammenhang zwischen sozialem Subjekt und Gesellschaft deutlich. Wie in jeder Forschung entstehen auch hier mit der Zunahme des Wissens immer neue Fragen und Unsicherheiten, die der euphorische, auf die Aufmerksamkeit der Öffentlichkeit zielende Gestus der Forschungen manchmal verdeckt.

Geht es in den Forschungen zur Evolution und Hominisation sowie zur Genetik und zum Gehirn um allgemeine Erkenntnisse über den menschlichen Körper, so zielt die *Philosophische Anthropologie* darauf, den besonderen Charakter des Körpers in seiner Differenz zum tierischen, d. h. zum Körper der anderen Primaten herauszuarbeiten und in seiner Bedeutung für das menschliche Selbstverständnis zu begreifen.[17] Dabei gehen Plessner und Scheler von einem Stufenaufbau des Lebens aus. Im Unterschied zur Pflanze haben der tierische und der menschliche Körper ein Zentrum, das es ihnen gestattet, sich im Raum zu bewegen. Die zentrische Positionalität bietet dem Menschen und den Tieren die Möglichkeit, sich einer dinglich gegliederten Umwelt gegenüberzustellen und spontan zu handeln. Im Unterschied zum Tier erlaubt der menschliche Körper, dass sich der Mensch von ihm distanziert und eine exzentrische Positionalität einnimmt. Daraus ergeben sich drei Bedingungen: Der menschliche Körper ist einmal durch den Modus des Körper-Habens bestimmt, in dem er die Erfahrung einer ihm entgegenstehenden Außenwelt macht; sodann ist er durch den Modus des Körper-Seins charakterisiert, in dem durch sein Sein Seele und Innenleben erfahren werden. Schließlich ermöglicht er die Einnahme eines außerhalb seiner selbst liegenden, nicht realen Blickpunkts, von dem aus die beiden anderen Modi und das Wechselspiel zwischen ihnen wahrgenommen werden können. Dieser Struktur des menschlichen Körpers entspricht die Erfahrung der Welt als Außenwelt, Innenwelt und Mitwelt.

Im Unterschied zu diesen Vorstellungen geht Gehlen vom Mängelcharakter des menschlichen Körpers aus, der den Menschen als «Invaliden seiner höheren Kräfte» dazu zwingt, sich mithilfe des Handelns zu vervollkommnen. In seiner Sicht sind es vor allem die Neotenie bzw.

das extrauterine Frühjahr, die Instinktreduktion und der Triebüberschuss, die Entlastung und Weltoffenheit, die für die menschliche Körperlichkeit charakteristisch sind. Nach der These von der Neotenie bzw. dem extrauterinen Frühjahr werden beim Menschen fötales Stadium, Frühgeburt und verlangsamte körperliche Entwicklung einschließlich langer Kindheit und Adoleszenz beibehalten. Nicht weniger zentral sind die residuale Instinktausstattung und der Triebüberschuss als Merkmale des Körpers. Der Hiatus zwischen Reiz und Reaktion ermöglicht Lernen und die menschliche Anpassung an heterogene Biotope. Der sich aus Neotenie und Triebreduktion ergebende Triebüberschuss ermöglicht die Entwicklung der Vielfalt menschlichen Verhaltens. Seinetwegen ist eine Disziplinierung und Domestikation erforderlich, bei der Rituale und Institutionen eine zentrale Rolle spielen. Mithilfe der Entlastung werden Wahrnehmung und Bewegung koordiniert. Verhaltensweisen werden geübt, automatisiert und ohne Reflexion verfügbar. Gewohnheiten werden ausgebildet, die Kontinuität herstellen und Energien für neue Aktivitäten freisetzen. Während der tierische Körper auf eine spezifische Umwelt bezogen ist und dafür über spezialisierte Organe verfügt, hat der menschliche Körper Welt und verfügt über unspezialisierte, sich sehr unterschiedlichen Bedingungen anpassende Organe. In Gehlens Sicht ermöglicht diese Unspezialisiertheit des menschlichen Körpers seine Weltoffenheit.

Von dieser auf die allgemeinen Bedingungen des menschlichen Körpers und seiner Genese ausgerichteten Sicht unterscheiden sich die anthropologischen Körperkonzepte, in denen die *Geschichtlichkeit* und die *Kulturalität des menschlichen Körpers* im Zentrum stehen. Sie gehen eher von einem sich im historisch-kulturellen Prozess verändernden Körper aus. Dementsprechend unterschiedlich sind die methodischen Vorgehensweisen und die daraus resultierenden Ergebnisse.

In der *historischen Anthropologie der Geschichtswissenschaft* ist der menschliche Körper im Wandel der Zeiten das Thema.[18] Hier wird herausgearbeitet, wie kollektive, in einer historischen Zeit geltende Vorstellungen bestimmte körperliche Gefühle und Empfindungen hervorbringen. Der geschichtliche Charakter des Fühlens und Denkens sowie des kollektiven Gedächtnisses wird sichtbar. Das Zeitverständnis der Gegenwart unterscheidet sich z. B. vom Zeitverständnis des Mittelalters dadurch, dass heute die Diskrepanz zwischen Weltzeit und Individual- zeit sowie die Beschleunigung der Zeit eine wichtige Rolle spielen. Mit den Zeitvorstellungen ändert sich auch die Erfahrung des Raums. Un- terschiedliche, zum Teil widersprüchliche Zeit- und Raumvorstellungen bestimmen gleichzeitig das Leben in der Moderne. Die Geschichtlichkeit elementarer Situationen und Grunderfahrungen und der historische Charakter der Einstellungen zu Tod, Liebe und Arbeit werden sichtbar. Subjektivität erscheint als Ergebnis von historisch-kulturellen Prozessen wie Zurichtung, Distanzierung und Disziplinierung. Selbst Sexualität und Geburt, Kindheit, Jugend und Alter, Ernährung und Kleidung ent- hüllen ihren geschichtlichen Charakter und machen deutlich, dass der menschliche Körper nur in der Form geschichtlicher Konkretisierun- gen in Erscheinung tritt und daher die Erforschung seines historischen Charakters erforderlich ist, um seine jeweilige Besonderheit begreifen zu können.

Geht es in der historischen Körperforschung um eine diachrone Per- spektive auf menschliche Körper, in deren Zentrum seine geschichtliche Besonderheit steht, so entwickelt die kulturanthropologische Körperfor- schung eine synchrone Perspektive.[19] Was für die Geschichtlichkeit der menschlichen Körper gilt, das trifft analog auch für ihre Kulturalität zu. Aufgrund der Heterogenität kultureller Einwirkungen entstehen Körper mit sehr unterschiedlichen kulturellen Ausprägungen. Ihre Mannigfal- tigkeit und Vielfalt ist unaufhebbar. Lediglich durch die Reduktion der Alterität auf das Eigene und Bekannte kann der Anschein entstehen, als könne kulturelle Differenz ohne Komplexitätsverlust überwunden werden. Bei genauer Analyse zeigt sich jedoch, dass mit einer solchen Reduktion das Spezifische einer kulturanthropologischen Perspektive auf den Körper verloren geht, das gerade in der Herausarbeitung und Darstellung körperlicher Differenz und Alterität liegt. Was im Hinblick auf den Körper als kulturelle Differenz angesehen wird, ist abhän- gig von den Voraussetzungen der Forschung und konstituiert sich in Wechselbeziehungen zwischen dem jeweils vorausgesetzten kulturellen Referenzrahmen und den darauf bezogenen Wahrnehmungen von Al- terität. Die Aufgabe besteht darin, durch die Herausarbeitung kultu- reller Diversität zur Steigerung der Komplexität des Wissens über den menschlichen Körper beizutragen. Selbst zwischen den einander ähnlichen Kulturen Nord- und Südeuropas sind erhebliche Unterschiede im Umgang mit dem Körper und der Körperlichkeit sichtbar, die sich auf alle Bereiche menschlichen Zusammenlebens auswirken.

Die Forschungen Historischer Anthropologie zielen darauf, geschichtliche Veränderungen im Umgang mit dem Körper wahrzunehmen, zu untersuchen und einzuschätzen.[20] Dazu richtet sich ihre Aufmerksamkeit auf Körperbilder und -konzeptionen sowie auf Körperpraktiken und den Umgang mit den Sinnen. Viele der hier verwendeten Zugänge und Verfahren bauen auf den Forschungen von Norbert Elias, Michel Foucault sowie Max Horkheimer und Theodor Adorno auf. In der Auseinandersetzung mit diesen Arbeiten geht es auch darum zu begreifen, welche Veränderungen sich heute im Hinblick auf den Körper und seine Sinne vollziehen Es gilt einzuschätzen, welchen Einfluss die Beschleunigung der Zeit, die Ubiquität der neuen Medien und die verstärkte Nutzung des Computers auf die Wahrnehmung und den Umgang mit dem Körper haben und welche Rolle die Zunahme gesellschaftlicher Abstraktion und Verbildlichung dabei spielt.

In seiner Rekonstruktion des europäischen Zivilisationsprozesses hat Norbert Elias gezeigt, dass der menschliche Körper zunehmend diszipliniert wird.[21] Die Kontrollen richten sich auf die Essgewohnheiten, die Umgangsformen und das Affektleben. In diesen Prozessen spielen die Erhöhung der *Scham- und Peinlichkeitsschwellen* eine zentrale Rolle. Es kommt zu einem Abstandnehmen vom Körper. Die modernen Menschen entwickeln in wachsendem Maß *Distanz* zueinander, zur Welt und zu sich selbst: Selbstkontrolle und Selbstzwang sind die Folge, die als Strategien der Vervollkommnung eingesetzt werden.[22] Eine umfangreiche innere Welt wird entwickelt, die aus Dispositionen, Gefühlen, moralischen Grundsätzen und Bewertungsmaßstäben besteht. Diese Entwicklung vollzieht sich in praktischen Akten und in sozialen Tätigkeiten, in denen Modelle und Leitbilder erzeugt werden. Diese Umgestaltung des Körpers mit zunehmender Kontrolle und Rationalität erfolgt in der mimetischen Aneignung von «regelhaften Bewegungen in Form von Übung, Nachmachen, Folgen von Vorschriften und Anweisungen, Kontrolle und Korrektur»[23]. So entsteht allmählich der in sich geschlossene und abgeschlossene Körper *(corpus clausum)* des modernen Menschen.[24]

In die gleiche Richtung weisen Foucaults Analysen.[25] Im Unterschied zu Elias betont er stärker die kontrollierende, disziplinierende Macht der Institutionen, in deren Räumen es zu einer Verschränkung von Gesellschaft und Individuum kommt, bei der die Aktivität des Körpers und die konstruktive Seite der Subjekte eine wichtige Rolle spielen. Foucault weist nach, dass «Macht als subkutane Körperpolitik die Menschen keineswegs nur unterdrückt, sondern sie auch hervorbringt, ‹produziert› als Individuen. Was wie Humanisierung aussieht: die Milderung der Strafen, die Einführung der Psychologie in den Strafapparat, das Verstehen des Täters und der Tat, ist subtilere Kontrolle, Eröffnung eines neuen Kapitels der Zivilisation …»[26] Dessen Ziel liegt in der *Kontrolle, Disziplinierung und Normierung* des Körpers, seiner Gesten und Verhaltensweisen. Diese Prozesse vollziehen sich modellhaft in den Zeit- und Raumordnungen von Gefängnis, Militär und Schule, in denen die Gelehrigkeit des Körpers dazu dient, ihn der «Mikrophysik der Macht» zu unterwerfen und politisch zu besetzen.

Bereits in der *Dialektik der Aufklärung* haben Horkheimer und Adorno unter Bezug auf Freud darauf verwiesen, dass die Entwicklung von Rationalität, Aufklärung und Emanzipation im Prozess der Zivilisation nicht ohne Opfer zu haben ist. «Die Geschichte der Zivilisation ist die Geschichte der Introversion des Opfers.»[27] Die Befreiung des menschlichen Körpers von den Gefahren der Natur geht einher mit seiner Unterwerfung unter die *Zwänge gesellschaftlicher Rationalität*. Der Übergang von der Außenkontrolle des Körpers zur Etablierung eines Selbst zur Innenkontrolle ist irreversibel und Gewinn und Verlust zugleich, je nach Perspektive. Unter dem Einfluss der Gräuel des Zweiten Weltkriegs haben Horkheimer und Adorno die Seite des Verlusts betont, den Umschlag von Rationalität in Mythos, des Lebendigen ins Tote. «Was übrig blieb, sind Symptome, verschlüsselte Botschaften eines malträtierten, abgetöteten, geschändeten Körpers, der – wie die Autoren betonen – nicht mehr zurückverwandelt werden kann in den Leib. Er bleibt die Leiche, die er wurde. Die Transformation ins Tote, die in seinem Namen schon sich anzeige, ist Hauptmoment und -motiv des Zivilisationsprozesses, der wegen der Intervention des Imaginären sein Ziel verfehlt.»[28]

Bereits diese Analysen machen deutlich: Der *Körper ist Träger mensch-*

licher Geschichte und Kultur; in der Historischen Anthropologie wird er als Sitz des individuellen und des kollektiven kulturellen Gedächtnisses untersucht.[29] An ihm stößt das Ich auf Grenzen, an denen es den fiktiven Charakter seiner Einheit erfährt.[30] Der Körper wird als Medium des Ausdrucks und der Darstellung behandelt; seine Energien verarbeiten die Welt in Wort und Bild, Inszenierung und Aufführung. Je nach Perspektive gerät der Körper unter dem Gesichtspunkt der Einschreibung, des Ausdrucks oder der Darstellung in den Blick. Mal erscheint er als Maschine, mal als beseelt, lebendig und dynamisch mit der Tendenz, sich zu transformieren und zu transzendieren. Im menschlichen Körper verwandelt sich Außenwelt in Innenwelt, Materialität in Imagination sowie Innenwelt in Außenwelt, Einbildungskraft in Materialität. Trotz kollektiver historisch-kultureller Erfahrungen ist jeder menschliche Körper einmalig. Selbst wenn in einer mentalitätsgeschichtlichen Betrachtungsweise der kollektive Charakter von Einstellungen und Erfahrungen akzentuiert wird[31], sind die Prozesse der Sozialisation und Enkulturation bei jedem Menschen unterschiedlich.

Mit der Fokussierung der historischen und kulturellen Verfasstheit des Körpers richtet sich das Interesse der Forschung auf die Sinne und ihr Verhältnis zueinander. In der Ausrichtung und Erfahrung der Sinne lassen sich im Verlauf des Zivilisationsprozesses nachhaltige Veränderungen feststellen. Mit der skizzierten Zunahme von Distanz und Kontrolle, Disziplinierung und Abstraktion sowie dem Zuwachs der Bedeutung medial vermittelter Bilder ändert sich das Verhältnis der Sinne zueinander. Die Nahsinne Riechen, Schmecken, Tasten werden stärker in den privaten Bereich zurückgedrängt, das Sehen wird zum Leitsinn der Zeit. Sichtbarkeit, Durchschaubarkeit und Transparenz überlagern das Hören mit seiner Erfahrung des Anderen und der Gemeinschaft. Literalität und Neue Medien führen zu nachhaltigen Veränderungen in der Wahrnehmung und Empfindung des Körpers.

In der Erfahrung des Anderen des Körpers spielen *Seele* und *Sakrales*, deren Komplexität sich immer wieder dem Zugriff der Wissenschaften entzieht, eine wichtige Rolle. In den Geistes-, Sozial- und Kulturwissenschaften wird darauf bestanden, dass diese Begriffe auf Bedingungen verweisen, die in der europäischen Kultur lange als konstitutiv galten und deren Vergegenwärtigung verhindert, dass menschliches Leben auf reine Immanenz reduziert wird. Wie das Schöne und die Liebe sind Seele und Sakralität zwar mit dem Körper verbunden, doch erschöpfen sie sich nicht in ihm, sondern transzendieren ihn. Sie verweisen auf Bereiche menschlicher Erfahrungen, in denen es um die Überschreitung von Subjektivität und Individualität in Richtung auf Alterität geht.

Der Körper in zentralen Themenfeldern der Anthropologie

Immer wieder gibt die Präsenz des menschlichen Körpers Rätsel auf. Zwar lässt sich der Körper spüren, doch ist dieses Spüren dem Bewusstsein nur eingeschränkt zugänglich. Begreifbar ist der Körper nur in historischen und kulturellen Repräsentationen.[32] Diese zu erforschen gehört zu den Aufgaben Historischer Anthropologie, die dazu die körperliche Seite der von ihr untersuchten Zusammenhänge fokussiert und dadurch neue Perspektiven erzeugt. Am Beispiel des mimetischen Lernens als kulturellen Lernens, der Theorien und Praktiken des Performativen, der Rituale als Gemeinschaft erzeugender Praktiken, der Sprache zwischen Universalität und Partikularität, des Verhältnisses von Bild und Imagination sowie des Todes als des Anderen des Lebens lässt sich dies verdeutlichen.

In der Antike werden Prozesse des Nacheiferns und Sich-ähnlich-Machens als *mimetisch* bezeichnet. Im dritten Buch von Platons *Staat* wird Mimesis als Synonym für Erziehung gebraucht. Was Menschen lernen, lernen sie mimetisch unter Bezug auf Vorbilder. Gegen den Zwang, sich mimetisch zu verhalten, sich also Vorbildern ähnlich zu machen, sieht Platon keine Widerstandsmöglichkeit. Deshalb müssen nach seiner Auffassung schlechte Vorbilder aus der Gesellschaft ausgeschlossen werden. Auch Aristoteles betont die besondere, mit der Beschaffenheit des menschlichen Körpers verbundene mimetische Begabung des Menschen. Zwar hat die von Platon im zehnten Buch des *Staates* erfolgende Reduktion der Mimesis auf den Bereich der Ästhetik zum ersten Mal einen eigenständigen, für Wahrheitsfragen nicht zuständigen Bereich der Ästhetik begründet, doch sie hat ihn zugleich auch abgewertet. Trotz des aristotelischen Einspruchs ist diese abwertende Einschätzung lange mit dem Verständnis von Mimesis assoziiert worden. Erst mit dem Nachweis der anthropologischen Bedeutung mimetischer Prozesse erfolgte eine Korrektur.[33]

Aus dieser geht deutlich hervor: Der menschliche Körper bildet die Grundlage *mimetischer Weltverhältnisse*. Mithilfe mimetischer Prozesse nehmen Menschen Bezug auf andere Menschen und auf die sie umgebende Welt. In mimetischen, auf Körper und Sinnen basierenden Prozessen machen die sozialen Subjekte eine vorgängige Welt noch einmal als *ihre* Welt. Damit erzeugen sie ihre eigene Welt und fügen sich zugleich in die Gesellschaft ein. Sie nehmen an dieser teil und gestalten sie körperlich. Wie die sozialen Subjekte in der Welt enthalten sind, enthalten sie auch die Welt in ihren Körpern. Die Plastizität des menschlichen Körpers schließt eine bloße Unterwerfung unter die Welt aus; stattdessen ermöglicht sie deren produktive Gestaltung, bei der Bewegung eine zentrale Rolle spielt. In mimetischem Handeln wird ein praktisches Wissen erzeugt, das im Körpergedächtnis aufbewahrt wird und in unterschiedlichen Situationen aktualisiert werden kann. Im instrumentellen Gebrauch des Körpers werden Körpertechniken erworben, die einen intentionalen, kontrollierten und funktionalen Einsatz des Körpers möglich machen.

In diesen Prozessen wird der Gebrauch von Gesten gelernt, die zu den wichtigsten körperlichen Darstellungs- und Ausdrucksformen gehören. Im mimetischen Erwerb gestischer Kompetenz werden institutionelle Normen, Werte und Machtverhältnisse inkorporiert. Mit ihrer Hilfe werden Bewegungen und Körperpositionen gestaltet. Entsprechendes gilt für den Erwerb rituellen Wissens, praktischer Spielkompetenz und für alle anderen kulturellen und sozialen Bereiche, in denen praktisches Wissen erforderlich ist.[34]

Eine Analyse kultureller Prozesse im Hinblick auf ihren performativen Charakter führt zu neuen Perspektiven.[35] Wahrnehmung, Wissen, Medien, Rituale und *gender* lassen sich als *Praktiken des Performativen* begreifen, in denen sich sprachliche, körperliche und ästhetische Aspekte überlagern. Für diese Praktiken sind ihre inszenatorische Seite und ihr Aufführungscharakter kennzeichnend. Wahrnehmen wird als eine Reihe von aufeinander bezogenen Handlungen begriffen, in deren Rahmen historische, kulturelle und mediale Räume erzeugt werden, bei deren Konstruktion das rhythmische Zusammenspiel von Zeit, Ordnung und

Bewegung, Erinnerung und Erwartung wichtig ist. Wissen und Wissenschaft haben ebenfalls eine performative, mit ihrem Inszenierungs- und Aufführungscharakter zusammenhängende Seite, in der sich die historisch zwar unterschiedliche, doch grundsätzlich unhintergehbare Indexikalität von Wissenschaft ausdrückt. Medien bringen Entferntes zur Erscheinung, machen es wahrnehmbar. Ihr performativer Charakter zeigt sich in ihrem Gebrauch, in der Überschneidung zwischen Materialität und Eigensinn sowie in intermedialen Bezugnahmen. In den verschiedenen Medien sind die Verkörperungs- bzw. Entkörperungsprozesse unterschiedlich stark ausgeprägt. Die Körperlichkeit des Anderen und der performative Umgang mit ihm spielen in der rituellen Differenzbearbeitung eine zentrale Rolle. Je nach Kontext entwickeln rituelle Handlungen Inklusions- bzw. Exklusionsverfahren, in denen es um die Inszenierung und körperliche Aufführung von Macht und Alterität geht. Auch bei der Herausbildung von *gender* kommt der Performanz des Körpers zentrale Bedeutung zu. *Gender* lässt sich als das Ergebnis der Verkörperung von Geschlecht begreifen, bei dessen Entstehung Relationalität und Geschichtlichkeit eine wichtige Rolle spielen. In diesen Prozessen entfalten die Praktiken der Machtausübung, der Habitusbildung und der Subversion von Geschlechternormen ihre Wirkungen.

Der performative Charakter von *Ritualen und Ritualisierungen* spielt für die Erzeugung, Erhaltung, Veränderung und Transferierung von Kultur an die nachwachsende Generation eine wichtige Rolle.[36] Im Unterschied zu Diskursen trägt ihre körperliche Seite wesentlich zu ihren Wirkungen bei. Rituale entstehen durch die symbolisch kodierte Inszenierung und Aufführung menschlicher Körper. Das rituelle Arrangement erzeugt die Gemeinsamkeit der Ritualteilnehmer, selbst wenn die Bedeutung des Rituals von den Beteiligten unterschiedlich interpretiert wird. Ohne die körperliche Inszenierung und Aufführung von Ritualen entstehen weder Gemeinsamkeit noch das Soziale. Rituale erzeugen Kontinuität zwischen Vergangenheit, Gegenwart und Zukunft. Als Wiederholungen sind sie stets Inszenierung und Aufführung auch von Neuem und offen für Wandel in der Zukunft. Mit ihrer Hilfe schreiben sich Normen und Werte in die Körper der Ritualteilnehmer ein. Viele Rituale markieren Orte und Zeitpunkte von besonderer Bedeutung; sie vollziehen sich im jahreszeitlichen Wechsel oder organisieren Übergänge von einer gesellschaftlichen Position oder Institution zu einer anderen. In diesem Prozess lassen sich Phasen der Trennung, des Übergangs und erneuter Integration unterscheiden. In Ritualen werden Differenzen bearbeitet, Ordnungen etabliert und modifiziert. Wenn Rituale ihre Ordnungsfunktion nicht wahrnehmen, droht der Ausbruch von Gewalt. Rituale umfassen sehr unterschiedliche Formen körperlicher Inszenierung und Aufführung von der Liturgie über die Zeremonie bis zur Feier. In diesen Formen spielt die rituelle Erzeugung des Sakralen eine wichtige Rolle, in deren Rahmen der Magie sakralen Handelns und Sprechens zentrale Bedeutung zukommt. Mit dem Anschein des Natürlichen vermitteln Rituale den Eindruck, als sei es immer schon so gewesen, und verdecken damit die im Ritual inszenierten Machtverhältnisse. Die Ritualen innewohnende, auf Veränderungen drängende Dynamik wird oft nicht gesehen.

Die rituelle Seite kultureller Inszenierungen und Aufführungen verweist auch auf die performative Bedeutung der Sprache. Geht es dabei um einen Aspekt des Verhältnisses von Körper und Sprache, so sind die körperlichen Voraussetzungen der *Sprache* von grundsätzlicher Bedeutung.[37] Die allgemeine Fähigkeit zur Sprache ist angeboren. In ihren Anfängen reicht sie 100 000 bis 200 000 Jahre zurück und war wahrscheinlich bereits vor 40 000 Jahren recht weit ausgebildet. Damit sich die Sprachfähigkeit entwickeln konnte, waren die Befreiung der Hand von den Aufgaben der Fortbewegung und des Sehens von der Prehension, die Vergrößerung des Gehirnvolumens, die Lateralisierung der Gehirnhälften, die Herausbildung der Sprachzentren, die Senkung des Kehlkopfs und die Entwicklung des Stimmapparats und des Gehörs erforderlich. Die allgemeine Sprachfähigkeit hat nicht zur Herausbildung einer einheitlichen Sprache, sondern zur Entwicklung einer Vielzahl von Sprachen geführt. Zwar ist die Fähigkeit, überhaupt Wörter, syntaktische Konstruktionen und Sätze bilden zu können, im menschlichen Körper angelegt und vererbbar; doch erklärt sie nicht die Vielfalt der Wörter oder grammatikalischen Regeln der einzelnen Sprachen. Der Erwerb einer Sprache muss rechtzeitig erfolgen, sonst verkümmert die Anlage dazu für immer. Auch Untersuchungen der Gehirnforschung bestätigen, dass es früher Lernprozesse bedarf, um die Sprachfähigkeit auszubilden. Ist das Erlernen einer Sprache erfolgt, so steht dem Erwerb weiterer Sprachen nichts entgegen. Wird diese Möglichkeit nicht wahr-genommen, ist Lernen einer Sprache in fortgeschrittenem Alter kaum mehr möglich. Bei der Artikulation sprachlicher Laute ist der mensch-liche Körper sowohl aktiv handelnd als auch passiv empfangend. Der durch die Artikulation hervorgebrachte Laut wird zugleich über das Ohr gehört. Auch beim Tasten gibt es diese Form der Erfahrung, innerhalb deren sich der Mensch doppelt erlebt. Die strukturelle Entsprechung zwischen der mit dem Werkzeuggebrauch befassten Hand und dem auf Symbolisierungen ausgerichteten Kopf spielt für die Entwicklung von Hand und Sprache und ihre wechselseitige Verschränkung eine zentrale Rolle. Sprache wurzelt in einer unmittelbaren Bewegung des mensch-lichen Körpers, in der Artikulation der Stimmwerkzeuge und der sich daraus ergebenden Sequenzialität des Sprechens sowie der mit ihr ein-hergehenden Artikulation von Gedanken. Mit diesen beiden Artikula-tionen ist das Hören mit der das Sprechen hervorrufenden Stimme und den dabei hervorgebrachten Gedanken unmittelbar verbunden.

Nicht nur die Sprache, auch die *Imagination* ist eng mit der Körper-lichkeit des Menschen verbunden. Möglicherweise wurzelt sie im Vege-tativen des menschlichen Körpers und lässt sich als eine Projektion der menschlichen Antriebsüberschüsse begreifen.[38] In jedem Fall kann der Mensch genauso gut als Phantasiewesen wie als Sprachwesen begriffen werden. So hat auch Castoriadis den Menschen begriffen, wenn er da-von ausgeht, dass das Imaginäre eine sich gestaltende Schöpfung von Bildern ist, bei der körperliche Energien von historisch-gesellschaftli-chen Formen und Inhalten überlagert werden, wodurch kollektive und individuelle Bedeutungen entstehen, die sich im Verlauf historischer und kultureller Entwicklungen verändern. Das Imaginäre setzt sinnhaf-te Gestalten und gestalteten Sinn in der Vorstellungswelt der Menschen fest; dort nehmen sie Einfluss auf deren Handeln. Dadurch schafft das Imaginäre eine gemeinsame historische und kulturelle Welt, in Bezug auf die sich Gemeinschaft bildet. Diese imaginären Bedeutungen struk-turieren Sprache, Werte und Handlungen der Menschen und wirken sich auf die innere Gliederung der Gesellschaft und das Leben der so-zialen Subjekte aus. Das Imaginäre wird zum Motor der fortwährenden Selbstvergewisserung und Selbstveränderung der Subjekte wie auch der Gesellschaft. Mithilfe der Imagination wird Außenwelt in Innenwelt und Innenwelt in Außenwelt verwandelt. Imagination ermöglicht mimetische Prozesse und rituelle Arrangements, die Emergenz des Performativen, und sie ermöglicht über kollektive Bilder, Bedeutungen und rituelle Praktiken Gemeinschaft. Sie erlaubt Wahrnehmung und Körpergedächtnis, Begehren und Wünschen, Tagträume und Projektionen und erzeugt Bilder und Töne, Geruch und Geschmack sowie taktile Empfindungen. Imagination und Sprache, Denken und Bilder sind unauflösbar miteinander verbunden.

Eines der großen Themen des Imaginären ist der *Tod*, der die Menschen bedroht und viele in Angst und Schrecken versetzt, zu dem sich Religion und Philosophie, Literatur und Wissenschaft zu verhalten versuchen.[39] In der Sicht der Evolutionsforschung und der Theorien der Menschwerdung wäre der Körper des heutigen Menschen nicht entstanden, wenn es nicht den Tod zahlloser Generationen von Vor-, Ur- und Frühmenschen gegeben hätte. Leben und Sterben bedingen einander und können nur in wechselseitigem Bezug aufeinander begriffen werden. Zeitlichkeit und Sterblichkeit bilden nicht nur eine Grenze des menschlichen Körpers; sie sind auch die Bedingungen, die seine Entwicklung erst ermöglicht haben. Ohne den Tod gäbe es weder den menschlichen Körper noch die Gattung noch das Leben des Individuums. Der Tod ist nicht nur eine Bedrohung des individuellen Lebens, sondern auch der Gemeinschaft, für deren Mitglieder die mit dem Tod verbundene Erfahrung des Verlusts und des Schmerzes unvermeidbar ist. Daher entwickeln alle Kulturen Strategien des Umgangs mit dem Tod. Zu den wichtigsten gehören die Rituale der Pflege und Betreuung Sterbender sowie Begräbnis- und Trauerrituale. Hier haben die verschiedenen Kulturen und historischen Zeiten mannigfaltige Riten, Mythen und Bilder entwickelt, die die Menschen dabei unterstützen, den Übergang vom Leben zum Tod nicht nur zu erleiden, sondern auch zu gestalten. Nach wie vor ist der Tod eine Leerstelle, die die Menschen beunruhigt, die ihre Einbildungskraft und ihr Denken herausfordert und nicht zur Ruhe kommen lässt und von der gilt: «Der Tod spricht zu uns mit tiefer Stimme, ohne uns etwas zu sagen» (Paul Valéry).

7. Mimetische Grundlagen kulturellen Lernens

Neuere Arbeiten in der Primatenforschung haben gezeigt: Zwar gibt es elementare Formen mimetischen Lernens auch bei anderen Primaten, doch sind Menschen in besonderer Weise fähig, mimetisch zu lernen. Kulturwissenschaftler überrascht diese Erkenntnis nicht. Schon Aristoteles hat in der Fähigkeit zu mimetischem Lernen und in der Freude der Menschen an mimetischen Prozessen eine besondere menschliche Begabung gesehen.[1] Unter Bezugnahme auf die Erforschung des Sozialverhaltens von Primaten und im Vergleich zu diesen ist es Vertretern der Entwicklungspsychologie und der kognitiven Psychologie in den letzten Jahren gelungen, einige Charakteristika des menschlichen Lernens in diesem frühen Alter zu bestimmen und den besonderen Charakter des mimetischen Lernens beim Menschen im Säuglings- und Kleinkindalter herauszuarbeiten. Zusammenfassend beschreibt Michael Tomasello diese Fähigkeiten von Kleinkindern: «Sie identifizieren sich mit anderen Personen; nehmen andere als intentionale Akteure wie sich selbst wahr; nehmen mit anderen an Aktivitäten gemeinsamer Aufmerksamkeit teil; verstehen viele der kausalen Beziehungen, die zwischen physischen Gegenständen und Ereignissen in der Welt bestehen; erkennen die kommunikativen Absichten, die andere Personen durch Gesten, sprachliche Symbole und Sprachkonstruktionen ausdrücken; lernen anhand von Imitation durch Rollentausch anderen gegenüber dieselben Gesten, Symbole und Konstruktionen hervorzubringen; und bilden sprachlich basierte Gegenstandskategorien und Ereignisschemata.»[2] Diese Fähigkeiten versetzen Kleinkinder in die Lage, an kulturellen Prozessen teilzunehmen. Sie können sich an den Inszenierungen der Praktiken und Fertigkeiten der sozialen Gruppe beteiligen, in der sie leben, und sich dadurch deren kulturelles Wissen aneignen. Die hier beschriebenen Fähigkeiten verweisen auf die zentrale Bedeutung des Lernens von Vorbildern für die Entwicklung des Kleinkindes.[3] Diese Prozesse lassen sich jedoch besser als mimetische Prozesse begreifen. Die Fähigkeiten, sich mit anderen Personen zu identifizieren, sie als intentional Handelnde zu begreifen und mit ihnen Aufmerksamkeit auf etwas zu richten, sind an das mimetische Begehren des Kindes gebunden, den Erwachsenen nachzueifern bzw. wie sie werden zu wollen. In diesem Begehren, den Älteren ähnlich zu werden, liegt die Motivation dafür, kausale Beziehungen zwischen den Gegenständen der Welt zu begreifen und die kommunikativen Absichten anderer Menschen in Gesten, Symbolen und Konstruktionen zu verstehen und wie diese Gegenstandskategorien und Ereignisschemata herauszubilden. Bereits mit neun Monaten erreichen Kleinkinder diese in den mimetischen Möglichkeiten des Menschen liegenden Fähigkeiten, über die andere Primaten zu keinem Zeitpunkt ihres Lebens verfügen.[4]

Solche mimetischen Fähigkeiten lassen Kleinkinder an den kulturellen Produkten und Prozessen ihrer Gesellschaft teilnehmen. Sie ermöglichen, was in der Psychologie «Wagenhebereffekt» genannt wird und darin besteht, dass Kleinkinder die materiellen und symbolischen Produkte ihrer kulturellen Gemeinschaft inkorporieren können, diese dadurch erhalten bleiben und an die nächste Generation weitergegeben werden können.

Mimetische Prozesse richten sich zunächst vor allem auf andere Menschen. In ihnen nehmen Säuglinge und Kleinkinder auf die Menschen Bezug, mit denen sie zusammenleben: Eltern, ältere Geschwister, andere Verwandte und Bekannte.[5] Sie versuchen, sich diesen anzuähneln, indem sie z. B. ein Lächeln mit einem Lächeln beantworten. Doch sie initiieren auch durch die Anwendung bereits erworbener Fähigkeiten die entsprechenden Reaktionen der Erwachsenen. In diesen frühen Prozessen des Austauschs erlernen Kleinkinder auch Gefühle. Sie lernen, diese in Bezug auf andere Menschen in sich zu erzeugen und sie bei anderen Menschen hervorzurufen. Im Austausch mit der Umwelt entwickelt sich ihr Gehirn, d. h., es werden bestimmte seiner Möglichkeiten ausgebildet, andere hingegen verkümmern.[6] Die kulturellen Bedingungen dieses frühen Lebens schreiben sich in die Gehirne, in die Körper der Kinder ein. Wer nicht in frühem Alter Sehen, Hören oder Sprechen gelernt hat, kann es zu einem späteren Zeitpunkt nicht mehr erlernen.[7] Die mimetischen Bezugnahmen der Säuglinge und Kleinkinder lassen zunächst keine Subjekt-Objekt-Trennung entstehen. Diese ist erst das Ergebnis späterer Entwicklungen. Zunächst ist die Wahrnehmung der Welt magisch, wonach nicht nur die Menschen, sondern auch die Dinge als lebendig erlebt werden. In dieser im Verlauf der Entwicklung der Rationalität an Bedeutung verlierenden Fähigkeit, die Welt in Korrespondenzen zu erfahren, bilden sich zentrale Möglichkeiten, in mimetischen Prozessen die Außenwelt in Bilder zu verwandeln und in die innere Bilderwelt aufzunehmen.

Walter Benjamin hat in seiner Autobiographie *Berliner Kindheit um 1900* gezeigt, wie ein Kind seine kulturelle Umwelt in Prozessen der Anähnlichung inkorporiert.[8] In ihrem Verlauf erfolgt eine Anähnlichung an die Räume, Winkel, Gegenstände und Atmosphären des Elternhauses und eine Einfügung der von diesen Dingen als «Abdrücke» genommenen Bilder in die Vorstellungswelt des Kindes, in der sie zu neuen Bildern und Erinnerungen werden, die dem Kind helfen, sich andere kulturelle Welten zu erschließen. In diesen Prozessen der Verkörperlichung kultureller Erzeugnisse und des Erschlossenwerdens durch sie wird Kultur weitergegeben. Die mimetische Fähigkeit, die materielle Außenwelt in Bilder zu überführen und sie dadurch in die innere Bilderwelt der Menschen zu transferieren und den Menschen verfügbar zu machen, ermöglicht die aktive Gestaltung kultureller Gegebenheiten durch die einzelnen Menschen.

Diese Prozesse beziehen sich nicht nur auf den Umgang mit den materiellen Produkten der Kultur, sondern richten sich auch auf die sozialen Verhältnisse und Handlungsformen, auf die Inszenierungen und Aufführungen des Sozialen. In besonderer Weise sind es Formen praktischen Wissens, die in körperbezogenen, sinnlichen Prozessen mimetisch gelernt werden und es ermöglichen, in Institutionen und Organisationen kompetent zu handeln. Rituelles Wissen stellt einen wichtigen Bereich dieses praktischen sozialen Wissens dar, mit dessen Hilfe sich Institutionen in den Körpern der Menschen verankern und es erlauben, sich in sozialen Zusammenhängen zu orientieren. In mimetischen Prozessen werden Bilder, Schemata, Bewegungen gelernt, die den Einzelnen handlungsfähig machen. Insofern sich mimetische

Prozesse auf historisch kulturelle Produkte, Szenen, Arrangements und Aufführungen richten, gehören sie zu den wichtigsten Vorgängen, in denen Kultur an die nachwachsenden Generationen weitervermittelt wird. Ohne mimetische Fähigkeiten gäbe es nicht die Möglichkeit kulturellen Lernens und nicht die Möglichkeit einer «doppelten Vererbung», d. h. einer Weitergabe von Kulturgütern, die bei den Menschen neben die biologische Vererbung tritt und eine verändernde Weiterentwicklung von Kultur ermöglicht.[9]

Die Schrift als Ensemble unsinnlicher Ähnlichkeiten ruft mimetische Prozesse hervor, mit deren Hilfe das Gelesene zum Leben erweckt wird.[10] Das Gleiche gilt für andere kulturelle Güter, die erst durch eine mimetische Bezugnahme lebendig werden.[11] Ohne diese stellen sie lediglich ein kulturelles Potenzial dar, das seine Bedeutung jedoch erst in Bildungs- und Selbstbildungsprozessen entfaltet. Besonders wichtig werden solche Prozesse bei der Transferierung der Kultur von einer Generation an die nächste, in deren Verlauf Metamorphosen erforderlich sind, um die Lebendigkeit der Lebens-, Wissens-, Kunst- und Technikformen zu erhalten. Insofern mimetische Prozesse nicht einfach Kopien symbolisch bereits interpretierter Welten erzeugen, sondern darin bestehen, dass Menschen gleichsam einen Abdruck dieser Welten nehmen, den sie inkorporieren, haben diese mimetischen Bezugnahmen stets die ursprünglichen Bezugswelten verändernde, kreative Aspekte. So entsteht eine kulturelle Dynamik zwischen den Generationen und Kulturen, die immer wieder Neues hervorbringt.[12]

Kulturelles Lernen ist weitgehend mimetisches Lernen, das im Zentrum vieler Prozesse der Bildung und Selbstbildung steht, das sich auf andere Menschen, soziale Gemeinschaften, Kulturgüter richtet und deren Lebendigkeit garantiert. Mimetisches Lernen ist ein sinnliches, körperbasiertes Lernen, in dem Bilder, Schemata, Bewegungen praktischen Handelns erlernt werden und das sich weitgehend unbewusst vollzieht und gerade dadurch nachhaltige Wirkungen erzeugt, die in allen Bereichen der Kulturentwicklung eine wichtige Rolle spielen.[13]

Mit mimetischen Prozessen verbinden sich auch Prozesse der Ansteckung mit Erfahrungen der Auflösung von Subjektivität ins Chaos und in die Freisetzung von Gewalt.[14] Diese Prozesse beinhalten auch eine Auseinandersetzung mit Macht und Herrschaft, Gewalt und Unterdrückung, die Teil jeder Kultur sind und in die mimetische Prozesse immer wieder eingelassen sind. Der *circulus vitiosus* der Gewalt ist ein Beispiel für die mimetische Struktur vieler Gewalterscheinungen.[15] Doch sind mimetische Prozesse auch mit Hoffnungen auf Formen und Erfahrungen gesteigerten Lebens verbunden, in denen «lebendige Erfahrungen» (Adorno) gesucht und gefunden werden.[16] Anähnlichung an die Welt wird zur Möglichkeit, Egozentrismus, Logozentrismus und Ethnozentrismus hinter sich zu lassen und sich für Erfahrungen des Anderen zu öffnen.[17]

Geschichte und Kultur

Ein Blick in die Geschichte des Begriffs macht ebenfalls deutlich, dass es sich bei mimetischen um kulturelle Prozesse handelt. Wenn Mimesis wie bei Platon als Synonym für Erziehung dient, wenn mimetische Prozesse Kunst und Dichtung hervorbringen, wenn Werke der Dichtung und Kunst in ästhetischer Erfahrung verarbeitet werden, dann handelt es sich um die Weitergabe, Erzeugung und Vermittlung kultureller Werke. Nach Herrmann Kollers Auffassung haben Vorstellung und Begriff mimetischer Prozesse ihren Ausgangspunkt im Tanz und sind dadurch mit der performativen Seite griechischer Kultur verbunden.[18] Von dieser Annahme ausgehend arbeitet Koller neben «Nachahmung» auch «Darstellung» und «Ausdruck» als ursprüngliche Aspekte mimetischer Prozesse heraus. Mit dem platonischen Gebrauch des Mimesisbegriffs im *Staat* gewinnt der Terminus an Bedeutung. Während er im dritten Buch in einer eher allgemeinen Bedeutung verwendet wird, wird er im zehnten Buch auf die Kunst eingeschränkt und damit abgewertet.

Im Unterschied zu Kollers Auffassung muss man heute jedoch davon ausgehen, dass der Begriff «Mimesis» aus Sizilien, der Heimat der Mimen, nach Griechenland gekommen ist. Die aufgrund sprachgeschichtlicher Analysen mögliche Differenzierung des Begriffs führt zu zwei Erkenntnissen.[19] Mimesis steht in keinem besonderen Zusammenhang mit Musik und Tanz, sondern eher mit «Mimos». Nicht Nachahmen bzw. eine Ähnlichkeit herstellen, sondern eine Posse aufführen, sich wie ein Mime verhalten, bedeutet die Tätigkeit des «Mimos». Sie verweist auf die Alltagskultur der einfachen Leute, aus der Szenen bei den Feiern der Reichen mit der Absicht vorgeführt wurden, diese zu unterhalten. Die hier entwickelten Inszenierungen und Aufführungen waren oft deftig und despektierlich. Auch nach dieser mit sprachlichen Zeugnissen vielfältig belegten Auffassung liegen die Anfänge des Mimesisbegriffs in kulturellen performativen Praktiken und haben eine ausgeprägt sinnliche, auf Körperbewegungen bezogene Seite. Im 5. Jahrhundert v. Chr. findet der Begriff «Mimesis» in Ionien und Attika größere Verbreitung. In der platonischen Zeit ist er zur Bezeichnung von Prozessen des «Nachahmens», «Nachstrebens» und «Nacheiferns» bereits gebräuchlich.[20]

Davon ausgehend, dass in Griechenland die Dichter für die Erziehung der nachwachsenden Generation eine große Rolle spielen, untersucht Platon im dritten Buch des *Staates*, wie literarische Werke in mimetischen Prozessen ihre erziehende Wirkung entfalten. Nach Platons Auffassung sind es die in der Dichtung erzeugten Figuren und Handlungen, die sich in mimetischen Prozessen in das Imaginäre der jungen Menschen einschreiben. Diese Bilder sind so mächtig, dass sich diese ihrer Wirkung nicht widersetzen können. Deshalb müssen die Erzählungen und Bilder ausgewählt werden, die sich in der Vorstellungswelt der jungen Menschen festsetzen sollen. Andere Inhalte hingegen müssen von der nachwachsenden Generation fern gehalten werden. In der *polis* soll deshalb eine den Zielen der Erziehung förderliche Auswahl der Erzählungen der Dichter erfolgen. Durch sie werden die mimetischen Prozesse kontrolliert, die die Vorstellungswelt der jungen Menschen bilden. Was nicht den Zielen der Erziehung dient, soll ausgeschlossen werden. Dies gilt z. B. für die literarischen Werke, in denen von Unzulänglichkeiten der Götter und Helden berichtet wird. Nur solche literarischen Inhalte sollen den jungen Menschen dargeboten werden, durch deren mimetische Vermittlung sie lernen können, was sie zur Erfüllung ihrer Aufgaben in der *polis* benötigen.

Nach Platons Auffassung produzieren Maler und Dichter nicht wie Handwerker Gebrauchsgegenstände; sie bringen lediglich die *Erscheinungen* von Dingen hervor. Malerei und Dichtung sind nicht auf die künstlerische Darstellung der Dinge begrenzt, sondern auf deren künstlerische Darstellung so, wie sie erscheinen. Ziel ist nicht die Darstellung der Realität oder der Wahrheit, sondern die künstlerische Darstellung von Erscheinungen in ihrem Erscheinen. Daher können Malerei und mimetische Dichtung prinzipiell alles Sichtbare zur Erscheinung bringen.[21] Hierbei handelt es sich um die Bilder und Illusionen schaffende Mimesis, bei der die Differenz zwischen Modell und Abbild unwichtig wird. Ziel ist nicht die wahre Nachbildung bzw. Ähnlichkeit, sondern der *Schein des Erscheinenden*.[22] Kunst und *Ästhetik* werden als eigener Bereich konstituiert, in dem der Künstler bzw. Dichter der Meister ist. Dieser hat zwar in Platons Sicht nicht die Fähigkeit, Seiendes zu produzieren, ist dafür jedoch frei vom Wahrheitsanspruch, dem sich die Philosophie zu stellen hat. Somit wird dem ästhetischen Bereich eine gewisse Unabhängigkeit zugeschrieben von den Belangen der Philosophie, ihrer Wahrheits- und Erkenntnissuche, ihrem Bemühen um das Gute und Schöne. Der dafür zu entrichtende Preis ist der Ausschluss aus dem Idealstaat, der den seinen Zielen nicht unterworfenen Charakter von Kunst und Dichtung nicht akzeptieren will.

Auch für Aristoteles ist Kunst Mimesis. Vor allem die Musik ist Nachahmung des Ethos; im Unterschied zu Malerei und Plastik, die sichtbare Linien gestalten, schafft die Musik eine spürbare innere Bewegung und hat ethische Wirkungen. Im Mittelpunkt der *Poetik* steht die *Tragödie* als Mimesis handelnder Menschen. In der Tragödie wird nichts zur Darstellung gebracht, was bereits stattgefunden hat. Denn ihre Themen und Handlungskonzepte münden im Mythischen, über das Wirklichkeitsaussagen unsinnig wären. Die Handlung der Tragödie soll so aufgeführt werden, dass der Zuschauer in einem mimetischen Prozess das «Schauererregende» und das «Jammervolle» erlebt, eine kathartische Erfahrung macht und dadurch in seinem Charakter gestärkt wird.[23]

Nach Aristoteles schaffen mimetische Handlungen keine Kopie des Wirklichen, bei der der Unterschied zwischen Vorbild und Nachbild verschwinden soll. Mimetische Prozesse führen zur gleichzeitigen Nachahmung und Veränderung; sie zielen auf eine «Verschönerung» und «Verbesserung», eine «gestaltende Nachahmung». Homers Achill-Darstellung ist dafür ein Beispiel. Hier wird Achill zwar auch als ein jähzorniger, leichtsinniger Mann dargestellt, doch tritt er insgesamt als ein überragender Held in Erscheinung. In der Dichtung führt der mimetische Prozess zur Gestaltung des Möglichen und des Allgemeinen; dadurch kommt ein neues Element im Nachahmungsprozess hinzu, das im bloßen Abbildungsprozess nicht enthalten ist.

Die kulturellen Werke von Dichtung, Malerei und Musik entstehen dadurch, dass in mimetischen Prozessen die Natur nachgeahmt wird. Um zu begreifen, wie durch die Nachahmung der Natur Kultur entsteht, gilt es, sich klar zu machen, was unter Natur verstanden wird. Im Unterschied zu dem die Natur auf ein Objekt reduzierenden Naturbegriff des 19. und 20. Jahrhunderts bezeichnet bei Aristoteles *physis* die Natur mit der ihr innewohnenden Kraft, Leben zu erzeugen – die belebte Natur. Wenn nun im mimetischen Prozess Dichtung, Malerei und Musik diese Natur nachahmen sollen, so handelt es sich dabei nicht um die Herstellung einer bloßen Reproduktion oder um die «naturalistische» Wiedergabe von etwas. Geht man von der Vorstellung einer «belebten Natur» aus, in der ein geistiges Prinzip wirksam ist, so hat Naturnachahmung eine andere Bedeutung. Dichtung, Kunst und Musik müssen die kreative Kraft der Natur nachahmen. Mit dieser Vorstellung verliert der Nachahmungsaspekt im engeren Sinn seine Bedeutung; stattdessen soll etwas zur Darstellung gebracht werden, von dem der Dichter bzw. Maler ein Bild in sich hat, unabhängig von der Frage, wie weit dieses irgendwelchen in der Welt gegebenen Dingen oder Personen entspricht. Nachahmen bedeutet nun nicht die Herstellung eines Abbildes, sondern die Herstellung eines Bildes, das zwar auf ein Vorbild bezogen ist, dieses jedoch nicht einfach verdoppelt.

Die mimetischen Prozesse zielen auf die Ausgestaltung eines inneren, dem Dichter bzw. Maler vor Augen stehenden Bildes. Im künstlerischen Gestaltungsprozess entsteht dabei etwas Neues. Der die Gestaltung leitende Entwurf löst sich mehr und mehr in das Bild, das Drama oder das Musikstück hinein auf, das in einem anderen Medium als der imaginierte Entwurf entsteht. Dabei kommt es zu Veränderungen, Auslassungen, Ergänzungen und dergleichen, sodass Ähnlichkeit nur noch in begrenztem Maß gegeben ist. Oft sind die Vorbilder unbekannt, auf die sich die Bilder und Entwürfe der Maler und Dichter beziehen; denn entweder gab es sie nie, oder sie sind nicht mehr erhalten. Im Zentrum des künstlerischen Prozesses steht das Bild, sei es, dass es Bezüge zu Vorbildern enthält oder dass es lediglich durch den künstlerischen Prozess in ein Kunstwerk überführt wird. In jedem Fall umfasst die Schaffung des Bildes die Transformation des Vorbildes.

Wie ist das Verhältnis von Vorbild und Abbild? Wird letzteres durch ersteres geschaffen? Oder wie muss das Verhältnis begriffen werden? Im Bezug auf die berühmte Zeusdarstellung des Phidias erhebt sich die Frage, ob und, wenn ja, wo es ein Vorbild für sie gegeben habe. Da es kein Vorbild für diese Darstellung gegeben haben kann, ist dieses Bild des *Zeus* neu. Es ist im künstlerischen Prozess selbst, in der Arbeit am Material entstanden. Wer die Statue sieht, erkennt das Bild, obwohl man das Vorbild «Zeus» nicht kennt, das vor dieser Darstellung auch nicht existiert hat. Aus dieser Situation lässt sich der Schluss ziehen, das Kunstwerk sei «ein Bild auf der Suche nach einem Vorbild», das geschaffen wird, «um in dem Geiste der Menschen ein Vor-Bild zu finden und so seine Bestimmung zu erfüllen, Bild zu werden».[24] Dieses Bild ist nicht eindeutig; es ist keine Antwort, sondern eher eine Frage, die das Kunstwerk an den Rezipienten stellt und die dieser unterschiedlich beantworten kann. Durch die im Kunstwerk implizite Struktur werden Bilder, Sinnzusammenhänge und Deutungen erzeugt, die erst die Komplexität und Materialität des Kunstwerks ausmachen.

In dieser Perspektive entstehen Kunst und Literatur erst im Zusammenwirken von Werk und Rezipienten.[25] Damit verlagert sich das mimetische Verhältnis. Das Kunstwerk wird nicht mehr als Nachahmung eines Vorbildes begriffen. Der (entscheidende) Nachahmungsprozess findet zwischen Kunstwerk und Rezipienten statt. Als Moment mimetischen Verhaltens gewinnt die ästhetische Erfahrung eine zentrale Bedeutung. Das Kunstwerk enthält zwar bestimmte Inhalte und Formen, Sinnbezüge und Aussagen; jedoch gewinnen diese erst in der «ästhetischen Erfahrung» ihre Lebendigkeit. In der Ästhetik der Moderne verliert der Mimesisbegriff an Bedeutung. Die Vorstellung von der originären Kreativität des Menschen kollidiert mit einem auf Nachahmung *(imitatio)* reduzierten Mimesisverständnis und führt zu einer Abwertung des Begriffs.[26]

Neben der Bedeutung mimetischer Prozesse für Erziehung und Bildung, die Erzeugung und Vermittlung von Dichtung, Kunst und Musik sowie für den Erwerb praktischen sozialen Wissens, der im folgenden Abschnitt dargestellt wird, sind mimetische Prozesse in der Konstitution und Destruktion von Gesellschaften von Anfang an wirksam. Sie durchdringen die gesellschaftlichen Hierarchien und Ordnungen und zeigen dabei ihre ambivalenten Wirkungen. Sie tragen dazu bei, soziale Ordnungen aufzubauen; zugleich gefährden sie sie und wirken auf ihre Zerstörung hin. Einerseits lassen sie sich auffangen und kanalisieren, andererseits drohen sie, wie bei der Entstehung von Massen, Gewalt auszulösen und unkontrollierbar zu werden.

Die Erkenntnis des «Ansteckungscharakters» mimetischer Prozesse ist der Ausgangspunkt einer wichtigen Theorie der Entstehung gesellschaftlicher Gewalt.[27] Die mimetische Aneignung von Einstellungen und Handlungsformen schafft zwischen den nachgeahmten und den nachahmenden Menschen Konkurrenz und Rivalität, die zum Ausgangspunkt von Gewalthandlungen werden. Eine widersprüchliche Situation entsteht: Die vom Nachahmenden erstrebte Aneignung von Eigenschaften des Nachgeahmten verträgt sich nicht mit dem Wunsch beider, sich zu unterscheiden und ihre Einmaligkeit zu behaupten. Diese paradoxe Situation führt zu einer Verstärkung gesellschaftlicher Gewaltpotenziale.

Handlungen mit großer emotionaler Intensität scheinen in besonderem Maß mimetische Prozesse herauszufordern; der ansteckende Charakter des Lachens, der Liebe und der Gewalt ist sprichwörtlich. Nach Girards Auffassung werden in frühen Kulturen Gewalthandlungen mit Gewalthandlungen beantwortet. Dadurch entsteht ein *circulus vitiosus* der Gewalt, der Ausmaß und Intensität der Gewalthandlungen verstärkt. Nicht selten werde dadurch der Zusammenhalt der Gesellschaften gefährdet, die mithilfe von *Verboten* und *Ritualen* versuchen, der mimetisch intensivierten Gewalt Herr zu werden.

In mimetischen Krisen, in denen Gewalthandlungen ausbrechen, deren Eindämmung mithilfe von Verboten bzw. Ritualen nicht mehr gelingt, kann es zur rituellen Opferung eines «Sündenbocks» kommen, mit deren Hilfe die Krise beigelegt werden soll.[28] Ein potenzielles Opfer wird gemeinschaftlich ausgewählt und zum Sündenbock erklärt. Im Zusammenschluss der Gemeinschaft entwickelt sich eine «Gegenspielermimesis», d. h. eine Allianz gegen das zum Feind erklärte Opfer. Einmütig wird in der Regel jemand ausgesucht, der sich nicht verteidigen kann und dessen Tötung keine weiteren Gewalthandlungen nach sich zieht.

Zwar ist die Opferung selbst eine Gewalthandlung; doch wird von ihr erwartet, dass sie den mimetischen Zirkel der in der Gesellschaft vorhandenen Gewalthandlungen beendet. In der Gewalthandlung schließt sich die Gemeinschaft solidarisch gegen das Opfer zusammen: Dies gibt ihr dem Anschein nach die Möglichkeit, sich durch diese Handlung von der ihr selbst inhärenten Gewalt zu befreien.

Das Ende der Krise wird durch folgenden Umkehrmechanismus erreicht. Einmal wird das Opfer für die der Gesellschaft innewohnende Gewalt verantwortlich gemacht. Dadurch wird ihm eine Macht zugeschrieben, die es nicht hat; doch entlastet sich die Gesellschaft durch diese Zuschreibung von ihren eigenen Gewaltpotenzialen. Andererseits wird dem Opfer die Kraft der Versöhnung zugesprochen, die sich in der Gesellschaft nach dem Tod des Opfers einstellt. In beiden Fällen handelt es sich um Zuschreibungen und Übertragungen, die sicherstellen sollen, dass das Opfer zu den erwarteten Ergebnissen führt. Die Rückkehr zur Ruhe wird als Beweis dafür gedeutet, dass das Opfer für die *mimetische Krise* verantwortlich war. Natürlich ist diese Annahme eine Illusion. Nicht die Gesellschaft leidet unter der Aggression des Opfers, sondern das Opfer unter der Gewalt der Gesellschaft. Damit dieser Umkehrmechanismus funktioniert, dürfen beide Übertragungen auf das Opfer nicht als solche durchschaut werden. Wenn dies geschähe, besteht die Gefahr, dass das Opfer seine versöhnende, Befreiung bringende Kraft verliert.

Soziales Handeln und mimetisch erworbenes praktisches Wissen

Die Fähigkeit zu sozialem Handeln wird in kulturellen Lernprozessen mimetisch erworben. Zahlreiche Forschungen haben dies in den letzten Jahren ergeben.[29] Menschen entwickeln die von Kultur zu Kultur unterschiedlich ausgeprägten Fähigkeiten des Spielens, Tauschens von Gaben und rituellen Handelns in mimetischen Prozessen.[30] Um jeweils «richtig» handeln zu können, ist ein praktisches Wissen erforderlich, das über sinnliche, körperbezogene mimetische Lernprozesse in den entsprechenden Handlungsfeldern erworben wird. Auch die jeweiligen kulturellen Charakteristika sozialen Handelns lassen sich nur in mimetischen Annäherungen erfassen. Praktisches Wissen und soziale Handlungen sind stark historisch und kulturell geformt.[31]

In einer ersten Annäherung werden soziale Handlungen als mimetisch bezeichnet, *wenn sie als Bewegungen Bezug auf andere Bewegungen nehmen, wenn sie sich als körperliche Aufführungen oder Inszenierungen begreifen lassen und wenn sie eigenständige Handlungen sind, die aus sich heraus verstanden werden können und die auf andere Handlungen oder Welten Bezug nehmen.*[32] Nicht mimetisch sind damit Handlungen wie mentale Kalküle, Entscheidungen, reflexhaftes oder routiniertes Verhalten, aber auch einmalige Handlungen und Regelbrüche.

An einem Beispiel aus der Alltagkultur unserer Zeit soll der Zusammenhang zwischen sozialem Handeln, praktischem Wissen und mimetischem Wissenserwerb verdeutlicht werden.

Eine Frau hat Geburtstag; ihr Lebenspartner möchte ihr ein Geschenk machen. Er überlegt, was ihr denn gefiele. Zunächst fällt ihm wenig ein: Ein Gebrauchsgegenstand soll es nicht sein; den würde sie sich selbst kaufen. Den Gedanken an ein Fondue-Set, das sie ihm in einem Katalog gezeigt hatte, verwirft er ebenfalls: Eher als ein Geburtstagsgeschenk ist dies ein Geschenk für sie beide; für seine Lebenspartnerin zu wenig persönlich. Seine Gedanken kreisen um die Frage, was ihr gefiele und womit er ihr Freude machen könne. In einer Buchhandlung sucht er unter den Kunstbüchern und den gerade erschienenen Romanen; da fällt ihm ein, dass sie ihm im letzten Jahr einen Fotoband mit Bildern aus den Anfängen der Fotografie geschenkt hatte, also kann ein Buchgeschenk kaum das Richtige sein; in einem Antiquitätenladen ist er auf der Suche nach einem Kerzenhalter oder einer alten Lampe. Was er findet, gefällt ihm, doch noch immer ist er nicht zufrieden; dann sieht er einen Granatring. Er erinnert sich, wie sie ihm einmal von einem solchen Ring ihrer Großmutter erzählt hatte, den sie als kleines Mädchen zu ihrer großen Freude verschiedentlich hatte anstecken dürfen. Nun ist er sicher, das richtige Geschenk gefunden zu haben.

Am Morgen ihres Geburtstags: In einer mit Wasser gefüllten und mit Efeublättern begrünten Glasschale hat er leere Walnuss-Schalen mit kleinen Kerzen zum Schwimmen gebracht; daneben befinden sich eine Geburtstagtorte, ein großer Strauß Rosen, eine Flasche Champagner und als Überraschung der in einem großen Kasten verpackte Ring. Auf dem feierlich gedeckten Tisch steht das Frühstück; seine Frau wartet vor dem Zimmer, bis er alle Kerzen angezündet und die Champagnerflasche geöffnet hat. Er nimmt sie in den Arm; zärtliche Worte werden ausgetauscht; ihre Freude über diese Situation und das mit viel Liebe ausgesuchte Geschenk ist groß. Beide setzen sich; sie frühstücken – ein wenig länger als sonst; der Tag beginnt.

In dieser Szene erfahren wir, wie ein Mann ein Geburtstagsgeschenk sucht und nach einiger Mühe findet, wie er die Geschenkübergabe und die kleine morgendliche Geburtstagsfeier inszeniert und aufführt. Die Situation gelingt und bereitet viel Freude. Bereits bei der Suche nach dem Geschenk vermeidet der Mann Entscheidungen, die die Bedeutung des Geschenks für seine Frau verringert hätten. So wählt er weder ein nützliches noch ein «allgemeines» Geschenk; auch vermeidet er die Ähnlichkeit seines Geschenks mit einem, das seine Lebenspartnerin ihm vor kurzem gemacht hatte; nach längerer Suche findet er ein Geschenk, das allein in besonderem Maß für seine Lebenspartnerin geeignet ist und ihr wie keinem anderen Menschen gefallen müsste. Seine sensible Geschenkauswahl findet ihre Fortsetzung in der liebevollen Vorbereitung der morgendlichen Situation mit den zwischen Blättern schwimmenden Kerzen, den Rosen, dem Champagner, der Geburtstagstorte, dem verhüllten Geschenk, dem feierlich gedeckten Frühstückstisch, den zärtlichen Worten und der Umarmung.

Woher weiß der mit seiner Frau Geburtstag feiernde Mann, was er zu tun hat, um ihr seine Zuneigung zu zeigen und diese Situation zu einer Bestätigung der emotionalen Qualität ihres gemeinsamen Lebens zu machen? Keiner hat ihm Regeln vorgegeben, denen er beim Schenken und Feiern hätte folgen können. Und doch verfügt der Mann über ein Wissen darüber, worauf es bei der Auswahl des Geschenks und der Inszenierung seiner Überreichung ankommt. Woher weiß die Beschenkte, was das so ausgewählte Geschenk und die so arrangierte morgendliche Feier bedeuten und wie sie darauf zu reagieren hat, damit das Frühstück zu einer Feier ihrer Gemeinsamkeit wird? Auch ihr hat nie jemand Verhaltensregeln genannt. Und doch wissen beide, was «gespielt» wird, was sie zu tun und wie sie sich aufeinander zu beziehen haben, damit der Morgen zu einem Fest ihres gemeinsamen Lebens wird.

Solche Situationen gelingen nur, weil alle Beteiligten ein *praktisches Wissen* davon haben, was sie zu tun, wie sie sich aufeinander zu beziehen und wie sie sich aufzuführen haben. Ihr Handeln entsteht aus dem praktischen Wissen darüber, wie sie wann welche Situationen aufführen und wie sie mit ihren Inszenierungen den Erwartungen anderer Menschen entsprechen oder auch widersprechen können. Gelernt haben sie dies bei vielen Gelegenheiten des alltäglichen Lebens, in denen sie sinnlich erlebten, wie ihre Eltern Geburtstage für sie, ihre Geschwister, für einander ausrichteten. Sicherlich gab es in diesen Situationen keine zwischen Efeublättern schwimmenden Kerzen, auch keine Überlegungen, die zum Kauf eines Granatrings geführt hätten. Doch es gab andere Inszenierungen mit der Suche nach Freude machenden Geschenken, der liebevollen Fürsorge für den Gefeierten, dem Glück eines gemeinsamen Lebens. Es waren andere Aufführungen von Geburtstagen, bei denen z. B. die Geschwister ihre Zuneigung in neckend-aggressiven Bemerkungen zum Ausdruck brachten, bei denen Geburtstagslieder gesungen und Geschenke auf ausgesprochene Wünsche bezogen wurden. Trotz solcher Unterschiede ähneln sich Geburtstagsfeiern in einer Reihe von Merkmalen. In mimetischen Prozessen entstehen bei den Beteiligten innere Bilder, Gefühle, performative Sequenzen, die als Material dienen, Ausdruck und Darstellung des Schenkens bzw. Geschenk-Empfangens, des Feierns bzw. des Gefeiert-Werdens in ähnlichen Situationen zu gestalten.

Überall, wo jemand mit Bezug auf eine schon bestehende soziale Praxis handelt und dabei selbst eine soziale Praxis herstellt, entsteht ein mimetisches Verhältnis zwischen beiden; beispielsweise, wenn man wie in dem Geschenkbeispiel eine soziale Praxis aufführt, wenn man nach einem sozialen Modell handelt, wenn man eine soziale Vorstellung körperlich ausdrückt. Dabei handelt es sich – wie wir gesehen haben – nicht einfach um imitatorische Handlungen. Mimetische Handlungen sind nicht bloße Reproduktionen, die exakt einem Vor-Bild folgen. In mimetisch vollzogenen sozialen Praxen kommt es zur Erzeugung von etwas Eigenem.

Im Unterschied zu den Prozessen der Mimikry, in denen eine bloße Anpassung an vorgegebene Bedingungen vollzogen wird, erzeugen mimetische Prozesse – wie auch an dem Geschenkbeispiel ersichtlich – gleichzeitig Ähnlichkeit *und* Differenz zu anderen Situationen oder Menschen, auf die sie sich beziehen. Durch die «Anähnlichung» an früher erfahrene Situationen und kulturell geprägte Welten erwerben Subjekte die Fähigkeit, sich in einem sozialen Feld zu orientieren. Durch die Teilnahme an der Lebenspraxis anderer Menschen weiten sie ihre Lebenswelt aus und schaffen sich neue Handlungs- und Erfahrungsmöglichkeiten. Dabei überlagern sich Rezeptivität und Aktivität; in diesem Prozess verschränkt sich die vorgegebene Welt mit der Individualität derer, die sich auf sie mimetisch beziehen. Die Menschen schaffen die früher erfahrene Situation bzw. die Welt außerhalb ihrer noch einmal und machen sie in der Verdopplung zu ihrer eigenen. Erst in der Auseinandersetzung mit der früheren Situation bzw. der äußeren Welt gewinnen sie ihre Individualität. Erst in diesem Prozess formt sich der nicht festgestellte Antriebsüberschuss der Menschen zu individuellen Wünschen und Bedürfnissen. Die Auseinandersetzung mit dem Außen und die Selbstbildung entstehen in demselben System. Äußere und innere Welt gleichen sich kontinuierlich an und werden nur in der Wechselbeziehung erfahrbar. Ähnlichkeiten und Korrespondenzen zwischen Innerem und Äußerem entstehen. Die Menschen machen sich der Außenwelt ähnlich und ändern sich in diesem Prozess; in dieser Transformation wandeln sich ihre Wahrnehmung des Äußeren und ihre Selbstwahrnehmung.

Mimetische Prozesse führen dazu, Ähnlichkeiten zu empfinden und

Korrespondenzen zur sozialen Umwelt herzustellen. Indem Menschen diese erleben, erfahren sie Sinn. Ähnlichkeiten zu erzeugen gehört zu den frühen menschlichen Fähigkeiten. Offensichtlich sind sie bei Phänomenen, die in sinnlicher Hinsicht miteinander korrespondieren. Sie können zwischen zwei Gesichtern auftreten oder in Prozessen erscheinen, in denen ein Mensch die Handlungen eines anderen nachahmt. Auch zwischen Lebendem und Unbelebtem lassen sich Formen der Ähnlichkeit entdecken. Der menschliche Körper dient dazu, Ähnlichkeiten herzustellen und auszudrücken. Tanz und Sprache sind dafür augenfällige Beispiele. Weder im Tanz noch in der Sprache sind Darstellung und Ausdruck, Aufführung und Verhalten verschieden. Sie bilden zwei Aspekte, die in der Mimesis nicht auseinander fallen, sondern in einem Akt verschränkt sind.

Der Erwerb praktischen Wissens in mimetischen Prozessen muss nicht auf Ähnlichkeit beruhen. Wenn in einer Bezugnahme auf eine vorgängige Welt sozialer Handlungen bzw. performativer Aufführungen mimetisches Wissen erworben wird, dann lässt sich erst in einem Vergleich der beiden Welten bestimmen, welches der Gesichtspunkt der mimetischen Bezugnahme ist. Ähnlichkeit ist ein allerdings häufiger Anlass für den mimetischen Impuls. Doch auch die Herstellung eines magischen Kontakts kann zum Ausgangspunkt der mimetischen Handlung werden.[33] Selbst für die Abgrenzung des Handelns von vorhandenen sozialen Praxen ist eine mimetische Bezugnahme erforderlich. Sie erst erzeugt die Möglichkeit von Akzeptanz, Differenz oder Ablehnung vorgängiger sozialer Handlungen.

In mimetischen Lernprozessen werden vorgängige soziale Handlungen noch einmal begangen. Dabei wird die Bezugnahme nicht vom theoretischen Denken, sondern mithilfe der Sinne aisthetisch hergestellt; verglichen mit der ersten sozialen Handlung entfernt sich die zweite Handlung von dieser insofern, als sie sich mit ihr nicht direkt auseinander setzt, sie nicht verändert, sondern sie wiederholt; dabei hat die mimetische Handlung einen zeigenden und darstellenden Charakter; ihre Aufführung erzeugt wiederum eigene ästhetische Qualitäten. Mimetische Prozesse beziehen sich auf von Menschen bereits hergestellte soziale Welten, die entweder als wirklich gegeben oder imaginär sind.

Der dynamische Charakter sozialer Handlungen hängt damit zusammen, dass das für ihre Inszenierung erforderliche Wissen ein praktisches Wissen ist. Als solches unterliegt es in geringerem Maß als analytisches Wissen rationaler Kontrolle. Dies ist auch deshalb der Fall, weil praktisches rituelles Wissen kein reflexives, seiner selbst bewusstes Wissen ist. Dazu wird es erst im Zusammenhang mit Konflikten und Krisen, in denen die aus ihm entstehenden Handlungen einer Begründung bedürfen. Wird die soziale Praxis nicht infrage gestellt, bleibt das praktische Wissen gleichsam halbbewusst.[34] Wie das Habitus-Wissen umfasst es Bilder, Schemata, Handlungsformen, die für die szenische körperliche Aufführung sozialer Handlungen verwendet werden, ohne dass sie auf ihre Angemessenheit hin reflektiert werden. Sie werden einfach gewusst und für die Inszenierung der sozialen Praxis herangezogen.[35]

Die residuale Instinktausstattung, der Hiatus zwischen Reiz und Reaktion sowie die «Exzentrizität» sind Voraussetzungen[36] der außerordentlichen Plastizität der Menschen und der damit verbundenen Möglichkeiten, in mimetischen Prozessen ein praktisches Wissen zu erwerben, mit dessen Hilfe soziales Handeln entworfen, inszeniert und aufgeführt werden kann. Zu diesem praktischen Wissen gehören auch die Körperbewegungen, mit deren Hilfe Szenen sozialen Handelns arrangiert werden. Mittels der Disziplinierung und Kontrolle von Körperbewegungen entsteht ein diszipliniertes und kontrolliertes praktisches Wissen, das – im Körpergedächtnis aufbewahrt – die Inszenierung entsprechender Formen symbolisch-szenischen Handelns ermöglicht. Dieses praktische Wissen ist auf die in einer Kultur herausgebildeten sozialen Handlungs- und Aufführungsformen bezogen und daher ein zwar ausgeprägtes, in seinen historisch-kulturellen Möglichkeiten jedoch auch begrenztes Wissen.

In mimetischen Prozessen vollzieht sich eine nachahmende Veränderung und Gestaltung vorausgehender Welten. Hierin liegt das innovative Moment mimetischer Akte.[37] Mimetisch sind soziale Praxen, wenn sie auf andere Handlungen Bezug nehmen und selbst als soziale Arrangements begriffen werden können, die sowohl eigenständige soziale Praxen darstellen als auch einen Bezug zu anderen Handlungen haben. Soziale Handlungen werden durch die Entstehung praktischen Wissens im Verlauf mimetischer Prozesse möglich. Das für soziale Handlungen relevante praktische Wissen ist körperlich und ludisch sowie zugleich historisch und kulturell; es bildet sich in *face-to-face*-Situationen und ist semantisch nicht eindeutig; es hat imaginäre Komponenten, lässt sich nicht auf Intentionalität reduzieren, enthält einen Bedeutungsüberschuss und zeigt sich in den sozialen Inszenierungen und Aufführungen von Religion, Politik und alltäglichem Leben.

8. Theorien und Praktiken des Performativen

Der eng mit dem menschlichen Körper verbundene Inszenierungs- und Aufführungscharakter des Handelns, Sprechens und Verhaltens wird als performativ bezeichnet. Damit wird eine andere Sicht auf das menschliche Handeln gewählt, als wenn die symbolischen Strukturen des Handelns analog zu Texten gelesen und hermeneutisch erschlossen werden. Mit der Fokussierung des Inszenierungs- und Aufführungscharakters wird eine ergänzende Perspektive auf die Welt kulturellen Handelns und Verhaltens entwickelt. Danach besteht zwischen der Inszenierung und Aufführung menschlichen Verhaltens und seiner Interpretation ein wesentlicher Unterschied. Im ersten Fall findet eine Handlung statt, für deren Vollzug es einer Kompetenz und ihrer Aktualisierung in der Handlung bedarf. Im zweiten Fall findet die Interpretation der Handlung nach ihrer Durchführung statt; dafür sind eher hermeneutische Fähigkeiten erforderlich. Zur Durchführung von Handlungen bedarf es eines praktischen, zu ihrer Interpretation eines hermeneutischen Wissens. Bei der Fokussierung der Performativität besteht eine Schwierigkeit darin, den Inszenierungs- und Aufführungscharakter sozialen und ästhetischen Handelns an der Stelle herauszuarbeiten, an der er im praktischen, dem analytischen Zugriff nur teilweise zugänglichen Wissen seinen Ausgangspunkt hat.

Für die Entwicklung des Konzepts der Performativität sind drei Aspekte wichtig. Der eine wurde in der Kulturanthropologie entwickelt; er bezieht sich auf unterschiedliche Formen *kultureller Aufführungen* (Milton Singer). Der zweite Aspekt wurde in der Sprachphilosophie herausgearbeitet, in der von *performativen Äußerungen* die Rede ist (John L. Austin). Der dritte Aspekt verweist auf die ästhetische Seite, die *Performance-Kunst*. In ihrem Mittelpunkt steht die Inszenierung und Aufführung des Körpers, seiner Darstellungs- und Ausdrucksmöglichkeit. In diesen ästhetischen Aufführungen ist die im Theater übliche Bindung der Handlung an einen Text aufgelöst; dadurch entstehen ganz neue Möglichkeiten der Inszenierung und Aufführung des Körpers. Performativität wird als abgeleiteter, diese Zusammenhänge übergreifend bezeichnender Begriff verwendet, der sich bestimmen lässt als die *Verschränkung von kultureller Aufführung, Sprechen als Handeln und (ästhetischer) Inszenierung und Aufführung des Körpers.*

Menschliches Handeln erzeugt *kulturelle Aufführungen,* zu denen u. a. gehören «besondere Fälle kultureller Organisation, z. B. Hochzeiten, Tempelfeste, Rezitationen, Tanzaufführungen, Konzerte usw.»[1] Nach Milton Singers Auffassung bringt eine Kultur in solchen Aufführungen ihr Selbstbild vor ihren Mitgliedern und vor Fremden zum Ausdruck und zur Darstellung. «Für den Außenseiter können diese [Aufführungen] bequemerweise als die greifbarsten beobachtbaren Einheiten der kulturellen Struktur gelten, denn jede Performanz hat eine begrenzte Zeitdauer, einen Anfang, einen bestimmten Platz und einen Anlass.»[2] Ohne den Begriff zu verwässern, ist er auch auf Alltagshandlungen anwendbar. In diesem Fall versteht man unter «kultureller Aufführung» Körperlichkeit, Inszenierung und Ereignis-Charakter sozialer Handlungen. Soziales und kulturelles Handeln ist mehr als die Verwirklichung von Intentionen. Dieses *Mehr* hängt mit der Art und Weise zusammen, in der Menschen ihre Intentionen durch Inszenierung und Aufführung verwirklichen. Die Ursachen für den *modus operandi* dieser Verwirklichung liegen in den historischen und kulturellen Rahmenbedingungen, in den mit der Individualität der Handelnden verbundenen Merkmalen und im Ereignischarakter sozialen Handelns.

Performativ sind sprachliche Äußerungen, die zugleich Handlungen sind. Um performative Äußerungen von anderen zu unterscheiden, lassen sich zunächst vier Merkmale identifizieren.[3] Das erste gibt den *selbstreferenziellen* Charakter performativer Äußerungen an. Sie werden oft durch «hiermit» eingeleitet. Hier besteht die Handlung im Sprechen des Satzes, z. B. «Hiermit taufe ich dich auf den Namen ‹Bernhard›». Der *deklarative* Charakter ist das zweite Merkmal. Der erfolgreiche Vollzug eines Satzes reicht aus, um ihn Wirklichkeit werden zu lassen. Dies ist z. B. bei der Äußerung «The defendant is guilty» einer amerikanischen Jury der Fall, infolge deren der Angeklagte als schuldig gilt. Performative Äußerungen sind häufig mit *gesellschaftlichen Institutionen* verknüpft. Dies ist z. B. bei Eheschließungen, Vertragsabschlüssen oder Ernennungen der Fall. Schließlich bestehen performative Äußerungen aus *vorfabrizierten Äußerungen*, die einen wiederholenden oder stereotypen Charakter haben. Verwendet man den Begriff in einem weiteren Sinn, dann wird der performative Charakter von Sprache und damit das Verhältnis von Körper und Sprache generell zum Thema. In diesem Zusammenhang lassen sich Texte daraufhin untersuchen, wie sie ihre Performativität gestalten. Wie lässt sich das Verhältnis von Sprache und Körperinszenierung in einem Text bestimmen? Wie werden Gefühle[4], Lachausbrüche[5], Gesten[6] inszeniert und dargestellt? Wie unterscheiden sich literarische Gattungen im Hinblick auf ihre Performativität etc.?

Der dritte Aspekt des Performativen bezieht sich auf die künstlerische Aufführung, die *performance*. Für diese sind drei unterschiedlich gestaltete Elemente konstitutiv.[7] Dazu gehören: die *Materialität* der Aufführung, die durch den Raum (Theater, Fabrik, öffentlicher Raum), die Körper der Aufführenden, ihre Bewegungen, die «Accessoires», Sprache, Musik etc. bestimmt wird; die *Medialität* der Aufführung mit der Bezugnahme auf die Zuschauer, die etwaige Verwendung von Bildern, Filmsegmenten oder Ausschnitten aus dem Bereich der *virtual reality*; die *Ästhetik* der Aufführung, die besonders durch den Ereignis-Charakter der Veranstaltung bestimmt wird.[8] Hier spielen ludische Elemente und spontane Handlungen sowie die fehlende Fixierung an ein Skript eine wichtige Rolle.

Wenn im Rahmen der Kulturwissenschaften von *Performativität* die Rede ist, dann werden die Aspekte der *kulturellen Aufführung*, der *Sprache als Handlung* und die *ästhetische Seite* der Inszenierung und Aufführung aufeinander bezogen. Dies geschieht z. B. bei der Untersuchung sozialen Verhaltens, der Erforschung von Ritualen sowie bei der Konstitution des Sozialen durch den performativen Charakter rituellen Handelns (vgl. Kapitel 9). Im Mittelpunkt steht hier der soziale und kulturell geprägte Körper und das in ihm verankerte, performative praktische Wissen; dieses «ist körperlich, ludisch, rituell und zugleich historisch, kulturell; performatives Wissen bildet sich in *face-to-face*-Situationen und ist semantisch nicht eindeutig; es ist ästhetisch und entsteht in mimetischen

Prozessen; performatives Wissen hat imaginäre Komponenten, enthält einen Bedeutungsüberschuss und lässt sich nicht auf Intentionalität reduzieren; es artikuliert sich in Inszenierungen und Aufführungen des alltäglichen Lebens, der Literatur und der Kunst».[9]

Die Etymologie des Worts verweist auf das lateinische «forma», welches «Form», «Gestalt», «Erscheinung», «Charakter» bedeutet; das dazugehörende Verbum hat die Bedeutung von «gestalten», «darstellen», «bilden». In etymologischer Hinsicht verweist der Begriff der Performativität auf den mit der Erscheinung eines Menschen verbundenen Prozess der Darstellung des Körpers in seiner Gestalt und Prägung. Performativität bezieht sich also auch in etymologischer Hinsicht auf die Inszenierung und Aufführung des Körpers. Jeder seiner Darstellungen liegt eine Inszenierung zugrunde, unabhängig davon, ob sie bewusst oder unbewusst erfolgt. Performativität verweist auf die Möglichkeit der Menschen, eine «exzentrische Position» (Plessner) einzunehmen, also nicht nur in ihrem Körper zu sein, sondern ihn zu haben. Wir müssen uns entwerfen und uns in unterschiedlichen Inszenierungen aufführen. Um uns wahrnehmen, begreifen und verstehen zu können, inszenieren wir uns; in diesen Inszenierungen und ihren Wirkungen auf andere Menschen sowie deren Reaktionen auf unsere Handlungen erfahren wir uns. Aufgrund der mit dem menschlichen Körper verbundenen Plastizität ist das Spektrum möglicher Inszenierungen und Aufführungen groß. Ein Blick in die Geschichte und in andere Kulturen macht dies deutlich. Die Variationsbreite des Performativen in den verschiedenen menschlichen Lebens- und Tätigkeitsfeldern ist eng mit Fragen der sozialen Differenzierung zwischen den Geschlechtern, Generationen und gesellschaftlichen Schichten verbunden. Wer wann was wie inszenieren und aufführen kann, ist wesentlich eine Frage der Macht.

Selbst Literatur, Kunst, Theater und Musik sind nicht frei davon; allerdings handelt es sich in diesen Feldern vor allem um die Inszenierung und Wirkung symbolischer und kultureller Macht. In diesen Bereichen werden Möglichkeiten performativen Verhaltens inszeniert. Wenn man als Leser, Betrachter oder Zuhörer an diesen teilhat, findet eine Erweiterung der eigenen performativen Möglichkeiten statt, die in der Regel mit Lust verbunden ist. An anderer Stelle wurden diese Prozesse als mimetisch beschrieben. In mimetischen Prozessen wird gleichsam ein Abdruck von den Inszenierungen und Aufführungen, dem performativen Arrangement genommen, in der Vorstellungs- und Bilderwelt verinnerlicht und in der Folge verkörpert. Dabei geschieht bereits eine Veränderung der Performanz in der Vorstellungswelt des Lesers, Betrachters oder Hörers. In Kunst und Kultur enthält jede Wiederholung Momente der Neugestaltung. Diese können unterschiedlich stark sein und von geringen Abweichungen bis zu weitgehenden Neuschöpfungen reichen.

Diese Komponente des mimetischen Prozesses, in dem die Veränderung und Neugestaltung im Mittelpunkt steht, kann man als Performanz bezeichnen. Vor allem in offenen Gesellschaften verändert sich das Verhältnis von Wiederholung und Innovation stark zugunsten letzterer. Deswegen ist es nach Wolfgang Isers Auffassung sinnvoll, für diese Seite der Neugestaltung den Begriff der Performanz zu verwenden.[10] Theodor Adorno[11], Paul Ricœur[12] oder Gunter Gebauer und Christoph Wulf[13] sehen hingegen gerade in der nicht auflösbaren Gleichzeitigkeit zwischen der Bezugnahme auf eine vorgängige Welt und der Neugestaltung dieser Bezugnahme das Besondere mimetischer Prozesse. So hat Ricœur vorgeschlagen, zwischen präfigurativen, konfigurativen und transfigurativen Prozessen oder einfach zwischen Mimesis 1, Mimesis 2 und Mimesis 3 zu unterscheiden. Von Aristoteles ausgehend, der Dichtung als Mimesis von Handlung begreift, steht bei Mimesis 1 die Bezugnahme von Dichtern, Künstlern und Musikern auf die außer-künstlerische Welt im Mittelpunkt, bei Mimesis 2 die künstlerische Gestaltung und bei Mimesis 3 die Verarbeitung des künstlerischen Werks durch den Leser, Betrachter, Zuschauer oder Zuhörer. Gerade mit der Unterscheidung zwischen präfigurativen, konfigurativen und transfigurativen Prozessen hat Ricœur an der Einheit des mimetischen Prozesses festgehalten. Aus seiner Sicht wäre Performanz eher eine Form der Artikulation mimetischer Prozesse. Auch nach Adornos *Ästhetischer Theorie* richtet sich der mimetische Prozess nicht auf die bloße Nachahmung von Bestehendem; vielmehr ist er Einspruch gegen diese und zielt auf die Erzeugung von noch nicht Existierendem. «Das Ansichsein, dem die Kunstwerke nachhängen, ist nicht Imitation eines Wirklichen, sondern Vorwegnahme eines Ansichseins, das noch gar nicht ist, eines Unbekannten …»[14] Auch hier ist es gerade das Charakteristische mimetischer Prozesse, dass sie, auf etwas

Bestehendes bezogen, Neues, noch nicht Existierendes hervorbringen. Auch in dieser Sicht wären Inszenierung und Aufführung integrale Bestandteile mimetischer Prozesse.

Inszenierungen bringen etwas zur Erscheinung, was nicht vergegenständlicht werden kann. In Literatur, Kunst, Theater und Musik zeigt sich die «inszenierte Unverfügbarkeit», «weil die Inszenierung das Paradox ermöglicht, das Sich-nicht-haben-Können als solches zu haben».[15] Inszenierung veranschaulicht «die ungeheure Plastizität des Menschen, der gerade deshalb, weil er keine bestimmte Natur zu haben scheint, sich zu einer unvordenklichen Gestaltenfülle seiner kulturellen Prägung zu vervielfältigen vermag. Das macht die Unmöglichkeit, sich gegenwärtig zu werden, zur Chance des Menschen. Sich nicht haben zu können bedeutet dann für den Menschen, sich durch seine Möglichkeiten auszuspielen, die gerade deshalb unbegrenzt sind, weil er durch sie nicht zu sich selbst findet.»[16] Man kann in dieser Struktur der Inszenierung einen anthropologischen Modus sehen, «der insoweit eine Gleichrangigkeit mit Wissen und Erfahrung beanspruchen kann, als er das gegenwärtigen läßt, was der Wißbarkeit und Erfahrbarkeit verschlossen bleibt»[17]. Im Rahmen Historischer Anthropologie wäre zu prüfen, inwieweit diese anthropologische Struktur auch für andere Zeiten und Kulturen Gültigkeit beanspruchen kann.

Inszenierung und Aufführung spielen nicht nur in den Künsten, sondern auch im sozialen und gesellschaftlichen Leben eine zentrale Rolle. Am Beispiel von Ritualen und Ritualisierungen wird dies deutlich, deren Inszenierungs- und Aufführungscharakter, deren Performativität die Bildung von Gemeinschaften bewirkt (vgl. Kapitel 9).[18] In Ritualen wird sichtbar, wie sehr ihre Inszenierung und Aufführung mit gesellschaftlichen Hierarchien und Machtfragen verbunden sind. Deshalb werden in vielen von ihnen Differenzen bearbeitet und Machtfragen geordnet.[19] In Ritualen sind der Aspekt der körperlich-kulturellen Aufführung, der sprachlich-symbolische und der ästhetische Aspekt miteinander verschränkt. Historische und kulturvergleichende Analysen zeigen, in welch vielfältiger Weise Rituale inszeniert und aufgeführt werden können.[20] Nicht nur für rituelle Arrangements, sondern generell für Inszenierungen und Aufführungen menschlichen Verhaltens gilt: Die Grenzen der Inszenierungsmöglichkeiten liegen in den Konstitutionsbedingungen des Körpers; und selbst in diesen sind heute Veränderungen möglich, die die Grenzen des Möglichen hinausschieben.[21]

Nach dem *linguistic turn* und dem *iconic turn* der 70er und 90er Jahre des vorigen Jahrhunderts, in denen die Sprach- und Bildgebundenheit kulturellen Handelns und Erkennens deutlich wurde, zeichnet sich um die Jahrhundertwende ein *performative turn* in den Kulturwissenschaften ab, in dessen Perspektive kulturelles Handeln als Inszenierung und Aufführung betrachtet wird. Alle drei «turns» sind Wendungen zu einer *anthropologischen Betrachtungsweise*. Im ersten Fall geht es um die Sprachabhängigkeit menschlicher Interaktion und Erkenntnis, im zweiten um die Kultur konstituierende Rolle des Imaginären und im dritten um die Form und Struktur eines die Körperlichkeit fokussierenden menschlichen Handelns. Im Rahmen der *performativen Wendung*[22], der *ikonischen Wendung*[23] und der *linguistischen Wendung*[24] erfolgt eine Orientierung an den Prinzipien Historischer Anthropologie. Darüber hinaus wird in vielen Forschungen zur Performativität ausdrücklich der Versuch gemacht, die durch die beiden anderen «Wendungen» gewonnenen Perspektiven in die Arbeit einzubeziehen. Dies ist auch deshalb möglich, weil die beiden Aspekte der Performativität, die «performative Äußerung» und die «ästhetische Aufführung», auf die performative Seite der Sprache und der Bilder unmittelbar Bezug nehmen.[25]

Mit der Fokussierung der Performativität in den Kulturwissenschaften ergeben sich eine Reihe methodischer Konsequenzen. Einmal müssen Texte unter der Perspektive des Performativen untersucht werden. Dies kann in unterschiedlicher Weise geschehen; es kommt jedoch darauf an, die inszenierende und aufführende Seite, den Handlungscharakter der Texte herauszuarbeiten. Wenn Bilder herangezogen werden, dann zielt der Umgang mit ihnen ebenfalls auf die Herausarbeitung ihrer performativen Seite. Für die sozialwissenschaftliche Erforschung performativer Prozesse bieten ethnographische bzw. qualitative Methoden gute Möglichkeiten: Teilnehmende Beobachtung, Fotografien, Audio- und Videoaufzeichnungen sowie Einzel- und Gruppeninterviews sind besonders geeignet, die performative Dimension der sozialen, der sprachlichen und der ästhetischen Aufführungen des Körpers zu beschreiben und zu interpretieren.[26]

An den Beispielen von *Wahrnehmung, Medien* und *gender-Konsti-*

tution soll die Bedeutung des Performativen als Perspektive historisch-anthropologischer, kulturwissenschaftlicher Forschung verdeutlicht werden.[27]

Wahrnehmung

Vor dem Hintergrund phänomenologischer Untersuchungen, die den chiastischen Charakter der Wahrnehmung herausgearbeitet haben, wird Wahrnehmung als ein performativer Prozess begriffen, der sich als ein Oszillieren zwischen dem Wahrnehmenden und dem Wahrgenommenen beschreiben lässt. In diesem Prozess wird das Sinnliche begriffen als «nichts anderes als eine je bestimmte Weise des Zur-Welt-Seins, die sich von einem Punkte des Raumes her uns anbietet und die unser Leib annimmt und übernimmt, wenn er dessen fähig ist: Empfindung ist buchstäblich eine Kommunion»[28]. Die Zweipoligkeit der oszillierenden Bewegung des Wahrnehmungsprozesses vollzieht sich in den beiden Aspekten der Teilhabe und der Distanz, erfolgt rhythmisch und ist raumabhängig. Zu ihrem Verständnis werden die körperliche, die mediale und die historische Dimension wichtig. Für die körperliche Dimension ist die von Maurice Merleau-Ponty herausgearbeitete chiastische Struktur zentral, in der sich Dinge und Mensch wechselseitig ansehen und es in einer «Zwischenleiblichkeit» zu einer Verschränkung von Ich und Welt kommt. Legt man einen erweiterten Medienbegriff zugrunde, dann spielen die mediale Verfasstheit der Wahrnehmung und die dadurch erzeugten Unterschiede eine wichtige Rolle. Im Sinne Historischer Anthropologie sind Wahrnehmungsprozesse geschichtlich und kulturell verfasst.

Wie bereits Maurice Merleau-Ponty[29], Bernhard Waldenfels[30] und Gernot Boehme[31] deutlich gemacht haben, hat der Raum, der nicht passiv ist, sondern sich in Bezug auf körperliche Bewegungen verändert, für die Wahrnehmung eine zentrale Funktion. Michel de Certeau hat dies in Bezug auf das Gehen verdeutlicht, in dessen Verlauf der Raum erst zum Raum wird.[32] In einer solchen Perspektive entsteht ein *performativer Raumbegriff*.[33] Das Gehen lässt sich als eine Form taktiler Wahrnehmung begreifen. Wie die Anthropologie und die Wahrnehmungspsychologie gezeigt haben, basiert das räumliche Sehen auf dem Ertasten der Formen, Ausdehnungen und Lagen von Körpern. «Ein solches übergreifendes Wahrnehmungskonzept lässt sich sinnvoll als Wahrnehmungszyklus *(perception cycle)* beschreiben. Der Wahrnehmungszyklus ist dadurch gekennzeichnet, dass er alle Sinne einbezieht und aus dem Zusammenspiel von Wahrnehmung und Bewegung hervorgeht. Der Zyklus als ein nicht in einzelne Etappen aufzuteilender Prozess weist zusätzlich darauf hin, dass in jede aktuelle Wahrnehmung vergangene Erfahrungen einfließen und jede aktuelle Wahrnehmung zugleich vorwegnimmt, antizipatorischen Charakters ist. Für einen performativen Raumbegriff erscheint eine kinästhetische, multisensorische und transtemporale Wahrnehmung als Handlungsvollzug damit gleichermaßen zentral.»[34] Dieser performative Raum ist ein anthropologischer Raum. Als solcher erzeugt er historisch und kulturell spezifische Wahrnehmungsinszenierungen und Wahrnehmungsaufführungen; zugleich wird er von den jeweiligen historischen Subjekten als kultureller Raum erzeugt. Diese Struktur wechselseitiger Konstitution lässt sich am mittelalterlichen Kirchenraum, an Texträumen der Literatur, an den Bildräumen des Films und an den computergenerierten virtuellen Bildräumen verdeutlichen.[35]

Der mittelalterliche Kirchenraum ist mit den Erinnerungen der Christen durch Taufe, Messe, Eucharistie und Hochzeit auch heute noch ein Leben lang verbunden. Was gläubige Christen in den liturgischen Ritualen heute erleben, ist nach wie vor an den Kirchenraum gebunden, der diese rituellen Handlungen «initiiert» und in dem sie aufgeführt werden. Für die Christen im Mittelalter war das Heilige im Kirchenraum noch stärker erfahrbar, als es heute für Christen spürbar ist. Durch die Rezeption der Gegenwart des Heiligen, der Atmosphäre des Kirchenraums und der heiligen Bilder sowie ihren mimetischen Nachvollzug konnten sie sich dem Raum und den Bildern «anähneln» und ihr «sündiges Leben» überdenken. Entsprechend lässt sich zeigen, wie die Atmosphäre bzw. die Gestimmtheit literarischer Räume den Leser in eine fiktive Welt hineinführt und die Voraussetzungen für die jeweiligen Handlungen schafft. Entsprechendes gilt für den Filmraum, für dessen Erzeugung die Bewegung der Bilder und die Zeitregie eine zentrale Rolle spielen. Bei den virtuellen Räumen kommt die interaktive

Komponente hinzu, die bewirkt, dass der Benutzer in die Schaffung des Raums einbezogen ist.

Der prozessuale Charakter der Wahrnehmung wird durch Bewegung, durch Rhythmus bestimmt, der nur «unterwegs heimisch» ist.[36] Der performative Charakter der Wahrnehmung wird in den folgenden Dimensionen des Zusammenhangs von Wahrnehmung und Rhythmus deutlich. Im Rhythmus erfolgt eine zeitliche Koordination körperlicher Bewegungen durch eine Wiederholung kontrastiver Elemente, die sich wie beim Herzschlag häufig in einer bipolaren Ordnung vollzieht. Rhythmus ist nicht die Modalität eines Sinns. Als ein zeitliches Ordnungselement kann er sich in unterschiedlichen Modalitäten manifestieren, was z. B. in modernen multimedialen Inszenierungen geschieht. Durch solche Inszenierungen können künstlerisch interessante synergetische Effekte entstehen. Rhythmische Phänomene werden psychisch und kognitiv wahrgenommen. In der Übereinstimmung mit der Erwartung und der Empfindung von Regelmäßigkeit werden sie erkannt. Dabei spielt der Zusammenhang mit vergangenen Erfahrungen und den auf die Zukunft gerichteten Erwartungen eine wichtige Rolle. Um einen Rhythmus wahrzunehmen, stellt man sich auf eine zeitliche Struktur und die Fortsetzung von Bewegungen ein. Die Erfahrung von Rhythmen beinhaltet nicht nur Gleichmäßigkeit, sondern auch Störungen und Brüche. «Rhythmus als Zusammenwirken und Zusammenspiel von Erinnerung, Erfahrung, Erleben, Wiedererkennen und Antizipation von Erwartetem erweist sich damit als zugrunde liegendes Prinzip jeder Erfahrung performativer Prozesse.»[37] Rhythmen entstehen zwischen dem Subjekt und der Welt und strukturieren die Wahrnehmung. Wie beim Tanz regen sie Körperbewegungen an, aber regulieren und disziplinieren sie auch. In der Kunst, vor allem in der Musik, doch auch in der Literatur und im Theater, spielen Rhythmen eine zentrale Rolle. In der inszenatorischen Verflechtung von Kontrastierung und Verschmelzung haben sie Einfluss auf die Erzeugung von Atmosphäre und damit auf die ästhetische Wahrnehmung und Erfahrung.[38]

Insgesamt geht es bei der Untersuchung der Wahrnehmung darum, «nach Erfahrungskategorien zu fragen, die immer schon vom Zusammenspiel der Sinne ausgehen. Insofern dieses Zusammenspiel schließlich gelenkt und hierarchisiert wird, tritt es dadurch nur umso schärfer ins Bewusstsein. Atmosphäre, Stimmung und Gestimmtheit, Rhythmus, Aufmerksamkeit etc. setzen die Sinneskohärenz grundsätzlich voraus und beschreiben und betreiben ‹Wahrnehmung› als ästhetisches Phänomen … Zu den Voraussetzungen eines auf Erfahrungsmodalitäten ausgerichteten Ansatzes gehört die Erkenntnis, dass, um ‹Wahrnehmung› adäquat erfassen zu können, ‹reine› Subjekt- und Objektpositionen nicht mehr aufrechtzuerhalten sind. So kommt die Frage nach dem, was wir sehen, nicht mehr aus ohne die Frage nach dem, was uns anblickt, warum es uns auf diese oder jene Weise anblickt und was dies wiederum mit unserem Blick macht. Das Handeln im Vollzug der Wahrnehmung ist also auch ein Handeln in Bezug auf das Wahrgenommene. ‹Was macht es mit uns, indem es uns anblickt, anspricht, uns berührt oder langweilt; und warum macht es dies?›»[39]

Medien

Ausgehend davon, dass ein Medium ist, was als Medium gebraucht wird, gilt es einerseits, einen Medienfundamentalismus zu vermeiden, in dem Medien «zur Springquelle von Welterzeugung, zur Gelenkstelle unseres Welt- und Selbstverhältnisses» werden und damit eintreten in «jene Leerstelle …, welche die Erosion des neuzeitlichen Subjektbegriffs hinterlassen hat»[40]; andererseits gilt es jedoch auch, nicht in eine Position des Medienmarginalismus zu geraten, in dem Medien lediglich mit den «materiellen Realisierungsbedingungen von Zeichenprozessen identifiziert» werden. Vielmehr muss sich ein performativ orientiertes Medienkonzept an der Frage ausrichten, wie «‹Übertragung durch Medien› zugleich als ‹Transformation bzw. Subversion des Übertragenen› verstanden werden kann». In diesem Prozess weisen Verkörperungspraktiken in «einem sublimen Wechselspiel von Inkorporation und Exkorporation dem ‹Unsichtbaren› oder auch ‹Unverfügbaren› im Nahraum unseres Handelns eine Raum-Zeit-Stelle» zu. «‹Repräsentation› bedeutet dann nicht die Überschreitung von Sinnlichem hin auf einen ‹dahinter› liegenden Sinn, sondern bedeutet Sinn aus der Versinnlichung selbst hervorgehen zu lassen … Medien nun sind die ‹historische Grammatik› unserer Umgangsweise mit dem, was in Distanz von uns ist. Medien bringen das Entfernte zur Erscheinung, buchstäblich gesehen: Sie ent-fernen den Raum. Medien phänomenalisieren, ihre Vermittlungstätigkeit beruht auf dem Wahrnehmbarmachen, auf Aisthetisierung.»[41] Insofern Medium «Mitte», «Mittler» und «Mittel» bedeutet, der Mittelcharakter in der gegenwärtigen Diskussion im Vordergrund steht und die Mittlerfunktion vernachlässigt oder auf Kommunikation reduziert wird, soll im Weiteren der «Gebrauch von Medien an ihre Vermittler-Rolle» gebunden werden. «Medien bringen zu Gesicht, zu Gehör … Daher ist die Wahrnehmungsfunktion von Medien für uns grundlegend: Ihre kognitive und kommunikative Rolle zehrt von diesem Aisthetisierungspotential.»[42] Medien bringen etwas ihnen Fremdes zur Erscheinung. «Medien-in-Gebrauch sind also immer Hybridbildungen».[43] In der Intermedialität kommt diese Hybridizität der Medien deutlich zur Erscheinung.

In der Geschichte der Medien kommt es meistens nicht einfach zur Ablösung eines Mediums durch ein anderes, wie dies so häufig unterstellt wird: Fruchtbarer ist eine Perspektive, in der Interferenz und Konkurrenz der verschiedenen Medien sowie die Überschneidungen zwischen ihnen untersucht werden. Dabei bereiten die Leerstellen eines Mediums oft die Entwicklung eines neuen Mediums vor. «Medienhistorische Entwicklungen können weder als lineare Verläufe noch als radikale Umbrüche charakterisiert werden. Historisch dokumentierte Gebrauchssituationen weisen stattdessen mediale Interferenzen zwischen alten und neuen Medien aus, die in ihrem Zusammenwirken die Funktion des Einzelmediums überschreiten und verändern.»[44] Dabei können Medien Informationen übertragen und Wirklichkeit konstituieren; aufgrund des ihnen inhärenten «Eigensinns» stören sie jedoch womöglich auch diese Vermittlungs- und Konstruktionsprozesse. Für das Zusammenspiel von Medialität und Performativität ist die Untersuchung dieser Interferenzen aufschlussreich.

In literarischen und künstlerischen Medienkonfigurationen wird mit Grenzziehungen und Überschreitungen zwischen den Medien gearbeitet. Die dadurch entstehende Intermedialität arbeitet mit Medienwechsel, Medienkombination und intermedialen Bezügen. «Intermediale Bezugnahmen zeichnen sich durch eine illusionsbildende Qualität aus, mit deren Hilfe im Rezipienten an das jeweils ‹andere› Medium gebundene Erfahrungen abgerufen werden können. So kann beispielsweise der Autor eines narrativen Textes mit den ihm zur Verfügung stehenden literarischen Mitteln nicht etwa ‹wirklich› zoomen, Bilder ineinander blenden oder andere Techniken, Konventionen und Regeln des filmischen Systems tatsächlich anwenden und einhalten. Wohl aber können Elemente und/oder Strukturen eines altermedialen Systems mit den eigenen, je medienspezifischen Mitteln evoziert und simuliert werden. Gerade auf diese Weise lässt sich im Rezipienten ein Eindruck etwa des ‹Filmhaften›, ‹Malerischen›, ‹Musikalischen› oder auch ganz allgemein der visuellen und akustischen Präsenz erzeugen.»[45] Anders als in solchen intermedialen Bezugnahmen werden bei Medienkombinationen unterschiedliche Medien miteinander verbunden, so etwa in den Installationen des Hamburger Klangkünstlers Andreas Oldörp, der skulpturale materielle Werke mit Klang und Raum kombiniert, wobei die Skulpturen selbst zu Klang erzeugenden Instrumenten werden.

Multimediale Installationen erzeugen neue Möglichkeiten performativer Ästhetik; sie schaffen neue Ausstellungspraktiken, in denen sie durch die Verwendung von technischen Medien wie Fotografie, Film, Video und durch die Partizipation des Betrachters den Zusammenhang von Raum, Wahrnehmung und Performativität nachhaltig transformieren und die ästhetische Erfahrung «von einer Werk- und Objektästhetik hin zu einer als performativ zu qualifizierenden Prozessästhetik auf paradigmatische Weise» verändern.[46] Dies lässt sich an der Installation *Tall Ships* (1992) von Gary Hill verdeutlichen, in der in einem langen schmalen dunklen Raum entlang einer in der Mitte der Decke verlaufenden Linie Videosequenzen projiziert werden, die nur sichtbar werden, wenn ein Betrachter durch den Raum geht und über Sensoren die Videoprojektionen auslöst. Hier wird die Raumgestaltung zum Dispositiv für das Zusammenwirken von Medialität und Performativität, für deren Verhältnis die folgenden drei Aspekte wichtig sind.

«1) Die Rolle von Bewegungsvollzügen und kinästhetischen Prozessen, da sich das Publikum in einer Installation stets in einer spezifischen Bewegungsrelation zum multimedialen Environment befindet, eine bestimmte Position einnimmt ... 2) Das Verhältnis der Besucher zu großflächigen audiovisuellen Projektionen. Hier stellt sich die Frage, inwiefern sie sich als Teil des Projektionsraumes erfahren, ein dreidimensionaler Effekt von der zweidimensionalen Fläche ausgeht, die die Raumerfahrung entscheidend beeinflusst … 3) Die Entgrenzung der für Raumerfahrungen grundsätzlich konstitutiven Scheidung zwischen Innen und Außen zugunsten einer Schwellenerfahrung, einer wechselseitigen Durchdringung von inneren und äußeren Dimensionen des Wahrnehmungsraumes …»[47]

Die sich im Umgang mit «alten» und «neuen» Medien vollziehenden Verkörperungs- und Entkörperungsprozesse sollen im Weiteren untersucht werden. Dabei kommt der Stimme und der Gestik als Medien der Kommunikation besondere Bedeutung zu. Aus der Perspektive der Performativität ist Sprache nicht von ihrer konkreten medialen Realisierung zu trennen. In der gesprochenen Sprache wird keine ideale Sprache angewendet, vielmehr entsteht eine wechselseitige Verflechtung zwischen Sprache, Stimme und Gestik. Diese Verwobenheit wird deutlich, wenn man sich vergegenwärtigt, dass jemand, der mehrere Sprachen spricht, in jeder Sprache eine «andere» Stimme hat. Der Klang einer Stimme wird durch die Sprache gebildet, die man gewöhnlich spricht. Um eine Sprache sprechen zu können, bedarf es neben Kenntnissen der Grammatik und des Wortschatzes auch einer stimmlichen Kompetenz, d. h. eines Wissens darüber, welche Stimme, d. h. welche Intonation und Melodie in welchem Kontext angebracht ist. Roland Barthes hat in diesem Zusammenhang vom «Korn» der Stimme gesprochen, das jedoch nicht nur die persönliche, sondern auch die durch die jeweilige Sprache bedingte trans-persönliche Färbung bezeichnet. «Als Medium der Rede ist die Stimme kein ‹transparenter› Vermittler semantischen Inhalts, der unabhängig von ihr theoretisch zu denken wäre. Die Stimme sagt nicht einfach etwas, das von anderer Natur als sie selbst ist; vielmehr, sofern die Stimme etwas zeigt, trägt sie wesentlich zum ‹Inhalt› der Rede bei und geht zugleich über diesen hinaus. Damit wird ein neues Modell der Kommunikation suggeriert, das sich von dem konventionellen Sender-Empfänger-Modell stark unterscheidet: Kommunikation als gemeinsames Musizieren.»[48] Die Stimme ist in zeitlicher Hinsicht immer gegenwärtig; sie ist nie neutral; sie hat eine Eigendynamik und vermittelt stets etwas vom Sprecher, das auch diesem nicht bewusst ist. «Die Stimme gilt – wie ein Gesicht – als die eindeutigste Signatur einer Person. Keine zwei Stimmen sind identisch. Doch die Einzigartigkeit einer Stimme entsteht nicht allein und für sich. Stimmen entfalten sich nur in Zusammenhang mit anderen Stimmen. Jede Stimme trägt die Spuren anderer

Stimmen in sich. Über die Eigenartigkeit einer Stimme nachzudenken bedeutet zugleich, sich mit dem ‹Fremden› in der Stimme auseinanderzusetzen.»[49] In jeder Stimme sind andere Stimmen enthalten, die in mimetischen Prozessen in die Besonderheit der jeweiligen Stimme eingegangen sind.[50]

Neben der Stimme gehören die Gesten zu den «alten» Medien der Verkörperung. Sie sind keine «stummen Begleiter» der Sprache, dieser lediglich untergeordnet. Mehrere Arten von Gesten lassen sich unterscheiden: redebegleitende Gesten, wortähnliche Gesten, emblematische Gesten, Zeichensprachen, Gebärdensprachen. Gesten sind meistens im Hinblick auf ihre Ausdrucks- und Appellfunktion, weniger jedoch auf ihre Darstellungsfunktion untersucht worden, in der sie Teil der Botschaft sind und unmittelbar zur Bedeutung der Äußerung beitragen. «Gesten weisen ebenso individuelle wie universelle und zugleich kultur- wie auch sprachspezifische Züge auf. So impliziert das vorgestellte Kontinuum der Gestensysteme abgesehen von der zunehmenden ‹Sprachhaftigkeit› von Gesten auch ein Kontinuum von idiosynkratischen zu konventionalisierten Gesten, und andererseits tragen alle Gesten idiosynkratische wie auch kulturell und sprachsystematisch geprägte Züge.»[51] Gesten sind eng mit dem inszenatorischen Charakter menschlicher Kommunikation und den körperlichen Aufführungen der Menschen verbunden. Wie die Stimme haben sie eine mediale Funktion: Sie vermitteln etwas, was vorher noch nicht existent und wahrnehmbar war.

Performativität spielte beim Gebrauch der neuen Medien von Anfang an eine Rolle. «Erinnert sei an das Theatermodell des Computers, die Betonung von Impermanenz und Veränderbarkeit der Schrift im Hypertext oder auch die performative Konstituierung von Identität in Internetchats, Muds und Moos.»[52] Als Medium bringt der Computer neue Wissensformen und Interaktionen hervor, die ohne ihn nicht möglich sind, und strukturiert sie nach den Bedingungen seiner Medialität. Mit seinen bildgebenden Verfahren vermag er Unsichtbares durch Informationsvisualisierung sichtbar zu machen. Sein performativer Charakter trägt von Anfang an auch dazu bei, die Aufmerksamkeit für die performative Dimension anthropologischer Forschung zu fördern.

Gender

Im Unterschied zur Frauenforschung der 60er und 70er Jahre des 20. Jahrhunderts, in der davon ausgegangen wurde, dass Frauen Opfer der von Männern beherrschten Gesellschaft sind und in der es darum ging, die Geschichte der Frauen aufzuarbeiten, rückt die sich seit den 1980er Jahren entwickelnde Geschlechterforschung «die Differenzen zwischen Frauen ebenso wie die Differenzen *zwischen* Männern und den Zusammenhang von Geschlecht und anderen hierarchisierenden Kategorien wie Rasse, Ethnie, Religion, Klasse, Status, sexuelle Orientierung oder Behinderung ins Zentrum ihres Interesses. Der Geschlechterforschung geht es nicht länger um ‹die Frau› oder ‹den Mann›, sondern um die Untersuchung kultureller Repräsentationen und Interpretationen der Geschlechterdifferenzen und darum, wie diese im Rückgriff auf biologische Phänomene naturalisiert werden.»[53] Statt von Polarisierungen wie Mann – Frau oder Natur – Kultur auszugehen, geht es vielmehr darum, Geschlechterdifferenz als ein zentrales Merkmal kultureller Bedeutungsstiftung zu begreifen und diese in ihrem jeweiligen historischen und kulturellen Kontext zu verorten.

Gender wird im Sinne der Historischen Anthropologie als historisch und kulturell veränderbar begriffen. Auch nach Auffassung von Judith Butler ist Geschlechteridentität nichts von Natur aus Gegebenes, sondern wird durch performative Akte erzeugt.[54] Dabei spielen Wiederholung und Zitathaftigkeit, Prozesshaftigkeit und Handlungsvollzug eine entscheidende Rolle. Für die Frage nach der Performativität von Geschlecht und Geschlechtsidentität sind die *Verkörperungspraktiken* und die Beziehungen innerhalb der Trias *sex – gender – Begehren* von besonderer Bedeutung, die mit Materialien aus verschiedenen historischen Zeiten und kulturellen Kontexten untersucht werden. In methodischer Hinsicht spielen dabei die Historisierung der Konzepte, die Verknüpfung von Materialanalyse und Theoriekonzepten und die Frage nach der Subversion von Geschlechternormen eine wichtige Rolle.

Im Unterschied zu diskursanalytischen Auffassungen, wie sie im Anschluss an Michel Foucaults sozialen Konstruktivismus entwickelt wurden, in denen die Zurichtungen des Körpers als Ergebnis von Wissens- und Machtstrukturen erscheinen, werden mit dem hier zugrunde gelegten Begriff der *Verkörperung* drei Akzentuierungen vorgenommen. Die eine zielt auf die Prozessualität, in deren Verlauf es zur Verkörperung der Geschlechtsidentität kommt, die andere auf die Relationalität, mit der die kollektive Seite dieser Prozesse betont wird; die letzte Akzentuierung zielt auf die Geschichtlichkeit und Kulturalität der konkreten Verkörperungspraktiken. *Prozessualität* verweist darauf, dass die Verkörperung von Geschlecht ein Prozess mit zahlreichen Wiederholungen, Brüchen und Neuansätzen ist, in deren Verlauf ein Geschlechtshabitus ausgebildet wird. «Butler nimmt den Körper auf drei Ebenen in den Blick: den Körper, der sich materialisiert, d. h. der diskursiven Produktion dessen unterworfen ist, was als Körper Geltung erlangen kann; den Körper des Subjekts, der als somatischer melancholischer Körper die verworfenen gleichgeschlechtlichen Liebesobjekte der Kindheit in der Identifizierung nachahmt und damit aufbewahrt, und schließlich den handelnden Körper, der in sozialen Interaktionen Geschlechtsidentität darstellt.»[55] Die *Relationalität* dieser Verkörperungsprozesse verweist auf den kollektiven Charakter der gesellschaftlichen Geschlechterordnung und die Kollektivität der Herausbildung von Geschlechtsidentität. Subjekte entwickeln ihr Geschlecht nicht in der Vereinzelung, sondern in Gemeinschaften. Die *Geschichtlichkeit* dieser Verkörperungsprozesse impliziert ihre Veränderbarkeit, d. h. die Herausbildung unterschiedlicher Geschlechterstile.

Für die Verkörperung und Einübung von Geschlechtsidentität spielt die Zeit des Aufwachsens eine besonders wichtige Rolle, am Ende der Kindheit insbesondere die Gruppe der befreundeten Peers. Werte und Einstellungen aus der Familie werden fortgeschrieben, gebrochen, durch neue ersetzt; Bewegungen, Gesten, Haltungen werden bei der Bildung von Geschlechtsidentität ausprobiert und in der Wiederholung verfestigt. Peers initiieren andere als Jugendliche. Auch in den Praxen der Spiel- und Sportkultur wird Geschlechtsidentität herausgebildet und verstärkt. In einer Reihe von Sportarten gibt es eine ausgeprägte «Geschlechtergeographie» mit geschlechtsspezifischen Zuweisungen, Separationen und Ausgrenzungen, die als Ausdruck und als Versicherung der Geschlechtsidentität Bedeutung haben.

Der zweite für die Entwicklung von Geschlechtsidentität wichtige Zusammenhang besteht in der Trias *sex – gender – Begehren*, die sich als eine «heterosexuelle Matrix» begreifen lässt, mit der Judith Butler ein diskursives Dispositiv bezeichnet, «das aus den Dimensionen von anatomischem Geschlecht (sex), sozialem Geschlecht (gender) und Begehren (desire) besteht, die wechselseitig aufeinander bezogen sind».[56] Aus der Analyse von Fällen «misslungener» Inszenierung der heterosexuellen Matrix werden Einblicke in die jeweilige Geschlechterordnung möglich. Dabei ist die Performativität des gender-Verhaltens gerade in den Bruchzonen und Übergängen wichtig, in denen neue Figurationen zwischen weiblich und männlich entwickelt werden. Illustrieren lässt sich das an den *coming-out*-Erzählungen, in denen das «Dazwischen» zentral ist, oder im *cross-dressing* (gegengeschlechtliche Verkleidung) und *cross-casting* (Besetzung der Frauenrolle durch Knabenschauspieler) im Theater der Frühen Neuzeit. Bruchstellen zeigen sich in der heterosexuellen Matrix auch im Begehren, das sich auch von dieser Matrix entkoppelt artikuliert, worauf mehrfach in der *Queer Theory* aufmerksam gemacht wurde.[57] «Bei Lacan bezeichnet ‹Begehren› eine spezifische Differenz zur Sprache. Sie hat ihren Ursprung im Verlust des mütterlichen Liebes-Objekts und im Eintritt in die durch Sprache repräsentierte kulturelle Ordnung. Ein entscheidender Unterschied zu Freud besteht darin, dass die Libido an unterschiedlichen Objekten befriedigt werden kann, während das Begehren nach Lacan grundsätzlich nicht einzuholen ist, sondern sich metonymisch von einem Signifikanten zum nächsten verschiebt. Begehren ist deshalb immer unerfülltes Begehren.»[58] Diese Brüche in der heterosexuellen Matrix werden an mehreren Beispielen untersucht: in den Coming-out-Erzählungen von Schwulen heute, im Begehren in Männerfreundschaften in der mittelalterlichen Lancelot-Prosa und in der Geschlechterinszenierung von Shakespeares *Was ihr wollt* in der Frühen Neuzeit.

Die Untersuchungen von Praktiken der Verkörperung von Geschlecht und von Brüchen und Metamorphosen in der Trias *sex – gender – Begehren* verdeutlichen die zentrale Rolle, die Performativität heute in der Geschlechterforschung spielt. Ihre Behandlung im Kontext kollektiver Praktiken eröffnet neue Perspektiven auf den Körper als *agens*, *Material* und *Träger* von Geschlechterdifferenzierungen.

9. Die Wiederentdeckung der Rituale

Seit einiger Zeit werden Rituale in den Wissenschaften vom Menschen wiederentdeckt. Nach der Klage über die «neue Unübersichtlichkeit», den Zerfall des Sozialen und den Verlust von Werten überrascht dies nicht. Die Diskrepanz zwischen der Diagnose der Auflösung und des Verfalls und der relativ stabilen gesellschaftlichen Ordnung verlangt nach Erklärungen, zu denen auch die Ritualforschung einen Beitrag leisten kann. Wurden Rituale im Zusammenhang mit dem National-sozialismus und der Emanzipationsbewegung der 68er-Generation vor allem unter dem Gesichtspunkt der Rigidität und Gewalt thematisiert, so gerät heute ihre produktive soziale Rolle stärker in den Blick.[1] Sah man in Ritualen lange Zeit lediglich ein Mittel der Einschränkung oder sogar Unterdrückung individueller Freiheitsspielräume, so begreift man sie nun wieder als wichtige Formen sozialen Handelns, die für die Gestaltung individuellen und gesellschaftlichen Lebens konstitutiv sind. Rituale sollen zur Kompensation des Verlusts von Identität und Gemeinschaft, Ordnung und Sicherheit beitragen, der mit der Zunah-me der Erosion sozialer und kultureller Systeme, der fortschreitenden Individualisierung sowie der zunehmenden Abstraktion und Virtuali-sierung der Lebenszusammenhänge verbunden ist.

In fast allen Bereichen menschlichen Lebens spielen Rituale eine zentrale Rolle; in Religion und Politik, Wirtschaft und Wissenschaft, Familie und Schule sind sie unerlässlich. Mit ihrer Hilfe werden Dif-ferenz und Alterität bearbeitet, Gemeinschaft und soziale Beziehungen erzeugt, die menschlichen Verhältnisse gedeutet und geordnet. Rituale verbinden Geschichte, Gegenwart und Zukunft. Sie ermöglichen Kon-tinuität und Veränderung sowie Erfahrungen des Übergangs und der Transzendenz.[2] Angesichts ihrer Bedeutung in so vielen gesellschaftlichen Bereichen überrascht es nicht, dass es keine allgemein akzeptierte Theorie des Rituals gibt. Zu unterschiedlich sind die Positionen in den einzelnen Wissenschaften. Angesichts dieser Situation besteht weitgehend Übereinstimmung darin, dass es nicht sinnvoll ist, den Reichtum und die Mannigfaltigkeit der Perspektiven auf einzelne Ritualtheorien und Forschungsansätze zu reduzieren. Stattdessen gilt es, die Vielfalt der Aspekte zu thematisieren und die Komplexität des Feldes sichtbar zu machen.[3]

Der Vielfalt der Ritualtheorien entspricht das große Spektrum von Ritualen. Während die großen gesellschaftlichen Rituale einen deutlichen Bezug zur Transzendenz haben, ist dieser bei vielen Alltags- und Interaktionsritualen nicht sichtbar. Deren rituelle Arrangements sind oft mit anderen Alltagshandlungen verschränkt. Zu entscheiden, ob ein szenisches Arrangement als Ritual anzusehen ist oder nicht, ist häufig nicht einfach. Im Unterschied zu Gesellschaften mit geschlossenen Welt- und Selbstbildern, in denen Rituale eindeutig identifizierbar sind, ist die Bestimmung von Ritualen in modernen Gesellschaften mit relativ offenen Selbst- und Weltbildern eher schwierig. Doch gerade angesichts zunehmender gesellschaftlicher Differenzierung ist es erforderlich, den Ritualbegriff auszuweiten; nur mithilfe eines weiter gefassten Ritualbegriffs können neue, für die gegenwärtigen gesellschaftlichen Verhältnisse charakteristische rituelle Phänomene wahrgenommen und analysiert werden. Diese Situation erfordert es, im Einzelfall anzugeben, warum ein soziales Phänomen als Ritual angesehen und entsprechend interpretiert wird. Der Begriff Ritual hat eine konstruktive Seite, mit der soziale Prozesse in einer bestimmten Perspektive analysiert werden. Das Spektrum der rituellen Phänomene reicht von religiösen und politischen Ritualen über Widerstandsrituale von Jugendlichen, mit denen diese sich abgrenzen und behaupten, bis zu Alltagsritualen. Die Analyse sozialer Phänomene als Ritual bzw. rituelles Arrangement erlaubt aufschlussreiche Einblicke in die gesellschaftliche Tiefenstruktur.

Alle Ansätze der Klassifizierung von Ritualen sind damit konfrontiert, dass Rituale stets das Ergebnis mehrdimensionaler Symbolisierungs- und Konstruktionsprozesse sind und dass die untersuchten Phänomene komplexer sind als die zu ihrer Beschreibung verwendeten Begriffe und Theorien. Dies gilt auch für einen Versuch, das Feld der

Ritualstudien nach Anlässen zu ordnen und z. B. folgende Rituale zu unterscheiden:

– Übergangsrituale (Geburt und Kindheit, Initiation und Adoleszenz, Ehe, Tod),
– Rituale der Institution bzw. Amtseinführung (Übernahme neuer Aufgaben und Positionen),
– jahreszeitlich bedingte Rituale (Weihnachten, Geburtstage, Erinnerungstage, Nationalfeiertage),
– Rituale der Intensivierung (Essen, Feiern, Liebe, Sexualität),
– Rituale der Rebellion (Friedens- und Ökobewegung, Jugendrituale),
– Interaktionsrituale (Begrüßungen, Verabschiedungen, Konflikte).[4]

Auch andere Klassifikationsversuche sind denkbar und können eine Orientierungshilfe im komplexen Feld der Ritualforschung bieten. Folgende Arten rituellen Handelns lassen sich unterscheiden: *Ritualisierung, Konvention, Zeremonie, Liturgie, Feier.*[5]

Der Begriff der *Ritualisierung* stammt aus der Ethologie und bezeichnet dort rituelles Verhalten von Tieren im Zusammenhang mit Paarungs- und Aggressionsverhalten. Ritualisiertes Verhalten ist initiativ und bringt erwünschte Reaktionen hervor; es ist signalhaft, formalisiert, expressiv und repetitiv; es verringert die Ambiguität sozialer Situationen. Es führt zu einem artspezifischen sexuellen und sozialen Verhalten und verringert individuelle Fehlerquellen. Trotz mancher Gemeinsamkeit zwischen Tieren und Menschen sind die Unterschiede zwischen menschlichem und tierischem Verhalten beträchtlich. So ist das tierische Verhalten vor allem genetisch bedingt, das menschliche hingegen kulturell variabel.

Mit dem Begriff der *Konvention* wird der Bereich rituellen Alltagshandelns bezeichnet, in dem jedes soziale Subjekt die für seine Lebenspraxis erforderlichen Umgangsformen lernt. Sie enthalten ein praktisches Wissen davon, wie man sich, ohne darüber nachzudenken, gleichsam von selbst in sozialen Zusammenhängen angemessen verhält. Durch Wiederholung und Übung werden Handlungsformen und Verhaltensweisen formalisiert und stilisiert.[6]

Zeremonien, in denen sich in der Regel größere Menschenmengen einem gemeinsamen Ziel unterordnen, sind feierlich und zelebrieren das Besondere einer Situation. Sie demonstrieren Zusammengehörigkeit und dienen dem Ausdruck von Macht. Einweihungen und Amtsein-führungen erfordern eine zeremonielle Gestaltung der neuen Situation. Um Größe und Gemeinsamkeit darzustellen, können Nationalfeiertage und Gedenktage nicht auf Zeremonien verzichten, die der Politik und den gesellschaftlichen Institutionen die Möglichkeit zur Selbstdarstellung bieten.[7]

Im Unterschied dazu sind *Liturgien* durch ihren Bezug zur Transzendenz gekennzeichnet. Sie nähern sich dem Heiligen eher in fragender Haltung und öffnen sich ihm in «passiver Aktivität». Liturgien sind symbolische Handlungen von tiefer Rezeptivität mit meditativen Riten und kontemplativen Übungen. In ihnen erwarten die Teilnehmer etwas, das sich ihnen von sich aus zeigt, über das sie keine Macht haben. Liturgien repräsentieren das Heilige und suggerieren Sicherheit; in ihnen werden existenzielle Ereignisse vergegenwärtigt, aufgeführt, wiederholt und angeeignet.[8]

Meistens haben *Feiern* wie Karnevals-, Geburtstags- und Hochzeitsfeiern ebenfalls rituelle Komponenten. Sie sind vielfarbig und vielgestaltig, mit Raum für Spontaneität und soziale Kreativität. Sie akzentuieren die dramatische und expressive Seite rituellen Geschehens. Sie enthalten ludische Momente. Als solche formalisieren sie Gefühl und Ausdruck. Fragen nach Kontinuität, Authentizität und Ursprung stellen sie nicht.[9]

Diese Klassifikation der Erscheinungs- und Wirkungsformen rituellen Handelns geht von der Gleichrangigkeit und Gleichwertigkeit der rituellen Phänomene aus. Verzichtet wird auf die Verwendung von «Ritual» oder «Ritualisierung» als Oberbegriff für die Bestimmung von Gemeinsamkeiten unterschiedlicher ritueller Phänomene. Dadurch gibt es keine Möglichkeit einer strukturellen Analyse ritueller Arrangements, deren Ziel darin liegt, ihre Gemeinsamkeiten herauszuarbeiten. Für eine vergleichende Ritualforschung ist diese Analyse jedoch unerlässlich, bei der es gilt, die Konstruktions- und Funktionsbedingungen ritueller Handlungen zu untersuchen.

In Ritualen werden Differenzen bearbeitet und Gemeinsamkeiten geschaffen. Sie erzeugen ein Innen und ein Außen, sie schließen ein und schließen aus. Dies geschieht nicht nur sprachlich-kommunikativ, sondern auch körperlich-materiell. Sie kanalisieren reale und potenzielle

Gewalt und erzeugen Ordnung. Je «natürlicher» sich diese Prozesse vollziehen, desto weniger geraten ihre Gesellschaftlichkeit und Geschichtlichkeit und damit ihre prinzipielle Veränderbarkeit ins Bewusstsein der Beteiligten. Die Wirkungen von Ritualen beruhen vor allem auf der Inszenierung und Aufführung des Körpers, in dessen Materialität ein *Mehr* liegt, das die symbolische Bedeutung des Rituals überschreitet und in mimetischen Prozessen inkorporiert wird. Dabei setzen sich Bilder, Figurationen, Schemata und Sequenzen von rituellen Arrangements in der Erinnerungs- und Vorstellungswelt der Ritualteilnehmer fest und entfalten ihre Wirkung.[10] Da diese «Abdrücke» ritueller Handlungen symbolisch kodiert sind, werden mit ihnen zugleich auch ihre Bedeutungen in die Körper eingeschrieben. In diesen Prozessen spielen soziale Beziehungen und Machtverhältnisse eine wesentliche Rolle, denn sie inszenieren gesellschaftliche Hierarchien, die in der Folge ihre Wirkungen im Imaginären entfalten.

Historische Perspektiven

Um die außerordentliche Bedeutung zu verstehen, die Ritualen für die Bildung von Gesellschaft und Kultur, Individuum und Gemeinschaft zukommt, bedarf es eines historischen Rückblicks auf die Entwicklung der Ritualforschung, der zugleich die Vielfalt der Ansätze sichtbar machen soll, mit denen versucht worden ist, die Komplexität von Ritualen und Ritualisierungen zu begreifen. Wenigstens vier Ansätze sind zu unterscheiden. Beim ersten wird der Zusammenhang von Religion, Ritual und Mythos betont (James Frazer, Rudolf Otto, Mircea Eliade).[11] Beim zweiten Schwerpunkt dienen Rituale dazu, gesellschaftliche Strukturen zu begreifen (Émile Durkheim, Arnold van Gennep, Victor Turner).[12] Beim dritten Ansatz werden Rituale als Text gelesen, um so die kulturelle und soziale Dynamik einer Gesellschaft zu entschlüsseln (Clifford Geertz, Marshall Sahlins).[13] Dabei dient die Erforschung von Ritualen dazu, die Bedeutung kultureller Symbolisierungen zu verstehen. Hier setzen auch die meisten neueren Forschungen an (Catherine Bell, Ronald Grimes, Victor Turner, Hans-Georg Soeffner).[14] Der vierte Schwerpunkt legt den Akzent auf die inszenatorische und performative, die praktische und körperliche Seite (Stanley Tambiah, Richard Schechner, Pierre Bourdieu, Christoph Wulf).[15]

Religion, Ritual und Mythos: In diesem seit dem Ende des 19. Jahrhunderts in Religionswissenschaft und Ethnologie entwickelten Schwerpunkt geht es um die Zusammenhänge von Religion, Gesellschaftsentstehung und Ritual. Zentral ist dabei die Frage, ob der Ursprung der Religion im Mythos oder im Ritual liegt. Während die *Cambridge School of Classicists* eher davon ausgeht, dass am Beginn der Religion das Ritual steht, liegt für Mircea Eliade ihr Anfang im Mythos. Für James Frazer steht wiederum fest, dass die ersten Rituale mit religiösen Kulten verbunden sind und die Mythen lediglich Formen der Interpretation der rituellen Praktiken darstellen. In sich an James Frazer orientierenden und sich auf Jane Ellen Harrison[16] beziehenden Arbeiten werden Mythen und Märchen daraufhin untersucht, welche rituellen Sedimente sich in ihnen identifizieren lassen. Andererseits lassen sich Mythen auch als heilige Erzählungen begreifen, die erst die zeitlose Gültigkeit ritueller Handlungen sichern, die in dieser Sicht lediglich Wiederaufführungen der kosmischen Mythen darstellen. Beiden Positionen ist die Überzeugung gemeinsam, dass Mythos und Ritual darin übereinstimmen, das menschliche Leben in einer kosmischen Ordnung zu verwurzeln und ihm Kontinuität und Kohärenz zu verleihen. Auch stimmen beide Positionen überein, dass Religion sowohl mythischer Erzählungen als auch ritueller Praktiken bedarf, um sich im Zusammenleben zu verkörpern.

Struktur und Funktion: Im Zentrum dieses Ansatzes steht die gesellschaftliche Funktion und damit ein instrumentelles Verständnis von Ritualen. Ihr Zweck besteht darin, gesellschaftliche Aufgaben zu erfüllen, die anders nicht oder nur schwer wahrgenommen werden können. Rituale strukturieren die Abläufe in Institutionen und sozialen Gruppen und dienen dazu, Konflikte zu vermeiden oder so auszutragen, dass die Institutionen zwar transformiert werden, jedoch nicht zerbrechen. Rituale regulieren soziale Prozesse und erhalten bzw. transformieren so die Beziehungen zwischen den verschiedenen Gruppen. Nach Durkheim enthalten sie einen Satz von Verhaltensregeln, die bestimmen, wie sich Menschen angesichts des Heiligen zu verhalten haben, in welchem sich Gesellschaften ein Bild von sich selbst entwerfen. In Ritualen geraten die Menschen in eine kollektive Erregung und einen gesteigerten

Aktivismus, der bewirkt, dass sich der Einzelne mit der ihn übersteigenden Gemeinschaft identifiziert. Durch den Bezug auf die Transzendenz der kollektiven Handlungen erzeugen Rituale ein kollektives religiöses Selbstverständnis, in das die Ritualteilnehmer einbezogen werden und in dem sie den Sinn ihres Daseins erleben. Es bildet die affektive Grundlage ihrer Identität und ihrer Beziehung zu den anderen Mitgliedern der Gemeinschaft.

Auch van Genneps Theorie der Übergangsriten ist implizit funktionalistisch. Rituale dienen Gesellschaften dazu, Übergänge zwischen Orten, Zeiten, Zuständen und Altersphasen zu organisieren. Damit diese Wechsel möglichst reibungslos gelingen, sind sie in drei Ritualphasen: «Trennung», «Übergang» und «Wiederangliederung» geordnet. In der ersten Phase erfolgt die Loslösung von der bisherigen Situation; in der zweiten vollzieht sich der Übergang mit Umwandlung und Veränderung; in der dritten ist der neue Zustand erreicht, den es nun zu konsolidieren gilt. Hier knüpfen auch Turners Überlegungen an, nach dessen Auffassung Rituale Teil der sozialen Dynamik sind, mit der sich soziale Institutionen und Organisationen erhalten, verändern und erneuern. Diese Prozesse vollziehen sich in Form eines «sozialen Dramas», das in vier Stufen durchlaufen wird. In der ersten werden Differenzen und Brüche im Sozialen erkannt; in der zweiten erfolgen das Bewusstwerden und die Zuspitzung der Krise; in der dritten werden rituelle Bewältigungsmuster in Gang gesetzt; in der vierten Stufe gelingt schließlich die Reintegration, oder es kommt zum endgültigen Bruch. Rituale vermitteln zwischen Struktur und Antistruktur, zwischen festen institutionellen Strukturen und einem wenig strukturierten Zustand, den Turner *communitas* (Gemeinschaft) nennt. Über seine Vorstellung vom Ritual als *sozialem Drama* nähert sich Turner bereits den Auffassungen, die den performativen Charakter von Ritualen in den Mittelpunkt rücken.

Ritual als Text: In dieser Perspektive steht die symbolische Struktur der Rituale im Mittelpunkt des Interesses. Rituale werden als symbolisch kodierte Handlungen und kulturelle Einheiten begriffen, die es zu lesen und zu interpretieren gilt. Ihre Lektüre und Interpretation gibt Auskunft über die sozialen Beziehungen, die weniger in ihren institutionellen Dimensionen als vielmehr in ihren semiotischen und semantischen Dimensionen als Träger von Werten und Bedeutungen gesehen werden. Rituale werden als bedeutungsvolle Formen der Interaktion und Kommunikation begriffen, in denen das Soziale der menschlichen Beziehungen auf den kulturellen Hintergrund der rituellen Kommunikation bezogen ist. Sie werden wie Texte gelesen; deshalb kann von den rituellen Handlungen eine «dichte Beschreibung» (Geertz) erstellt werden. Dabei geht es auch um das Verständnis des tiefenhermeneutisch zu entschlüsselnden Subtextes, in dem die zentralen kollektiven Vorstellungen einer Kultur wirksam werden. Nach Auffassung Sahlins' nimmt unter diesen in den westlichen Kulturen die Institutionalisierung der Güterproduktion eine herausragende Stellung ein. Dadurch unterscheiden sie sich von Stammeskulturen und vielen anderen Kulturen, in denen die sozialen Beziehungen, besonders die Verwandtschaftsbeziehungen, der Ort der symbolischen Unterscheidung bleiben.[17]

Da für Geertz Kultur eine «Montage von Texten» ist, kann sie über die Lektüre der symbolisch strukturierten und kodierten Rituale entschlüsselt werden. In seiner Beschreibung und Interpretation des Hahnenkampfs in Bali hat er diesen Weg der Kulturanalyse gewählt. Kultur hat deshalb einen so nachhaltigen Einfluss auf die Menschen, weil ihre Konzepte Ordnungen repräsentieren, die sowohl deskriptiv als auch präskriptiv sind. Für Rituale bedeutet dies: Sie enthalten zwei nicht aufeinander reduzierbare Elemente, die *Weltsicht*, d. h. die kognitiven existenziellen Aspekte einer Kultur, und die *Disposition*, d. h. die für jede Kultur spezifischen Stimmungs- und Motivationsvoraussetzungen sozialer Handlungen. Zwischen Weltsicht und Handlungsdisposition lässt sich eine Hierarchie nicht herstellen; beide sind gleich ursprünglich. Symbole und rituelle Handlungen liefern ein Bild sozialer Situationen und vermitteln zugleich einen Handlungsanspruch. In den symbolischen Systemen einer Kultur werden Erfahrungen verarbeitet, die in der Folge Einfluss auf das rituelle Handeln haben. In Ritualen werden das Gruppenethos und die Weltsicht einer Kultur in symbolischen Prozessen den Menschen körperlich vermittelt. Rituale sind Texte, die gelesen werden können, um eine Kultur und das Handeln der Menschen zu verstehen.

Die drei beschriebenen Ansätze schließen sich nicht aus. Ihr Verhältnis zueinander ist eher komplementär. Dies gilt vor allem für den funktionalistischen, den hermeneutischen und den (im nächsten Abschnitt behandelten) performativen Ansatz. Zwar ist die funktionalistische Analyse häufig aufschlussreich, doch sind Rituale aufgrund ihrer Körperlichkeit überdeterminiert und lassen sich daher nicht auf eine bloße Aufgabenerfüllung reduzieren. Dies ist umso weniger möglich, als die Art und Weise, in der Rituale inszeniert und aufgeführt werden, ihre ästhetische Form, ihr Stil einer solchen Perspektive entgehen. So ergiebig die hermeneutische Perspektive ist, in der Rituale als Text gelesen werden, und so aufschlussreich sie für das Verständnis von Kultur ist, ihrer Analyse entgehen der Aufführungscharakter und die mit ihm verbundene Materialität des Körpers. So zentral diese wiederum im performativen Ansatz ist, der Bezug auf die symbolische Struktur des Rituals und die damit verbundene hermeneutische Untersuchung ist hier unverzichtbar. Das Gleiche gilt für die funktionalistische Perspektive, ohne die eine Ritualanalyse kaum möglich ist. Lediglich die Diskussion über das Verhältnis von Ritual und Mythos und die Zentrierung auf Fragen von Religion und Ursprungsmythen scheinen für die Ritualforschung heute weniger zentral zu sein.

Ritual und Performativität

Im Weiteren werden zentrale Merkmale des performativen Ansatzes der Ritualforschung entwickelt, bei dem die inszenatorische und die praktisch-körperliche Seite im Mittelpunkt stehen. Er beruht auf umfangreichen theoretischen und empirischen Forschungen und macht die Komplexität ritueller Strukturen und Handlungen sichtbar.

1. Rituale erzeugen *Gemeinschaft*. Ohne sie sind Gemeinschaften undenkbar. Denn Gemeinschaften bilden sich in und durch rituelle Handlungen. Sie sind Ursache, Prozess und Wirkung von Ritualen. Über den symbolischen und performativen Gehalt ihrer rituellen Handlungen erzeugen und stabilisieren sie ihre Identität. Rituale schaffen Ordnungen, an deren Ausformung alle, wenn auch mit unterschiedlichen Wirkungsmöglichkeiten, beteiligt sind. Diese Ordnungen sind real und zugleich auch im Imaginären der Ritualteilnehmer verwurzelt; sie geben den Beteiligten dadurch Sicherheit, dass sie die Handlungen anderer Ritualteilnehmer voraussehbar machen. Die rituelle Rahmung schafft

die Ähnlichkeit zwischen den Handlungen des alltäglichen Lebens. Den Rahmen sprengende Handlungen sind selten. Ereignen sie sich, werden ihre Folgen bearbeitet; oder es wird der Rahmen verändert. Durch die Rahmung werden die Handlungen der Ritualteilnehmer so aufeinander bezogen, dass sie einander antworten und dadurch wechselseitig neue Handlungen hervorbringen. Spontaneität und ludischer Charakter rituellen Handelns bilden die Grenze seiner Kalkulierbarkeit. Institutionalisierte und informelle Gemeinschaften verfügen über ein kollektiv geteiltes symbolisches Wissen und über ritualisierte Interaktionsformen, in denen sie dieses Wissen aufführen und modifizieren. Die in jeder rituellen Aufführung wiederholte Inszenierung dieses Wissens ist ein Weg der Selbstdarstellung, der Sicherung und der Transformation der sozialen Ordnung. In diesem Prozess spielt die Bearbeitung von Differenzen mit der Welt außerhalb der Gruppe und innerhalb ihrer eine zentrale Rolle. Die Gruppe bearbeitet die in ihr vorhandenen Differenzen so, dass diese die Gemeinschaft nicht gefährden, sondern ihre Bearbeitung für die Gruppe produktiv ist. In der Regel geschieht dies durch die wiederholte Inszenierung und Aufführung des Rituals. Insofern diese eine gemeinsame Handlung ist, verlangt sie die Zurückdrängung von Differenzen, damit die rituelle Handlung gelingt. Wenn eine solche Zurückstellung der Differenzen nicht erfolgt und es zu keinen rituellen Handlungen kommt, ist die Gemeinschaft gefährdet. Gemeinschaft entsteht in der rituellen Handlung als *performative Gemeinschaft*.[18]

2. In der *Inszenierung und Aufführung* von Ritualen wird eine soziale Wirklichkeit geschaffen, für die es zwar Vorbilder gibt, die aber in dieser Form an diesem Ort zu diesem Zeitpunkt vorher nicht existierte. Unter Bezug auf frühere Rituale schafft jede Inszenierung und Aufführung eine neue rituelle Wirklichkeit, eine neue rituelle Gemeinschaft. Diese rituelle Gemeinschaft kann mit den Menschen, die die rituelle Handlung durchführen, erstmalig entstehen. Es kann sich aber auch um eine Wiederholung handeln, durch die sich die Gemeinschaft als solche bestätigt. Für die Bildung der Gemeinschaft ist die Inszenierung und Aufführung des Rituals entscheidend. In der Inszenierung und im Stil der Aufführung stellt sich die Gemeinschaft dar. In der rituellen Darstellung bringt sie etwas von sich zum Ausdruck, was anders nicht dargestellt werden kann. Daher ist die rituelle Inszenierung als ein «Fenster» anzu-

sehen, das einen Blick in die Tiefenstruktur der Gemeinschaft und die sie erzeugende Kultur ermöglicht. Die Inszenierung und Aufführung von Ritualen macht etwas sichtbar, was bis dahin unsichtbar war. Entscheidend ist dabei, dass dies in Form einer Handlung geschieht, die eine soziale Realität schafft, welche ein Stück unabhängig davon ist, wie sie gedeutet wird.

In der Inszenierung von Ritualen gibt es stets einen Bezug zu vorausgegangenen rituellen Aufführungen. Doch dieser kann sehr unterschiedlich sein. In manchen Fällen ist er sehr eng, in anderen eher locker. In beiden Fällen stellt jedoch die Aufführung des Rituals eine Kontinuität her, die für seine Wirksamkeit wichtig ist. In vielen Fällen stabilisiert die historische Kontinuität die Ordnung der Gemeinschaft und legitimiert sie. Denn sie vermittelt den Eindruck, dass die im Ritual geschaffene soziale Situation schon immer so gewesen und daher «natürlich» sei. Dass dadurch häufig die gesellschaftliche Machtverteilung und soziale Hierarchie stillschweigend fortgeschrieben werden, ist offensichtlich und bedarf einer ideologiekritischen Analyse.

3. In der Inszenierung und Aufführung von Ritualen kommt ihr *performativer Charakter* deutlich zur Wirkung. Mit dem Begriff der Inszenierung wird darauf verwiesen, dass Rituale szenisch gestaltet werden. Für jede rituelle Aufführung gibt es einen Handlungsspielraum, der unterschiedlich gestaltet werden kann. Höchst selten und nur in pathologischen Fällen sind Rituale Zwangshandlungen, die keine Abweichungen zulassen. Inszenierungen können sehr unterschiedlich erfolgen. Wie im Fall der Inauguration des amerikanischen Präsidenten kann es sich bei ihnen um langfristige Inszenierungen mit detailliert ausgearbeiteter Szenographie handeln, in deren Rahmen sogar Proben stattfinden.[19] In anderen Fällen verläuft die Inszenierung eher spontan und ist von der Aufführung selbst kaum unterscheidbar. In diesen Fällen wird zwar auf rituelle Muster zurückgegriffen, doch stellt sich erst im Augenblick der Aufführung des Rituals heraus, wie sie verwendet werden. Spontane Demonstrationen sind Beispiele für Rituale, in denen Inszenierung und Aufführung weitgehend zusammenfallen. Dennoch macht es auch hier Sinn, Inszenierung und Aufführung zu unterscheiden. Besonders in solchen Fällen, doch auch generell stellt sich die Frage, wer das Ritual inszeniert, wer der «agent» bzw. die «agency» seiner

Aufführung ist. Ist es eine Tradition, eine Gruppe, eine Person oder ein kollektiv-imaginäres und zugleich praktisches Wissen, aus dem heraus das Ritual emergiert?

4. Wenn von der Inszenierung und Aufführung von Ritualen die Rede ist, dann impliziert dies notwendig den Bezug zu den *Körpern* der Handelnden. Wie treten diese in einem Ritual in Erscheinung? Wie werden sie inszeniert? Was erfährt man aus ihrem Arrangement im Ritual über die Gemeinschaft, die einzelnen Menschen und ihre Kultur? Die Bewegungen und Praktiken der Körper verlangen Beachtung.[20] Wie wird mit ihnen der rituelle Raum vermessen, und welchem Rhythmus folgen sie? Der Abstand zwischen den Körpern sowie die Art ihrer Annäherungen und ihres Abstandnehmens sind bedeutungsvoll. Welche Positionen nehmen sie ein? Stehen oder sitzen sie? Welche Bewegungen machen sie im Tanz? Die Figurationen des Körpers sind symbolisch kodiert und vermitteln Bedeutungen. Bei Gesten, die als Sprache ohne Worte angesehen werden können, ist eine Unterscheidung zwischen ikonischen und symbolischen Gesten möglich. *Ikonische Gesten* sind einfache «bildliche» Gesten, deren Bedeutung sich weitgehend unabhängig von der Kenntnis einer historischen Zeit oder einer Kultur verstehen lässt. Zu solchen Gesten gehören die Größenangabe durch eine bloße Handbewegung oder der Ausdruck von Müdigkeit und Schlafwunsch durch das Zusammenlegen der Hände am zur Seite geneigten Kopf. Anders verhält es sich mit den *symbolischen Gesten*, die je nach historischer Zeit und Kultur unterschiedliche Bedeutungen haben und für deren Verständnis genauere historische und kulturelle Kenntnisse erforderlich sind. In jedem Fall spielt die «Logik» des Körpers, seine Darstellung, sein Ausdruck bei der Aufführung von Ritualen eine wichtige Rolle. Besonders ist dies der Fall bei der vorbewussten Wahrnehmung körperlicher Äußerungen, auf deren Grundlage die Atmosphäre ritueller Arrangements empfunden wird. Die Körper der anderen Menschen blicken uns an, bevor wir sie bewusst wahrnehmen, und bestimmen dadurch unsere Wahrnehmung von ihnen.[21] Damit die Aufführung von Ritualen zu den Gemeinschaft bildenden Prozessen führt, bedarf es der Erfahrung eines Fließens der Energien und Kräfte zwischen den Menschen, bei dem es sich um einen physisch-psychischen Prozess an der Grenze des Bewusstseins handelt.[22]

5. In der Aufführung von Ritualen werden auch *soziale Hierarchien* und *Machtverhältnisse* inszeniert und szenisch aufgeführt.[23] Am Beispiel der Inauguration des amerikanischen Präsidenten lässt sich dies deutlich machen.[24] Das szenische Ritual zeigt: Es gibt nur einen Präsidenten. Dieses öffentlich darzustellen und mithilfe des Fernsehens weltweit auszustrahlen, ist Aufgabe der Aufführung dieses Rituals. In dessen Arrangement wird sichtbar gemacht, wer der Träger der Macht ist. In der Rede des Präsidenten wird ostentativ zum Ausdruck gebracht, zu welchem Zweck die politische Macht eingesetzt werden soll. Nicht immer sind rituelle Machtstrukturen so deutlich erkennbar. Judith Butler hat mehrfach darauf hingewiesen, dass die rituelle Wiederholung eine der wirksamsten sozialen Strategien ist, Machtverhältnisse zu begründen und zu verfestigen.[25] Selbst die *gender*-Zugehörigkeit ist an rituelle Wiederholungen gebunden, die erst Identität in diesem Bereich herstellen.[26] Auch in den Alltagsritualen am familiären Frühstückstisch werden Machtfragen zwischen den Geschlechtern und den Generationen scheinbar beiläufig und deshalb umso wirksamer verhandelt.[27] In ihren rituellen Inszenierungen und Aufführungen werden mehrere Dinge gleichzeitig bearbeitet. Da von der Machtverteilung die Kohärenz von Gemeinschaften abhängt, gehört deren Regelung zu den zentralen Aufgaben ritueller Arrangements. Die Balancierung der Macht erfolgt unabhängig davon, ob mit ihr zusammenhängende Fragen angesprochen, beiläufig behandelt oder ausdrücklich bearbeitet werden.

6. Rituale sind an Raum und Zeit gebunden; in diesen Bedingungen wird ihr historischer und kultureller Charakter erfahren. Verschiedene Räume nehmen in unterschiedlicher Weise Einfluss auf Struktur, Qualität und Stil der sich in ihnen vollziehenden Rituale. *Rituelle Räume* unterscheiden sich von physikalischen. Einerseits schaffen sie rituelle Inszenierungen und Aufführungen[28]; andererseits erzeugen Rituale mithilfe von Körperbewegungen, Szenerien, symbolischen und indexikalischen Rahmungen rituelle Räume. Rituale und Räume stehen in keinem Subjekt-Objekt- oder Ursache-Wirkungs-Verhältnis, sondern in einem Wechselverhältnis. Sowohl Rituale als auch Räume sind performativ. Einerseits ermöglicht eine umgestaltete Turnhalle eine Schulfeier und eine Kirche eine Konfirmationsfeier. Andererseits verwandelt die Feier einer Schule die Turnhalle in einen Feierraum und die Konfirmations-

feier die Kirche in einen lebendigen sakralen Raum. Für die Entstehung ritueller Handlungen spielt die Verschränkung realer, virtueller, symbolischer und imaginärer Räume mit den körperlichen Bewegungspraxen der Menschen eine wichtige Rolle.

Die Verschränkung von realen, virtuellen, symbolischen und imaginären Räumen mit körperlichen Bewegungspraxen vollzieht sich in einem historisch-kulturell geformten Umfeld; dabei entsteht eine Atmosphäre, die auf die Gestimmtheit der rituell handelnden Menschen wirkt. In einer Anähnlichung an Atmosphäre, Struktur und Funktion des Raums werden Handlungen wiederholt, die hier schon einmal früher stattgefunden haben und für deren Aufführung der Raum geeignet ist. In einer mimetischen Anähnlichung an die Bedingungen des Raums verändern sich die rituell handelnden Menschen. Die performativen Wirkungen ritueller Räume wie des Kirchenraums, des familiären Wohnzimmers und des virtuellen Raums elektronischer Medien unterscheiden sich voneinander und haben unterschiedliche Sozialisationswirkungen.

7. Neben dem Raum ist die *Zeit* die andere konstitutive Bedingung rituellen Handelns.[29] Bezogen auf den Umgang mit ihr sind zwei einander ergänzende Perspektiven wichtig. Einmal spielen Rituale bei der Einführung von Kindern in die Zeitordnung der Gesellschaft eine zentrale Rolle. Schon früh versuchen Eltern, die Rhythmen des kindlichen Lebens auf ihre Zeitrhythmen zu beziehen und so bereits Säuglinge an den gesellschaftlich normierten Umgang mit der Zeit zu gewöhnen; mithilfe entsprechender Rituale wird die Zeit früh zu *der* Ordnungsmacht des kindlichen Lebens. Zum anderen wird beim rituellen Umgang mit Zeit ein praktisches Wissen erworben, das für die Inszenierung und Aufführung von Ritualen unentbehrlich ist. Insofern der Umgang mit Zeit Ergebnis kultureller Lernprozesse ist, spielen Rituale dabei eine entscheidende Rolle. Ihr repetitiver Charakter führt dazu, die Ordnung der Zeit in die Körper einzuschreiben und diese dadurch zu strukturieren.

Viele Rituale kehren zyklisch wieder. Sie dienen dazu, sich der Präsenz der Gemeinschaft zu versichern und sich ihrer Ordnung und ihrer Transformationspotenziale in der Wiederholung zu vergewissern. Rituale zielen auf die Inszenierung von Kontinuität, Zeitlosigkeit und Unveränderlichkeit sowie auf die Prozessualität und die Projektivität von

Gemeinschaften und Individuen. Im ritualisierten Umgang mit der Zeit entsteht Zeitkompetenz als soziale Kompetenz; die rituelle Ordnung der Zeit strukturiert in den Gesellschaften der Gegenwart das gesamte soziale Zusammenleben.

8. Zwischen dem Anfang und dem Ende eines Rituals liegen verschiedene Sequenzen rituellen Handelns, in denen unterschiedliche Handlungen erwartet und vollzogen werden. Mit der Sequenzialität ist die Regelhaftigkeit rituellen Handelns eng verbunden.[30] Die rituellen Handlungen folgen einer Ordnung, die auch eine Zeitordnung ist. Mithilfe von und in Ritualen werden Zeiträume geschaffen, die sich von der Gleichförmigkeit des alltäglichen Lebens unterscheiden und zu Momenten gesteigerten Lebens werden. Solche Intensivierungen entstehen durch die Verdichtung von Ereignissen, ihren außergewöhnlichen Charakter und ihre Beschleunigung. In vielen Ritualen wird die Zeit zu einer sakralen Zeit. Erinnerung und Rückbindung sind daher für Religionen konstitutiv, die mithilfe von Ritualen die kanonisierten Gehalte vom kommunikativen ins kulturelle Gedächtnis übertragen und sie dadurch den Menschen zugänglich machen, sodass sie Einfluss auf die Gestaltung der Zukunft gewinnen. Im Erleben der sakralen Zeit zählt weniger die Länge der gemessenen als die Intensität der gelebten Zeit. Übergangsrituale machen einerseits die verschiedenen Abschnitte des Lebens als Phasen mit einer eigenen Zeitdynamik erfahrbar[31], erzeugen andererseits im Lebensprozess Kontinuität und Sinn. In den Zeitstrukturen von Ritualen kommt es des Öfteren zur Überlagerung verschiedener Zeiten und damit zu komplexen Zeiterfahrungen.[32]

9. Auch beim Umgang mit und bei der Bearbeitung von *Differenz* und *Alterität* spielen Rituale eine wichtige Rolle. Am Beispiel des rituellen mittelalterlichen Moriskentanzes lässt sich dies deutlich machen, bei dem das rituelle Arrangement von Modellen des Kampfes mit den Mauren bis zu Modellen der höfischen Liebeswerbung reicht.[33] Das Ritual der Moresca bearbeitet sowohl die Fremdheit der Mauren in grotesken Darstellungen des Kampfs als auch die Alterität der Frau im männlichen Liebeswerben. In beiden Fällen sind die Bearbeitung von Differenz und Alterität Aufgabe des rituellen Arrangements. Auch in den multikulturellen Kontexten moderner Gesellschaften sind Rituale für den Umgang zwischen Menschen verschiedener Ethnien wichtig. Sie können Annä-

herung an das Fremde, Bearbeitung von Differenzen und das Zusammenleben fördern. Schulgemeinschaften bieten dafür gelingende und misslingende Beispiele[34], für die imaginäre, symbolische und performative Elemente gleichermaßen wichtig sind.

10. Im Zusammenhang mit *Religion* und *Sakralität* spielen Rituale eine wesentliche Rolle[35], unabhängig davon, ob man ihre Bedeutung für die Erzeugung und Einübung religiöser Gefühle im Kult betont oder ob man ihre Möglichkeit herausstellt, das Sakrale hervorzubringen, in dem sich die Gesellschaft ein Bild von sich selbst macht. Selbst bei dem erwähnten Inaugurationsritual ist der sakrale Charakter offensichtlich, der in der Anrufung Gottes und der Nation zum Ausdruck kommt. Auch der mit dem Akt der Einsetzung in ein höheres Amt verbundene magische Charakter hat viele Berührungspunkte mit dem Sakralen.[36] Selbst bei einem abendlichen Essen zu zweit, bei dem Kerzen auf dem Tisch die besondere Atmosphäre des gemeinsamen Essens betonen, liegt es nahe zu fragen, ob nicht bei dem Arrangement der Szene Elemente aus der sakralen Sphäre in den Alltag übertragen werden. Möglicherweise hängt die Aufwertung solcher Gebräuche durch sakrale Zeichen mit den sich gegenwärtig vollziehenden tief greifenden Veränderungen im Verhältnis vieler Menschen zu Religion und Sakralität zusammen.[37]

Mit der *Diesseitswendung* der Individuen, dem *Unsichtbarwerden der Religion*, der *Ausdifferenzierung der Lebensbereiche* und der Notwendigkeit, in heterogenen Bezugswelten zu leben, verlieren die eher monolithischen, verschiedene Lebenswelten überspannenden Rituale an Bedeutung.[38] Auch in Staat und Gesellschaft, Politik und Wirtschaft scheinen diese großen Rituale zurzeit weniger wichtig zu werden. An ihre Stelle treten kleinere, auf die verschiedenen Lebenswelten bezogene Rituale, die sich je nach Institution und Kontext ändern. Rituale sind bereichsbezogen, werden spezifischer und verbinden deshalb weniger Menschen. Da die meisten Menschen in mehreren Segmenten der Gesellschaft leben, haben sie an unterschiedlichen Ritualen und Ritualisierungen teil, von denen einige nur in der jeweiligen Lebenswelt anerkannt sind. Zu solchen Partialritualen gehören z. B. viele Rituale der Freizeit, bei denen man sich kompetent bewegen können muss, damit man in der jeweiligen Gruppe anerkannt wird.[39] Mit der Ausdifferenzierung der Religion und anderer einst zentraler Bereiche der Gesellschaft schwindet auch die Sichtbarkeit der Rituale. Doch geht mit der Diversifikation rituellen Handelns kein grundsätzlicher Bedeutungsverlust der Rituale einher. Mehr denn je benötigen Individuen Rituale und rituelles Handeln für die performative Erzeugung von Partialgemeinschaften; es entstehen viele, nur in begrenztem Kontext geltende, dort jedoch unentbehrliche Rituale.[40]

11. Für das Gelingen rituellen Handelns spielen *mimetische Prozesse* in *synchroner* und *diachroner* Hinsicht eine wichtige Rolle.[41] Bei der Aufführung von Ritualen nehmen die Teilnehmer zeitgleich und unmittelbar Bezug auf die Handlungen der anderen Ritualteilnehmer. Dies geschieht wesentlich mimetisch mithilfe der Sinne, der Bewegungen des Körpers, der gemeinsamen Bezugnahme auf Worte, Töne, Sprache und Musik. Ein rituelles Gesamtarrangement und Gesamtgeschehen kommt nur zustande, wenn die Koordination und Feinabstimmung aller Handlungen gelingt. Eine Voraussetzung dafür schafft die Inszenierung; entscheidend ist jedoch die Aufführung selbst, bei der die rituellen Handlungen aufeinander abgestimmt sein müssen. Sonst entsteht Komik, und das Ritual misslingt. Stimmigkeit erfordert die wechselseitige mimetische Bezugnahme der rituellen Handlungen aufeinander. Gelingt sie, entsteht das «Fließen» der Energien zwischen den Ritualteilnehmern, das als intensiv, angenehm und Gemeinsamkeit erzeugend erlebt wird. Wie im Tanz oder im Liebesspiel hat die rationale Steuerung der Handlungen auch in einem Ritual ihre Grenze. Das Gefühl des Gelingens tritt nur ein, wenn jenseits rationaler Kontrolle ein mimetisch erzeugter Gleichklang entsteht, der sich zwischen Körper und Körper, Bewegung und Bewegung, Geste und Geste bildet. Dieses mimetische Geschehen ist die Grundlage des Zugehörigkeits- und Gemeinschaftsgefühls und der sakralen Erfahrung.

Während die synchrone Dimension auf die Bedeutung mimetischer Prozesse bei der unmittelbaren Durchführung von Ritualen verweist, bezeichnet die diachrone Dimension mimetischer Prozesse die Historizität von Ritualen. Rituale beziehen sich immer auf andere, die stattgefunden haben, an denen man teilgenommen oder von denen man erfahren hat. Damit ist die historische Dimension eine wesentliche Bedingung von Ritualen. Rituelle Handlungen vollziehen eine mimetische Bezugnahme auf frühere Rituale. Indem diese mimetisch erfolgen, wird in ihnen ein «Abdruck» von früheren Aufführungen des Rituals genommen, der dann an den aktuellen Kontext angepasst wird. Je nach den Erfordernissen kommt es in diesem Prozess zur Abwandlung früherer ritueller Figurationen. Durch die Herstellung einer mimetischen Beziehung zwischen der aktuellen Welt und einer früheren Welt wird eine historische Kontinuität hergestellt, die das gegenwärtige rituelle Handeln selbst dann legitimiert, wenn es vom Vorbild abweicht. Mimetische Bezugnahme bedeutet nicht, dass das Ritual jedes Mal in gleicher Weise nachgeahmt wird. In der mimetischen Bezugnahme geht es um eine «Anähnlichung», also um die Wiederholung in einer ähnlichen Handlung, die nicht möglich wäre, wenn es die vorausgegangene rituelle Handlung nicht gegeben hätte. In manchen Fällen führt das Ergebnis der mimetischen Bezugnahme auch zur kritischen Abgrenzung vom gewählten rituellen Bezugspunkt, ohne dass dieser dadurch überflüssig würde. In der mimetischen Bezugnahme werden rituelle Figurationen und Arrangements für den Kontext des eigenen Handelns aktualisiert und modifiziert. Es werden mimetische Konstellationen, Inszenierungsstile und Bewegungsformen angeeignet und dabei nach Notwendigkeit oder Gutdünken verändert. In der «Wiederholung» vorausgegangener Rituale entsteht keine Kopie dieser Rituale, wie sie eine Fotokopiermaschine herstellt. Vielmehr wird in der Wiederholung unter Verwendung mimetisch übernommener und assimilierter Elemente etwas für alle Beteiligten Neues geschaffen, in dem das vorausgegangene Alte dialektisch aufgehoben ist. Das in einem mimetischen Prozess aktualisierte Ritual enthält das alte Ritual in neuem Gewand und mit neuem Gesicht.[42]

12. Mimetische Prozesse spielen für die Inszenierung und Aufführung von Ritualen noch aus einem weiteren Grund eine wichtige Rolle. Sie erzeugen das für das rituelle Handeln notwendige *praktische Wissen*.[43] Dieses rituelle Wissen, das Menschen befähigt, kompetent in Ritualen zu handeln, entsteht durch die reale oder imaginäre Beteiligung an rituellem Handeln. In mimetischen Prozessen nehmen Menschen an rituellen Handlungen teil, die körperlich sind und selbst sowohl eigenständige Handlungen darstellen als auch ihrerseits bereits auf andere rituelle Akte oder Arrangements Bezug nehmen. In den mimetischen Prozessen erfolgt eine «Ausweitung» der sich mimetisch verhaltenden Personen auf die rituelle Praxis hin. Diese Bezugnahme führt dazu, dass

eine ‹Anähnlichung› an die rituellen Handlungen erfolgt, bei der ihre Körperlichkeit und ihr performativer Charakter eine wichtige Rolle spielen. In diesen Prozessen werden rituelle Figurationen, Szenen, Ereignisfolgen, Bilder und Handlungsmuster inkorporiert, die in anderen Zusammenhängen dazu dienen, eine rituelle Praxis kompetent zu gestalten.

Rituale verbinden Vergangenheit, Gegenwart und Zukunft. Sie erzeugen Kontinuität und ermöglichen historischen und kulturellen Wandel. Sie sind nicht nur bewahrend, sondern führen zu gesellschaftlichen und kulturellen Veränderungen. Keine Reform, keine Innovation ist realisierbar, wenn mit ihr nicht Veränderungen der Rituale einhergehen.[44] Rituale sind nicht statisch, sondern *dynamisch*. Aufgrund des zu ihrer Durchführung erforderlichen praktischen rituellen Wissens, das in mimetischen Prozessen erworben wird, sind sie *soziale Dramen*, deren performativer Charakter soziale Ordnungen verändert. Mithilfe von Ritualen gelingt es, die in jeder Gesellschaft und Gemeinschaft enthaltenen *Gewaltpotenziale* zu kanalisieren. Allerdings geht es dabei auch um die *Macht* und ihre Möglichkeiten, sozialen und kulturellen Wandel zu verwirklichen bzw. zu verhindern.

10. Sprache zwischen Universalität und Partikularität

Von altersher gilt Sprache als die eine *conditio humana*, durch die sich der Mensch von allen anderen Lebewesen unterscheidet. Und das ist auch so, selbst wenn die Sprache gattungsgeschichtlich noch gar nicht so alt ist. Paläobiologen gehen davon aus, dass frühe Formen der Sprachfähigkeit 100 000 bis 200 000 Jahre alt sind und eine ausgebildete Sprachfähigkeit vor etwa 35 000 Jahren vorhanden war, also etwa zu der Zeit der Höhlenmalereien von Lascaux. Als ob sie dies gewusst hätten, bezeichneten die Griechen den Menschen nicht nach seiner Sprachfähigkeit, sondern nach dem aufrechten Gang als «an-thropos», der wesentlich älter ist und ebenfalls eine wichtige Voraussetzung für die Entwicklung der Sprache darstellt. Mit ihm gehen die Befreiung der Hand von den Aufgaben der Fortbewegung und des Sehens von der Prehension, die Vergrößerung des Gehirnvolumens, die Lateralisierung der Gehirnhälften, die Senkung des Kehlkopfs und die Entwicklung des Stimmapparats und des Gehörs einher. Alle diese Entwicklungen haben einen entscheidenden Einfluss auf die Entstehung der Sprache.[1]

Eine allgemeine Fähigkeit zur Sprache ist angeboren; ihre Entwicklung ist jedoch eine Folge menschlicher Geselligkeit und Kultur. Kein einziges Wort, keine einzige grammatische Regel einer bestimmten Sprache ist angeboren, «sondern nur die Fähigkeit, überhaupt Wörter und grammatische Konstruktionen und Sätze zu bilden»[2]. Wie Forschungen zu Kaspar Hauser und zu den «wilden Kindern» zeigen, die außerhalb der menschlichen Gemeinschaft groß werden, können Menschen, wenn sie nicht im Kindesalter eine Sprache erlernt haben, später nicht mehr sprechen lernen.[3] Auch Forschungen zur Entwicklung des Gehirns bestätigen, dass in den ersten Jahren nach der Geburt im

Hinblick auf Sprache und Wahrnehmung Lernprozesse stattfinden, die später nicht mehr kompensierbar sind.[4]

Die im menschlichen Körper angelegte universelle Sprachfähigkeit hat nicht zur Ausbildung einer einheitlichen Sprache, sondern zur Entwicklung einer Vielzahl von Sprachen geführt. Die heute existierenden etwa 6000 Sprachen sind in einer Verschränkung zwischen dieser allgemeinen Sprachfähigkeit und unterschiedlichen geographischen, kulturellen und sozialen Umwelten entstanden. Für die Anthropologie ergeben sich aus dieser Situation drei Fragen: Wie ist das Verhältnis zwischen dem durch eine universelle Sprachfähigkeit ausgezeichneten menschlichen Körper und den besonderen kulturellen Lernprozessen, in deren Verlauf Menschen eine historisch entstandene Sprache sprechen lernen? Wie ist das Verhältnis zwischen der universellen Sprachfähigkeit und den historisch entwickelten partikularen Sprachen, außerhalb deren Sprache nicht existiert? Wie ist der Zusammenhang zwischen Denken und Sprache, Sprache, Mitteilung und Selbstwahrnehmung?

Körper und Sprache

Mit dem menschlichen Körper ist eine universelle menschliche Sprachfähigkeit gegeben. Angesichts ihrer ist nach Noam Chomskys Auffassung der besondere Charakter der verschiedenen Sprachen eher nebensächlich. Um dies zu verdeutlichen, schlägt Chomsky vor, sich einen Menschen vorzustellen, der vom Mars kommt und der die Menschen sprechen sieht. Was sieht er? Alle Menschen artikulieren willkürlich Laute, die von anderen Menschen gehört werden und die diese dazu bringen, nun ihrerseits wieder Laute zu erzeugen. Da Kinder nie gehörte Sätze verstehen und neue, noch nie formulierte Sätze bilden können, sind nach Chomskys Auffassung die Grundprinzipien der Satzbildung, der Syntax, genetisch bedingt. Hinzu kommt: Im Zusammenhang mit der menschlichen Intelligenzentwicklung folgt der Spracherwerb in Auseinandersetzung mit der kulturellen Umwelt einem weitgehend genetisch festgelegten Zeitplan. Mit beiden Argumenten wendet sich Chomsky gegen den Behaviorismus und einen übersteigerten Kulturalismus, die beide davon ausgehen, dass der Mensch bei der Geburt ein unbeschriebenes Blatt Papier ist, das mit Hilfe der Kultur beschrieben werde. Für Chomsky ist die menschliche Sprache, d. h. die Fähigkeit zur Syntax, so einmalig, dass es sich nur um ein emergentes Phänomen handeln könne, das nicht auf evolutionären Vorläufern basiert.

In diesem letzten Punkt widersprechen Chomsky nun allerdings auch Autoren, die ansonsten entschieden seine Position vertreten. So wendet Steven Pinker, der Chomskys Position eines angeborenen «Sprachorgans» vertritt, gegen dessen Vermutung ein, dass es sich um ein nicht der Selektion unterliegendes emergentes Phänomen handle; gerade die Tatsache, dass es ein angeborenes Organ sei, spräche dafür, dass es nicht anders als die anderen menschlichen Organe entstanden sei. Um seine Argumentation zu sichern, macht Pinker sich daran, den Nachweis dafür zu erbringen, dass es ein angeborenes Sprachorgan gebe. Zur Unterstützung seines Arguments führt er den von der Sprachpsychologin Myrna Gopnik berichteten Fall einer britischen Familie an, in der mehrere Mitglieder vom *Special Language Impairment* (SLI) betroffen sind. Es bewirkt, dass sie nicht in der Lage sind, Singular- und Pluralbildungen sowie Tempusbildungen richtig durchzuführen, und sie daher Sätze erzeugen wie: «Ich dir hinführen (= Ich führe dich hin). Uns auch so was (= Wir haben auch so etwas). Mein Baum fall (= Meine Bäume fallen um). Ich … einfach gegeht in Schiff (Ich bin einfach auf das Schiff gegangen) …»[5] Diese Sprachstörungen fallen nicht mit einer Einschränkung der allgemeinen Intelligenz zusammen. Da die Sprachstörung nicht alle Familienmitglieder betrifft, sondern nach den Mendelschen Gesetzen verteilt ist, kann man schließen, dass es eine besondere, genetisch vererbbare, dem Menschen eigene Anlage zur Sprache gibt, die eine Folge evolutionärer Entwicklung ist.

Für die Herausbildung der Sprache ist, wie André Leroi-Gourhan gezeigt hat, der in der menschlichen Körperstruktur begründete Zusammenhang zwischen Hand und Wort außerordentlich wichtig. Mit dem aufrechten Gang und der Freisetzung der Hand von der Fortbewegung kann sich die Hand dem Greifen widmen. Dabei geht die Entwicklung vom Greifen von Nahrungsmitteln zur allmählichen Verwendung und Erzeugung von Werkzeugen über. Dadurch, dass die Hand die Funktion des Greifens übernimmt, wird der Mund und mit ihm das Gesicht *(face)* von dieser Aufgabe befreit. Wie die freigesetzte Hand zum Gebrauch und zur Herstellung von Werkzeugen übergeht, so entwickelt das vom Greifen freigesetzte Gesicht die Symbolisierung und wird mit der Artikulation zu einem System der Lauterzeugung. Diese beiden Entwicklungen sind in einem Prozess verschränkt. «Sprache ist von dem Augenblick an möglich, da die Vorgeschichte Werkzeuge liefert, denn Werkzeuge und Sprache sind neurologisch miteinander verbunden, und beide lassen sich nicht von der sozialen Struktur der Menschheit trennen.»[6] Wie bei allen Primaten gibt es auch beim Menschen eine neuronale Verbindung zwischen der Hand und den fazialen Organen. Im Unterschied zu den anderen Primaten erzeugt der aufrecht gehende Mensch jedoch Symbole und Werkzeuge. «... ausgehend von einer Formel, die mit der bei den Primaten verwirklichten Formel identisch ist, stellt der Mensch konkrete Werkzeuge und Symbole her, die beide auf den gleichen Prozeß, oder besser auf die gleiche Grundausstattung im Gehirn zurückgehen. Dies führt zu der Feststellung, daß die Sprache nicht nur ebenso charakteristisch für den Menschen ist wie das Werkzeug, sondern daß beide der Ausdruck ein und derselben menschlichen Eigenschaft sind.»[7]

Neben der genetisch bedingten neuronalen Verbindung zwischen Hand und Gesicht gibt es auch eine strukturelle Parallele, auf die Arnold Gehlen aufmerksam gemacht hat. Sowohl das Tasten als auch der Laut sind reflexiv. Beim Tasten und bei der Artikulation von Lauten ist der menschliche Körper sowohl aktiv-handelnd als auch passiv-empfangend. Beim aktiven Tasten empfinden wir die ertasteten Gegenstände rezeptiv, bei der Artikulation von Lauten hören wir diese und uns rezeptiv. Aufgrund dieser strukturellen Parallelität können Tastbewegungen in Lautbewegungen transformiert werden. Diese Struktur bewirkt eine Entsprechung zwischen Greifen und Sprechen und die Möglichkeit, das eine in das andere zu überführen. Die «Arbeitsteilung» zwischen der mit den Werkzeugen befassten Hand und dem mit der Symbolisierung befassten Gesicht führt mit der Erfindung der Schrift zu einer Vereinigung von Symbolisierung und Werkzeug- bzw. Handgebrauch, die jedoch in unserer Kultur zu einem neuen Ungleichgewicht führt. «Die Übernahme der Symbolisierung durch die Hand wird nämlich in unserer Kultur so dominant, daß die komplizierte Leistung der *face* verstellt und reduziert wird. Dadurch, daß die Lautbewegung in der Schrift der Hand überantwortet wird, wird die Funktion der Hand, das Greifen, der

Zugriff auf die Welt, auch für die Sprache dominant, und es gewinnt das Kontrollorgan der Hand, das Auge, die Ober-Hand. Die *face* und das Ohr sind dann *nur* noch für die Kommunikation, nicht mehr für die Erfassung der Welt (Prehension, Kognition) zuständig, die völlig an die Hand und das Auge übergehen.»[8] Literalität führt leicht dazu, Sprache auf ihre semantische und damit kognitive Dimension zu reduzieren und ihre an das Sprechen und Hören gebundene kommunikative Funktion gering zu achten. Dabei ist das Sprechen-mit, das sich nicht aufschreiben lässt, eine Grundmöglichkeit der Sprache, die an die Notwendigkeit gebunden ist, Sprache zu artikulieren.

Die sprachliche Symbolisierung ist jedoch nicht nur eine Sublimation des Greifens von Nahrungsmitteln durch den Mund, «sie ist auch eine Sublimationsform der körperlichen Beziehungen *zwischen* den Menschen, d. h. der sexuellen Beziehung. Die Sprache ist ein Kreuzungspunkt zwischen Nahrungsaufnahme und Sexualität, mittels der Sprache wird nicht nur das Objekt perzipiert, sondern auch das andere Subjekt konzipiert. … Die Sprache entsteht aus dem Bedürfnis kennenzulernen, d. h. dem *appetitus noscendi*.»[9]

Wenn im nächsten Abschnitt der Zusammenhang von Sprache und Denken untersucht wird, beschäftigt uns dieser Gesichtspunkt noch weiter. Nun sollen jedoch zunächst die drei auf der körperlichen Struktur des Menschen basierenden Formen der Artikulation der Sprache betrachtet werden.

Die erste Form bezieht sich auf die *Artikulation mit Stimmwerkzeugen* und die Produktion der Sprachlaute; sie ist eine unmittelbare Aktivität und Bewegung des menschlichen Körpers. Ohne diese, von Kultur zu Kultur unterschiedlich ausgeprägte, Bewegung des Körpers findet keine Erzeugung der Laute statt, ohne die es ebenfalls keine Worte gibt. Lautliche Artikulation und Sequenzialität sind für Sprechen und Sprache konstitutiv. Ferdinand de Saussure macht dies sehr deutlich. Nach seiner Auffassung ist das Wort bzw. das sprachliche Zeichen die Verbindung von Laut und Inhalt bzw. von Laut und Gedanken. Im Unterschied zum bildlichen Zeichen, das seinen Inhalt abbildet, hat beim lautlichen Zeichen z. B. die Lautsequenz «Stuhl» nichts mit dem Inhalt gemeinsam, für den sie steht. Die mit der lautlichen Artikulation eng verbundene Sequenzialität ermöglicht die hohe Geschwindigkeit und die «Unendlichkeit» des Sprechens. Sie ist eine wesentliche Bedingung der zweiten Artikulation.

Wilhelm von Humboldt bezeichnet diese Artikulation auch des Öfteren als *Gliederung*; sie macht das Wesen der Sprache aus; in ihr sind die körperliche und die nicht-körperliche, gedankliche Seite zu einer nicht auflösbaren Einheit verbunden. «Die Gliederung ist aber gerade das Wesen der Sprache; es ist nichts in ihr, das nicht Theil und Ganzes seyn könnte, die Wirkung ihres beständigen Geschäfts beruht auf der Leichtigkeit, Genauigkeit und Uebereinstimmung ihrer Trennungen und Zusammensetzungen. Der Begriff der Gliederung ist ihre logische Function, so wie die des Denkens selbst.»[10] Die Artikulation bringt nicht nur Unterteilung, Trennung, Analyse, sondern auch Zusammensetzung, Verknüpfung, Synthese hervor. «Die Artikulation im engeren Sinne, die lautliche Gliederung, ist damit trotz ihrer unterschiedlichen Form *Abbild* des Prinzips der logischen Gliederung des Denkens überhaupt.»[11] Da es sich bei der Artikulationsfähigkeit um eine genetische Anlage handelt, verfügen Menschen über diese selbst dann, wenn sie wie z. B. Taubstumme an der Hervorbringung von Lauten gehindert sind. Für die Grammatik und den Wortschatz sind im Gehirn das Broca- und das Wernicke-Areal zuständig; sie können Sprache nicht nur als Produktion von Lauten, sondern auch in anderen Körperbewegungen steuern. So stellen Gehörlose ihre eigenen Konzeptualisierungen mit visuellen Zeichen dar, die ikonische, den Wörtern entsprechende Gesten bilden.

Hinzu kommt eine dritte Form der Artikulation, die mit den ersten beiden Formen untrennbar verbunden ist: *das Hören auf die das Sprechen artikulierende Stimme und die damit zugleich artikulierten Gedanken.* Das Hören folgt sowohl der Artikulation der Stimme als auch der Artikulation der Gedanken und bringt selbst durch seine akroamatische Gliederung die anderen beiden Artikulationen mit hervor. «Als Hören des Anderen ist das Hören selber schließlich auch makro-strukturell ein Gelenk: *articulus* nämlich eines Ganzen, das wir Miteinander-Sprechen oder Dialog nennen.»[12] Für Johann Gottfried Herder steht das Hören sogar im Mittelpunkt der Sprache und der menschlichen Rationalität. Über das Hören prägt sich die Welt ins Innere der Menschen ein und verlangt nach Antworten. Diese Antworten werden im Sprechen gebildet. Sprache entsteht aus dem Zusammenspiel von tönender Welt und menschlichem Hören.

Die in der Struktur des menschlichen Körpers begründete Bindung der *Sprache* an die *Stimme* und das *Ohr* ermöglicht es der Sprache, «einen unendlichen Gebrauch» von «endlichen Mitteln» zu machen.

Sprache und Denken

In seiner «kleinen Geschichte des Sprachdenkens» *Mithridates im Paradies*[13] hat Jürgen Trabant die Frage nach dem Verhältnis von Sprechen und Denken in den Mittelpunkt seiner Untersuchung gestellt und gezeigt, wie die Auffassung dieses Verhältnisses mit Fragen des menschlichen Selbstverständnisses verbunden ist und im Verlauf der europäischen Geschichte unterschiedlich bestimmt wird. Dabei geht es um zwei in anthropologischer Hinsicht äußerst relevante Fragen, die auch für das kulturelle Verständnis von Sprache von zentraler Bedeutung sind. Die eine zielt darauf zu wissen, ob es einen Unterschied zwischen Denken und Sprechen gibt, und wenn, wie dieser zu begreifen ist. Die andere damit verbundene Frage richtet sich auf das Verhältnis zwischen Sprache und den vielen existierenden, historisch und kulturell heterogenen Sprachen. In der Behandlung dieses Problems wird die Antinomie zwischen Universalismus und Partikularismus in exemplarischer Weise deutlich, die auch andere Bereiche der Anthropologie durchzieht.

Im Alten Testament ist im Zusammenhang mit der Erschaffung der Welt davon die Rede, dass Gott Adam die Tiere bringt, damit dieser ihnen einen Namen gäbe. Mit dieser Namengebung erfolgt zwar keine Schöpfung, jedoch eine Aneignung der Welt. Die *universelle Sprache* des Paradieses verlieren die Menschen selbst dann noch nicht, als sie nach der in listige Worte gefassten Verführung durch die Schlange von Gott des Paradieses verwiesen werden. Erst nach dem Turmbau zu Babel straft Gott sie mit *Vielsprachigkeit.* Im Neuen Testament, in der Pfingstbotschaft, wird den Menschen die Möglichkeit zuteil, die *Einheit des Geistes in der Vielheit der Sprachen* zu verstehen.

Ging es in der Bibel um den Verlust der paradiesischen Universalsprache und um die Einheit des Geistes in der Vielsprachigkeit, so geht es der griechischen Philosophie zunächst im *Kratylos* um die Frage, ob die Wörter den Dingen von Natur *(physei)* zukämen oder ihnen vom Menschen nach Vertrag und Übereinkunft *(thesei)* zugeordnet würden. Beide Positionen werden von Sokrates in die Aporie geführt. Die von Sokrates favorisierte Lösung besteht in der sprachlosen, zu den Sachen selbst vordringenden Erkenntnis, für die die Worte nur Hilfsmittel sein können.[14] Aristoteles setzt ebenfalls hier an, kommt aber zu einer anderen Lösung. Er geht nicht mehr davon aus, dass Sprache und Welt-Erkenntnis unauflöslich miteinander verbunden sind. In der Übersetzung des Boethius, *De interpretatione,* die wegen des Fehlens des griechischen Textes im Mittelalter der einzige Zugang zum Denken des Aristoteles war, ist von «conceptus» die Rede.[15] Dieses «Konzept» der Dinge bildet sich aufgrund des Denkens, der Kognition. Bei allen Menschen ist es gleich und wird in den verschiedenen Sprachen durch «nach Belieben» gebildete Wörter kommuniziert.[16] Damit ist Denken lediglich auf die Dinge bezogen, jedoch von der Sprache unabhängig. Sprache dient nur dazu, das Gedachte anderen Menschen zu vermitteln. «Nach Aristoteles gibt es auf der einen Seite die *Kognition,* und die findet *ohne Sprache* statt (und ist bei allen Menschen die gleiche). Auf der anderen Seite haben wir die *Kommunikation,* und zu diesem Zwecke besitzen wir Wörter, und diese sind bei den verschiedenen Völkern verschieden. … Die Wörter bezeichnen das, was die Seele gedacht hat, um es anderen mitzuteilen. Das Denken selbst aber hat mit den Wörtern eigentlich nichts zu tun, es ist völlig unabhängig von den Wörtern. Es ist dasselbe bei allen Menschen, wie die Sachen selbst, die die Menschen erkennen.»[17] Diese Vorstellung einer grundlegenden Differenz zwischen Denken und Sprache ist eine Grundposition, die in der Geschichte des europäischen Sprachdenkens immer wieder aufgenommen wird, so bei Bacon, Locke oder Chomsky. Mit ihr einher geht die Klage über den Verlust der einheitlichen Sprache und die Sehnsucht nach einer universellen Sprache aller Menschen.

Mit dem Lateinischen entsteht eine solche universelle Sprache in Rom, die mehr als 1500 Jahre lang *die* Sprache Europas ist. Während es in der griechischen Philosophie in der Auseinandersetzung mit den Sophisten im Namen der Wahrheitssuche um eine Kritik der Rhetorik geht, wird die Rhetorik im römischen Kulturkreis durch Ciceros *Über den Redner* rehabilitiert. Das Interesse der Entwicklung gilt den rhetorischen Fähigkeiten zur Steigerung der Überzeugungskraft und zur erfolgreichen Erledigung anstehender Aufgaben, also der kommunikativen Seite der Sprache.

Mit dem Anspruch der Volkssprachen auf eine mit dem Lateinischen gleichberechtigte Rolle in Literatur, Wissenschaft und gesellschaftlichem Leben stellt sich die Frage nach dem Verhältnis von Denken und Sprache, von einer universellen Sprache und der Vielfalt der Sprachen von neuem. Ging es in der griechischen Philosophie um Fragen der Erkenntnis, die Platon und Aristoteles unterschiedlich beantwortet hatten, so geht es nun um den Anspruch der in diesen Sprachen verfassten Werke auf Anerkennung. Die von Dante, Petrarca und Boccaccio geschriebenen Werke machen es auch den Humanisten in Italien nicht leicht, den Anspruch der Volkssprachen auf Anerkennung zurückzuweisen. In Dantes lateinisch verfasster, aber zunächst in der Volkssprache publizierten Schrift *De vulgari eloquentia* wird eine Theorie dieser neuen Literatur entwickelt, mit der verdeutlicht werden soll, dass sie eine der lateinischen Literatur vergleichbare Qualität habe. Auch werden einige wichtige anthropologische Aussagen über die Sprache gemacht. Die Funktion der Sprache Adams wird in der Lobpreisung Gottes gesehen. Im Unterschied zu Engel und Tier, die wegen ihrer geistigen bzw. körperlichen Natur keine Sprache brauchen, macht die menschliche körperlich-geistige Doppelnatur Sprachen notwendig. Nur mit ihrer Hilfe können Menschen ihre inneren Bewegungen mitteilen. Für Dante ist Sprache eine positive, die Menschen auszeichnende Fähigkeit. Seit der babylonischen Strafe ist sprachliche Vielfalt unvermeidbare Bedingung der historischen Vielfalt und Differenz menschlichen Lebens. Die Menschen haben zwar eine allgemeine Sprachfähigkeit gemeinsam, die sich jedoch in verschiedenen Sprachen ausdrückt. Entscheidend ist für Dante die literarische Qualität, die auch in den Volkssprachen realisierbar ist.

Trotz solcher Einsichten können sich die Volkssprachen lange Zeit nicht durchsetzen. In der Renaissance halten in Italien die meisten Humanisten, d. h. Dichter und Gelehrten, dem Lateinischen die Treue. Im 16. Jahrhundert kommt es dann zu Veränderungen. Mit der Ausbreitung des Buchdrucks wenden sich die Gelehrten langsam vom Lateinischen ab und schreiben in den Volks- bzw. Nationalsprachen. Die Höflinge und die von ihnen getragene Hofkultur entwickeln die Volkssprachen. Naturwissenschaftler wie Galilei, der den *Dialogo* (1632) und die *Discorsi* (1638) auf Italienisch verfasst, wenden sich allmählich den Volkssprachen zu. In Frankreich gelingt es der zentralistischen Politik François I., die französische Sprache zu etablieren. Das Collège des trois Langues, das spätere Collège de France, wird 1530 gegründet. Montaigne, dessen erste Sprache das Lateinische war, publiziert seine Essais 1580 auf Französisch. In Deutschland sind es die lutherische Bibelübersetzung, der sich schnell ausbreitende Protestantismus und die zahlreichen Schulgründungen, die die Durchsetzung des Hochdeutschen bewirken. In den Ländern Europas kommt es allmählich zum Zusammenbruch der lateinischen Einsprachigkeit und zur Entwicklung differenzierter Volks- und Nationalsprachen. Damit gewinnen die Fragen nach dem Verhältnis von Einheitssprache und sprachlicher Vielfalt sowie von Kognition und Sprache eine neue Bedeutung. Da wir uns heute in die andere Richtung, von der Vielsprachigkeit zur Einsprachigkeit entwickeln, haben viele der damals diskutierten Probleme eine hohe Aktualität.

Entschieden stemmt sich Francis Bacon gegen den Bedeutungsgewinn der Volkssprachen. Ihm ist klar, dass die aristotelische Sprachauffassung nicht stimmt, in der die Konzepte unabhängig von der Sprache durch eine außersprachliche Abbildung der Dinge in der Seele entstehen, sondern dass die verschiedenen Sprachen unterschiedliche Perspektiven auf die Dinge entwickeln und daher das Denken sprachlich verfasst ist. «Die Wörter tun also generell das, was sie schon bei Platon taten: Sie unterscheiden das Sein (usian diakritikon), was Bacon hier schön als ein ‹Einschneiden der Sachen› bezeichnet: *res secant*. Aber die Wörter machen es nicht richtig, weil sie dem captus *vulgi*, dem intellectus *vulgaris*, also dem – beschränkten – Verstand des Volkes folgen.»[18] Den Wörtern wohnt eine Kraft inne, die bewirkt, dass nicht der Verstand Herr der Wörter ist, sondern dass diese den Verstand beherrschen. Deshalb gehört Sprachkritik zu den unerlässlichen Aufgaben von Philosophie und Wissenschaft. Denn es gilt, die «Bilder des Marktes» *(idola fori)*, die Hirngespinste und Sprach-Götzen aus der Sprache zu vertreiben und eindeutige Begriffe zu entwickeln, um einen nicht von der Sprache getrübten Zugang zu den Dingen zu gewinnen.

Auch René Descartes' Ziel ist ein «klares und gesichertes Wissen»[19]. Dieses wird jedoch nicht durch das Studium der Bücher oder der äußeren Welt, sondern nur durch das Denken im Inneren des Menschen gewonnen. Für Descartes ist das Denken frei, das Sprechen jedoch mit dem Körper verbunden; der Mensch kann die Wörter frei zusammenstellen und auf alles antworten, was man ihm sagt. Das Sprechen kann «bezeugen, dass man denkt, was man sagt»[20]. Sosehr Descartes diese Funktion des Sprechens anerkennt, in anthropologischer Hinsicht geht er wie Aristoteles davon aus, dass das Denken unabhängig von der Sprache erfolgt.

Im 16. Jahrhundert wird das Lateinische aus Wissenschaft und Verwaltung, teilweise sogar aus der Kirche verdrängt. Es erfolgt die «Etablierung nationaler Sprachnormen, seien sie politisch (in Frankreich) oder religiös (in Deutschland) oder literarisch (in Italien) instrumentiert, und die gelehrte Akkumulation von Informationen über die Sprachen der Welt *(Mithridates)* setzt die im 16. Jahrhundert beginnende sprachliche Diversifizierung Europas fort. Die mit dem humanistischen Theorie-Moment des *idíoma* gemeinte positive Einschätzung der Individualität von Sprachen wird mit dem Begriff des *génie des langues* eine kämpferische Dynamik erhalten und sich verstärken.»[21]

In seinem Versuch, den «Nebel vor unseren Augen» zu klären, den die Wörter erzeugen und der die Erkenntnis beeinträchtigt, entdeckt John Locke den arbiträren Charakter der Bedeutung von Wörtern und die damit verbundenen Schwierigkeiten, die dadurch entstehen, dass Menschen den gleichen Wörtern unterschiedliche Bedeutungen zuordnen. Doch entstehen solche Differenzen nicht nur zwischen Individuen, sondern auch zwischen Sprachen, bei denen nicht jedes Wort ein entsprechendes in der anderen Sprache hat oder bei denen sogar korrespondierende Wörter bei genauer Betrachtung Unterschiedliches bedeuten. Wörter hängen an den Ideen und behindern die Erkenntnis. Dies ist nicht zu ändern, doch ihre Anwendung kann in Philosophie und Wissenschaft kontrolliert werden. Auch Condillac geht wie Locke davon aus, dass der menschliche Geist ein unbeschriebenes Blatt sei, das im Verlauf des Lebens beschriftet wird. Die Sprachen seien wie ein Baum; sie hätten einen gemeinsamen Ursprung und würden sich dann wie der Baum in seiner Krone verzweigen. Nach Condillacs Auffassung haben die einzelnen Sprachen verschiedene «génies», die die Unterschiede erzeugen, die Individualität der Sprachen ausmachen, das Gedächtnis der Menschen unterschiedlich besetzen, dem Denken Festigkeit verleihen und damit Fortschritt ermöglichen.

Entschieden hebt sich davon Leibniz ab, der Lockes berühmte Behauptung, dass nichts im Verstand sei, was vorher nicht in den Sinnen gewesen sei, ergänzt um sein «außer dem Verstand selbst»[22]. Ihn fasziniert die Verschiedenheit der Sprachen, in der er einen großartigen Ausdruck der Vielfalt des menschlichen Denkens sieht. Damit erfolgt eine Neubewertung der Sprachen. Ihre Vielfalt ist nicht mehr beklagenswertes Chaos, sondern Reichtum des menschlichen Geistes, den es zu begreifen gilt. Hier knüpft Humboldt an, der *Über die Verschiedenheit des menschlichen Sprachenbaus*[23] arbeitet und in jeder Sprache eine «Weltansicht» sieht, deren Erforschung einen Beitrag zur Erweiterung des anthropologischen Wissens bietet.

Anthropologie der Sprache

Zunächst ist es Herder, der einen wichtigen Beitrag zur Anthropologie der Sprache und damit zur Anthropologie insgesamt liefert. Seine Überlegungen zielen darauf, Sprache als Bedingung des Menschseins, als *conditio humana* zu begreifen. Sie sind damit Teil seiner Bemühungen, eine Gegenposition zu Descartes' «Ich denke, also bin ich» zu entwickeln, die etwa so lauten könnte: «Mein Körper ist, ich spüre ihn/mich, also bin ich», und von den Besonderheiten des menschlichen Körpers ausgehend eine eigenständige Anthropologie zu begründen.[24] In diesem Zusammenhang steht Herders sprachanthropologische Arbeit, in der der sprachliche Charakter der Vernunft begründet wird. Deshalb liegt der Ursprung der menschlichen Sprache auch nicht im Bereich des Tierischen. Der bekannte Anfang der *Abhandlung über den Ursprung der Sprache*: «Schon als Tier hat der Mensch Sprache», bedeutet, Menschen wie Tiere verständigen sich mit den anderen Wesen ihrer Gattung über Laute, die sie hervorbringen und hören. Der Ursprung der menschlichen Sprache liegt dort, wo sich Mensch und Tier unterscheiden, im Fehlen der Instinkte beim Menschen, der dadurch entstandenen Situation des *Mangels* und der Notwendigkeit, diesen mithilfe von «Besonnenheit», d. h. mithilfe des Denkens und Erkennens zu kompensieren. «Und dieses *kognitive* Bedürfnis – das eben durchaus von dem tierischen Bedürfnis der *Kommunikation* unterschieden ist – schafft den Gedanken, der gleichzeitig die Sprache ist. Sprache entsteht als spezifisch menschliche nur aus der *semantisch-kognitiven* Beziehung zur Welt, und – und das ist das entscheidend und radikal Neue bei Herder – *der Gedanke ist das Wort.*»[25] Dieses innere Wort ist nicht angeboren, sondern bedarf der Welt, der akustischen Reize, um sich akustisch zu artikulieren, doch es ist selbst bereits Sprache. Herder verdeutlicht seine Auffassung an der Episode mit dem Schaf. «Mit einem Merkmal also? Und was war das anders, als ein innerliches Merkwort? Der Schall des Blöckens von einer Menschlichen Seele, als Kennzeichen des Schaafs, wahrgenommen, ward, Kraft dieser Besinnung, Name des Schaafs, und wenn ihn nie seine Zunge zu stammeln versucht hätte. Er erkannte das Schaaf am Blöcken: es war gefaßtes Zeichen, bei welchem sich die Seele an eine Idee deutlich besann – was ist das anders als Wort? Und was ist die ganze Menschliche Sprache, als eine Sammlung solcher Worte?»[26] Strukturiert wird das Zitat durch die folgenden, in Herders Verständnis Sprache bestimmenden Merkmale: «innerliches Merkwort», «Name des Schafs», «Zeichen», «Wort», «menschliche Sprache». Denken ist Sprache, Sprache ist Denken. Diese Verbindung ist nicht aufhebbar. Doch es ist auch Herder, der die fundamentale Bedeutung des Hörens für die Entwicklung der Sprache entdeckt. Könnte der Mensch das Blöken des Schafs nicht hören, könnten sich nicht die inneren Prozesse entwickeln, die Sprache erzeugen. Der Andere findet Zugang zu unserem Inneren über die akroamatische Wahrnehmung, über das Hören. Das Hören ermöglicht die Wahrnehmung des Anderen, die Selbstwahrnehmung und damit den dialogischen Charakter der Sprache. Das Hören verbindet die Sprache auch wieder mit der Stimme. Stimme und Ohr erzeugen, wie es Humboldt sagen wird, die für die Sprache charakteristische freie Gliederung bzw. Artikulation.

Auch für Humboldt sind Sprache und Denken miteinander verschränkt. Sprache ist das «bildende Organ des Gedankens»[27]; sie ist «die sich ewig wiederholende Arbeit des Geistes, den articulirten Laut zum Ausdruck des Gedankens fähig zu machen»[28]. Sie ist die Hervorbringung des Denkens in einer Verschränkung von Körper und Verstand. «Sprache ist also nicht nur Denken, sondern der Gedanke ist gleichzeitig die Stimme (conceptus + vox). Diese synthetische *Einheit* von materiellem Wort und Bedeutung ist der Kern der europäischen Intuition von der Einheit von Sprechen und Denken, die hier ihre klassische Formulierung findet.»[29] Damit ist die Gegenposition zur aristotelischen Trennung von Gedanke und Wort (*conceptus* und *vox*) formuliert, im Rahmen deren nur der Gedanke *(conceptus)* den Bezug zu den Dingen herstellt. Demgegenüber bilden bei Humboldt Sprache und Denken eine Einheit, die sich auf die Welt bezieht. Sprache ist jedoch nicht nur Stimme oder Mund, sondern gleichzeitig auch das Hören der Stimme durch den Sprechenden selbst und den Anderen, zu dem gesprochen wird. Durch sein Hören und sein inneres Verstehen des Laut-Gedankens (pensée-son) wird der Andere aufgefordert, mit seinen Worten und seiner Stimme zu antworten, sodass seine Antwort von dem zunächst Sprechenden gehört wird. Sprache ist Mitdenken. «Sie ist nicht nur Synthese von Laut und Gedanken, sondern als diese Synthese eben auch *Synthese von Kognition und Kommunikation.* Humboldt denkt das Sprechen-Denken immer auch als Miteinander-Sprechen-Denken.»[30] Diese universelle Arbeit des menschlichen Geistes vollzieht sich in verschiedenen historisch einmaligen Sprachen, von denen jede eine unterschiedliche «Weltansicht» produziert. Daraus folgt, dass das Denken nicht bloß abhängig ist «von der Sprache überhaupt, sondern, bis auf einen gewissen Grad, auch von jeder einzelnen bestimmten»[31].

Auf dieser Basis schlägt Humboldt einerseits Studien ganzer Sprachen, andererseits Studien einzelner Fragen in mehreren Sprachen vor. In beiden Fällen handelt es sich um anthropologische Studien, mit deren Hilfe er das «organische Wesen» der Sprachen zu erforschen beabsichtigt und in denen der Vergleich von zentraler Bedeutung ist. In seinen Überlegungen zur «vergleichenden» Anthropologie charakterisiert er diese wie folgt: «Ihre Eigenthümlichkeit besteht daher darin, daß sie einen empirischen Stoff auf speculative Weise, einen historischen Gegenstand philosophisch, die wirkliche Beschaffenheit des Menschen mit Hinsicht auf seine mögliche Entwicklung behandelt».[32] Anthropologie soll also weder ausschließlich empirisch noch allein philosophisch betrieben werden; vielmehr komme es darauf an, Empirie und Philosophie zu verschränken, d. h., einen historischen Gegenstand philosophisch so zu durchdringen, dass in der Behandlung der jeweiligen Beschaffenheit des Menschen seine mögliche Entwicklung sichtbar wird. Mit dieser Verbindung von Philosophie und Empirie, von Transzendentalem und Historischem gilt es eine philosophisch angeleitete Untersuchung der Vielfalt der Sprachen und ihrer «Weltansichten» vorzunehmen.

Um den Charakter der Sprachen wirklich zu begreifen, bedarf es ihrer Untersuchung im Gebrauch. Nur in ihrem Gebrauch gelingt es auch, ihren performativen Charakter zu verstehen.[33] «Wie genau und vollständig man aber auch die Sprachen in ihrem Organismus untersuche, so entscheidet, wozu sie vermittelst desselben werden könne, erst ihr Gebrauch. Denn was der zweckmäßige Gebrauch dem Gebiet der Begriffe abgewinnt, wirkt auf sie bereichernd und gestaltend zurück.»[34]

An dieser Stelle setzt der Wittgenstein der *Philosophischen Untersuchungen* ein, der von seinem früheren Weg des *Tractatus logico-philosophicus* Abstand nimmt, auf dem er in der Nachfolge Bacons, Lockes und Condillacs die Philosophie und die Wissenschaft von den «Fallstricken» der natürlichen Sprache befreien wollte und auf dem sich die analytische Philosophie nach wie vor befindet. Was Humboldt ansatzweise sieht, wird von Wittgenstein radikalisiert: Die Bedeutung der Wörter entsteht im *Gebrauch*. Damit wird die Begrenzung der Philosophie auf die apophantische, auf Wahrheit und Erkenntnis ausgerichtete Rede aufgehoben. Ziel ist nicht mehr die Universalität eines Denkens und Erkennens, das jeden kulturellen Relativismus hinter sich lassen kann, sondern es geht um die Abhängigkeit der Sprache und des Denkens von ihrem Gebrauch. Die Bedeutung eines Worts ist «sein Gebrauch in der Sprache». Sie konstituiert sich in den vielfältigen Verwendungsweisen des Sprechens, die Wittgenstein als «Sprachspiele» bezeichnet. Dazu heißt es in § 23 der *Philosophischen Untersuchungen*: «Wieviele Arten der Sätze gibt es aber? Etwa Behauptung, Frage und Befehl? – Es gibt *unzählige* solcher Arten: unzählige verschiedene Arten der Verwendung alles dessen, was wir ‹Zeichen›, ‹Worte›, ‹Sätze› nennen. Und diese Mannigfaltigkeit ist nichts Festes, ein für allemal Gegebenes; sondern neue Typen der Sprache, neue Sprachspiele, wie wir sagen können, entstehen und andre veralten und werden vergessen. (Ein *ungefähres Bild* davon können uns die Wandlungen der Mathematik geben.) Das Wort

‹Sprach*spiel*› soll hier hervorheben, daß das Sprechen der Sprache ein Teil ist einer Tätigkeit, oder einer Lebensform.»[35] Die Mannigfaltigkeit des Gebrauchs verweist auf die Vielfalt gesellschaftlicher Praxis. Damit werden Sprechen und Denken nicht mehr nur auf die Wahrheits- und Erkenntnissuche der Philosophie bezogen, sondern jedes Sprechen kann zum Gegenstand philosophischer Reflexion werden. Denn jedes Sprechen ist ein Erzeugen von Welt, ist eine Praxis. «Die Sprache ist ein Instrument. Ihre Begriffe sind Instrumente.»[36] Im Zentrum steht jetzt das Pragmatische, das Miteinander-Handeln im Sprechen. «Die Bedeutung eines Wortes ist sein Gebrauch in der Sprache.»[37]

Wie Humboldt von der Verschiedenheit der Sprachen, so ist Wittgenstein von der Vielfalt der Sprachspiele fasziniert. Bei dem einen resultieren daraus unterschiedliche «Weltansichten», bei dem anderen unterschiedliche Arten des Handelns. Ihnen gemeinsam ist, dass sie Sprache als Tätigkeit, als Gebrauch ansehen. Bei Humboldt wird der Gedanke durch die «Arbeit des Geistes» erzeugt. «Diese Arbeit unterscheidet sich deutlich von Wittgensteins ‹arbeitender› Sprache. In Humboldts *primär semantischem* Fokus ‹erzeugt› die Sprache den Gedanken, wenn auch als etwas ‹ständig Vorübergehendes› und durchaus im Miteinander-Sprechen, also als gemeinsame Arbeit. Die Sprach-Arbeit ist ein Machen – *poiesis*. Sprache unter *primär pragmatischem* Blickwinkel, als Miteinanderhandeln, als *praxis* dagegen erzeugt zunächst nichts außer der Zusammenarbeit selbst. Daher ist sie *primär* ein ‹Spiel› und nicht Arbeit: logos ballistikos, Hin und Her, Zug um Zug, wie beim Schach-Spiel»[38].

Ausgehend von Vorstellungen nicht-sprachlicher Erkenntnis (Platon) über die Trennung von Denken und Erkennen einerseits und Sprache andererseits (Aristoteles), der Einsicht in den Verlust der Einheitssprache bei der Vertreibung aus dem Paradies und am Beginn der Moderne und den heterogenen Einschätzungen des Bedeutungsgewinns der Volks- und Nationalsprachen durch Bacon, Locke und Condillac einerseits, Leibniz, Herder und Humboldt andererseits gelangen wir zu Positionen, die entweder wie Chomsky die Wichtigkeit der genetisch verankerten universellen Sprachfähigkeit betonen oder wie Wittgenstein den Gebrauch der Sprache in unendlich vielen Sprachspielen für das Entscheidende im Denken und Sprechen halten. In globaler Perspektive werden in diesem Jahrhundert Hunderte von Sprachen aussterben.

Damit wird sich die Vielfalt des «menschlichen Geistes» reduzieren. Die sich abzeichnende Entstehung einer neuen Universalsprache, unterstützt von den uniformierenden Tendenzen der Globalisierung, wird trotz erheblichen Widerstands ebenfalls die Reduktion kultureller Mannigfaltigkeit nach sich ziehen.[39] Die Folgen sind kaum antizipierbar; sie werden jedoch weiterhin zu gravierenden Veränderungen im Selbstverständnis der Menschen führen.

II. Bild und Imagination

Neben der Sprache stellen Bilder einen Schwerpunkt anthropologischer und kulturwissenschaftlicher Forschung dar. Am Anfang dieses Interesses steht die Frage «Was ist ein Bild?»[1]. Ausgangspunkt ist die Allgegenwart der Bilder, in den Metaphern der Sprache, in den Werken der Kunst, in den Neuen Medien. Bilder haben eine ubiquitäre Präsenz erlangt. Ein neues Verständnis des «Bildes als kultureller Figuration» steht an. Von der Metapher als Brückenschlag des Subjekts zur Welt und der Metapherngebundenheit des Denkens ausgehend[2] gilt es, die zentrale Rolle der Bilder in Kultur, Wissenschaften und Philosophie besser zu begreifen. Die «Entdeckung» des Blicks und der in ihm erfolgenden Überkreuzung zwischen den Dingen und den in den Körper eingebundenen Augen eröffnet ein neues Verständnis des Verhältnisses von Bild, Blick und Körper. Das chiastische Modell der Blickverschränkung, in dem es zu einem Ineinander von Sicht und Ansicht kommt, macht deutlich, wie Bilder vom Blick erzeugt, im Gedächtnis deponiert und in der Erinnerung wiederbelebt werden. Mit den phänomenologischen Beobachtungen über das Sehen und die Lektüre von Bildern erscheint das Sehen als eine eigenständige, durch nichts zu ersetzende kulturelle Leistung, die eine Fokussierung des Bildes und der Imagination in den Kulturwissenschaften und in der Anthropologie nahe legt.

Bilder – Körper – Medien

Wenn wir von Bildern reden, ergibt sich die Frage, ob wir uns auf äußere oder innere Bilder beziehen. In der Tatsache, dass der Begriff «Bild» beide Möglichkeiten umfasst, kommt etwas zum Ausdruck, das für

227

Bilder charakteristisch ist. Äußere Bilder gehen auf innere und innere Bilder auf äußere zurück. Bilder sind Produkte der im Vegetativen des menschlichen Körpers wurzelnden Einbildungskraft.[3] Hans Belting denkt in eine ähnliche Richtung, wenn er den Körper als den «Ort der Bilder» bestimmt und daraus folgert: Der Körper «ist den selbst erzeugten Bildern ausgeliefert, auch wenn er sie immer wieder zu beherrschen versucht. Seine Bilderzeugnisse aber beweisen, daß der Wandel die einzige Kontinuität ist, über die er verfügt. Die Bilder lassen keinen Zweifel daran, wie veränderlich sein Wesen ist. So kommt es, daß er die Bilder, die er erfindet, bald wieder verwirft, wenn er den Fragen nach der Welt und nach sich selbst eine neue Richtung gibt. Die Ungewißheit über sich selbst erzeugt im Menschen die Neigung, sich als anderen und im Bilde zu sehen.»[4] Selbst über ihre Wahrnehmungsbilder und die aus ihnen erzeugten inneren Bilder verfügen Menschen nur eingeschränkt. Wo der Blick verweilt, was er ausgrenzt, was Menschen in ihr Gedächtnis aufnehmen, sodass sie es erinnern können, ist nur zum Teil von ihrem Bewusstsein abhängig. Nicht weniger wichtig ist das menschliche Begehren, andere Menschen, Situationen, Dinge in Form von Bildern zu einem Teil von sich zu machen. Die mentalen Bilder steuern die Wahrnehmung und bestimmen, was Menschen sehen, übersehen, erinnern oder vergessen. Die inneren Bilderströme bedingen nicht nur, welche Menschen oder Gegenstände außerhalb durch die Zuwendung der Aufmerksamkeit zum Bild werden, sondern auch, welche Bilder an der Aufmerksamkeit vorbei in die Menschen eindringen und sich in ihnen festsetzen. Menschen sind ihren inneren Bildern ausgeliefert, auch wenn sie immer wieder versuchen, Kontrolle über sie zu gewinnen. Diese Bilder fluktuieren und verändern sich mit dem Wandel des menschlichen Lebens. Einst wichtige Bilder verlieren an Bedeutung und werden durch neue ersetzt. Doch allen Bildern ist gemeinsam, dass Menschen sich in ihnen erfahren und sich mit ihrer Hilfe ihrer selbst vergewissern.

Die inneren Bilder sind weitgehend eine Folge der äußeren Bilder, die an die Menschen herangetragen werden. Als Produkte unserer Kultur sind sie deren Ausdruck und unterscheiden sich von den äußeren Bildern anderer Kulturen und anderer historischer Zeiten.[5] Auf ihrem Weg von den vergegenständlichten Formen in der äußeren Welt ins Innere der menschlichen Körper und durch die Überlagerung mit den dort bereits befindlichen Bildern wird der kollektive Charakter dieser Bilder individuell überformt. Viele dieser Bilder der kollektiven Bilderwelt sind Produkte der (inneren) Bilder von Menschen, die die Möglichkeit haben, ihre inneren Bilder zu Gegenständen und Formen der Außenwelt zu machen oder sie in Medien zu transferieren und zu verbreiten.[6] Vergegenständlichte Bilder existieren mithilfe von Trägermedien. Das gilt für die frühen Höhlenbilder, in denen der Stein das Medium ist, durch das sie existieren.[7] Auch in den Totenbildern der Antike, in denen das Antlitz des vergänglichen Körpers als Bild auf einen anderen Träger übertragen wird und so den sterblichen Körper überlebt, ist dies der Fall.[8] Entsprechend verhält es sich bei Fotografie, Film und Video. Beim Foto geht ein Lichtabdruck des menschlichen Körpers auf ein Negativ, welches dann auf das Fotopapier transferiert wird, in diesem Medium erhalten bleibt und als Bild eine ganz andere Geschichte haben kann als der Körper, von dem es stammt.[9] So ist es auch bei Film und Video, in denen die Bewegungen hinzukommen. Die jeweiligen Medien sind den Bildern nicht äußerlich; sie sind für die Bilder konstitutiv. Ohne Medium gäbe es kein Bild, das wir wahrnehmen und das wir in unsere innere Bilderwelt überführen und inkorporieren könnten. «Im Medium der Bilder liegt ein doppelter Körperbezug. Die Körperanalogie kommt in einem ersten Sinne dadurch zustande, daß wir die Trägermedien als symbolische oder virtuelle Körper der Bilder auffassen. Sie entsteht in einer zweiten Hinsicht dadurch, daß sich die Medien unserer körperlichen Wahrnehmung einschreiben und sie verändern. Sie steuern unsere Körpererfahrung durch den Akt der Betrachtung in dem Maße, wie wir an ihrem Modell die Eigenwahrnehmung ebenso wie die Entäußerung unserer Körper üben.»[10] Diesen Sachverhalt unterstreicht auch McLuhans «The medium is the message»[11]. Die Medien, in denen uns die Bilder erreichen, bestimmen wesentlich unsere Bilderfahrung. Als Medien beeinflussen sie, unabhängig vom jeweiligen Bild, unsere Art, die von ihnen transportierten Bilder wahrzunehmen. Es besteht ein qualitativer Unterschied darin, ob wir ein Bild als gemaltes, als fotografiertes oder als digitales wahrnehmen, der in der Bildsemiotik übersehen wird, wenn sie Bilder auf Bildzeichen reduziert.[12]

Als weitere zentrale Referenzpunkte menschlicher Bilderfahrung kommen *Raum und Zeit* ins Spiel. Körper, die zu Bildern werden, entgehen als Bilder ihrer Vergänglichkeit. Auch hierfür sind die frühen Totenbilder ein Beleg. Selbst die auf Papier abgezogenen Bilder der Fotografie suggerieren dem menschlichen Körper die Überwindung seiner Zeitlichkeit. Das Foto bietet Anlass zur Erinnerung und die Möglichkeit, als Bild in einer Gemeinschaft zu überleben. Aufgrund ihres medialen Charakters sind Bilder speicherbar und jederzeit verfügbar, sie können also in einer anderen als ihrer Entstehungszeit wahrgenommen werden. Entsprechendes gilt für den Raum. Der mediale Charakter der Bilder macht sie unabhängig vom Raum ihrer Entstehung und ermöglicht es, sie in verschiedene räumliche Kontexte einzubringen. Bilder sind ubiquitär präsentierbar. Das Fernsehbild zeigt dem Zuschauer zu Hause einen Ort, der irgendwo in der Ferne liegt und den er in seiner Vorstellung «betritt». Wo ist nun der Zuschauer? Ist er noch bei sich zu Hause, oder ist er an jenem fernen Ort, zu dem ihn die Kamera führt? Trotz ihrer Raum- und Zeitunabhängigkeit als Medien sind Bilder als Bilder nicht kontextunabhängig. Vielmehr ändern sie je nach Zusammenhang nicht nur ihre Bedeutung, sondern auch ihren Bildcharakter. Im medialen Charakter der Bilder liegen Dispositionen zu ihrem Gebrauch, die eine Anleitung geben, wie sie wahrgenommen werden sollen. In jedem aufgrund seiner Medialität möglichen Gebrauch eines Bildes kommt es zur Überlagerung verschiedener Zeiten und Räume. Unterscheiden lassen sich: die Entstehungszeit des Bildes, die Zeit, auf die seine Darstellungen verweisen, die Zeit der Wahrnehmung. Entsprechendes gilt für den Raum. Zudem beziehen sich die verschiedenen Formen von Raum und Zeit auf unterschiedliche historische und kulturelle Referenzpunkte, im Hinblick auf die die Bilder wahrgenommen werden.

Für die Veränderung solcher Referenzpunkte und für die Umdeutung von Bildern in einem sich wandelnden kollektiven Imaginären kennt die Ethnologie viele Beispiele.[13] Serge Gruzinski hat derartige mit der Kolonialisierung und Christianisierung Mexikos zusammenhängende Prozesse nachgezeichnet.[14] Nach seiner Untersuchung richteten die spanischen Eroberer ihre Kräfte darauf, das kollektive Imaginäre der Eingeborenen zu zerstören und durch das christliche Imaginäre zu ersetzen, um damit der *Kolonialisierung* Dauer zu verleihen. In komplexen mimetischen Prozessen kommt es zu einer nachhaltigen Umgestaltung der Vorstellungswelt der Indios; es entsteht eine Amalgamierung aus imaginären «heidnischen» und christlichen Figuren. Durch die Einverleibung der neuen christlichen Identifikationspunkte im Imaginären der Indios ist deren Unterwerfung endgültig. Ähnliche Prozesse lassen sich für Indien und Afrika feststellen.[15]

Der Körper ist den Menschen in seinen Vergegenständlichungen im Bild, in der Sprache und in kulturellen Aufführungen zugänglich. Wie alle anderen Objektivierungen sind Bilder historisch und kulturell unterschiedliche Ausdrucks- und Darstellungsformen des Körpers. Das Verhältnis der menschlichen Körper zu den Bildern ändert sich, wobei dieser Wandel häufig durch mediale Veränderungen bewirkt wird. Bereits der Spiegel lässt die Menschen den Körper dort sehen, wo er nicht ist, im Glas oder im Metall. Wie bei einem Gemälde findet bei ihm eine Übersetzung des dreidimensionalen Körpers in die Fläche statt. Auch die Medialität der Fotografie verändert den Charakter eines Bildes; bei ihr entsteht ein Lichtabdruck der Körper, der sie auf der Fläche zur Erscheinung bringt.[16] Begreift man wie McLuhan die neuen Medien als Prothesen des Körpers, treten selbst digitale Bilder in ein Verhältnis zum Körper, wenn auch in ein sehr abstraktes. Generell scheint das Ausmaß der medialen Vermittlung der Welt zuzunehmen[17] und die *Medialität* des menschlichen Weltverhältnisses mit dem damit einhergehenden Selbstausdruck der Medien eine immer größere Rolle zu spielen. Teil dieser Entwicklung sind auch die bildgebenden Verfahren (z. B. Röntgenbild, Elektronenmikroskop, Computertomographie), die in den Naturwissenschaften nicht mehr wegzudenken sind, deren epistemologische und kulturwissenschaftliche Bedeutung aber erst allmählich ins Bewusstsein gerät.

Im Bild sind Anwesenheit und Abwesenheit der Menschen und Gegenstände unauflösbar ineinander geschoben. Wie ein Körper im Medium der Fotografie gegenwärtig ist, so verweist sein Bild zugleich auf den abwesenden Körper. «Das ‹Hier und Jetzt› des Bildes lesen wir an dem Medium ab, mit dem es uns vor Augen tritt. Aber die Differenz von Bild und Bildmedium ist komplexer, als es diese Beschreibung erkennen läßt. Das Bild hat immer eine mentale, das Medium immer eine materiale Eigenschaft, auch wenn sich beides für uns im sinnlichen Eindruck zur Einheit verbindet.»[18] Zum Bild wird die Fotografie dadurch, dass Menschen sie ansehen und mit ihrem Blick lebendig machen. Dabei tritt der mediale Charakter der Fotografie in den Hintergrund. Bei Film und Fernsehen trifft dies noch stärker zu. In beiden Fällen wird der Zuschauer in die im Medium ihm vor Augen geführte Welt der Bilder hineingezogen. Auch wenn er sich des medialen Charakters der Bilder grundsätzlich bewusst ist, «vergisst» er ihn im Prozess des Zuschauens, in dem sich die medial erzeugten Bilder mit seinen eigenen mentalen Bildern verbinden und das Fernseh- bzw. Filmbild als ein Erlebnisbild des Menschen erzeugen. In diesem Prozess überlagern sich die medial übermittelten aktuellen Bilder mit denen, die der Zuschauer assoziiert und erinnert. Sowohl die aktuellen Fernseh- bzw. Filmbilder als auch die eigenen mentalen Bilder haben eine Tiefendimension im Imaginären der Kultur und der Gesellschaft, die immer wieder «angespielt» wird und die vielen «aktuellen» Bildern erst ihren Sinn und ihre Bedeutung gibt.[19]

Im Unterschied zum Film- und Fernsehbild haben die *digitalen Bilder* eine Matrix, die kein Bild mehr ist.[20] Doch nicht nur ihr Bildcharakter, sondern auch ihre Medialität ist zum Problem geworden. Sie besteht in elektronischen, mathematisch generierten Prozessen, die nur noch wenigen zugänglich sind, die jedoch ein hohes Maß an Manipulierbarkeit garantieren. Im synthetischen Bild ist die traditionelle «Verbindung zwischen Bild, Subjekt und Objekt aufgelöst»[21]. Selbst wenn es sich so verhält, ist das synthetische Bild dennoch auch auf das bezogen, was es darstellt, selbst wenn die Art der Bezugnahme neu und anders ist. Das synthetische Bild bedarf zu seiner Darstellung eines Bildschirms und damit einer Möglichkeit, «Bild» zu werden. Es ist auf die mentalen Bilder seiner Betrachter bezogen, mit denen es sich überlagert und verschränkt. Das Erscheinen der Bilder auf dem Bildschirm suggeriert ihre Verfügbarkeit in einem überschaubaren und kontrollierbaren Rahmen. Zu dieser Illusion tragen auch die eher geringe Größe des Bildschirms, der ephemere Charakter der sich auf ihm einfindenden bewegten Bilder und die Standardisierung des Blicks bei. Als bewegte Bilder vermitteln synthetische Bilder dem Zuschauer eine doppelte Illusion, die des Bildes und die der Bewegung. Die Illusion der Bewegung entsteht umso leichter, als der Körper des Zuschauers in der Position des Sitzens stillgestellt ist. Wenn die zunehmende Ausbreitung synthetischer Bilder das Schwinden des Glaubens an den Repräsentationscharakter der Bilder fördert, dann kann dies zu nachhaltigen Veränderungen in der Einstellung zu Bildern und ihrem kulturellen Gebrauch führen.[22]

Im Rahmen einer stärkeren Auseinandersetzung mit Bildern nimmt die *Bildkritik* einen wichtigen Raum ein. Die Auseinandersetzung zwischen Ikonodulen (Bilderverehrern) und Ikonoklasten (Bilderzerstörern) hat eine lange Tradition und reicht bis in die Gegenwart.[23] Bilder können täuschen, manipulieren, ins Gefängnis des Imaginären einsperren. Ihre Glaubwürdigkeit gerät in Zweifel. Gerade wenn sie erregen und faszinieren, entstehen skeptische Rückfragen und Widerstand gegen ihre magischen Wirkungen. Bilder simulieren die Welt und werden zu Simulacren, die die Menschen in Beschlag nehmen. Wie sind die Wirkungen der Vervielfältigung und der Beschleunigung der Bilder – dieser neuen Bilderfluten? Tragen sie zu wachsender Abstraktion und distanzierendem Umgang und zum Verlust lebendiger Erfahrungen bei? Ist die Bildersucht eine Droge, mit der wir uns betäuben, um der Angst vor der Leere, vor dem *horror vacui* zu entgehen? Oder verlieren die Bilder ihre Faszination und entsteht Skepsis ihnen und dem Sehen gegenüber, die dazu führt, die Bedeutung der anderen Sinne wiederzuentdecken und neue Formen sinnlicher Erfahrung zu suchen?

Präsenz – Repräsentation – Simulation

Bilder sind mehrdeutig. Die Annahme, sie entstünden lange vor der Entwicklung des Bewusstseins aus der Angst vor dem Tod bzw. aus der Angst, sterben zu müssen, ist nicht abwegig. Dietmar Kamper vermutete: Das Bild «hat den Zweck, die Wunde zuzudecken, aus der die Menschen stammen. Doch dieser Zweck ist uneinlösbar. Jede Deck-Erinnerung erinnert auch. Deshalb ist jedes Bild im Grunde ‹sexuell›, auch wenn es der Bewegung nach tief ‹religiös› ist. Von daher läßt sich das Bild – wie Roland Barthes es tut – als ‹Tod der Person› titulieren. Mittels der Angst spielt das Bild die Hauptrolle bei der Ablenkung des menschlichen Begehrens. Es substituiert die erfahrene Gleichgültigkeit der Herkunft. Es steht an der Stelle des ersten Bösen. Es hält zunächst die Hoffnung aus, dass die Stimme der Mutter mitschwingt durch alle Ambivalenzen. Es dreht sich auch mit vom Sakralen zum Banalen. Denn das zweite Kapitel in der Bewältigung der Angst heißt Vervielfältigung. Das Bild soll in den Bildern verloren gehen. Es geht nicht.»[24]

Das Bild oszilliert zwischen Bildern mit einem hieratisch-magischen Charakter, in denen das Bild mit dem identisch ist, was es zeigt, und Bildern, die nichts mehr repräsentieren und nur noch simulieren. Angesichts dieser Situation lassen sich drei Arten von Bildern unterscheiden:
— das Bild als magische Präsenz,
— das Bild als mimetische Repräsentation,
— das Bild als technische Simulation.

Zwischen diesen Arten von Bildern gibt es vielfältige Überschneidungen. Dennoch erscheint eine solche Unterscheidung sinnvoll; sie ermöglicht es, unterschiedliche, zum Teil widersprüchliche ikonische Merkmale zu identifizieren.

Das Bild als magische Präsenz: Zu den Bildern, die in einer Zeit entstanden, in der Bilder noch nicht zu Kunstwerken geworden waren, gehören *Statuetten, Masken, Kultbilder, sakrale Bilder.*[25] Unter ihnen spielen Bilder, die Göttern magische Präsenz verschaffen, also Götter- oder Götzenbilder, eine besondere Rolle. Frühe Darstellungen von Fruchtbarkeitsgöttinnen in Lehm oder Stein aus archaischen Kulturen gehören dazu. Viele Idole, Statuetten und Masken der frühen Zeit sichern durch ihre Existenz die Präsenz des Göttlichen. Bemalte Totenschädel und Totenmasken haben eine vergleichbare Aufgabe.[26] Bereits im Neolithikum werden Totenschädel bemalt und dienen den Lebenden für einen rituellen Umgang mit den Verstorbenen und Ahnen. Der Tod ist Schicksal der Gemeinschaft; die Herstellung von bemalten Schädeln und Masken ist ein Versuch, auf den Schrecken des Todes zu antworten. Bilder machen wird zu einer Reaktion auf den Tod. Totenschädel und Totenmaske dienen dazu, einen sterblichen Kopf in ein Bild zu verwandeln und durch dessen Gegenwart die Präsenz des Verstorbenen unter den Lebenden zu sichern. Diese Verwandlung vollzieht sich im Rahmen von Totenritualen, in deren Aufführung sich die Gemeinschaft der Lebenden angesichts des Todes ihrer selbst vergewissert und in deren Folge es zu einer Sakralisierung von Totenschädel und Totenmaske kommt.

Auch in der Verehrung des Goldenen Kalbs, von der das Alte Testament berichtet, handelt es sich um ein Kultbild, in dem Gott und Bild zusammenfallen und die Präsenz eines Gottes im Kalb verkörpert und versinnbildlicht ist. Während Moses auf dem Sinai die Gebote Gottes empfängt, in denen ausdrücklich verboten wird, sich ein Bild von Gott zu machen und Bilder zu verehren, war das Volk unter Führung von Moses' älterem Bruder Aaron dem alten Bedürfnis nach der Anbetung eines Bildes gefolgt. In Aaron zeigt sich die bildverehrende, ikonodule, in Moses die bildbekämpfende, ikonoklastische Position, die beide bis heute Grundpositionen im Umgang mit Bildern darstellen. Gemeinsam ist ihnen, dass sie von der Macht der Bilder überzeugt sind. Diese «Macht erwächst aus der Fähigkeit, ein ungreifbares und fernes Sein zu vergegenwärtigen, ihm eine derartige Präsenz zu leihen, die den Raum der menschlichen Aufmerksamkeit völlig zu erfüllen vermag. Das Bild besitzt seine Kraft in einer Verähnlichung, es erzeugt eine Gleichheit mit dem Dargestellten. Das goldene Kalb *ist* (in der Perspektive des Rituals) – *der Gott*. Das Bild und sein Inhalt verschmelzen bis zur Ununterscheidbarkeit.»[27]

Im Reliquienkult des Mittelalters reicht ein kleiner, einem Heiligen zugeschriebener Körperteil aus, den Heiligen präsent zu machen. «Hier liegen die Körper vieler Heiliger», heißt es in der Reliquiensammlung in Conques. Die Heiligen sind präsent, sie werden nicht durch ihre Reliquien repräsentiert. Sie entwickeln ihre heilbringende Kraft für die Gläubigen an dem Ort, an dem sich Teile ihres Körpers befinden. Die Reliquien heiligen den Ort und die Teilnehmer der rituellen Handlungen. Mithilfe ritueller Handlungen wird ein Zusammenhang zwischen der Reliquie als bildhafter Verkörperung des Heiligen und dem infolge der rituellen Handlung erwarteten Heil hergestellt, den man in anderen kulturellen Zusammenhängen magisch genannt hätte.

In vielen Werken der modernen Kunst wird nichts außerhalb des Kunstwerks repräsentiert, sondern es wird lediglich eine Präsenz hergestellt, hierin durchaus frühen (kultischen) Werken vor dem Zeitalter der Kunst vergleichbar. Bei Mark Rothko und Barnett Newman beispielsweise werden ausdrücklich Bilderfahrungen des Sakralen bzw. des Numinosen initiiert, etwa in der Rothko-Kapelle in Houston, in der die Farben der Bilder den Betrachter in einem diffusen Schwebezustand lassen, in dem sich «Präsenz und Diffusion» auf geheimnisvolle Weise die Waage halten. Auch die Bilder Newmans konfrontieren den Betrachter mit seiner Grenze und lassen ihn seine Ohnmacht erfahren. In Newmans Selbstverständnis wird hier die Erfahrung des Sublimen möglich. «Diese kennzeichnet die Überforderung der kognitiven Kapazität durch etwas Übergroßes. Das erkennende Versagen an diesem Übergroßen wird zu einem unerwarteten Gewinn. ... Das Bild Newmans will insoweit gar *nichts zeigen* (auch nicht bloße Farbflächen); es will in reiner Form *wirken*, im Beschauer etwas *auslösen*. Es hebt sich als Bild vollständig auf, in dem Augenblick, da ihm dies gelingt.»[28]

Das Bild als mimetische Repräsentation: Im Werk Platons werden *Bilder zu Repräsentationen* von etwas, das sie nicht selbst sind. Sie stellen etwas dar, bringen etwas zum Ausdruck, verweisen auf etwas. Nach Platons Auffassung produzieren Maler und Dichter nicht wie Gott Ideen und Handwerker Gebrauchsgegenstände. Sie bringen *Erscheinungen* der Dinge hervor. Also erzeugen Malerei und Dichtung nicht Dinge selbst, sondern die künstlerische Darstellung der Dinge.[29] Dabei erfolgt eine Bezugnahme auf die reale Welt. Da diese mimetisch ist, entsteht keine Kopie, sondern eine mimetische Gestaltung der Welt. In diesem Prozess geht es nicht um Ähnlichkeit, sondern um die Erzeugung einer Erscheinung. Der mimetische Akt schafft Bilder der Kunst und der Dichtung und macht dabei etwas sichtbar, was ansonsten nicht in Erscheinung treten würde. Dieses Erscheinenlassen ist für Kunst und Dichtung konstitutiv; dadurch entsteht ein eigener, von der Realität losgelöster und deshalb von Wahrheitsfragen nicht berührter ästhetischer Bereich. In diesem sind die Werke Teil einer Welt des Erscheinens. Sie repräsentieren etwas, das ohne sie nicht sichtbar werden würde. Im Bereich der Ästhetik werden Erscheinungen erzeugt, die keinen Seins-Status haben und die daher nach anderen Gesichtspunkten als denen des Seins bewertet werden müssen. Die hier entstehenden Bilder und Texte lassen sich nicht der Normativität staatlicher und gesellschaftlicher Ordnung unterwerfen; sie bestehen auf ihrem Recht zur Illusion und Fiktion. Das führt dazu, dass weder Künstler noch Dichter noch ihre Werke sinnvoll am Kriterium der Wahrheit gemessen werden können.[30]

Menschen können sich nicht der Faszination der ästhetischen Produkte und Fiktionen entziehen; sie verhalten sich mimetisch zu diesen, d. h., sie beziehen sich auf diese und nehmen einen «Abdruck» von ihnen und inkorporieren diesen. Da es nach Platons Auffassung gegen diesen Mechanismus kaum Widerstandsmöglichkeit gibt, müssen Kunst und

Dichtung aus der *Politeia* ausgeschlossen werden. Nur dadurch lässt sich vermeiden, dass die mimetische Aneignung von Bildern bzw. ästhetischen Repräsentationen die Mimesis der gesellschaftlichen Welt überlagert und beeinträchtigt. Denn mimetische Prozesse entstehen sowohl in der Bezugnahme auf reale Welten als auch in der Bezugnahme auf Figurationen der ästhetischen Welt und können nur sekundär unterschieden werden.

Die (mimetische) Herstellung von Repräsentationen gehört zu den elementaren anthropologischen Fähigkeiten. Eines ihrer zentralen Themen ist der menschliche Körper.[31] In den Porträts der Renaissance und in den Fotografien der Gegenwart werden menschliche Körper abgebildet, die Menschen repräsentieren. In Form von Körperbildern stellen Fotografien Menschen in wichtigen Situationen ihres Lebens dar. An solche und an andere Formen der Repräsentation sind Fragen des menschlichen Selbstverständnisses gebunden. Ohne Bilder von uns selbst, also Repräsentationen unserer selbst, sind wir uns nicht verständlich. Um die Grenzen der Möglichkeiten menschlicher Selbstwahrnehmung zu begreifen, ist die Einsicht in den Bildcharakter solcher Repräsentationen unerlässlich.

Seit frühester Zeit schaffen Menschen Bilder vom menschlichen Körper. Diese Körperbilder sind Menschenbilder, wie Menschendarstellungen immer Körperdarstellungen sind. Die Bilder stellen den Körper, der sich in historischer Zeit in biologischer Hinsicht nicht verändert hat, unterschiedlich dar. Eine Geschichte dieser Bilder ist repräsentativ für eine Geschichte des menschlichen Körpers. Sie ist zugleich eine Geschichte der Menschendarstellungen und Menschenbilder. Daraus lässt sich folgern: «Der Mensch ist so, wie er im Körper erscheint. Der Körper ist selbst ein Bild, noch bevor er in Bildern nachgebildet wird. Die Abbildung ist nicht das, was sie zu sein behauptet, nämlich *Reproduktion* des Körpers. Sie ist in Wahrheit *Produktion* eines Körperbilds, das schon in der Selbstdarstellung des Körpers vorgegeben ist. Das *Dreieck Mensch–Körper–Bild* ist nicht auflösbar, wenn man nicht alle drei Bezugsgrößen verlieren will.»[32]

Das Bild als technische Simulation: Alles hat heute eine Tendenz, zum Bild zu werden: Selbst opake Körper werden transformiert, sie verlieren ihre Undurchsichtigkeit und Räumlichkeit, werden transparent und flüchtig. Abstraktionsprozesse münden in Bilder und Bildzeichen. Überall begegnet man ihnen; nichts ist mehr fremd und überwältigend. Bilder bringen Dinge, «Wirklichkeiten» zum Verschwinden. Neben der Überlieferung von Texten werden zum ersten Mal in der Geschichte der Menschheit auch Bilder in großem Ausmaß gespeichert und tradiert. Fotos, Filme, Videos werden zu Gedächtnishilfen, Bildgedächtnisse entstehen. Bedurften Texte bisher der Ergänzung durch imaginierte Bilder, so wird die Imagination heute durch die Produktion von «Bildtexten» und ihre Überlieferung eingeschränkt. Immer weniger Menschen gehören zu den Produzenten, immer mehr zu den Konsumenten vorgefertigter, kaum noch die Einbildungskraft herausfordernder Bilder.[33]

Bilder sind eine spezifische Form der Abstraktion; ihre Flächigkeit transformiert den Raum. Der elektronische Charakter von Fernseh-Bildern ermöglicht Ubiquität und Beschleunigung. Solche Bilder können annähernd simultan an allen Orten der Welt verbreitet werden.[34] Sie miniaturisieren die Welt und ermöglichen die spezifische Erfahrung der Welt als Bild. Sie stellen eine neue Form der Ware dar und unterliegen den ökonomischen Prinzipien des Markts. Sie werden selbst dann produziert und gehandelt, wenn die Gegenstände, auf die sie sich beziehen, nicht zu Waren werden. Bilder geraten in einen Austausch mit anderen, werden auf andere bezogen; in ihnen werden Bildteile aufgegriffen und anders zusammengesetzt; fraktale Bilder werden erzeugt, die jedes Mal neue Ganzheiten bilden. Sie bewegen sich, verweisen aufeinander. Bereits ihre Beschleunigung gleicht sie einander an: Mimesis der Geschwindigkeit. Aufgrund ihres flächigen, elektronischen und verkleinernden Charakters werden Bilder trotz inhaltlicher Unterschiede einander immer ähnlicher. Sie reißen die Betrachter mit. Sie faszinieren und ängstigen. Sie lösen die gewordenen Beziehungen zwischen den Dingen und Menschen auf und überführen sie in eine Welt des Scheins. Die Welt, das Politische und das Soziale werden ästhetisiert. In einem mimetischen Prozess suchen Bilder Vorbilder, um sich ihnen anzugleichen; sie werden zu neuen fraktalen Bildern ohne Referenzrahmen transformiert. Eine Promiskuität der Bilder entsteht. Rauschhafte Spiele mit Simulakren und Simulationen entwickeln sich: äußerste Differenzierung der Bilder bei gleichzeitiger Implosion ihrer Differenz. Die Bilder als Bilder sind die Botschaft (McLuhan).

Bilder werden mit Lichtgeschwindigkeit verbreitet. Eine Welt des Scheins und der Faszination entsteht, die sich von der «Wirklichkeit» loslöst. Die Welt des Scheins breitet sich aus und hat eine Tendenz, den anderen «Welten» ihren Realitätsgehalt zu nehmen. Mehr und mehr Bilder werden produziert, die nur noch sich selbst zum Bezugspunkt haben und denen keine Wirklichkeit entspricht. In letzter Konsequenz wird alles zu einem Spiel von Bildern, in dem alles möglich ist, sodass auch ethische Fragen an Bedeutung verlieren. Wenn alles zum Spiel von Bildern wird, ist Beliebigkeit und Unverbindlichkeit unvermeidbar. Die so erzeugten Bilderwelten wirken auf das Leben zurück. Eine Unterscheidung zwischen Leben und Kunst, Phantasie und Wirklichkeit wird immer schwieriger. Beide Bereiche gleichen sich einander an. Das Leben wird zum Vor-Bild der Welt des Scheins und diese zum Vor-Bild des Lebens. Das Visuelle entwickelt sich hypertrophisch. Die Welt wird transparent; die Zeit wird verdichtet, als gäbe es nur noch die Gegenwart der beschleunigten Bilder. Die Bilder ziehen das Begehren an, binden es, entgrenzen und verringern die Differenzen. Zugleich weichen sie dem Begehren aus; bei gleichzeitiger Anwesenheit verweisen sie auf Abwesendes. Dinge und Menschen verlangen nach einer Überschreitung in Bildern.

Bilder werden zu Simulakren.[35] Sie beziehen sich auf etwas, gleichen sich an und sind Produkte eines Mimikry-Verhaltens. Politische Auseinandersetzungen werden nicht um ihrer selbst willen geführt, sondern für die Verbildlichung und Verbreitung im Fernsehen inszeniert. Was als politische Kontroverse stattfindet, ist bereits auf seine Verbildlichung ausgerichtet. Die Fernsehbilder werden zum Medium politischer Auseinandersetzung. Die Zuschauer sehen die Simulation einer politischen Kontroverse, in deren Verlauf alles so inszeniert wird, dass sie glauben sollen, die politische Auseinandersetzung sei authentisch. Alles ist immer schon auf eine Transformation in die Welt des Scheins angelegt. Insoweit diese gelingt, ist die Kontroverse erfolgreich. Als Simulation der Politik entstehen die Wirkungen des Politischen. Simulationen zeigen höhere Wirkungen als «wirkliche» politische Auseinandersetzungen.

Simulakren befinden sich auf der Suche nach Vor-Bildern, die erst durch sie selbst geschaffen werden. Simulationen werden Bild-Zeichen, die Rückwirkungen auf den Charakter der politischen Kontroverse haben. Grenzziehungen zwischen Wirklichkeiten und Simulakren werden schwierig; Entgrenzungen haben zu neuen Überschneidungen und Durchdringungen geführt. Mimetische Prozesse lassen die Vor-Bilder, Ab-Bilder und Nach-Bilder zirkulieren. Ziel der Bilder ist es, nicht mehr Vor-Bildern, sondern sich selbst zu gleichen. Ähnliches geschieht im Bezug auf Menschen. Ziel ist die außerordentliche Ähnlichkeit der Individuen mit sich selbst, erreichbar als Wirkung produktiver Mimesis vor dem Hintergrund umfassender Differenzierungen im gleichen Subjekt.

Die Unhintergehbarkeit der Bilder

Die Unhintergehbarkeit der Bilder ist für unser Bildverständnis zentral. Sie wird in den Bildwissenschaften zum Thema, in denen es die Reduktion der Bilder auf Diskurse zu vermeiden gilt. Da der menschliche Körper ein Ort der Bilder ist, leben Menschen in einer aus heterogenen Bildern bestehenden inneren Bilderwelt, aus der sie nicht heraustreten können. In Bildern drücken sich Phantasie, Imagination, Einbildungskraft – das Imaginäre – aus, das unabhängig von ihnen nicht erfasst werden kann.[36]

Sosehr Panofskys Ikonologie ein Gewinn für die Kunstgeschichte ist, so deutlich sind heute die Grenzen seiner Interpretationslehre sichtbar, deren Kategorien, an der Renaissancekunst gewonnen, stark kognitiv und an der Lektüre von Texten ausgerichtet sind und wenig Gespür für den Umgang mit der Bildlichkeit der Bilder zeigen.[37] Auf der ersten Stufe des vor-ikonographischen Verstehens werden die Linien und Farben eines Bildes zunächst als Figuren und Dinge begriffen; es bedarf keiner weiteren Kenntnisse zum Verständnis des Bildes. Dies ist auf der zweiten, der ikonographischen Stufe anders, auf der z. B. zum Verständnis des Sinns einer Darstellung der Kreuzigung Christi Kenntnisse der Evangelien notwendig sind. Der ikonologische Bildsinn ist Thema der dritten Stufe. Hier soll das Bild als eine Ausdrucksform des Christentums zur Zeit der Entstehung des Bildes begriffen werden. Dazu kann es erforderlich sein, umfangreiche Studien zu theologischen, philosophischen und politischen Fragen der Zeit zu betreiben. Ziel ist die Würdigung der kulturgeschichtlichen Geltung des Bildes. Was fehlt, ist die Einbeziehung des Bildsinns. «Dessen Inhalt ist die Anschauung als eine Reflexion über das Bildanschauliche wie ebenso über das nur Bildmögliche selbst. Man kann diese ikonische, auf das Bildanschauliche selbst bezogene Anschauungsweise Ikonik nennen (Ikonik zu Eikon wie Logik zu Logos oder wie Ethik zu Ethos).»[38] Wenn Bilder Geschichten darstellen, muss im Rahmen der Ikonik über das Verhältnis der Bilder zur Sprache nachgedacht werden, etwa über die Differenz, die zwischen der Sequenzialität einer Erzählung und der Simultaneität einer bildlichen Darstellung besteht. Darüber hinaus geht es um die Anschauung des Bildes und die Formen der Bildaneignung und ästhetischen Rezeption. Wenn bei gegenstandslosen Bildern wie den Quadraten Mondrians die Interpretationslehre Panofskys an ihre Grenze stößt, dann ist die Entfaltung der ikonischen Anschauung unerlässlich, als «kreatives und selbst unabschließbares Durchspielen des im Bilde gegebenen Strukturierungspotentials. Gerade im Durchspielen jener im Bilde enthaltenen Kontravalenzen wird sich der Beschauer seiner eigenen Strukturierungsaktivitäten, aber auch seiner eigenen Verfügungsohnmacht bewußt, und zwar in der sehr besonderen Erfahrung, daß jede Strukturierung, die er vollzieht, in ein und demselben Phänomen fundiert, daß aber auch keiner der möglichen Strukturierungsakte dazu führt, dieses Identische endgültig zu vereinnahmen und zu beherrschen.»[39] Das hier angesprochene Verfahren öffnet den Betrachter für seine «unüberwindbare Verfügungsohnmacht» dem Bild gegenüber und für die ästhetische Erfahrung, dass die «Identität des Bildes, als jene stellvertretende Repräsentationsform selbst durch nichts anderes repräsentierbar»[40] ist. Bilder haben eine in ihrer Bildlichkeit liegende, nicht reduzierbare Qualität, die den Betrachter immer wieder auf die Bildlichkeit des Bildes verweist. In der ästhetischen Erfahrung wird die Erfahrung des Anderen gemacht, die Rimbaud so überzeugend gefasst hat: *Je est un autre.* Was René Char von Gedichten gesagt hat, gilt analog auch für die Kunst: Die Bilder wissen etwas von uns, das wir nicht wissen. Sie erhalten ein Element der Überraschung, das sich nicht voraussehen lässt, sich häufig der Alltagsrationalität entzieht und uns gegeben ist, bevor sich uns der Sinn der Bilder erschließt.

Von beiden Überlegungen ausgehend kann der mimetische Umgang mit Bildern der Kunst ikonische Erfahrungen vermitteln. Mimetische

Prozesse zielen auf die «Nachschaffung» von Bildern mithilfe des Sehens und ihre Aufnahme in die innere Bilderwelt mit Hilfe der Einbildungskraft. Die Nachschaffung von Bildern ist ein Prozess mimetischer Aneignung, der die Bilder in ihrer Bildlichkeit in die Vorstellungs- und Erinnerungswelt aufnimmt. Die mimetische Verarbeitung der Bilder zielt auf die Aneignung ihrer Bildlichkeit, die vor, bei, nach und außerhalb jeder Interpretation gegeben ist. Wenn Bilder in die innere Bilderwelt aufgenommen sind, dann bilden sie Bezugspunkte für Deutungen, die sich im Verlauf des Lebens fortwährend verändern. Unabhängig von den jeweiligen Interpretationen ist der wiederholte mimetische Umgang mit Bildern ein Akt der Aneignung, der Erkenntnis sogar. Er beinhaltet eine Konzentration und Hingabe an das Nachschaffen der imaginären Bilder und verlangt immer wieder nach einer «Auffrischung» durch die sehende Begegnung mit den realen Bildern oder ihren Reproduktionen. In der mimetischen Begegnung mit Bildern wird auf Verfügbarkeit verzichtet. Der sehende Nachvollzug ihrer Formen und Farben erfordert eine Zurückdrängung der im Inneren des Betrachters aufsteigenden Bilder und Gedanken; er verlangt ein Festhalten des Bildes im Sehen, ein Sich-Öffnen für seine Bildlichkeit und ein Sich-ihm-Überlassen. Der mimetische Prozess besteht darin, dass sich der Betrachter durch sein sehendes Nachschaffen dem Bild ähnlich macht, es in sich aufnimmt und durch dieses Bild seine innere Bilderwelt erweitert.[41]

In der mimetischen Aneignung eines Bildes lassen sich zwei ineinander übergehende Phasen unterscheiden. In der ersten liegt das Bild vor den Augen des Betrachters, in der zweiten ist es bereits in die innere Bilderwelt aufgenommen. In der ersten Phase geht es um eine Überwindung eines mechanischen Sehens, das Bilder wie andere Gegenstände erfasst und durch «Bescheid-Wissen» erledigt. Ein auf Orientierung und Verfügung gerichtetes Sehen stellt einen Schutz gegen die Überforderung durch Bilder dar. Dieses Sehen beinhaltet eine Reduktion der Möglichkeiten des Sehens. In Akten bewussten, mimetischen Sehens ist die Entfaltung des Sehens das Ziel. Dazu gehört das Verweilen beim Gegenstand, die Überwindung des Geläufigen und die Entdeckung des Nichtgeläufigen. So gesehen ist die mimetische Aneignung von Bildern und Gegenständen ein retardierendes Element, das auf ein «ergriffenes Ergreifen» zielt. In der zweiten Phase ist das Bild infolge des mimetischen

Sehens bereits Teil der inneren Bilderwelt. Nun erst ist die mimetische ‹Anähnlichung› an das Bild erfolgt. Sie ist notwendigerweise unabgeschlossen und kann immer wieder neue Grade an Intensität erreichen. Das Festhalten eines in dieser Weise Verinnerlichten in der Vorstellung übt die Konzentrationsfähigkeit und mit ihr die Vorstellungskraft. Insofern das Bild imaginär reproduziert wird, muss es immer wieder gegen den ihm inhärenten Zwang zu verschwinden hergestellt und gegen den Strom der im Inneren auftauchenden «Stör-Bilder» festgehalten werden. Diese Tätigkeit der Imagination ist mimetisch und stellt ein Element jeder kreativen Bildproduktion dar.

Phantasie – Imagination – Einbildungskraft – das Imaginäre

Die Möglichkeit, die Außenwelt in Form von Bildern zum Teil der menschlichen Innenwelt zu machen, sie im Gedächtnis zu bewahren und zu erinnern sowie gleichzeitig die innere Vorstellungs- und Bilderwelt außerhalb des Menschen zu vergegenständlichen, ist eine *conditio humana*. Im Griechischen wurde sie Phantasie genannt, von den Römern als Imagination übersetzt, von Paracelsus als Einbildungskraft ins Deutsche übertragen und heute unter dem Einfluss französischer Autoren oft als das *Imaginäre* bezeichnet. Sie ist eine der rätselhaftesten menschlichen Energien, die die Lebenswelt durchdringt und sich in unterschiedlichen Formen manifestiert. Greifbar wird sie nur in Konkretisierungen. Sie selbst entzieht sich immer wieder dem identifizierenden Zugriff. Phantasie macht es möglich, Bilder wahrzunehmen, auch wenn das Abgebildete nicht anwesend ist. Sie bezeichnet die Möglichkeit inneren Sehens und des Entwerfens von zukünftigen Handlungen.

Die früheste begriffliche Erwähnung der *Phantasie* findet sich in Platons *Politeia*. Im 10. Buch wird die Mimesis des Malers definiert als Nachahmung von etwas Erscheinendem, so wie es erscheint.[42] Bei Aristoteles heißt es: Die Phantasie ist «ein Vor-Augenstellen, wie der Gedächtniskünstler verfährt, der sich bestimmte Bilder aussucht», und sie ist «das, wonach, wie man sagt, in uns eine Erscheinung (phantasma) entsteht».[43] Hier ist die Phantasie die Fähigkeit, die etwas in Erscheinung bringt. Die Bedeutung verschiebt sich, als in der römischen Antike «imaginatio» an die Seite von «phantasia» tritt. Nun liegt der Akzent nicht mehr auf dem «In-Erscheinung-Bringen», sondern «imaginatio» bezeichnet die aktive Kraft, Bilder in sich hineinzunehmen, sich einzubilden, die Paracelsus als «Einbildungskraft» ins Deutsche übersetzt hat. Phantasie, Imagination, Einbildungskraft sind drei Begriffe für das menschliche Vermögen, Bilder von außen nach innen zu nehmen, also Außenwelt in Innenwelt zu verwandeln, sowie für die Fähigkeit, innere Bilderwelten unterschiedlicher Herkunft und Bedeutung zu schaffen, zu erhalten und zu verändern.

Die Phantasie hat eine chiastische Struktur, in der sich Innen und Außen kreuzen. Auf diese für die Wahrnehmung und für die Produktion von Bildern so wichtige Struktur haben sowohl Maurice Merleau-Ponty als auch Jacques Lacan hingewiesen. Unzulänglich ist eine Vorstellung vom Sehen, die davon ausgeht, dass die mit sich selbst identischen Objekte dem zunächst «leeren» sehenden Subjekt gegenüberstehen. Vielmehr ist im Sehen etwas gegeben, dem wir uns nur nähern können, indem wir es mit dem Blick abtasten. «Der Blick ... hüllt die sichtbaren Dinge ein, er tastet sie ab und vermählt sich mit ihnen. So als gäbe es zwischen ihnen und ihm eine Beziehung der prästabilierten Harmonie, so als wüßte er von ihnen, noch bevor er sie kennt, bewegt er sich auf seine Art in seinem hektischen und gebieterischen Stil, und dennoch sind die erfaßten Ansichten nicht beliebig, ich betrachte kein Chaos, sondern Dinge, so daß man schließlich nicht sagen kann, ob der Blick oder die Dinge die Oberhand haben.»[44] Nicht nur im Sehen, sondern auch beim Berühren, beim Hören und prinzipiell auch beim Riechen und Schmecken findet eine solche Überkreuzung zwischen den Sinnen und dem mit ihnen wahrgenommenen Außen statt.

Menschliche Wahrnehmung ist nicht voraussetzungslos. Einmal nehmen wir die Welt anthropomorph wahr, d. h. auf der Grundlage der in unserem Körper liegenden physiologischen Voraussetzungen. Zum anderen gehen in unsere Wahrnehmung historisch-anthropologische bzw. kulturelle Voraussetzungen ein. Nach der Erfindung und Verbreitung der Schrift ändert sich die visuelle Wahrnehmung im Vergleich zum Sehen in oralen Kulturen. Ähnlich einschneidend verändern sich unsere Wahrnehmungsprozesse durch die neuen Medien und die mit ihnen gegebene Beschleunigung der Bilder. Wie die Forschungen der

Gestaltpsychologie gezeigt haben, spielt die Phantasie schon bei der bloßen Wahrnehmung, etwa bei der komplementären Wahrnehmungsergänzung, eine Rolle. Entsprechendes gilt für den kulturellen Referenzrahmen, der erst den wahrgenommenen Dingen ihren Sinn und ihre Bedeutung verleiht. Jedes Sehen ist historisch und kulturell ermöglicht und eingeschränkt zugleich. Als solches ist es veränderbar, kontingent und zukunftsoffen.

Fragt man nach einer körperlichen Grundlage der Phantasie, so stößt man auf folgende Annahme Gehlens: Auf dem «Grunde der Geschiebe des Traumes oder der Zeiten verdichteten vegetativen Lebens – in der Kindheit oder im Kontakt der Geschlechter, gerade da, wo die Kräfte werdenden Lebens sich anzeigen, gibt es wohl, unter sehr wechselnden Bildern, gewisse Urphantasien eines Vorentwurfs des Lebens, das in sich die Tendenz zu einem Mehr an Formhöhe, an ‹Stromstärke› spürt: diese aber als Anzeichen einer unmittelbaren *vitalen Idealität*, d. h. einer in der substantia vegetans liegenden Richtung nach einer höheren Qualität oder Quantität hin – wobei selbst das Recht zu dieser Unterscheidung fraglich bleibt.»[45] Gehlen deutet Phantasie als Projektion von Antriebsüberschüssen. Doch vielleicht geht sogar die Phantasie schon den Antriebsüberschüssen voraus, «damit der Lebensdrang sich in ihr Bilder seiner Befriedigung entwerfen» kann.[46] In Gehlens Sicht ist Phantasie an den Status des Menschen als «Mängelwesen», an seine residuale Instinktausstattung und an den Hiatus zwischen Reiz und Reaktion gebunden. Damit ist sie in Beziehung mit Bedürfnissen, Triebregungen und Befriedigungswünschen. Doch erschöpft sich Phantasietätigkeit nicht in diesen. Menschliche Plastizität und Weltoffenheit verweisen auf die Notwendigkeit ihrer kulturellen Gestaltung. Phantasie spielt hierbei eine so zentrale Rolle, dass der Mensch «*als Phantasiewesen so richtig bezeichnet [wäre], wie als Vernunftwesen*»[47].

Offensichtlich widersetzt sich die Phantasie dem rationalen Zugriff. Selbst Bilder sind nur als Vergegenständlichung dieser elementaren Kräfte zu verstehen, die sich entziehen und die nicht objektivierbar sind. Die drei im Deutschen gebräuchlichen Begriffe können unterschiedliche Aspekte akzentuieren, ohne dass diese Unterscheidungen trennscharf wären. In aller Vorläufigkeit ließe sich vielleicht folgende Unterscheidung treffen: Phantasie bezeichnet eher die wildwüchsige Seite,

Imagination die Bilderwelt und Einbildungskraft die Vorstellungskraft, mit der Neues erzeugt wird. In Bezug auf Phantasie lassen sich vier Aspekte unterscheiden, die sich auf verschiedene historische Perioden und kulturelle Kontexte beziehen. Ein Aspekt der Phantasie bezieht sich auf die mögliche Teilhabe der Menschen an der Kunst. Ein anderer richtet sich auf das Verständnis der Andersheit anderer kultureller und humaner Welten, die nur mithilfe der Phantasie so «nachgeschaffen» werden können, dass sie verstanden werden. Ein dritter Aspekt verweist auf den Zusammenhang zwischen dem Unbewussten und der Phantasie; hier ist Phantasie die Kraft, die außerhalb des Bewusstseins an der Gestaltung der menschlichen Bilderwelt mitwirkt, die sich in Träumen und Phantasien, in den Strömen des Begehrens und der vitalen Kräfte artikuliert. Ein vierter Aspekt ist schließlich auf den Wunsch und die Fähigkeit bezogen, Gewünschtes kontrafaktisch zu realisieren.[48] In allen vier Fällen zielt die Phantasie darauf, die Welt zu verändern, jedoch eher spontan, ereignishaft und vagabundierend als strategisch.[49] Adorno bringt die gesellschaftliche Auseinandersetzung um die Rolle der Phantasie in Wissenschaft, Kunst und Kultur auf den Begriff, wenn er schreibt: «Eine Geistesgeschichte der Phantasie zu schreiben, um die es in den positivistischen Verboten eigentlich geht, verlohnte sich. Im achtzehnten Jahrhundert, bei Saint-Simon sowohl wie im Discours préliminaire von d'Alembert, wird sie samt der Kunst zur produktiven Arbeit gerechnet, hat teil an der Idee der Entfesselung der Produktivkräfte; erst Comte, dessen Soziologie apologetisch-statisch sich umwendet, ist als Feind von Metaphysik auch der von Phantasie. Ihre Diffamierung, oder Abdrängung in ein arbeitsteiliges Spezialreich, ist ein Urphänomen der Regression bürgerlichen Geistes, doch nicht als dessen vermeidbarer Fehler, sondern im Zug einer Fatalität, welche die instrumentelle Vernunft, derer die Gesellschaft bedarf, mit jenem Tabu verkoppelt. Daß nur verdinglicht: abstrakt der Realität gegenübergestellt, Phantasie überhaupt noch geduldet wird, lastet nicht weniger denn auf der Wissenschaft auf der Kunst; verzweifelt sucht die legitime die Hypothek zu tilgen.»[50]

Auch die Begriffe Imagination und Einbildungskraft erfahren unterschiedliche Bedeutungsdifferenzierungen. Blickt man in die englische Geistesgeschichte, so ist für Locke die Imagination die «power of the mind», für Hume eine «Art magischer Fähigkeit der Seele … Dieselbe bleibt aber trotz der äußersten Bemühungen des menschlichen Verstandes unerklärbar»[51]. Coleridge begreift die Imagination als eine menschliche Fähigkeit bzw. als ein Vermögen und unterscheidet zwei Formen. «Die primäre *Imagination* halte ich für die lebendige Kraft und den eigentlichen Beweger aller menschlichen Wahrnehmung, und für eine im endlichen Geist stattfindende Wiederholung des ewigen Schöpfungsaktes im unendlichen *Ich bin*. Die sekundäre Imagination betrachte ich als Echo der primären; sie ko-existiert mit dem bewußten Willen, ist jedoch in der Art ihrer Wirksamkeit mit der primären Imagination identisch und unterscheidet sich nur in *Grad* und *Modalität* ihrer Wirkungsweise. Sie löst auf, zerstreut, verflüchtigt, um wiederzuerschaffen; wo dieser Prozeß sich als unmöglich erweist, kämpft sie auf alle Fälle darum, zu idealisieren und zu vereinigen. Sie ist ihrem Wesen nach durch und durch *lebendig*, genauso wie alle Objekte (*als* Objekte) ihrem Wesen nach fixiert und tot sind.»[52] Nach dieser Auffassung ist die Imagination ein Teil des Subjekts, in dem sie wirkt und mit dem dieses die Welt belebt. Nach Coleridge umfasst die Imagination auch die Fähigkeit, bestehende Verbindungen aufzulösen, zu zerstören und dadurch neue zu schaffen. Während die erste Form der Imagination eher analog zur Kraft der Natur, der *natura naturans* gedacht ist, die alles erzeugt, ist die zweite Form der Imagination auf die Welt der Dinge bezogen, welche sie zerstört und aufbaut. Dazu kommt noch eine dritte Kraft, die Phantasie (fancy), die die Dinge und Beziehungen erzeugt und kombiniert. Diese drei Aspekte des imaginativen Vermögens wirken spielerisch aufeinander und miteinander. Sie erzeugen Bilder, zerstören sie, verbinden ihre Elemente zu neuen Bildern in einer oszillierenden Bewegung des Hin und Her.

Für Herder ist die Einbildungskraft die Verbindung zwischen Körper und Geist, für Kant und Fichte die Brücke zwischen der Vernunft und den Sinnen. In Kants berühmter Formulierung, wonach Anschauungen ohne Begriffe blind und Begriffe ohne Anschauung leer sind, wird die Einbildungskraft für jede begriffliche Erkenntnis als notwendig anerkannt. Doch hat sich die kulturelle Entwicklung nicht an diese Norm gehalten. Leere Begriffe und begriffslose Bildangebote haben sich ausgebreitet. In immer mehr gesellschaftlichen Bereichen ist Fiktion real geworden und Realität fiktiv. In einer eher historischen Perspektive hat

Vilém Flusser unter dem Stichwort «Eine neue Einbildungskraft» versucht, vier Entwicklungsphasen der Einbildungskraft im Zusammenhang mit der Menschheitsgeschichte zu unterscheiden: «Zuerst trat man von der Lebenswelt zurück, um sie sich einzubilden. Dann trat man von der Einbildung zurück, um sie zu beschreiben. Dann trat man von der linearen Schriftkritik zurück, um sie zu analysieren. Und schließlich projiziert man aus der Analyse dank einer neuen Einbildungskraft synthetische Bilder … Mit anderen Worten: die an uns gestellte Herausforderung ist, aus der linearen Existenzebene in eine völlig abstrakte, nulldimensionale Existenzebene (ins ‹Nichts›) zu springen.»[53]

Aus der französischen Diskussion kommt mit dem Imaginären ein weiterer Begriff hinzu, der seinerseits wieder neue Bedeutungsdimensionen ins Spiel bringt. Das Imaginäre bezeichnet bei Jean-Paul Sartre die «irrealisierende» Funktion des Bewusstseins, innerhalb deren das Bewusstsein abwesende Objekte erzeugt, gegenwärtig macht und dabei eine imaginäre Beziehung zu seinen Objekten herstellt.[54] Für Jacques Lacan gehört das Imaginäre einem vorsprachlichen körperlichen Zustand an, in dem sich das Individuum seiner Grenzen, seines Mangels noch nicht bewusst ist.[55] Danach hat das Imaginäre seinen Ursprung in der Identifikation des Kleinkindes mit der Mutter, die so stark ist, dass es diese noch nicht als von sich «verschieden» wahrnimmt. Die Faszination des Kleinkindes besteht darin, von der körperlichen Geschlossenheit der Mutter beeindruckt zu sein. Wie in einem Spiegel wird in deren körperlicher Ganzheit die eigene Unversehrtheit und Macht erlebt. Doch die Erfahrung der Ganzheitlichkeit der Mutter führt zur Gefährdung der eigenen «Vollständigkeit» und zum Erlebnis der Unvollständigkeit und der Angewiesenheit auf den Anderen. In dieser Erfahrung der eigenen Unvollständigkeit und Endlichkeit liegt auch der Ursprung des sexuellen Subjekts. Nach Lacan ist das Imaginäre mit seiner Welt der Bilder dem Symbolischen mit seiner Welt der Sprache vorgeordnet. Cornelius Castoriadis nimmt diese Positionierung auf und bestimmt das Verhältnis zwischen den beiden Welten wie folgt: «Das Imaginäre muß das Symbolische benutzen, nicht nur um sich ‹auszudrücken› – das versteht sich von selbst –, sondern um überhaupt zu ‹existieren›, um etwas zu werden, das nicht mehr bloß virtuell ist. Der elaborierteste Wahn ist ebenso wie die geheimste und verschwommenste Phantasie aus ‹Bildern› gemacht, doch diese Bilder stehen für etwas anderes, haben also symbolische Funktion. Aber auch umgekehrt setzt der Symbolismus die Einbildungskraft (capacité imaginaire) voraus, denn er beruht auf der Fähigkeit, in einem Ding ein anderes – oder: ein Ding anders als es ist – zu sehen. In dem Maße jedoch, wie das Imaginäre letztlich auf eine ursprüngliche Fähigkeit zurückgeht, sich mit Hilfe der Vorstellung ein Ding oder eine Beziehung zu vergegenwärtigen, die nicht gegenwärtig sind (die in der Wahrnehmung nicht gegeben sind oder es niemals waren), werden wir von einem letzten oder *radikalen Imaginären* als der gemeinsamen Wurzel des *aktualen Imaginären* oder des *Symbolischen* sprechen. Es handelt sich dabei um die elementare und nicht weiter zurückführbare Fähigkeit, ein Bild hervorzurufen.»[56]

12. Tod und Alterität

Wenn im Mittelpunkt der Anthropologie der Körper steht, dann gehören seine Zeitlichkeit und Vergänglichkeit zu ihren zentralen Themen. Ohne die Sterblichkeit des Individuums gäbe es keine Entwicklung der Gattung Mensch. Dies hat die Evolutionsforschung im Hinblick auf die Entwicklung des Lebens einschließlich des menschlichen Lebens zeigen können. In ihrer Perspektive zählt weniger das Leben des Individuums als vielmehr das Leben der Gattung, für deren Entwicklung das einzelne Lebewesen sterben muss. In der Sicht der Evolutionsforschung ist nicht das Individuum, sondern die Menschheit das Subjekt der Entwicklung. Nur so konnte der *Homo sapiens sapiens* entstehen.

So wichtig diese Erkenntnis für das Verständnis des Verhältnisses von Leben und Tod ist, sie bildet eine systemische Perspektive, die keine Auskunft darüber gibt, wie die Menschen mit dem Tod umgehen. Hierzu liegen jedoch erste aussagekräftige Zeugnisse bereits von den Neandertalern vor. Der *Homo sapiens* entledigt sich nicht einfach seiner Toten, um sich vor deren Verwesung zu schützen, sondern er begräbt sie in fötaler Haltung. Diese Position legt den Schluss nahe, dass schon die Neandertaler an eine Wiedergeburt glaubten. Die Spuren von Pollen in einigen Gräbern, in denen die Toten auf Blumen gebettet und mit Blumen bedeckt wurden, legen diese Vermutung nahe. Dass außerdem einige mit Ocker bemalte Knochen erhalten sind, deutet auf eine zweite Bestattung nach dem Zerfall des Leichnams hin. Auch dienen Steine zum Schutz der Überreste der Toten. Diese Spuren sind nicht nur Zeichen des Einbruchs des Todes in die Welt des *Homo sapiens*; sie sind auch Hinweise darauf, dass bereits der Neandertaler ein Bewusstsein vom Tod und Vorstellungen vom Jenseits sowie von einem anderen Leben im Jenseits hatte. Schon zu diesem frühen Zeitpunkt wird der

Tod nicht als ein endgültiges Verschwinden, sondern als Übergang von einem Zustand zu einem anderen aufgefasst. Mit solchen Vorstellungen geht auch ein Bewusstsein von Gegenwart, Vergangenheit und Zukunft, also ein Zeitbewusstsein einher.

Mit diesen Jenseits-Vorstellungen beginnt das Imaginäre einen Raum in der Welt der Menschen einzunehmen. Die Entwicklung von Mythen und Magie ist eine notwendige Folge. Mit ihrer Hilfe versuchen die Menschen, sich gegen den Tod zu schützen. Dabei spielen die Bestattungsriten, mit denen die Menschen das Trauma des Todes bearbeiten, eine wichtige Rolle. Der Tod ist für den *Homo sapiens* eine Erfahrung des Verlusts. Mit dem Schrecken gewinnt der Tod einen festen Platz im Leben der Menschen, die sich mithilfe von Riten und Mythen seiner zu erwehren versuchen. Der *Homo sapiens* beginnt, das Imaginäre gegen den Tod zu setzen und damit die individuelle und kollektive Einbildungskraft gegen die Sterblichkeit zu mobilisieren. Ein Individualisierungsschub ist die Folge. «Wenn also bei *sapiens* plötzlich der Tod seinen Einzug hält, dann ziehen zugleich eine Wahrheit und eine Illusion, eine Einsicht und der Mythos, eine Angst und eine Beruhigung, eine objektive Erkenntnis und eine neue Subjektivität und vor allem deren ambivalente Verknüpfung mit ein. Damit hat eine neue Entwicklung der Individualität begonnen …»[1]

Mit der Höhlenmalerei des Magdalénien geht die Entwicklung des Imaginären und der Individualität weiter; hier vollzieht sich nicht nur die Geburt der Kunst, sondern auch die Geburt des *Homo sapiens sapiens*.[2] Diese Felsbilder sind Erzeugnisse des menschlichen Geistes, seines Imaginären; bei ihnen handelt es sich um piktorale Symbole, in denen neue, bis dahin nicht nachgewiesene ästhetische Fähigkeiten zum Ausdruck kommen, die für die Gestaltung der menschlichen Beziehungen zur Welt eine zentrale Rolle spielen. Bei vielen dieser Felsmalereien handelt es sich um imaginäre Repräsentationen von Tieren, die in der Außenwelt lebten und deren Abwesenheit von der Welt der Höhle durch diese Bilder in bildliche Präsenz transformiert wird. Als Repräsentationen der Außenwelt sind diese Bilder Teil des Imaginären der Menschen. Mit der in den Bildern erfolgenden «Verdopplung» wird eine ästhetische, vom Menschen geschaffene Welt erzeugt, in der der *Homo sapiens sapiens* seine gestalterische Kraft entfaltet. Mit der Magie nimmt der Mensch über seine imaginären Erzeugnisse Einfluss auf die Gestaltung der Außenwelt, sodass es zu einer Wechselbeziehung zwischen Innen und Außen kommt, in deren Verlauf sich nicht nur Kunst und Sprache entfalten, sondern sich Kultur insgesamt entwickelt. Der spielerischen Erzeugung ästhetischer, nicht auf die Bewältigung des alltäglichen Lebens bezogener Welten sowie der Freude und Lust an diesen ästhetischen Produkten kommt für die Entwicklung von Individualität und Kultur große Bedeutung zu. In der Welt des Imaginären treten die Menschen zu sich selbst in Beziehung. Mit diesem Selbstbezug wachsen die Möglichkeiten der Erzeugung kultureller Vielfalt. Im Zusammenspiel von Tod und Ritus, ästhetischer und mythischer Produktion, Sprache und Magie entwickelt sich das Imaginäre und mit ihm Kultur als Möglichkeit des Menschen, sich in der Welt zu verorten.

Menschliche Gesellschaften und Kulturen leben in Raum und Zeit und existieren nicht nur trotz des Todes; wegen der begrenzten Zeitlichkeit individuellen Lebens existieren sie auch mit dem und gegen den Tod. Kultur als Gesamt kollektiven Wissens, praktischer Fähigkeiten, Normen, Regeln usw. wird von einer Generation an die nächste transferiert. In diesem Prozess ändern sich die Vorstellungen vom Tod und die Praktiken des Umgangs mit den Toten.[3] Der Tod betrifft nicht nur die biologische Seite des menschlichen Lebens; ebenso ist er eine Bedrohung und Herausforderung der Kultur.[4] Zu den wichtigen Aufgaben aller Kulturen gehört es, über den Tod von Individuen und Generationen hinaus Kontinuität herzustellen. Sie bieten dem Einzelnen und der Gemeinschaft die Möglichkeit, den Tod zu imaginieren, zu denken und in rituellen Inszenierungen und Aufführungen mit ihm umzugehen. Je nach Kultur existieren dafür unterschiedliche Möglichkeiten; sie reichen von religiösen Mythen, Erzählungen und Bildern vom Weiterleben bis zu Vorstellungen eines absoluten Endes, wie sie sich unter dem Einfluss der Evolutionsforschung und der Naturwissenschaften ausgebreitet haben.

Zwei Vorstellungen von einem Weiterleben nach dem Tod lassen sich unterscheiden. Einmal wird Leben im Jenseits in Analogie zum diesseitigen Leben entworfen, bei der der Tote in einer Verdopplung seiner Existenz weiterlebt oder aber Weiterleben in Form einer Metamorphose erfolgt.[5] Im ersten Fall findet ein Fortleben nach dem Tod in bisheriger Gestalt statt. Bei dieser Vorstellung wird der Tod nur partiell wahrgenommen; seine Gewalt wird mit einem imaginären Gegenentwurf «überspielt», der eine Form der «Unsterblichkeit» suggeriert. Im zweiten Fall wird der Tod als Metamorphose begriffen. Hier wird er in seiner verändernden, doch nicht in seiner auslöschenden Gewalt wahrgenommen. In beiden Vorstellungen wird der Tod als ein Akt der Gewalt anerkannt. Zugleich suggeriert das Imaginäre jedoch Unsterblichkeit; gerade dadurch lässt es ein Bewusstsein vom Tod entstehen. In jeder Metamorphose sind Vorstellungen vom Tod und von der Geburt miteinander verschränkt; damit Neues entsteht, muss Vorhandenes vergehen.

Der Schrecken des Todes, der Schmerz anlässlich der Bestattung und die Angst vor dem Vergehen des Leichnams sind Folge des durch den Tod bewirkten Verlusts der Individualität. Schon in der Entwicklung von Kindern wird der Zusammenhang zwischen Ich-Bewusstsein und Bewusstsein vom Tod sichtbar. Erst wenn Kinder ein Ich-Bewusstsein haben, beginnt der Tod sie zu beunruhigen, und sie entwickeln Vorstellungen über ihn.[6] Mit dem Bewusstsein von Individualität ist unwiderruflich die Furcht vor dem Tod verbunden. Auch der Umkehrschluss gilt: Wo sich ein Bewusstsein vom Tod artikuliert, führt dieses zu Formen der Individualisierung.

Trotz des Schreckens, den der Tod bei den Menschen auslöst, haben diese die Möglichkeit, ihn zu «vergessen» oder ihr Leben so aufs Spiel zu setzen, als fürchteten sie ihn nicht. Diese menschliche Eigenart, das Risiko des Todes auf sich nehmen zu können, ist außergewöhnlich und rätselhaft. Sie steht in Verbindung mit der Möglichkeit, sich über Grenzen und Ängste hinwegsetzen zu können, sei es im Rausch, in der Ekstase oder in der Lust, sei es im Einsatz für ein Ziel, das den Wert des eigenen Lebens übersteigt. Sein Leben zu riskieren ist Ausdruck einer mit der menschlichen Plastizität, Unausgewogenheit und Exzentrizität gegebenen Möglichkeit zu handeln. «Die gleiche Bewegung macht den Menschen zu einem selbstbestimmten Individuum und zu einem nicht festgelegten, für alle Möglichkeiten der Natur offenen und sich entwickelnden Mikrokosmos.»[7] Aufgrund dieser Möglichkeit zur Selbstbestimmung hängt der Umgang mit dem Tod wesentlich von der Individualität eines Menschen, seinem Selbstbewusstsein und dem Grad seiner Selbsterkenntnis ab. Auch der Selbstmord kann zu einem Akt der Selbstbestimmung und Individualität werden.[8]

253

Je nach Kultur und historischer Zeit unterscheiden sich die Vorstellungen vom Tod und die Riten des Umgangs mit ihm.[9] In der christlichen Kultur Europas dienen Riten dazu, den Verlust und die Trauer, die der Tod eines Menschen mit sich bringt, zu artikulieren und in rituellen Arrangements darzustellen. Infolge ihres performativen Charakters schließen Rituale die Angehörigen zusammen und tragen dazu bei, dass sie sich als eine Gemeinschaft der Lebenden empfinden. Rituale des Sterbens und der Bestattung intensivieren die Gefühle der Zusammengehörigkeit. Als *rites de passage* machen sie den Fortgang und einen möglichen Übergang des Toten in eine andere Welt erfahrbar. In Totenritualen erfolgt die Anerkennung und positive Bewertung des Lebens der Verstorbenen sowie die Bewältigung der Schmerzen der «Hinterbliebenen» und die Entwicklung einer Hoffnung auf ein gemeinsames Leben in einer jenseitigen Welt.

Im Rahmen seiner mentalitätsgeschichtlichen Forschungen hat Ariès den viel diskutierten Versuch gemacht, in der europäischen Geschichte seit dem Mittelalter folgende Formen des Umgangs mit dem Tod zu unterscheiden: *den gezähmten Tod, den eigenen Tod, den Tod des Anderen, den ins Gegenteil verkehrten Tod.*[10]

Im Fall des für das Mittelalter typischen *gezähmten Todes* übernimmt der Sterbende eine aktive Rolle. Wie aus den Ritualen des Sterbezimmers und der Trauer hervorgeht, ist der Tod nicht ausschließlich ein individuelles Geschick, sondern eine Prüfung der Gemeinschaft. Der Sterbende ist Teil einer auf Adam und Eva zurück- und bis zur Auferstehung von den Toten in die Zukunft hineinreichenden christlichen Gemeinschaft. Da der Tod einen Schrecken und Schmerz verbreitenden Einbruch in die Gemeinschaft der Lebenden darstellt, wird er mit Hilfe von Ritual, Liturgie und Zeremonie «eingefangen» und gezähmt. Dazu dient der in Analogie zum Schlaf begriffene Tod mit der Hoffnung auf ein Erwachen, eine Auferstehung und ein ewiges Leben im Jenseits. Zwar bleibt der mit Leid und Sünde verbundene Tod ein Unglück, doch kann er mithilfe Gottes überwunden werden.

Zwischen Hochmittelalter und 18. Jahrhundert wird im Modell des *eigenen Todes* der Tod stärker als Schicksal des Individuums begriffen. In diesem lange wirksamen Modell erfolgt eine Umkehrung des traditionellen Verhältnisses zwischen den Anderen und dem Selbst. Je stärker der Einzelne ein Bewusstsein seiner Individualität entwickelt, desto weiter entfernt er sich von der Gemeinschaft. Es kommt zu einem «Triumph des Individualismus in dieser Epoche der Bekehrungen, der spektakulären Bußen, der gewaltigen mäzenatischen Stiftungen, aber auch der gewinnbringenden, überlegten und zugleich kühnen Unternehmungen ...»[11] Auch das Testament und der in ihm zum Ausdruck kommende Wille des Individuums, seine Belange zu ordnen, lässt sich als Zeichen der Bedeutungszunahme der Individualität begreifen. Mit einer stärkeren Ausrichtung auf das Diesseits gewinnt gleichzeitig die Vorstellung von einer unsterblichen Seele Verbreitung.[12] Das Trauergeleit wird durch eine kirchliche Prozession und einen kirchlichen Gottesdienst in Anwesenheit des Leichnams ersetzt. Der Anblick des Toten wird mit Leichentuch, Sarg und Katafalk verborgen und gegebenenfalls in Form einer Abbildung repräsentiert. Das Antlitz des Toten macht Angst und wird abgewehrt.

Mit dem *Tod des Anderen* breitet sich im 19. Jahrhundert ein neues Modell des Todes aus. Nun steht weniger das Geschick der Gattung oder des Einzelnen im Mittelpunkt als vielmehr der Tod des Anderen, eines Nahestehenden, eines affektiv vertrauten Menschen, zu dem eine persönliche Beziehung besteht. Diese Entwicklung geht mit dem Bedeutungszuwachs des Privatlebens in dieser Zeit einher. Das Ritual im Sterbezimmer wird zur Inszenierung und Aufführung der Trauer, die die Hinterbliebenen anlässlich der physischen Trennung vom Verstorbenen empfinden. Häufig wird der Tod nicht mehr als Schrecken, sondern als schön dargestellt. Die Angst vor dem Jenseits mit ihren Vorstellungen von Schuld und Hölle tritt in den Hintergrund. Die Hoffnung auf eine Wiedervereinigung mit den durch den Tod getrennten Menschen gewinnt an Bedeutung.

Der in *sein Gegenteil verkehrte Tod* ist das verbreitete Modell, bei dem der private Charakter und die Intimität von zentraler Bedeutung sind. Die Gemeinschaft verliert weiter an Bedeutung. Sterben wird zu einem vor der Öffentlichkeit zu verbergenden Prozess, dessen man sich schämt und der sich daher in der Abgeschiedenheit des Krankenhauses vollzieht; nicht in Gemeinschaft, sondern im Verborgenen vollzieht sich das Sterben, bei dem der Sterbende seinen Angehörigen nicht zur Last fallen möchte. Mithilfe von Medikamenten wird ihm das Leiden erspart. Doch zugleich bringen diese Mittel ihn auch zum Verstummen. Der Sterbende schämt sich seiner «Niederlage» gegen den Tod. Fragen des Bösen oder der Schuld spielen kaum noch eine Rolle.

Gegen diesen Versuch, den Wandel der Todesvorstellungen, Bilder und Riten im Umfeld des Todes herauszuarbeiten, lassen sich viele Einwände im Hinblick auf die Verwendung der Quellen und deren idealisierende und generalisierende Deutungen vorbringen; doch ändert diese Kritik nichts daran, dass diese mentalitätsgeschichtliche Untersuchung zur Geschichte des Todes neue Perspektiven historisch-anthropologischer Forschung eröffnet hat, die viele weitere Arbeiten angestoßen haben.[13]

Eine radikale, mit den vorausgegangenen Überlegungen durchaus vereinbare Deutung des Verhältnisses der modernen Gesellschaften zum Tod entwickelt Jean Baudrillard. Danach ist die gesellschaftliche Situation heute durch einen vollständigen Bruch mit den Gesetzen des *symbolischen Austauschs* von Leben und Tod gekennzeichnet. Statt sich auf einen Austausch zu richten, sind alle Energien darauf gerichtet, den Tod aus dem Leben auszuschließen. Ziel ist die Akkumulation des Lebens. Die Transformation des akkumulierten Lebens zu einer Form des «lebendigen» Todes ist die Folge. Da der Tod ausschließlich vom Leben her interpretiert wird, gerät er nur in eingeschränkter Sicht in den Blick; er wird lediglich als Bedrohung des Lebens wahrgenommen, das es zu schützen gilt und das nur als Überleben begriffen wird. Die Aufschiebung des Todes und der Versuch, ihn aus dem Leben auszugrenzen, führt zu einem leblosen Leben. Mit dem Wunsch, auf jeden Fall zu überleben, wird die Macht geboren. Sie ist aufs engste mit der potenziellen Todesdrohung und der Entscheidung über Leben und Tod verbunden. Alle Versuche der Gentechnologie, den Tod herauszuzögern und damit den Menschen von der Intensität des Lebens zu befreien, zielen auf das Überleben in allen nur möglichen Formen. Von den atomaren Potenzialen, der Umweltzerstörung und Ressourcenvernichtung geht eine Bedrohung des Lebens der Menschheit aus, die sich als Folge eines in der Zukunft wahrscheinlich implodierenden Willens der Machtausdehnung begreifen lässt. Leben wird als Überleben inszeniert, wird simuliert und geht in der Simulation verloren. Eine Hyperrealität soll die Wirklichkeit eines Lebens ersetzen, das des Austauschs mit dem Tod beraubt ist.[14]

In letzter Konsequenz ist jede gesellschaftliche Macht eine Macht über Leben und Tod, die unterschiedlich ausgeübt wird: in einigen Gesellschaften von Königen oder Diktatoren, in anderen im Rahmen demokratischer Gewaltenteilung vom Staat. Um sich gegen Tod und Gewalt zu schützen, werden Militär- und Polizeisysteme geschaffen. Das medizinische System wird entwickelt, die Überlebenshilfe versprechenden Wissenschaften werden finanziert. Gewaltige Anstrengungen werden unternommen, den Tod hinauszuschieben und zu «überlisten». Menschliche Kultur lässt sich als «ein Gesamt von Glauben und Riten begreifen, die auflösende Kraft des individuellen und kollektiven Todes zu bekämpfen»[15].

Der Tod ist eine die Menschen beunruhigende Leerstelle, die die Einbildungskraft mithilfe mannigfaltiger, das Nicht-Wissen überspielender Vorstellungen ausfüllen möchte. So viele Bilder und Metaphern die Einbildungskraft auch entwirft, um mit dieser Leerstelle umzugehen[16], es gelingt ihr nur unzulänglich. Es existieren kulturspezifisch unterschiedliche Formen der Wahrnehmung, der Empfindung und des Umgangs mit dem Tod. Mit Riten, Mythen und Bildern artikulieren und inszenieren Menschen ihr Verhältnis zum Verlust anderer Menschen. In kulturell und historisch ausgeprägten Formen wird das Verhältnis zwischen dem Einzelnen, der Gesellschaft und der Menschheit bestimmt und imaginär und performativ gestaltet.

In der Gegenwart stehen sich vor allem zwei Vorstellungen gegenüber. In der einen wird von einem Weiterleben in einer anderen Welt oder von der Transformation des Toten in eine andere Form ausgegangen; in der zweiten wird in einer analogen metaphysischen Setzung behauptet, dass mit dem Tod das Leben endgültig zu Ende sei; im Rahmen dieser Position werden die Hoffnungen der Gentechnologie und der anderen Biowissenschaften, den Tod hinausschieben zu können, begeistert aufgenommen. Im Rahmen traditioneller Logik schließen sich beide Vorstellungszusammenhänge aus. Eine aporetische Situation entsteht. Das Problem liegt darin, «einer Chimäre der Entschiedenheit nachzujagen: dem entschiedenen Gegensatz von Leben und Tod? Gibt es schon kein Jenseits mehr, dann soll nur diesseits und sonst Nichts sein …»[17]

Dass dies nicht das letzte Wort sein kann, ist offensichtlich. Die Annahme eines jenseitigen Lebens ist ebenso eine metaphysische Setzung wie die Annahme, dass mit dem Tod des Einzelnen alles zu Ende sei. Für beide Vorstellungen gibt es keine Erfahrungsgrundlage. Wissenschaft und Philosophie stoßen hier an eine nicht überschreitbare Grenze. Unabhängig davon, wie man mit dieser umgeht, lässt sich feststellen, dass die Frage nach dem Tod den Menschen nicht loslässt. Heidegger hat in *Sein und Zeit* von einem Sein zum Tode gesprochen und es so bestimmt: «Der Tod als Ende des Daseins ist die eigenste, unbezügliche, gewisse und als solche unbestimmte, unüberholbare Möglichkeit des Daseins.»[18] Danach ist der Tod einmalig, unwiederholbar und in dieser Einzigartigkeit ein Merkmal der individuellen menschlichen Existenz. Geht man davon aus, dass das Ich in einer bestimmten Weise *dabei* ist, also gleichsam ein Begleiter des Daseins ist, dann ist es weder sterblich noch unsterblich, dann ist es dabei, «nämlich beim Anderen, ob wir dieses Anderssein nun uns selbst, der eigenen Person, oder anderen Personen oder Dingen zuschreiben»[19]. Dieses Ich ist ansprechbar; seine Ansprechbarkeit «scheint erst durch den Tod der Person sich auf bloße Nennbarkeit zurückzuziehen»[20]. Wenn das Ich beim Erwachen aus dem Schlaf da ist und wieder beim Einschlafen verschwindet, ist dann der Tod nicht eine dem Einschlafen ähnliche «Entgegenwärtigung» des Ich und gilt dann nicht nach wie vor Epikurs Auffassung, nach welcher der Tod weder die Lebenden noch die Gestorbenen angeht? Selbst wenn dies so wäre und der Aphorismus Pascals – «Der Tod, wenn man nicht an ihn denkt, ist leichter zu ertragen als der Gedanke an den Tod, wenn man gar nicht in Gefahr ist»[21] – Geltung beanspruchen könnte, stellte sich immer noch die Frage, warum der Tod das Denken der Menschen unentwegt beschäftigt. Das Denken des Todes ist damit konfrontiert, vom Un-Denkbaren ausgehend die «Nichtheit ‹vom Nichts her›, anstatt vom Sein her zu denken … das Denken hört nicht auf, das Nichts nicht denken zu können»[22]. Das Denken kann also nicht aufhören, das, was es nicht denken kann, zu denken; es vermag jedoch nicht, die Nichtheit vom Nichts, vom Tode her zu denken. Da das Denken etwas greifen muss, der Tod aber kein Etwas ist, das sich fassen ließe, scheitert das Denken am Tod und der Nichtheit des Nichts. Für das Ich und seine Existenz als Begleiter des Daseins bedeutet das: «Ich-Sein [ist] die einzige Seinsweise absoluten Endens und darin Offenheit zur Nichtheit, ohne welche Offenheit Ich keine Beziehungen zu Andersseiendem haben könnte».[23]

Für die Anthropologie ist der Tod eine Grenze des Wissens, der sie sich in unterschiedlicher Form nähern, die sie aber aus prinzipiellen Gründen nicht überschreiten kann. Dennoch ist die Beschäftigung mit dieser Grenze und mit den daraus erwachsenden Einsichten für anthropologisches Wissen konstitutiv; sie verweist auf eine sich aus dem «Sein zum Tode» ergebende Notwendigkeit der Anthropologiekritik und eine ebenfalls daraus resultierende Unergründbarkeit des Menschen.

Rück- und Ausblick

Disziplinarität und Transdisziplinarität

Wie das Verhältnis zwischen disziplinärer und inter- bzw. transdisziplinärer Forschung bestimmt wird, gehört zu den grundlegenden Fragen Historischer Anthropologie. Aus ihrer Beantwortung ergeben sich wichtige Konsequenzen für die Konzeptualisierung der Probleme. Die Forschungen Historischer Anthropologie können sowohl disziplinbezogen als auch transdisziplinär durchgeführt werden. Für den ersten Fall gibt es gelungene Beispiele in der Geschichts-, Erziehungs- und Literaturwissenschaft.[1] Für den zweiten Fall können die Studien zum Thema «Logik und Leidenschaft», «Vom Menschen» und einige Untersuchungen aus dem Berliner Sonderforschungsbereich «Kulturen des Performativen» als Beispiele dienen.[2] Die Qualität anthropologischer Forschungen hängt nicht davon ab, ob sie in der einen oder in der anderen Form realisiert werden. Manchmal ist es auch einzelnen Forschern gelungen, ihren in ihrer Fachwissenschaft angesiedelten Untersuchungen eine transdisziplinäre Ausrichtung zu geben.

Trotz dieser verschiedenen Möglichkeiten stellen inter- bzw. transdisziplinäre Organisationsformen Bedingungen dar, die den Forschungen in der Historischen Anthropologie besonders förderlich sind. Vertreter mehrerer Fachwissenschaften bringen verschiedene wissenschaftliche Traditionen in die Kooperation ein. Sie können auf unterschiedliche Wissenskonstellationen, Fragestellungen, Begriffe und methodische Zugänge zurückgreifen und sie in der transdisziplinären Kooperation fruchtbar machen. Die disziplinübergreifende Zusammenarbeit besteht darin, Fragestellungen, Begriffe und methodische Zugänge zu entwickeln, die die Bezugspunkte der einzelnen Wissenschaften überschreiten und zur Entwicklung eines transdisziplinären Referenzrahmens und methodischen Vorgehens führen. Wenn dies gelingt, können Forschungen ermöglicht werden, die in den einzelnen Fachwissenschaften nur schwer zu realisieren sind.

Formen transdisziplinärer Forschung stellen hohe Anforderungen an die Kommunikations- und Kooperationsfähigkeit der Forscher. Sie setzen Neugier, Interesse am Fremden, Offenheit und Flexibilität gegenüber neuen Fragestellungen und Perspektiven voraus. Den vielschichtigen Kommunikations- und Interaktionsanforderungen muss jeder Forscher gerecht werden; sonst gerät die Gemeinsamkeit der Ziele und Aufgaben transdisziplinärer Forschung in Gefahr.[3] Während es bei multidisziplinären Untersuchungen lediglich um die Zusammenarbeit von Fachwissenschaftlern geht, bei der jeder von seiner Disziplin her Fragen an die Vertreter anderer Disziplinen in der Hoffnung stellt, aus deren Fachwissenschaft Hilfe für die Bearbeitung seiner Probleme zu bekommen, zielen transdisziplinäre Untersuchungen auf eine neue Qualität der Forschung. Hier geht es um die Entdeckung und Untersuchung von Fragestellungen, die häufig an den Rändern der Fachwissenschaften entstehen und die weniger durch die Tradition der Disziplin als durch neue, sich im Austausch zwischen den Disziplinen ergebende Konstellationen bestimmt werden. Viele anthropologische Forschungen entwickeln sich in solchen Zusammenhängen, zumal wenn sich ihre Fragen und Themen keiner einzelnen Fachwissenschaft zuordnen lassen und es sich bei ihnen um Phänomene, Probleme und Gegenstände handelt, die vor und außerhalb einer Kanalisierung in wissenschaftliche Disziplinen entstehen. Dies ist z. B. in Themenfeldern wie Körper, Sinne, Seele, Zeit, Rituale, *gender* und Medien häufig der Fall.

Aus dieser Situation ergeben sich zwei Konsequenzen. Einmal wächst mit der Zunahme wissenschaftlichen Wissens die Notwendigkeit, dieses in überschaubaren Formen zu organisieren; dadurch nimmt die Bedeutung der Fachwissenschaften zu. Zum anderen führt die transdisziplinäre anthropologische Forschung zu Grenzüberschreitungen. Auf der Grundlage und unter Anwendung disziplinärer Verfahren entstehen transdisziplinäre Arbeitsweisen, die die Fachdisziplinen nachhaltig verändern. In der transdisziplinären Forschung wird die Berücksichtigung des «Fremden» aus anderen Disziplinen zu einem diese Untersuchungen konstituierenden Element.[4] Dadurch werden neue Themen, Begriffe und Methoden erarbeitet, die den Wissens- und Forschungsstand in den Fächern infrage stellen und verändern. Stärkere Diversität und größere Komplexität entstehen. Je radikaler die Themenwahl und das methodische Vorgehen sind, desto weniger lassen sich die Ergebnisse der Forschungen voraussagen. Der innovative Charakter vieler Untersuchungen in der Historischen Anthropologie liegt hierin begründet.

Viele der in der Historischen Anthropologie untersuchten Themen sind so komplex, dass ihre Behandlung im Rahmen eines disziplinären Zugangs nur unzulänglich gelingt. Mithilfe einer transdisziplinären Forschungsorganisation wird die Vielschichtigkeit der Fragestellungen, des methodischen Zugangs und der Untersuchung erhöht. Aufgrund verschiedener fachwissenschaftlicher Kompetenzen gelingt in vielen Fällen die angestrebte Komplexitätssteigerung. Die Pluralität der dabei berücksichtigten Wissenschaftsparadigmen führt zu einer die Disziplingrenzen unterlaufenden komplexen Forschung. Werden darüber hinaus die Fachdisziplinen und Wissenschaftsparadigmen durch Perspektiven aus Wissenschaftskulturen anderer Länder ergänzt und werden so die Forschungen transnational, entsteht eine weitere Steigerung der Komplexität. Transdisziplinarität, paradigmatische Vielfalt und Transnationalität führen zu einer Erhöhung der Pluralität und Komplexität historisch-anthropologischer Forschung.[5]

Komplexität und Methodenvielfalt

Viele Forschungen Historischer Anthropologie sind *transdisziplinär, multiparadigmatisch* und *transnational*. Deshalb kommen unterschiedliche Methoden und Verfahren zur Anwendung. Beim gegenwärtigen Stand der Entwicklung ist es nicht möglich, bestimmte Untersuchungsverfahren als *die* Methoden Historischer Anthropologie zu bezeichnen. Das Spektrum der infrage kommenden Methoden und Methodenkombinationen ist umfangreich und prinzipiell offen. Der Versuch, es einzuschränken, widerspräche der Vielgestaltigkeit und paradigmatischen Offenheit historisch-anthropologischer Forschungen. Insofern die methodischen den thematischen und konzeptuellen Fragen nachgeordnet sind, lassen sie sich nicht losgelöst von diesen behandeln. Da sich Historische Anthropologie nicht über einen Gegenstandsbereich konstituiert, bedarf es im methodischen Bereich besonderer Sorgfalt und Reflexion.

Forschungen mit quantifizierenden Methoden wie demographische Untersuchungen können einen konstruktiven Beitrag zur Historischen Anthropologie liefern. Wegen des mit ihrem Selbstverständnis verbundenen Geltungsanspruchs erfordern diese Methoden eine weitgehende «Unabhängigkeit» von dem spezifischen Charakter der untersuchten Inhalte. Im Unterschied zu diesen Methoden sind z. B. phänomenologische, hermeneutische und dekonstruktive Verfahren unmittelbar mit den Fragen, Themen und Gegenständen verbunden, auf die sie sich beziehen; in den Untersuchungen der Historischen Anthropologie haben diese Verfahren, deren Spektrum umfangreich und mannigfaltig ist, eine erhebliche Bedeutung. Schon ein Blick auf die in den verschiedenen Wissenschaften entwickelten Hermeneutik-Auffassungen macht dies deutlich.[6]

Da sich viele Forschungen in der Historischen Anthropologie auf die Interpretation von Texten, Bildern und performativen Praktiken richten, spielen hermeneutische Verfahren eine wichtige Rolle. Dementsprechend ist die dazu vorliegende Literatur umfangreich. Für die Geschichtswissenschaft sind in diesem Zusammenhang z. B. nicht nur die Text- und Quellenkritik, sondern auch die grundsätzlichen Fragen nach dem Verhältnis von Ereignis, Fiktion und Erzählung von zentraler Bedeutung.[7] Auch in der Literaturwissenschaft haben Methoden der Interpretation[8] und Verfahren der Dekonstruktion[9] eine konstruktive Bedeutung. Entsprechendes gilt für die Erziehungswissenschaft.[10]

Neben den textbezogenen Methoden der Geschichts-, Kunst- und Literaturwissenschaft finden hermeneutische Verfahren als Methoden qualitativer Sozialforschung für Forschungen im Bereich der Historischen Anthropologie große Beachtung.[11] Zwar kann die allgemeine Anwendung dieser Methoden gelernt werden, doch erfordert das methodische Vorgehen im Einzelfall eine genaue Anpassung an die Ziele, Themen und Bedingungen der jeweiligen Forschungen. Seit Malinowskis Feldforschungen nehmen diese Verfahren eine zentrale Stellung in der Ethnologie ein; doch erst seit einigen Jahren gewinnen sie in den Sozialwissenschaften und in der Anthropologie stärkere Beachtung.

In den Forschungen der Historischen Anthropologie spielen schließlich das *Staunen*[12], das *radikale Fragen*, die *philosophische Kritik und Selbstkritik* eine wichtige Rolle. Diese Bedingungen und Formen des Philosophierens lassen sich als Methode nur unzureichend beschreiben.[13] Sie entziehen sich der Formalisierung und entfalten ihre Bedeutung erst in der Auseinandersetzung mit den Phänomenen, Ereignissen, Handlungen und Problemen sowie in den Sprachspielen und Forschungen Historischer Anthropologie. Je nach Kontext führen diese Formen philosophischer Reflexion zu unterschiedlichen Einsichten und Erkenntnissen sowie zur Komplexitätssteigerung anthropologischer Forschung. Sie halten die Frage nach dem Menschen grundsätzlich offen und tragen zu der Einsicht bei, dass es unmöglich ist, einen Begriff vom Menschen begrifflich zu entwickeln.

Globalisierung und kulturelle Differenz

Aufgrund der umfangreichen globalen Veränderungen der letzten Jahrzehnte ändern sich auch die Referenzpunkte anthropologischer Forschung nachhaltig. Wenn sich historisch-anthropologische Forschungen auf die Geschichte und Gegenwart der europäischen Kulturen und Gesellschaften richten, dann geschieht dies heute im Bewusstsein, dass Europa zwar einen der großen Kulturkreise der Welt, nicht jedoch den einzigen darstellt. Dieses Bewusstsein hat Auswirkungen auf die Auswahl und Behandlung der Themen und Fragestellungen der anthropologischen Forschung; es führt zu veränderten Erwartungen und Einstellungen gegenüber Forschungsergebnissen und zu einer Offenheit im Hinblick auf divergierende kulturelle und gesellschaftliche Traditionen, ohne dadurch normativer Beliebigkeit zu erliegen. In einer Reihe von Fällen wird der Referenzrahmen anthropologischer Forschung heute durch Prozesse der Globalisierung beeinflusst, die durch die *Gleichzeitigkeit des Ungleichen* charakterisiert sind und sich beziehen auf[14]:
- internationale Finanz- und Kapitalmärkte;

- Kapitalmobilität und den Einflussgewinn der neoliberalen Wirtschaftstheorie;
- Unternehmensstrategien und Märkte mit global ausgerichteten Strategien der Produktion, Distribution und Kostenminimierung durch Verlagerung;
- Forschung, Entwicklung und Technologie;
- transnationale politische Strukturen mit der Abnahme des Einflusses der Nationen;
- Konsummuster, Lebensstile und kulturelle Stile mit der Tendenz zu ihrer Vereinheitlichung;
- Wahrnehmungsweisen und Bewusstseinsstrukturen, Modellierung von Individualität und Gemeinschaft;
- neue Medien und Tourismus;
- die *Eine-Welt-Mentalität.*

Hinzu kommt die lange verdrängte Globalisierung von Armut, Not und Leid, Krieg und Terror, Ausbeutung und Naturzerstörung.

Diese Entwicklungen führen zur Herauslösung des Ökonomischen aus dem Politischen, zur Globalisierung der Lebensformen und zur Bedeutungszunahme der neuen Kommunikationsmedien. Diese Prozesse vollziehen sich nicht linear; sie sind vielfältig gebrochen und produzieren widersprüchliche Ergebnisse; sie haben unterschiedliche Zielsetzungen und Entscheidungsstrukturen und sind wie Rhizome netzwerkartig organisiert[15]; sie verlaufen nicht zeit- und raumgleich und unterliegen heterogenen Dynamiken; sie sind multidimensional und multiregional und nehmen ihren Ausgangspunkt in den Zentren des neoliberalen Kapitalismus. Die Dominanz einer globalisierten Ökonomie über das Politische und die Globalisierung der Lebensformen mit der zunehmenden Verbildlichung der Erfahrung in den neuen Medien führen zu Veränderungen der Arbeitswelt, zum Bedeutungsverlust der Nation, zu Annäherung und wechselseitiger Durchdringung von Kulturen sowie zu neuen Lebensformen und Lebenswelten.

Statt einer die Uniformierung der Menschen fördernden ist eine *reflexive, kritische* und *heterogene Globalisierung* erforderlich, in deren Rahmen es darauf ankommt, eine Reihe der bisherigen Entwicklungen zu verändern und die kulturelle Vielfalt, die Herausforderung des Anderen sowie die anthropologische Reflexion historischer und kultureller

Unterschiede in die Globalisierungsdynamik einzubeziehen. Im Verlauf dieser Prozesse ändern sich Rolle und Bedeutung kultureller Differenz und Diversität sowie der Charakter der gegenwärtigen Lebenswelten. Doch führt dies nur zu einer bedingten Angleichung der Lebensformen. Aufgrund des kontingenten Charakters gesellschaftlicher und kultureller Entwicklungen entstehen unvoraussehbare Formen von Synkretismus und *Hybridität*.[16] Diese bewirken immer wieder neue Formen der Hybridität und der kulturellen Diversität, deren historischer und kultureller Hintergrund zu unterschiedlich ist, als dass diese Formen, selbst wenn sie sich in ihren Erscheinungen ähneln, in ihren Tiefenstrukturen einander gleich wären.

Die gleichen kulturellen Phänomene und Situationen haben häufig für verschiedene Menschen unterschiedliche Bedeutungen. Dies zeigen die Erfahrungen mit interkultureller Kommunikation und interkulturellem Lernen. Ein Blick auf die Unterschiedlichkeit der Bedeutungen, die mit dem aus dem Lateinischen stammenden Wort *natura* in europäischen Sprachen verbunden sind, macht dies deutlich. Das Assoziations- und Konnotationsfeld von deutsch «Natur», englisch «nature», französisch «nature» oder spanisch «naturaleza» ist sehr unterschiedlich. Dies ist schon bei Kulturen der Fall, die eine lange gemeinsame Geschichte haben. Ein Vergleich mit dem japanischen Wort «shi zen», das ebenfalls «Natur» bedeutet, macht dies deutlich. Zwar hat der Begriff auch in der japanischen Kultur eine deskriptive und eine normative Seite; doch weichen die mit «shi zen» hervorgerufenen Assoziationen, emotionalen Bezüge und atmosphärischen Stimmungen stark ab. Dass die Verschiedenheit kultureller Hintergründe zu unterschiedlichen Wahrnehmungen und Erfahrungen führt, zeigt auch das Beispiel japanischer Primatologen, die aufgrund ihrer anderen Einstellung zur Gemeinschaft und zum Sozialen viel früher als ihre europäischen und amerikanischen Kollegen wahrnehmen konnten, dass die Affenart der Makaken eine ausgeprägte Kultur hat und zu kulturellem Lernen fähig ist.[17]

Angesichts der *Eine-Welt-Mentalität*, die die internationale Globalisierungsdiskussion bestimmt, ist es unerlässlich, selbst bei einer ähnlichen Erscheinung die historischen und kulturellen Unterschiede zu verdeutlichen. Gerade dadurch wird eine Verständigung mit dem Anderen möglich. Wenn jeder sich des Anderen in sich selbst und in seiner eigenen Kultur bewusst wird, entstehen neue Möglichkeiten, den Anderen außen zu verstehen und ein Denken von ihm her, ein *heterologisches Denken* zu entwickeln. Im Hinblick auf das Gewahrwerden von Differenz und Alterität und die Anerkennung kultureller Diversität entsteht auch die Möglichkeit, Gemeinsamkeiten wahrzunehmen und sich einander anzunähern.[18] Angesichts einer auf weltweite Angleichung zielenden Globalisierung ist die Fähigkeit, Differenz wahrzunehmen und zu akzeptieren, besonders wichtig und kann dazu beitragen, Gewalt zu reduzieren. Doch auch die Akzeptanz kultureller Vielfalt stößt an eine Grenze, die für viele Menschen durch die Menschenrechte und durch eine globale Ethik bestimmt wird.[19] Konflikte, die dabei mit den Angehörigen anderer Kulturen entstehen, müssen ausgehalten und nach Möglichkeit gewaltfrei ausgetragen werden.

Zwischen einer uniformierenden Globalisierung und einer kulturelle Differenz und Mannigfaltigkeit betonenden Entwicklung entstehen Konflikte, die die Lebensbedingungen der Menschen im 21. Jahrhundert bestimmen. Dabei handelt es sich um Spannungen zwischen Globalem und Lokalem, Universellem und Singulärem, Tradition und Modernität, Geistigem und Materiellem, langfristigen und kurzfristigen Überlegungen, notwendigem Wettbewerb und Chancengleichheit, der starken Ausweitung des Wissens und der begrenzten menschlichen Fähigkeit, damit umzugehen.[20]

Zu den großen Konfliktformationen der Zukunft gehört auch die Spannung zwischen einer die Ressourcen der Erde hemmungslos nutzenden Globalisierung und einer *Kultur der Nachhaltigkeit*, die darauf zielt, die Menschen zukunftsfähig zu machen. In ihrem Rahmen geht es darum, die Menschen, ihre Gesellschaften und Wirtschaftssysteme dafür zu gewinnen, erneuerbare Ressourcen nicht über ihr natürliches Regenerierungspotenzial hinaus zu nutzen, den Verbrauch nicht erneuerbarer Ressourcen auf ein Minimum zu beschränken, die biologische Vielfalt und das Klima zu erhalten, den Verbrauch von Land, Wasser und Transportleistungen so zu reduzieren, dass Schäden ausgeschlossen werden, sowie technische Großrisiken zu vermeiden etc.[21]

Wenn im Zentrum Historischer Anthropologie die Erforschung von Geschichte und Kultur steht, dann liegt es nahe, dass ihre Untersuchungen nicht nur auf historische und aktuelle, sondern auch auf Fragen, Probleme und Zusammenhänge bezogen werden, die die Zukunft der Menschen betreffen; die Fragen und Probleme einer Kultur der Zukunftsfähigkeit gehören dazu.

Zusammenfassende Thesen

Auf der Grundlage der Einsicht in das Ende der Verbindlichkeit einer abstrakten anthropologischen Norm wird heute in der Anthropologie versucht, die Geschichtlichkeit und Kulturalität der Begriffe, Perspektiven und Methoden auf die Geschichtlichkeit und Kulturalität der untersuchten Themen, Gegenstände und Sachverhalte zu beziehen. Historische Anthropologie steht so in der Spannung zwischen Geschichte und Humanwissenschaften. In ihr werden die Ergebnisse der Humanwissenschaften und einer geschichts- und kulturphilosophisch fundierten Anthropologie-Kritik verarbeitet und für neuartige Fragestellungen fruchtbar gemacht. Im Kern ihrer Bemühungen herrscht eine Unruhe des Denkens und Forschens, die nicht stillgestellt werden kann. Ihre Forschungen sind weder auf bestimmte kulturelle Räume noch auf einzelne Epochen beschränkt. In der Reflexion ihrer eigenen Geschichtlichkeit und Kulturalität vermögen sie den Eurozentrismus der Humanwissenschaften hinter sich zu lassen und offenen Problemen der Gegenwart wie der Zukunft den Vorzug zu geben.

Historische Anthropologie ist keine Fachwissenschaft. Ihre Forschungen finden statt in verschiedenen wissenschaftlichen Disziplinen und über deren Grenzen hinweg. In ihren Untersuchungen zeigt sich eine wissenschaftliche Haltung, die häufig zu einer transdisziplinären und transnationalen Organisation der Forschung führt und in deren Rahmen eine Pluralität von Methoden zur Anwendung kommt. Zu diesen gehören Methoden historischer Quellenarbeit, literaturwissenschaftlicher Texthermeneutik, qualitativer Sozialforschung und philosophischer Reflexion. In einigen ihrer Untersuchungen werden nicht nur die Grenzen zwischen verschiedenen Fachwissenschaften und Wissenschaftsparadigmen, sondern auch die Trennlinien zu Kunst, Literatur, Theater und Musik überschritten.

Im Weiteren sollen zentrale Ergebnisse der vorliegenden Untersuchung thesenartig zusammengefasst werden.

1. Die Geschichte des Lebens und die Prozesse der Menschwerdung sind Gegenstand einer ihrer Geschichtlichkeit und Kulturalität bewussten anthropologischen Forschung. Die Evolution des Lebens und die Hominisation sind zeitliche Prozesse großer Ausdehnung. Die Menschwerdung wird als ein mehrdimensionaler Prozess aus den Wechselwirkungen ökologischer, genetischer, zerebraler, sozialer und kultureller Faktoren begriffen, in dem die kulturellen Faktoren schon sehr früh eine wichtige Rolle spielen.

2. Nicht weniger interessant als die allgemeinen Gesetzmäßigkeiten der Entwicklung des Lebens und des Menschen ist die Frage nach den spezifischen Bedingungen des Menschen, den *conditiones humanae*. Diese werden häufig aus der Differenz zum Tier, neuerdings auch zur Maschine konstruiert. Der Mensch unterscheidet sich von anderen Primaten durch den aufrechten Gang, die Gehirnentwicklung, die Neotenie und die Instinktreduktion. Hinzu kommen «Exzentrizität», Triebüberschuss, Handlung sowie Entlastung, Sprache, Imagination und Weltoffenheit. Die Besonderheit des Menschen kommt in der «natürlichen Künstlichkeit» und der «vermittelten Unmittelbarkeit» zum Ausdruck.

3. So wichtig diese auf den Menschen als Gattungswesen bezogenen Perspektiven sind, sie vernachlässigen die historische und kulturelle Vielfalt der Menschen, die die Einmaligkeit des Menschen ausmachen. Hier setzen die anthropologischen Forschungen in der Geschichtswissenschaft an, welche die Menschen in ihren jeweiligen historischen und kulturellen Kontexten untersuchen. In ihrem Rahmen spielen das Interesse an der Lebenswelt und Lebenspraxis der Menschen in anderen historischen Zeiträumen, die Einsicht in den geschichtlichen Charakter von Empfindungen, Gefühlen und Mentalitäten sowie die Uneinheitlichkeit und Diskontinuität der Themen und Gegenstände eine wichtige Rolle.

4. Mit der Einführung des ethnographischen Blicks auf Kultur und Geschichte gewinnen die anthropologischen Forschungen eine neue Qualität. Das Fremde in der eigenen und in anderen Kulturen, Alterität und kulturelle Diversität werden zu wichtigen Themen. Neben der diachronen gewinnt die synchrone, auf die Gegenwart bezogene Forschung

an Bedeutung. Ethnographische Methoden werden zur Grundlage der rekonstruktiven Sozialforschung, in deren Rahmen z. B. qualitative Untersuchungen zu Familie, Schule, Jugend und Medien stattfinden.

5. Selbst bei den auf die Vergangenheit gerichteten Forschungen in der Historischen Anthropologie spielt der Gegenwartsbezug eine wichtige Rolle. Einige Untersuchungen zielen ausdrücklich darauf, einen Beitrag zur Selbstinterpretation und zum Selbstverständnis der Gegenwart zu liefern. Die Forschungen Historischer Anthropologie betonen die radikale Historizität und Kulturalität von Gegenstand und Untersuchung. Einige von ihnen richten sich auf Themen, die einer empirischen Forschung nicht oder nur partiell zugänglich sind und die stattdessen vor allem philosophische Theorie- und Begriffsbildung sowie Reflexion und Kritik erfordern.

6. Der Körper in seinen unterschiedlichen Akzentuierungen bildet einen zentralen Gegenstand in den Forschungen Historischer Anthropologie. Mit dieser Fokussierung werden auch die Prozesse zunehmender Abstraktion und Verbildlichung zum Thema. Wegen der Komplexität des menschlichen Körpers kommt es darauf an, deutlich zu machen, von welchem Körper die Rede ist. Das Spektrum der Vorstellungen und Repräsentationen des Körpers ist weit und prinzipiell offen; in letzter Konsequenz handelt es sich bei dem zugrunde gelegten Begriff vom Körper um einen *corpus absconditum*, von dem lediglich eine kontextbezogene Erkenntnis möglich ist, dessen Komplexität sich jedoch vollständiger Erkenntnis entzieht.

7. Körperbezogen sind auch mimetische Prozesse, in denen Menschen andere nachahmen und ihnen in der Absicht nacheifern, wie diese zu werden. Dadurch, dass sich Menschen auf andere beziehen, erfolgt jeweils eine ‹Anähnlichung›. Mimetische Prozesse richten sich nicht nur auf andere Menschen; sie tragen auch dazu bei, sich die Welt zu erschließen; sie beziehen sich auf reale Umwelten und auf imaginäre Welten der Kunst und Literatur. In mimetischen Prozessen nehmen Menschen einen «Abdruck» von anderen Menschen und Welten und schaffen sie als ihre «eigenen» Menschen und Welten noch einmal. In diesem Prozess wird Außenwelt zu Innenwelt und findet kulturelles Lernen statt.

8. Viele soziale und kulturelle Handlungen wirken vor allem aufgrund ihres Inszenierungs- und Aufführungscharakters. Ihre Perfor-

mativität umfasst drei Perspektiven: soziale Handlungen als kulturelle Aufführungen, Sprechen als performatives Handeln und künstlerische *performances* als körperlich-ästhetische Handlungen. Aus dieser Perspektive wird kulturelles und gesellschaftliches Handeln als körperliche Inszenierung und Aufführung untersucht. Dabei zeigt sich: Nicht nur Rituale, Gefühle und Bildung, sondern auch Wahrnehmung, Wissen, Medien und *gender* haben eine performative Seite. Zu ihrer Inszenierung und Aufführung ist ein praktisches Wissen erforderlich, das in mimetischen Prozessen erworben wird.

9. Rituelles Handeln erfordert ein in mimetischen Prozessen erworbenes praktisches Wissen. Rituale und Ritualisierungen bearbeiten Differenzen und erzeugen durch ihren performativen Charakter Gemeinschaften. Sie stellen Kontinuität zwischen Vergangenheit, Gegenwart und Zukunft her und geben Menschen Vertrauen und Verhaltenssicherheit; sie kanalisieren Gewaltpotenziale. Rituale dienen zur Organisation von Übergängen zwischen Institutionen. Sie haben einen ostentativen und einen ludischen Charakter. Ihr Spektrum umfasst Ritualisierungen, Konventionen, Liturgien, Zeremonien und Feiern. Rituale reichen von Alltagsritualen wie Begrüßungen und Verabschiedungen über Arrangements im Hinblick auf Nahrung und Kleidung bis zu politischen und religiösen Ritualen. Mit ihrer Hilfe verankern gesellschaftliche Institutionen und Organisationen ihre Werte, Aufgaben und Funktionen in den Körpern ihrer Mitglieder und Adressaten.

10. Zwar gibt es eine im Körper angelegte Sprachfähigkeit, die es allen Menschen ermöglicht, Sätze zu bilden, doch müssen die Wörter sowie die grammatischen Regeln jeder einzelnen Sprache erlernt werden. Menschliche Sprache artikuliert sich in der Vielsprachigkeit, d. h. in unterschiedlichen historisch-kulturellen Ausprägungen. In jeder Sprache sind körperliche und mentale Seite unauflöslich miteinander verschränkt. Körperliche Bewegungen der Stimmwerkzeuge führen zur Produktion von Lauten. Die Bindung der Sprache an Stimme und Ohr ermöglicht es, einen «unendlichen Gebrauch» mit «endlichen Mitteln» zu machen. Sprache ist das «bildende Organ des Gedankens»; sie bildet sich im praktischen Gebrauch in unzähligen Sprachspielen.

11. Im Körper verwurzelt, mit der Sprache verbunden, entwickelt sich die Imagination; sie schafft Kontinuität zwischen Vergangenheit,

Gegenwart und Zukunft, zwischen Schlaf, Bewusstsein und Tagtraum. Imagination macht Außenwelt zur Innenwelt und Innenwelt zur Außenwelt und erzeugt das individuelle wie auch das kollektive Imaginäre. Um sich auszudrücken, bedient sie sich symbolischer Formen und Zeichen, doch in erster Linie erzeugt sie Bilder der Präsenz, der Repräsentation und der Simulation.

12. Wenn der menschliche Körper im Mittelpunkt der Anthropologie steht, dann gehören damit auch Zeitlichkeit und Vergänglichkeit, Tod und Geburt zu den zentralen Themen der Anthropologie. Ohne den Tod individuellen Lebens gäbe es den Menschen nicht. In der Auseinandersetzung mit dem Tod entstehen Kultur und Gesellschaft; jede historische Epoche, jede Kultur entwickelt unterschiedliche Einstellungen zum Sterben. Kollektive Mentalitätsunterschiede bilden sich, die die Haltungen der Individuen beeinflussen. Denken und Imagination setzen sich mit dem Tod auseinander. Da sie sich auf etwas beziehen müssen, der Tod aber nicht *ist*, scheitern sie notwendig an ihm.

13. Historische Anthropologie ist keine Disziplin; ihre Forschungen können innerhalb einzelner Fachwissenschaften stattfinden oder transdisziplinär organisiert werden. Ihre Themen sind oft an den Rändern oder zwischen den Disziplinen angesiedelt. Ihre Bearbeitung erfordert konzeptuelle und methodische Vielfalt sowie paradigmatische Pluralität. Viele Forschungen Historischer Anthropologie sind transnational, betonen die Bedeutung historischer und kultureller Differenz und bilden ein Korrektiv für eine auf Angleichung und Uniformierung ausgerichtete Globalisierung.

14. Weder in methodischer, theoretischer noch in thematischer Hinsicht ist anthropologisches Wissen einheitlich. Es ist transdisziplinär, transnational und pluralistisch. Nicht die Reduktion, sondern die *Steigerung von Komplexität* ist das Anliegen anthropologischer Forschung. Je mehr das Wissen über historisch-kulturelle Zusammenhänge zunimmt, desto stärker wächst auch das Nicht-Wissen. Die Vorstellung, man könne Nicht-Wissen dauerhaft überwinden, greift zu kurz. Nur in Ausschnitten ist sich der Mensch zugänglich; insgesamt bleibt er sich notwendig verborgen.

15. Zu dieser Erkenntnis führt *Anthropologiekritik*. Sie ist Kritik *des* Menschen, der Zentrierung der Forschung auf *den* Menschen und der

Methoden anthropologischer Forschung. Anthropologiekritik bemüht sich darum, die Fragen nach dem Menschen offen zu halten, auf die in den Humanwissenschaften und in der Philosophie Antworten gesucht werden. Sie besteht darauf, dass es einen Begriff vom Menschen nicht geben kann und dass das Bewusstsein davon eine konstitutive Bedingung der Anthropologie ist.

Anmerkungen

Einleitung

1 Der Begriff stammt nicht aus dem klassischen Griechischen, insbesondere nicht von Aristoteles. «Wo dieser vom anthropologos spricht, meint er, was Ross mit ‹gossip› übersetzt.» Odo Marquard: Art. *Anthropologie.* In: Joachim Ritter (Hg.): Historisches Wörterbuch der Philosophie, Bd. 1: A–C, Basel/Stuttgart 1971, S. 362; dort auch weitere Ausführungen zum Gebrauch und zur Bedeutung des Begriffs, S. 362–374.

2 Vgl. Udo Benzenhöfer/Maike Rotzoll: *Zur «Anthropologia» (1533) von Galeazzo Capella. Die früheste bislang bekannte Verwendung des Begriffs Anthropologie.* In: Medizinhistorisches Journal. Internationale Vierteljahresschrift für Wissenschaftsgeschichte, 26 (1991), S. 315–320.

3 Vgl. Michel de Montaigne: *Essais,* hg. v. Herbert Lüthy, Zürich ⁸1992.

4 Der Gedanke der *perfectibilité* und der negativen Erziehung wird von Rousseau im *Emile* entwickelt: «Was haben wir zu tun, um diesen seltenen Menschen zu bilden? Viel ohne Zweifel; nämlich zu verhindern, daß etwas geschieht.» Jean-Jacques Rousseau: *Emil oder über die Erziehung,* Buch I–V, Paderborn ²1962, S. 16.

5 Vgl. Ulrich Herrmann: *Vervollkommnung des Unverbesserlichen?* In: Dietmar Kamper/ Christoph Wulf (Hg.): Anthropologie nach dem Tode des Menschen, Frankfurt/M. 1994, S. 132–153.

6 Vgl. Immanuel Kant: *Anthropologie in pragmatischer Hinsicht.* In: Immanuel Kant: Werkausgabe Bd. 12: Schriften zur Anthropologie, Geschichtsphilosophie, Politik und Pädagogik 2, hg. v. Wilhelm Weischedel, Frankfurt/M. 1977; Dietmar Kamper/ Christoph Wulf/Gunter Gebauer (Hg.): *Kants Anthropologie.* Paragrana. Internationale Zeitschrift für Historische Anthropologie, 11 (2002) 2; Reinhard Brandt: *Kritischer Kommentar zu Kants Anthropologie in pragmatischer Hinsicht (1798),* Hamburg 1999; Jean Ferrari (Hg.): *Kant sur l'Anthropologie. L'Année 1798. Kant et la naissance de l'anthropologie au siècle des Lumières,* Paris 1997; Hartmut Böhme/Gernot Böhme: *Das Andere der Vernunft. Zur Entwicklung von Rationalitätsstrukturen am Beispiel Kants,* Frankfurt/M. 1985; Gernot Böhme: *Anthropologie in pragmatischer Hinsicht. Darmstädter Vorlesungen,* Frankfurt/M. 1985.

7 Vgl. Johann Gottfried Herder: *Herder und die Anthropologie der Aufklärung,* Werke Bd. II, hg. v. Wolfgang Pross, München u. a. 1987, bes. die Beiträge *Zum Sinn des Gefühls, Über den Ursprung der Sprache* und *Plastik.*

8 Vgl. Wilhelm von Humboldt: *Plan einer vergleichenden Anthropologie.* In: Wilhelm von Humboldt: Werke in fünf Bänden, Bd. I, hg. v. Andreas Flitner/Klaus Giel, Darmstadt ³1980, S. 337–375.

9 Vgl. u. a. Wolf Lepenies: *Die drei Kulturen. Soziologie zwischen Literatur und Wissenschaft*, Frankfurt/M. 2002.

10 Vgl. Sherry B. Ortner: *Theory in Anthropology since the Sixties*. In: Comparative Studies in Society and History. An International Quarterly, 26 (1984), S. 126–166.

Paradigmen der Anthropologie

1. Evolution – Hominisation – Anthropologie

1 Ilya Prigogine: *Vom Sein zum Werden*, München ³1982, S. 13.

2 Vgl. Steven Weinberg: *Die ersten drei Minuten. Der Ursprung des Universums*, München 1977.

3 Aussage von Manfred Eigen, zit. n. Franz Mechsner: *Am Anfang war der Hyperzyklus*. In: Geo. Schwerpunkt: Chaos und Kreativität, Nr. 2, 1990, S. 78.

4 Vgl. Manfred Eigen: *Stufen zum Leben. Die frühe Evolution im Visier der Molekularbiologie*, München/Zürich 1987.

5 Vgl. dazu auch Reinhard W. Kaplan: *Der Ursprung des Lebens*, Stuttgart ²1978; hier werden auf S. 91 und im Weiteren vier Schritte der Entwicklung zum Leben unterschieden: «1. abiotische (ohne Mitwirkung von Lebewesen geschehende) Bildung der *Bausteinmoleküle*, insbesondere für Proteine und Nucleinsäuren; 2. abiotische Polymerisierung dieser Bausteine zu *Makromolekülen*, 3. Zusammenbau von Makromolekülen zu größeren organell- und zellähnlichen *Strukturen* (Präzellen), 4. Entstehung von *Protobionten* aus solchen Strukturen.»

6 Vgl. dazu auch Richard E. Dickerson: *Chemische Evolution und der Ursprung des Lebens*. In: Spektrum der Wissenschaft. Themenschwerpunkt: Evolution, ²1982, S. 43–60.

7 Vgl. dazu William J. Schopf: *Die Evolution der ersten Zellen*. In: Spektrum der Wissenschaft, a. a. O., S. 83–99, und Motoo Kimura: *Die «neutrale» Theorie der molekularen Evolution*. In: Spektrum der Wissenschaft, a. a. O., S. 100–108.

8 Vgl. dazu Friedrich Cramer: *Chaos und Ordnung. Die komplexe Struktur des Lebendigen*, Stuttgart 1989.

9 Vgl. zu der Frage «Was ist Leben?» Ernst Peter Fischer: *Die andere Bildung. Was man von den Naturwissenschaften wissen sollte*, München ⁶2002, S. 214 ff.

10 Vgl. Franz M. Wuketits: *Evolution. Die Entwicklung des Lebens*, München 2002, S. 88 f.; Rupert Riedl: *Die Ordnung des Lebendigen. Systembedingungen der Evolution*, München/Zürich 1990.

11 Vgl. James W. Valentine: *Die Entwicklung vielzelliger Pflanzen*. In: Spektrum der Wissenschaft, a. a. O., S. 139–152.

12 Vgl. Edward Wilson: *Der Wert der Vielfalt. Die Bedrohung des Artenreichtums und das Überleben des Menschen*, München ²1996.

13 Vgl. den «Kreis lebender Organismenarten». In Wilson, a. a. O.

14 Vgl. Charles Darwin: *Die Entstehung der Arten*, Stuttgart 1963.

15 Ernst Mayr: *Evolution*. In: Spektrum der Wissenschaft, a. a. O., S. 11, und ders.: *Evolution und die Vielfalt des Lebens*, Berlin/Heidelberg/New York 1979.

16 Vgl. Jacques Monod: *Zufall und Notwendigkeit. Philosophische Fragen der modernen Biologie*, München 1971.

17 Wuketits, a.a.O., S. 34.

18 Wuketits, a.a.O., S. 39 f.

19 Vgl. Bernhard Rensch: *Das universale Weltbild. Evolution und Naturphilosophie*, Frankfurt/M. 1977, S. 96 ff.

20 Wuketits, a.a.O., S. 46.

21 Vgl. Marvin Harris: *The Rise of Anthropological Theory*, Boston 2001; Roger Keesing: *Cultural Anthropology*, Fort Worth 1981.

22 Wuketits, a.a.O., S. 51 f.

23 Ernst Mayr, a.a.O., S. 3.

24 Wuketits, a.a.O., S. 60 f.

25 Vgl. Robert M. May: *Ökosysteme und Biotope*. In: Spektrum der Wissenschaft, a.a.O., S. 151–161.

26 Wuketits, a.a.O., S. 77.

27 Vgl. Valentine, a.a.O., S. 148.

28 Vgl. G. G. Simpson: *Leben in der Vorzeit. Einführung in die Paläontologie*, München 1972.

29 58 bis 37 Millionen Jahre.

30 37 bis 25 Millionen Jahre.

31 Vgl. Richard Leakey/Roger Lewin: *Wie der Mensch zum Menschen wurde. Neue Erkenntnisse über den Ursprung und die Zukunft des Menschen*, Hamburg 1978.

32 *ardipethecus* = Bodenaffe und *ramus* = Zweig/Wurzel.

33 Im Jahre 2000 wurden in Kenia ca. 6 Mio. Jahre alte Knochen- und Kiefernreste gefunden, die unter der Bezeichnung «Millennium-Mensch» bekannt wurden, deren Einordnung zurzeit noch offen ist. Nach einem Bericht der *Le Monde* vom 12. Juli 2002 wurden am 19. Juli 2001 in Toros-Manalla im Tschad Schädelteile des *Sahelanthropus tchadensis* gefunden, der, *Toumai* genannt, mit mehr als 6 Mio. Jahren mehr als doppelt so alt wie Lucy sein soll und bei dem es sich um einen Vorfahren der Australopithecinen handelt, dessen Stellenwert zurzeit noch diskutiert wird. Immer wieder wurden in den letzten Jahren neue Fossilien gefunden, die in dem schwer rekonstruierbaren Prozess der Hominisation zu neuen Perspektiven führten. Diese Entwicklung wird voraussichtlich auch in den nächsten Jahren weitergehen.

34 Vgl. Friedemann Schrenk: *Die Frühzeit des Menschen. Der Weg zum Homo sapiens*, München [3]2001, S. 43: Danach lässt sich innerhalb der Australopithecinen-Stammgruppe unterscheiden zwischen *Australopithecus anamensis* (4,2–3,8 Mio. Jahre) und *Australopithecus afarensis* (3,7–2,9 Mio. Jahre). Im Hinblick auf die geographische Verbreitung wird differenziert: Westliches Afrika: *Australopithecus bahrelgazali* (3,5–3,2 Mio. Jahre); Nördliches Afrika: *Australopithecus garhi* (2,5 Mio. Jahre); Südliches Afrika: *Australopithecus africanus* (3–2 Mio. Jahre). Robuste Australopithecinen (Paranthropus): *Paranthropus aethiopicus* (2,6–2,3 Mio. Jahre); *Paranthropus boisei* (2,5–1,1 Mio. Jahre); *Paranthropus robustus* (1,8–1,3 Mio. Jahre).

35 Vgl. Donald Johanson/Maitland Edey: *Lucy. The Beginnings of Humankind*, New York 1981.

36 Von ihm wurden Fossilien in Kanapoi und Allia Bay in Kenia gefunden.

37 5,7 bis 2,9 Mio. Jahre.

38 Schrenk, a.a.O., S. 47.

39 Schrenk, a.a.O., S. 49.

40 Von ihm wurden Fossilien in Uraha (Malawi), Chemeron, Koobi Fora (Kenia) und Omo (Äthiopien) gefunden.

41 Von ihm wurden Fossilien in Koobi Fora (Kenia), Olduvai (Tansania) und Sterkfontein (Südafrika) entdeckt.

42 Schrenk, a.a.O., S. 71.

43 Schrenk, a.a.O., S. 76.

44 Vgl. Richard Leakey/Roger Lewin: *Der Ursprung des Menschen. Auf der Suche nach den Spuren des Humanen*, Frankfurt/M. 1993.

45 Schrenk, a.a.O., S. 93.

46 Vgl. Edgar Morin: *Das Rätsel des Humanen*, München 1974.

47 Vgl. Leakey/Lewin, a.a.O.

48 Vgl. Schrenk, a.a.O., S. 94.

49 Vgl. Jean-Pierre Changeux: *L'homme de vérité*, Paris 2002.

50 Vgl. André Leroi-Gourhan: *Hand und Wort. Die Evolution von Technik, Sprache und Kunst*, Frankfurt/M. 1980 (frz. 1965).

51 Vgl. Wolf Singer: *Der Beobachter im Gehirn*, Frankfurt/M. 2002; ders.: *Ein neues Menschenbild? Gespräche über Hirnforschung*, Frankfurt/M. 2003; Gerhard Roth: *Aus der Sicht des Gehirns*, Frankfurt/M. 2003; ders.: *Fühlen, Denken, Handeln*, Frankfurt/M. 2001; vgl. auch Humberto Maturana/Francisco J. Varela: *Der Baum der Erkenntnis. Die biologischen Wurzeln menschlichen Erkennens*, Bern/München 1987.

52 Vgl. Leroi-Gourhan, a.a.O.

53 Vgl. Richard Leakey/Roger Lewin: *Wie der Mensch zum Menschen wurde*, a.a.O., bes. Kap. 3, S. 40 ff.

54 Schrenk, a.a.O., S. 96.

55 Serge Moscovici: *La société contre nature*; UGE, 10/18, Paris 1972, S. 102.

56 Morin, a.a.O., S. 91.

57 Vgl. Ulrich Kull: *Evolution des Menschen. Biologische, soziale und kulturelle Evolution*, Stuttgart 1979.

58 Vgl. Friedmann Schrenk: *Afrika – Wiege der Menschheit*. In: Norbert Bolz/Andreas Münkel (Hg.): *Was ist der Mensch*, München 2003, S. 21–44; Günther Bräuer: *Die Neandertaler und der Ursprung des modernen Menschen*. In: Bolz/Münkel, a.a.O., S. 45–67.

59 Schrenk, Die Frühzeit des Menschen, a.a.O., S. 101.

60 *Homo sapiens neanderthalensis*

61 Vgl. Dirk Matejovski/Dietmar Kamper/Gerd-C. Weniger: *Mythos Neandertal. Ursprung und Zeitenwende*, Frankfurt/M. 2001.

62 Vgl. Erik Trinkaus/William W. Howells: *Die Neandertaler*. In: Spektrum der Wissenschaft, a.a.O., S. 181–202, und Matejovski u. a., a.a.O.

63 Vgl. die hier bereits ansetzende faszinierende Studie von Edgar Morin: *L'homme et la mort*, Paris 1970.

64 500 000 bis 200 000 Jahre

65 200 000 bis 100 000 Jahre

66 Vgl. Emmanuel Anati: *Höhlenmalerei. Die Bilderwelt der prähistorischen Felskunst*, Zürich/Düsseldorf 1997, bes. Kap. X, «Die Felsenkunst in Europa».

67 Vgl. Marie E. P. König: *Am Anfang der Kultur. Die Zeichensprache des frühen Menschen*, Wien 1981.

68 Schrenk, a.a.O., S. 118.

69 Vgl. Hartmut Böhme/Franz-Theo Gottwald/Christian Holtorf/Thomas Macho/Ludger Schwarte/Christoph Wulf (Hg.): *Tiere. Die andere Anthropologie*, Köln/Wien 2004.
70 Vgl. u. a. Jane Goodall: *Wilde Schimpansen. Verhaltensforschung am Gombe-Strom*, Hamburg 1991; Frans de Waal: *Der Affe und der Sushimeister. Das kulturelle Leben der Tiere*, München 2001; Dominique Lestel: *Les origines animales de la culture*, Paris 2001; Michael Tomasello: *Die kulturelle Entwicklung des menschlichen Denkens. Zur Evolution der Kognition*, Frankfurt/M. 2002; siehe dazu auch das Kapitel zum mimetischen Lernen in diesem Buch.
71 Vgl. u. a. Irenäus Eibl-Eibesfeldt, *Grundriss der vergleichenden Verhaltensforschung*, München/Zürich [8]1999; Eckart Voland: *Grundriss der Soziobiologie*, Heidelberg/Berlin [2]2000; vgl. auch Alfred K. Treml: *Evolutionäre Pädagogik. Eine Einführung*, Stuttgart 2004.
72 Morin, a. a. O., S. 73.
73 Morin, a. a. O., S. 110.
74 Vgl. Edgar Morin: *L'humanité de l'humanité. L'identité humaine*, Paris 2001.
75 Vgl. u. a. Bund-Länder-Kommission für Bildungsplanung und Forschungsförderung: *Bildung für eine nachhaltige Entwicklung:* Gutachten zum Programm von Gerhard de Haan/Dorothee Harenberg, Bund-Länder-Kommission für Bildungsplanung und Forschungsförderung, Bonn 1999.

2. Philosophische Anthropologie

1 Von philosophischer Anthropologie im weiteren Sinn ist die Rede, wenn es in der Philosophie um Selbstbesinnung, um den Versuch des Menschen, sich selbst zu fassen, geht. Insofern ist philosophische Anthropologie Teil der Philosophie. So beginnt Bernhard Groethuysen seine *Philosophische Anthropologie* (München/Berlin 1928) bei Platon und endet mit Montaigne. Wird «philosophische Anthropologie» in diesem weiten Sinn verwendet, schreibt man sie einer verbreiteten Gewohnheit zufolge klein. Sind die Arbeiten Schelers, Plessners oder Gehlens gemeint, wird «Philosophische Anthropologie» großgeschrieben.

2 Wichtig werden für die Autoren der Philosophischen Anthropologie und ihre Bemühungen, ihr Verständnis des Menschen auf der Grundlage naturwissenschaftlichen Wissens zu entwickeln, die Werke Jakob von Uexexternal, Hans Drieschs, Ludwig von Bertalanffys, Frederick J. J. Buytendijks, Louis Bolks und Adolf Portmanns. In thematischer Hinsicht kommen grundlegende Anregungen aus
– der biologischen Umweltforschung (Jakob von Uexküll: *Umwelt und Innenwelt der Tiere*, Berlin 1909; Jakob von Uexküll/Georg Kriszat: *Streifzüge durch die Umwelten von Tieren und Menschen* [1934], Frankfurt/M. 1970);
– den Studien zur Selbstorganisation und Selbstdifferenzierung des Organismus (Hans Driesch: *Die Philosophie des Organischen. Gifford-Vorlesungen an der Universität Aberdeen in den Jahren 1907–1908* [1909], Leipzig [2]1921; Frederick J. J. Buytendijk: *Mensch und Tier. Ein Beitrag zur vergleichenden Psychologie*, Hamburg 1958; ders.: *Das Menschliche. Wege zu seinem Verständnis*, Stuttgart 1958);
– den Untersuchungen zum Fließgleichgewicht bzw. zur Homöostase (Ludwig von Bertalanffy: *Vom Molekül zur Organismenwelt. Grundfragen der modernen Biologie*, Potsdam [2]1949; ders.: *Das biologische Weltbild. Bd. 1: Die Stellung des Lebens in Natur und Wissenschaft*, Bern 1949);

– den Forschungen zur Neotenie (Louis Bolk: *Das Problem der Menschwerdung*, Jena 1926) und zum «extrauterinen Frühjahr» (Adolf Portmann: *Zoologie und das neue Bild vom Menschen*, Hamburg 1956; ders.: *Biologie und Geist*, Frankfurt/M. 1973).

3 Max Scheler: *Späte Schriften*, Gesammelte Schriften Bd. 9, Bern/München 1976, S. 11.

4 Scheler, a. a. O., S. 26.

5 Gerhard Arlt: *Philosophische Anthropologie*, Stuttgart 2001, S. 98 f.

6 Johannes Flügge: *Die Entfaltung der Anschauungskraft. Ein Beitrag zur pädagogischen Anthropologie*, Heidelberg 1963, S. 68 f.; vgl. auch Christoph Wulf: *Die anthropologische Herausforderung des Offenen*. In: Paragrana. Internationale Zeitschrift für Historische Anthropologie, 10 (2001) 2, S. 11–29.

7 Vgl. u. a. Christian Bermes/Wolfhart Henckmann/Heinz Leonardy (Hg.): *Vernunft und Gefühl. Schelers Phänomenologie des emotionalen Lebens*, Würzburg 2003.

8 Arlt, a. a. O., S. 111.

9 Vgl. Helmuth Plessner: *Die Stufen des Organischen und der Mensch*. Gesammelte Schriften IV, Frankfurt/M. 1981, Kap. 5, 6, 7.

10 Joachim Fischer: *Exzentrische Positionalität. Plessners Grundkategorie der Philosophischen Anthropologie*. In: Dt. Zeitschrift für Philosophie, Berlin 48 (2000) 2, S. 276.

11 Arlt, a. a. O., S. 118.

12 Plessner, a. a. O., S. 372.

13 Plessner, a. a. O., S. 375.

14 Plessner, a. a. O., S. 377 f.

15 Vgl. Plessner, a. a. O., S. 383 ff.

16 Plessner, a. a. O., S. 384 f.

17 Plessner, a. a. O., S. 396.

18 Plessner, a. a. O., S. 410.

19 Plessner, a. a. O., S. 420.

20 Vgl. u. a. Felix Hammer: *Die exzentrische Position des Menschen. Methode und Grundlinien der philosophischen Anthropologie Helmuth Plessners*, Bonn 1967; Axel Honneth/Hans Joas: *Soziales Handeln und menschliche Natur*, Frankfurt/M. u. a. 1980; Hans-Günter Limbach: *Die symbolische Vermittlung der exzentrischen Position. Helmuth Plessners philosophische Anthropologie*, Diss. Saarbrücken 1989; Günther Dux: *Für eine Anthropologie in historisch-genetischer Absicht: Kritische Überlegungen zur philosophischen Anthropologie Helmuth Plessners*. In: ders./Ulrich Wenzel (Hg.): Der Prozeß der Geistesgeschichte. Studien zur ontogenetischen und historischen Entwicklung des Geistes, Frankfurt/M. 1994, S. 92–115; Hans-Peter Krüger: *Zwischen Lachen und Weinen. Bd. 1: Das Spektrum menschlicher Phänomene*, Berlin 1999; Kai Haucke: *Plessner. Zur Einführung*, Hamburg 2000; Kersten Schüßler: *Helmuth Plessner. Eine intellektuelle Biographie*, Berlin/Wien 2000; Fischer, a. a. O.; Arlt, a. a. O.; Joachim Fischer: *Philosophische Anthropologie. Zur Bildungsgeschichte eines Denkansatzes*, Diss. Göttingen 1997; Stephan Pietrowicz: *Helmuth Plessner. Genese und System seines philosophisch-anthropologischen Denkens*, Freiburg/München 1992; Oreste Tolone: *Homo absconditus. L'antropologia philosophica di Helmuth Plessner*, Napoli/Roma 2000; Christoph Dejung: *Plessner. Ein deutscher Philosoph zwischen Kaiserreich und Bonner Republik*, Zürich 2003; vgl. dazu auch die vor einigen Jahren gegründete Helmuth-Plessner-Gesellschaft, auf deren Website sich umfangreiche Informationen zum Werk und zur Rezeption Plessners finden.

21 Vgl. Gunter Gebauer/Christoph Wulf: *Spiel, Ritual, Geste. Mimetisches Handeln in der sozialen Welt*, Reinbek 1998, S. 57.

22 Vgl. Arnold Gehlen: *Anthropologische und sozialpsychologische Untersuchungen*, Reinbek 1986, S. 14 ff.

23 Vgl. Johann Gottfried Herder: *Abhandlung über den Ursprung der Sprache*, München 1978.

24 Friedrich Nietzsche: *Der Antichrist*, § 14, S. 180. In: Friedrich Nietzsche: Sämtliche Werke (KSA), Bd. 6, München 1988.

25 Ein ganz anderes Bild vom Tier entwickeln Hartmut Böhme/Franz-Theo Gottwald/ Christian Holtorf/Thomas Macho/Ludger Schwarte/Christoph Wulf (Hg.): *Tiere. Die andere Anthropologie*, Köln/Wien 2004; Boris Cyrulnik (Hg.): *Si les lions pouvaient parler. Essais sur la condition animale*, Paris 1998.

26 Vgl. Dietmar Kamper/Christoph Wulf (Hg.): *Anthropologie nach dem Tode des Menschen*, Frankfurt/M.1994; Ulrich Herrmann: *Vervollkommnung des Unverbesserlichen?* In: Dietmar Kamper/Christoph Wulf (Hg.): Anthropologie nach dem Tode des Menschen, Frankfurt/M. 1994, S. 132–153; Christoph Lüth/Christoph Wulf (Hg.): *Vervollkommnung durch Arbeit und Bildung?*, Weinheim 1997; vgl. auch: Mary Maxwell: *Human Evolution. A Philosophical Anthropology*, New York 1984.

27 Arlt, a. a. O., S. 149.

28 Vgl. Bolk, a. a. O.

29 Vgl. Arnold Gehlen: *Der Mensch. Seine Natur und seine Stellung in der Welt*. Gesamtausgabe Bd. 3, Frankfurt/M. 1993.

30 Christian Thies: *Gehlen zur Einführung*, Hamburg 2000, S. 41.

31 Vgl. Adolf Portmann: *Biologie und Geist*, Zürich 1956.

32 Vgl. Wolf Singer: *Der Beobachter im Gehirn. Essays zur Hirnforschung*, Frankfurt/M. 2001; hier wird deutlich gemacht, wie wichtig diese frühe Phase für die Entwicklung des menschlichen Gehirns ist; vgl. auch Gerhard Roth: *Aus der Sicht des Gehirns*, Frankfurt/M. 2003; ders.: *Fühlen, Denken, Handeln*, Frankfurt/M. 2001.

33 Vgl. Michael Tomasello: *Die kulturelle Entwicklung des menschlichen Denkens. Zur Evolution der Kognition*, Frankfurt/M. 2002; auch hier wird auf der Grundlage vergleichender empirischer Primatenforschung versucht, den spezifischen Charakter des menschlichen Kleinkinds und seiner Lernprozesse herauszuarbeiten; vgl. dazu auch Kap. 7.

34 Vgl. Frans de Waal: *Der Affe und der Sushimeister. Das kulturelle Leben der Tiere*, München 2002; Jane van Lawick-Goodall: *10 Jahre Verhaltensforschung am Gombe-Strom*, Reinbek 1971.

35 Vgl. Ernst Mayr: *Eine neue Philosophie der Biologie*, München/Zürich 1991.

36 Carl Friedrich von Weizsäcker: *Der Garten des Menschlichen*, zit. n. Thies, a. a. O., S. 76.

37 Thies, a. a. O., S. 76 f.

38 Gehlen, a. a. O., S. 428 und S. 390.

39 Thies, a. a. O., S. 86.

40 Gehlen, a. a. O., S. 62 f.

41 Vgl. Gehlen: *Philosophische Anthropologie und Handlungslehre*. Gesamtausgabe Bd. 4, Frankfurt/M. 1983, S. 218 f.

42 Angesichts anderer Auffassungen, die die besondere Rolle des Gehirns auch für die

Evolution des Menschen betonen, ist diese Hypothese durchaus von aktuellem Interesse.

43 Gehlen, *Philosophische Anthropologie und Handlungslehre*, a.a.O., S. 445; vgl. auch Gehlen, *Der Mensch*, a.a.O., S. 129.

44 Konrad Lorenz: *Über tierisches und menschliches Verhalten*, Bd. 2, zit. n. Thies, a.a.O., S. 51.

45 Vgl. Jakob von Uexküll: *Umwelt und Innenwelt der Tiere*, Berlin 1909; ders./Georg Kriszat: *Streifzüge durch die Umwelten von Tieren und Menschen* (1934), Frankfurt/M. 1970.

46 Vgl. Wulf, a.a.O.

47 Vgl. Max Horkheimer/Theodor W. Adorno: *Dialektik der Aufklärung. Philosophische Fragmente*, Frankfurt/M. 1971.

48 Später hat auch Pierre Bourdieu diese Prozesse der Bildung von Haltungen bzw. von Habitusformen ins Zentrum seiner Soziologie gestellt, allerdings mit einem sehr unterschiedlichen Referenzrahmen und entgegengesetzten politischen Zielsetzungen. Vgl. Pierre Bourdieu: *Sozialer Sinn. Kritik der theoretischen Vernunft*, Frankfurt/M. 1987.

49 Vgl. Gehlen, *Der Mensch*, a.a.O., S. 435 f.

50 Arnold Gehlen: *Urmensch und Spätkultur. Philosophische Ergebnisse und Aussagen*, Wiesbaden [5]1986, S. 23.

51 Arnold Gehlen: *Über kulturelle Evolutionen*. In: Helmut Kuhn/Franz Wiedemann (Hg.): Die Philosophie und die Frage nach dem Fortschritt, München 1964, S. 209; vgl. auch Francis Fukuyama: *Das Ende der Geschichte. Wo stehen wir?*, München 1992.

52 Vgl. Michael Landmann: *De Homine. Der Mensch im Spiegel seines Gedankens*, Freiburg/München 1962; ders.: *Philosophische Anthropologie*, Berlin [2]1964.

53 Vgl. auch die Untersuchung von Gerold Hartung: *Das Maß des Menschen. Aporien der philosophischen Anthropologie und ihre Auflösung in der Kulturphilosophie Ernst Cassirers*, Weilerswist 2003, und die Studie von Jacques Poulain: *De l'homme. Éléments d'anthropologie philosophique du langage*, Paris 2001.

3. Anthropologie in der Geschichtswissenschaft

1 So die Kurzform des Titels, der vollständig «Annales d'histoire économique et sociale» lautete. Zu ihrem Herausgebergremium gehörten nicht nur Historiker der alten und neuen Geschichte, sondern auch der Geograph Albert Demangeon, der Soziologe Maurice Halbwachs, der Wirtschaftswissenschaftler Charles Rist und der Politologe André Siegfried.

2 Peter Burke: *Offene Geschichte. Die Schule der «Annales»*, Berlin 1991, S. 7.

3 Vgl. Burke, a.a.O., S. 21.

4 Marc Bloch: *Les rois thaumaturges*, Paris 1983.

5 Vgl. Marc Bloch: *Die Feudalgesellschaft*, Berlin u. a. 1982.

6 Vgl. dazu auch Marc Bloch/Fernand Braudel/Lucien Febvre et al.: *Schrift und Materie der Geschichte. Vorschläge zur systematischen Aneignung historischer Prozesse*, hg. von Claudia Honegger, Frankfurt/M. 1977.

7 Vgl. Lucien Febvre: *Martin Luther. Religion als Schicksal*, Berlin/Wien 1976.

8 Zit. n. Burke, a.a.O., S. 25.

9 Marc Bloch wurde etwa gleichzeitig an die Sorbonne berufen, sodass man hierin eine Verlagerung der Zeitschrift vom Rande ins Zentrum Frankreichs sehen kann.

10 Vgl. Lucien Febvre: *Le problème de l'incroyance au XIVe siècle. La religion de Rabelais*, Paris 1942.

11 Vgl. Lucien Febvre: *Combats pour l'histoire*, Paris 1953.

12 Vgl. Fernand Braudel: *Das Mittelmeer und die mediterrane Welt in der Epoche Philipps II.*, 3 Bde., Frankfurt/M. 1990.

13 Burke, a.a.O., S. 38.

14 Fernand Braudel: *On History*, Chicago 1980, S. 10; zit. n. Burke, a.a.O., S. 39 f.

15 Vgl. Jean-Louis Flandrin: *Familien. Soziologie, Ökonomie, Sexualität*, Frankfurt/M./Berlin/Wien 1978.

16 Vgl. Robert Mandrou: *Introduction à la France moderne. Essai de psychologie historique (1500–1640)*, Paris 1961.

17 Jean Delumeau: *Angst im Abendland. Die Geschichte kollektiver Ängste im Europa des 14. bis 18. Jahrhunderts*, Reinbek 1985.

18 Jean Delumeau: *Le péché et la peur*, Paris 1983.

19 Vgl. Emmanuel LeRoy Ladurie: *Karneval in Romans. Eine Revolte und ihr blutiges Ende 1579–1580*, Stuttgart 1982.

20 Jacques LeGoff: *Die Geburt des Fegefeuers. Vom Wandel des Weltbildes im Mittelalter*, Stuttgart 1984.

21 Vgl. Jacques Le Goff: *Für ein anderes Mittelalter. Zeit, Arbeit und Kultur im Europa des 5. bis 15. Jahrhunderts*, Frankfurt/Berlin/Wien 1984; ders. et al. (Hg.): *Die Rückeroberung des historischen Denkens*, Frankfurt/M. 1990, und Jacques LeGoff/Pierre Nora (Hg.): *Faire de l'histoire*, 3 Bde., Paris 1974.

22 Georges Duby: *Die drei Ordnungen. Das Weltbild des Feudalismus*, Frankfurt/M. 1981; vgl. zu methodischen Fragen auch Georges Duby: *Wirklichkeit und höfischer Traum. Zur Kultur des Mittelalters*, Berlin 1986.

23 Vgl. Philippe Ariès/Georges Duby (Hg.): *Die Geschichte des privaten Lebens*, 5 Bde., Frankfurt/M. 1995.

24 Vgl. François Furet/Jacques Ozouf: *Lire et écrire*, 2 Bde., Paris 1977.

25 Vgl. Robert Mandrou: *De la culture populaire en France aux XVIIe et XVIIIe siècles. La bibliothèque bleu de Troyes*, Paris 1964; Henri-Jean Martin: *Livre, pouvoirs et société*, Paris 1969; Henri-Jean Martin/Roger Chartier (Hg.): *Histoire de l'édition française*, 4 Bde., Paris 1983–1986.

26 Vgl. Roger Chartier: *L'Éducation en France du 16e au 18e siècle*, Paris 1976; Stephan Sting: *Schrift, Bildung, Selbst. Eine pädagogische Geschichte der Schriftlichkeit*, Weinheim 1998; Stephan Sting: *Stichwort: Literalität – Schriftlichkeit*. In: Zeitschrift für Erziehungswissenschaft, 6 (2003) 3, S. 317–337.

27 Vgl. Roger Chartier: *Cultural History. Between Practices and Representations*, Cambridge 1988; ders.: *Lesewelten. Literatur und Lektüre in der frühen Neuzeit*, Frankfurt/M. 1990.

28 Vgl. André Burguière (Hg.): *Dictionnaire des sciences historiques*, Paris 1986; Michel de Certeau: *Das Schreiben der Geschichte*, Frankfurt/New York 1991; grundsätzlich dazu auch Gilbert Durand: *L'Imagination symbolique*, Paris ⁴1998; Cornelius Castoriadis: *Gesellschaft als imaginäre Institution. Entwurf einer politischen Philosophie*, Frankfurt/M. 1984.

29 Vgl. Hans-Ulrich Wehler: *Geschichte als Historische Sozialwissenschaft*, Frankfurt/M. 1973; ders.: *Deutsche Gesellschaftsgeschichte*, 4 Bde., München 1987–1995; Jürgen

Kocka: *Sozialgeschichte*, Göttingen 1977; ders.: *Geschichte und Aufklärung*, Göttingen 1997.

30 Vgl. Peter Kriedte/Hans Medick/Jürgen Schlumbohm: *Industrialisierung vor der Industrialisierung. Gewerbliche Warenproduktion auf dem Land in der Formationsperiode des Kapitalismus*, Göttingen 1977.

31 Vgl. Klaus Tenfelde: *Sozialgeschichte der Bergarbeiterschaft an der Ruhr im 19. Jahrhundert*, Bonn 1977; Franz-Josef Brüggemeier: *Leben vor Ort*, München 1983; Wolfgang Ruppert: *Die Arbeiter*, München 1992.

32 Vgl. Hermann Bausinger: *Volkskunde*, Tübingen 1987; Helge Gerndt: *Kultur als Forschungsfeld. Über volkskundliches Denken und Arbeiten*, München 1981; Richard van Dülmen/Norbert Schindler: *Volkskultur*, Frankfurt/M. 1987; Wolfgang Kaschuba: *Volkskultur zwischen feudaler und bürgerlicher Gesellschaft. Zur Geschichte eines Begriffs und seiner gesellschaftlichen Wirklichkeit*, Frankfurt/M. 1988.

33 Vgl. Wolfgang Kaschuba: *Einführung in die europäische Ethnologie*, München 1999.

34 Vgl. dazu die materialreiche, anregende und verdienstvolle Studie von Gert Dressel: *Historische Anthropologie. Eine Einführung*, Wien u. a. 1996, in welcher der Versuch gemacht wird, das gesamte Feld der historischen Anthropologie zu sichten und in seiner Entwicklung und (relativen) Systematik, in seinen Themen und Organisationsformen darzustellen. Vgl. dazu auch die konsistent strukturierte, sich in vielerlei Hinsicht auf Dressels Arbeit stützende Darstellung der historischen Anthropologie von Richard van Dülmen: *Historische Anthropologie. Entwicklung, Probleme, Aufgaben*, Köln u. a. 2000.

35 Vgl. Edward P. Thompson: *Plebejische Kultur und moralische Ökonomie. Aufsätze zur englischen Sozialgeschichte des 18. und 19. Jahrhunderts*, Frankfurt/Berlin/Wien 1980; ders.: *Die Entstehung der englischen Arbeiterklasse*, Frankfurt/M. 1987, sowie Peter Burke: *Helden, Schurken und Narren. Europäische Volkskultur in der frühen Neuzeit*, Stuttgart 1981, und Robert Muchembled: *Kultur des Volks – Kultur der Eliten. Die Geschichte einer erfolgreichen Verdrängung*, Stuttgart 1982.

36 Vgl. dazu Albert Ilien/Utz Jeggle: *Leben auf dem Dorf: Zur Sozialgeschichte des Dorfes und zur Sozialpsychologie seiner Bewohner*, Opladen 1978; Wolfgang Kaschuba/Carola Lipp: *Dörfliches Überleben. Zur Geschichte materieller und sozialer Reproduktion ländlicher Gesellschaften im 19. und 20. Jahrhundert*, Tübingen 1982; Kaschuba, *Volkskultur zwischen feudaler und bürgerlicher Gesellschaft*, a. a. O.; Utz Jeggle/Gottfried Korff/Martin Schafe/Bernd Jürgen Warneken (Hg.): *Volkskultur in der Moderne. Probleme und Perspektiven empirischer Kulturforschung*, Reinbek 1986.

37 Vgl. Richard van Dülmen: *Kultur und Alltag in der Frühen Neuzeit. 16.–18. Jahrhundert*, Bd. 1: Das Haus und seine Menschen, München 1990; Bd. 2: Dorf und Stadt, München 1992; Bd. 3: Religion, Magie, Aufklärung, München 1994.

38 Vgl. Arthur E. Imhof: *Die gewonnenen Jahre. Von der Zunahme unserer Lebensspanne seit dreihundert Jahren oder von der Notwendigkeit einer neuen Einstellung zu Leben und Sterben. Ein historischer Essay*, München 1981; ders.: *Die Lebenszeit. Vom aufgeschobenen Tod und von der Kunst des Lebens*, München 1988.

39 Vgl. u. a. William H. Hubbard: *Familiengeschichte. Materialien zur deutschen Familie seit dem Ende des 18. Jahrhunderts*, München 1983; vgl. dazu auch die folgenden Anmerkungen.

40 Vgl. Michael Mitterauer: *Faktoren des Wandels historischer Familienformen*. In: Helge

Pross (Hg.): Familie – wohin? Leistungen, Leistungsdefizite und Leistungswandlungen der Familien in hoch industrialisierten Gesellschaften, Reinbek 1979, S. 83–124; vgl. auch Michael Mitterauer/Reinhard Sieder: *Vom Patriarchat zur Partnerschaft. Zum Strukturwandel der Familie*, München 1977; Josef Ehmer/Michael Mitterauer (Hg.): *Familienstruktur und Arbeitsorganisation in ländlichen Gesellschaften*, Wien 1986.

41 Vgl. Michael Mitterauer: *Familie und Arbeitsteilung. Historisch-vergleichende Studien*, Wien u. a. 1992.

42 Vgl. Norbert Elias: *Zum Begriff des Alltags*. In: Kurt Hammerich/Michael Klein (Hg.): Materialien zur Soziologie des Alltags. Kölner Zeitschrift für Soziologie und Sozialpsychologie, Sonderheft 20, Opladen 1978, S. 22–29.

43 Vgl. dazu Detlev J. Peukert: *Neuere Alltagsgeschichte und Historische Anthropologie*. In: Hans Süßmuth (Hg.): Historische Anthropologie. Der Mensch in der Geschichte, Göttingen 1984, S. 57–72; Alf Lüdtke (Hg.): *Alltagsgeschichte. Zur Rekonstruktion historischer Erfahrungen und Lebensweisen*, Frankfurt/New York 1989.

44 Vgl. z. B. Peter Borscheid: *Geschichte des Alters. Vom Spätmittelalter zum 18. Jahrhundert*, München 1989.

45 Vgl. dazu Detlev J. Peukert: *Jugend zwischen Krieg und Krise. Lebenswelten von Arbeiterjungen in der Weimarer Republik*, Köln 1987; Lutz Niethammer (Hg.): *Die Jahre weiß man nicht, wo man die heute hinsetzen soll. Faschismuserfahrung im Ruhrgebiet*, Bonn 1986; ders.: *Hinterher merkt man, daß es richtig war, daß es schief gegangen ist. Nachkriegserfahrungen im Ruhrgebiet*, Bonn 1983.

46 Der von Claudia Honegger und Bettina Heintz herausgegebene Band über die *Listen der Ohnmacht. Zur Sozialgeschichte weiblicher Widerstandsformen*, Frankfurt/M. 1981, mit Beiträgen vieler ausländischer Historikerinnen, gewann nachhaltigen Einfluss auf die Forschungen zur Geschlechtergeschichte. Vgl. darüber hinaus u. a. auch Karin Hausen (Hg.): *Frauen suchen ihre Geschichte. Historische Studien zum 19. und 20. Jahrhundert*, München 1983; Gisela Bock: *Frauen in der europäischen Geschichte. Vom Mittelalter bis zur Gegenwart*, München 2000; Carola Lipp: *Medien populärer Kultur*, Frankfurt/M. u. a. 1995; Beate Fieseler/Birgit Schulze (Hg.): *Frauengeschichte: gesucht – gefunden? Auskünfte zum Stand der Historischen Frauenforschung*, Köln/Weimar/Wien 1991; Karin Hausen/Heide Wunder (Hg.): *Frauengeschichte – Geschlechtergeschichte*, Frankfurt/M. 1992; vgl. auch Rebekka Habermas: *Geschlechtergeschichte* und *«anthropology of gender». Geschichte einer Begegnung*. In: Historische Anthropologie 1 (1993), S. 485–509, und die Diskussionen in: L'Homme. Zeitschrift für Feministische Geschichtswissenschaft.

47 Ulrich Raulff (Hg.): *Mentalitäten-Geschichte*, Berlin 1987, S. 9 f.

48 Vgl. Jacques LeGoff (Hg.): *Der Mensch des Mittelalters*, Frankfurt/M. u. a. ²1989, besonders S. 7–45; ders.: *Für ein anderes Mittelalter*, a. a. O.; Aaron J. Gurjewitsch: *Das Weltbild des mittelalterlichen Menschen*, München ⁴1989; ders.: *Stimmen des Mittelalters, Fragen von heute. Mentalitäten im Dialog*, Frankfurt/M. u. a. 1993.

49 Vgl. Peter Dinzelbacher (Hg.): *Europäische Mentalitätsgeschichte. Hauptthemen in Einzeldarstellungen*, Stuttgart 1993.

50 Vgl. u. a. Gilbert Durand: *L'imagination symbolique*, Paris ²1998; ders.: *Introduction à la mythologie*, Paris 1996; Patrick Legros: *Une introduction à une sociologie de la création imaginaire*, Paris 1996; Jean-Jacques Wuneburger: *L'imagination*, Paris ²1995.

51 Wolfgang Reinhard: *Lebensformen Europas. Eine historische Kulturanthropologie*, München 2004, S. 12.

52 Dinzelbacher, a. a. O.

53 Jochen Martin: *Der Wandel des Beständigen. Überlegungen zu einer historischen Anthropologie.* In: Freiburger Universitätsblätter, 126 (1994), S. 42.

54 Hans Medick: «*Missionare im Ruderboot*»? *Ethnologische Erkenntnisweisen als Herausforderung an die Sozialgeschichte.* In: Alf Lüdtke (Hg.): Alltagsgeschichte. Zur Rekonstruktion historischer Erfahrungen und Lebensweisen, Frankfurt/New York 1989, S. 48–84, S. 54.

55 Vgl. Richard J. Evans: *Fakten und Fiktionen: Über die Grundlagen historischer Erkenntnis*, Frankfurt/M. 1998.

56 Vgl. auch Wolf Lepenies: *Geschichte und Anthropologie. Zur wissenschaftlichen Einschätzung eines aktuellen Disziplinkontakts.* In: Geschichte und Gesellschaft, 1 (1975), S. 325–343; Gernot Böhme, *Anthropologie in pragmatischer Hinsicht*, Frankfurt/M. 1985, S. 251–265.

57 Vgl. Philippe Ariès: *Geschichte der Kindheit*, München 1975. Sprach Ariès noch von der Entdeckung der Kindheit seit dem 17. Jahrhundert, so war vor einigen Jahren vom Schwinden der Kindheit die Rede.

58 Vgl. auch LeGoff et al. (Hg.): *Die Rückeroberung des historischen Denkens*, a. a. O., bes. S. 62–102.

59 Vgl. dazu u. a. Natalie Zemon Davis: *Die wahrhaftige Geschichte von der Wiederkehr des Martin Guerre*, München 1984; Norbert Schindler: *Widerspenstige Leute. Studien zur Volkskultur in der frühen Neuzeit*, Frankfurt/M. 1992; Hans Medick: *Weben und Überleben in Laichingen 1650–1900. Lokalgeschichte als allgemeine Geschichte*, Göttingen 1996; Alain Corbin: *Auf den Spuren eines Unbekannten. Ein Historiker rekonstruiert ein ganz gewöhnliches Leben*, Frankfurt/M. u. a. 1999.

60 Clifford Geertz: *Dichte Beschreibung. Beiträge zum Verstehen kultureller Systeme*, Frankfurt/M. 1983; vgl. van Dülmen, *Historische Anthropologie*, a. a. O., S. 38.

61 Vgl. dazu u. a. Alf Lüdtke (Hg.): *Mikro-Historie, Historische Anthropologie.* In: Hans-Jürgen Goetz (Hg.): Geschichte – ein Grundkurs, Reinbek 1998, S. 557–578; Jürgen Schlumbohm u. a. (Hg.): *Mikrogeschichte – Makrogeschichte. Komplementär oder inkommensurabel?*, Göttingen 1998.

62 Vgl. die Diskussion in Schlumbohm, a. a. O.

63 Vgl. für viele andere Emmanuel LeRoy Ladurie: *Montaillou. Ein Dorf vor dem Inquisitor 1294–1324*, Frankfurt/Berlin/Wien 1980, und Medick, a. a. O.

64 Vgl. dazu auch die Aufstellung der Themenfelder in Dressel, a. a. O., S. 84 ff., und van Dülmen, a. a. O., S. 55 ff.

65 Vgl. dazu Dietmar Kamper/Christoph Wulf (Hg.): *Die Wiederkehr des Körpers*, Frankfurt/M. 1982; dies. (Hg.): *Der Andere Körper*, Berlin 1984; dies. (Hg.): *Das Schwinden der Sinne*, Frankfurt/M. 1984; dies. (Hg.): *Transfigurationen des Körpers. Spuren der Gewalt in der Geschichte*, Berlin 1989; Claudia Benthien/Christoph Wulf (Hg.): *Körperteile. Eine kulturelle Anatomie*, Reinbek 2001; Hans Belting/Dietmar Kamper/Martin Schulz (Hg.): *Quel Corps? Eine Frage der Repräsentation*, München 2002.

66 Vgl. Reinhard, a. a. O., bes. S. 43 ff.

67 Vgl. u. a. Peter Gay: *Erziehung der Sinne. Sexualität im bürgerlichen Zeitalter*, München 1986; Stefan Breit: «*Leichtfertigkeit*» *und ländliche Gesellschaft. Voreheliche Sexualität*

in der frühen Neuzeit, München 1991; Beate Schuster: *Die freien Frauen. Dirnen und Frauenhäuser im 15. und 16. Jahrhundert*, Frankfurt/M. u. a. 1995; Klaus Schreiner (Hg.): *Gepeinigt, begehrt, vergessen. Symbolik und Sozialbezug des Körpers im späten Mittelalter und in der frühen Neuzeit*, München 1992; Daniela Erlach/Markus Reisenleitner/Karl Vocelka (Hg.): *Privatisierung der Triebe? Sexualität in der Frühen Neuzeit*, Frankfurt/M. u. a. 1994; Sabine Kienitz: *Sexualität, Macht und Moral. Prostitution und Geschlechterbeziehungen Anfang des 19. Jahrhunderts in Württemberg*, Berlin 1995.

68 Vgl. u. a. Ariès, *Geschichte der Kindheit*, a. a. O.; Lloyd de Mause: *Hört ihr die Kinder weinen? Eine psychogenetische Geschichte der Kindheit*, Frankfurt/M. [7]1992; Irene Hardach-Pinke/Gerd Hardach (Hg.): *Kinderalltag. Deutsche Kindheiten in Selbstzeugnissen 1700–1900*, Reinbek 1981; Borscheid, a. a. O.

69 Vgl. Hasso Spode: *Die Macht der Trunkenheit. Kultur- und Sozialgeschichte des Alkohols in Deutschland*, Opladen 1993; Georges Vigarello: *Wasser und Seife, Puder und Parfum. Geschichte der Körperhygiene seit dem Mittelalter*, Frankfurt/M. u. a. 1988.

70 Vgl. Neithard Bulst u. a. (Hg.): *Zwischen Sein und Schein. Kleidung und Identität in der ständischen Gesellschaft*, Freiburg 1993; Daniel Roche: *La culture des apparences. Une histoire du vêtement*, Paris 1989.

71 Vgl. Elaine Scarry: *Der Körper im Schmerz. Die Chiffren der Verletzlichkeit und die Erfindung der Kultur*, Frankfurt/M. 1992.

72 Vgl. Philippe Ariès: *Geschichte des Todes*, München u. a. 1980; Imhof: *Die gewonnenen Jahre*, a. a. O.; ders.: *Die Lebenszeit*, a. a. O.

73 Vgl. Gerd Althoff: *Baupläne der Rituale im Mittelalter. Zur Genese und Geschichte ritueller Verhaltensmuster*. In: Christoph Wulf/Jörg Zirfas (Hg.): Die Kultur des Rituals, München 2004, S. 177–197.

74 LeGoff, *Der Mensch des Mittelalters*, a. a. O., S. 10.

75 Vgl. dazu u. a. Martin Scharfe: *Die Religion des Volkes. Kleine Kultur- und Sozialgeschichte des Pietismus*, Gütersloh 1985; Peter Dinzelbacher/Dieter R. Bauer (Hg.): *Volksreligion im hohen und späten Mittelalter*, Paderborn u. a. 1990; Richard van Dülmen (Hg.): *Arbeit, Frömmigkeit und Eigensinn. Studien zur historischen Kulturforschung*, Bd. II, Frankfurt/M. 1990; Eva Labouvie: *Zauberei und Hexenwerk. Ländlicher Hexenglaube in der frühen Neuzeit*, Frankfurt/M. 1993; Michael Mitterauer: *Dimensionen des Heiligen. Annäherungen eines Historikers*, Wien u. a. 2000.

76 Vgl. Ginzburg: *Der Käse und die Würmer. Die Welt eines Müllers um 1600*, Berlin 1990.

77 Vgl. u. a. August Nitschke: *Körper in Bewegung. Gesten, Tänze und Räume im Wandel der Geschichte*, Zürich 1989; Thomas Alkemeyer: *Körper, Kult und Politik. Von der «Muskelreligion» Pierre de Coubertins zur Inszenierung von Macht in den Olympischen Spielen von 1936*, Frankfurt/New York 1996.

78 Zu diesen gehören auch Rituale und die mit ihnen verbundenen Zeichen und Gesten; vgl. dazu Egon Flaig: *Ritualisierte Politik. Zeichen, Gesten und Herrschaft im Alten Rom*, Göttingen 2003; Gerd Althoff: *Die Macht der Rituale. Symbolik und Macht im Mittelalter*, Darmstadt 2003.

79 Vgl. auch Reinhard, a. a. O.

4. Kulturanthropologie

1 Vgl. dazu Tim Ingold (Hg.): *Key Debates in Anthropology*, London/New York 1996; ders. (Hg.): *Companion Encyclopaedia of Anthropology*, London/New York 2002, sowie das alphabetisch angeordnete Nachschlagewerk für Grundbegriffe der social and cultural anthropology: Alan Barnard/Jonathan Spencer (Hg.): *Encyclopaedia of Social and Cultural Anthropology*, London/New York 2002; vgl. auch William A. Haviland: *Cultural Anthropology*, Fort Worth u. a. [7]1994; Roger M. Keesing: *Cultural Anthropology. A Contemporary Perspective*, Fort Worth u. a. [2]1981; Jaan Valsiner: *Culture and Human Development*, London u. a. 2000; Mondher Kilani: *Introduction à l'anthropologie*, Lausanne 1992.

2 Vgl. Marvin Harris: *The Rise of Anthropological Theory. A History of Theories of Cultures*, Updated Ed. Walnut Creek/CA u. a. 2001; bes. S. 142 ff.

3 Vgl. Harris, a.a.O., S. 128.

4 Vgl. Herbert Spencer: *The Development Hypothesis*. In: The Leader, 3 (1852).

5 Vgl. Lewis H. Morgan: *Die Urgesellschaft. Untersuchungen über den Fortschritt der Menschheit aus der Wildheit durch die Barbarei zur Zivilisation*, Stuttgart [2]1908.

6 Vgl. Edward B. Tylor: *Primitive Culture. Researches into the Development of Mythology, Philosophy, Religion, Language, Art and Custom*, London 1871.

7 James G. Frazer: *Der Goldene Zweig. Das Geheimnis von Glauben und Sitten der Völker*, Reinbek 1989.

8 Vgl. Franz Boas: *The Mind of Primitive Man*, Chicago 1909; ders.: *Race, Language, and Culture*, New York 1948.

9 Vgl. Harris, a.a.O., S. 250 ff.

10 Vgl. Harris, a.a.O., S. 295.

11 Karl-Heinz Kohl: *Ethnologie – die Wissenschaft vom kulturell Fremden. Eine Einführung*, München 1993, S. 146.

12 Vgl. Alfred L. Kroeber: *The Nature of Culture*, Chicago 1952; Robert H. Lowie: *History of Ethnological Theory*, New York 1937.

13 Vgl. Ruth Benedict: *Urformen der Kultur*, Reinbek 1955.

14 Vgl. Margaret Mead: *Jugend und Sexualität in primitiven Gesellschaften*. Bd. 1: *Kindheit und Jugend in Samoa* (orig. 1928); Bd. 2: *Kindheit und Jugend in Neuguinea* (orig. 1930); Bd. 3: *Geschlecht und Temperament in drei primitiven Gesellschaften* (orig. 1935), München 1970.

15 «… to emphasize the existence of biopsychological plasticity in human affairs sufficient to permit the cultural conditioning of adolescent behavioral patterns along lines which contrast with the stereotype of adolescence in middle-class Euro-American culture»; Harris, a.a.O., S. 408.

16 In allen ihren Feldstudien waren es etwa 25000 Fotos und 6500 Meter Film, die ein außerordentlich wichtiges ethnographisches Material darstellen.

17 Vgl. Bronislaw Malinowski: *Argonauten des westlichen Pazifik. Ein Bericht über Unternehmungen und Abenteuer der Eingeborenen in den Inselwelten von Melanesisch-Neuguinea*. Schriften Bd. 1, Frankfurt/M. 1979; ders.: *Das Geschlechtsleben der Wilden in Nordwest-Melanesien. Liebe, Ehe und Familienleben bei den Eingeborenen der Trobriand-Inseln, Britisch Neu-Guinea*. Schriften Bd. 2, Frankfurt/M. 1979; ders.: *Ein Tagebuch im strikten Sinn des Wortes. Neuguinea 1914–1918*. Schriften Bd. 4/1, Frankfurt/M. 1986.

18 Justin Stagl: *Feldforschung als Ideologie*. In: Hans Fischer (Hg.): Feldforschungen. Berichte zur Einführung in Probleme und Methoden, Berlin 1985, S. 289–310, S. 292.

19 Vgl. u. a. Ralf Bohnsack: *Rekonstruktive Sozialforschung. Einführung in Methodologie und Praxis qualitativer Forschung*, Opladen ³1999; Uwe Flick: *Qualitative Sozialforschung*, Reinbek 2002, bes. S. 199 ff.; Heinz-Hermann Krüger/Christoph Wulf (Hg.): *Standards qualitativer Forschung*, Zeitschrift für Erziehungswissenschaft 3 (2000) 3; Ralf Bohnsack/Iris Nentwig-Gesemann/Arnd-Michael Nohl (Hg.): *Die dokumentarische Methode und ihre Forschungspraxis*, Opladen 2001.

20 Alfred R. Radcliffe-Brown: *Introduction*. In: ders./Daryll Forde (Hg.): African Systems of Kinship and Marriage, London 1950, S. 9; ders.: *On the Concept of Function in Social Science*. In: American Anthropologist, 37 (1935), S. 394–402.

21 «On such law, or necessary condition of continued existence, is that of a certain degree of functional consistency amongst the constituent parts of the social system ... To this law ... we may add a second, ... rights and duties which need to be defined in such a way that conflicts of rights can be resolved without destroying the structure. ... another sociological law, the necessity not merely for stability, definiteness and consistency in the social structure, but also for continuity.» Alfred R. Radcliffe-Brown: *Structure and Function in Primitive Society. Essays and Addresses*, London ⁶1965, S. 43 ff.

22 Vgl. Edward E. Evans-Pritchard: *Social Anthropology*, London ⁷1967, S. 60 ff.; vgl. auch ders.: *Theorien über primitive Religionen*, Frankfurt/M. 1968.

23 frz. *fait social total*; Marcel Mauss: *Die Gabe. Form und Funktion des Austauschs in archaischen Gesellschaften*. In: ders.: Soziologie und Anthropologie. Bd. 2, München u. a. 1975, S. 9–144; vgl. auch Gunter Gebauer/Christoph Wulf: *Spiel, Ritual, Geste: Mimetisches Handeln in der sozialen Welt*, Reinbek 1998, S. 160 ff.; Maurice Godelier: *L'énigme du don*, Paris 1996.

24 Vgl. Claude Lévi-Strauss: *Die elementaren Strukturen der Verwandtschaft*, Frankfurt/M. 1981; ders.: *Strukturale Anthropologie*, Frankfurt/M. 1967; ders.: *Das Wilde Denken*, Frankfurt/M. 1968; ders.: *Traurige Tropen*, Frankfurt/M. 1978; vgl. auch Michael Oppitz: *Notwendige Beziehungen. Abriß der strukturalen Anthropologie*, Frankfurt/M. 1975.

25 Kohl, a. a. O., S. 43.

26 Vgl. u. a. Clifford Geertz: *Dichte Beschreibung. Beiträge zum Verstehen kultureller Systeme*, Frankfurt/M. 1983; ders.: *Die künstlichen Wilden. Der Anthropologe als Schriftsteller*, München u. a. 1990; Victor W. Turner: *Das Ritual. Struktur und Anti-Struktur*, Frankfurt/M. u. a. 1989; ders./Edward M. Bruner (Hg.): *The Anthropology of Experience*, Urbana/Chicago 1986; James Clifford/George E. Marcus (Hg.): *Writing Culture. The Poetics and Politics of Ethnography*, Berkeley u. a. 1986; David R. Hiley/James F. Bohman/Richard Shusterman (Hg.): *The Interpretative Turn. Philosophy, Science, Culture*, Ithaca/London 1991; George E. Marcus: *Rereading Cultural Anthropology*, Durham/London 1992.

27 Marc Augé: *Non-Lieux. Introduction à une anthropologie de la surmodernité*, Paris 1992; ders.: *Pour une anthropologie des mondes contemporains*, Paris 1994; ders.: *Le sens des autres. Actualité de l'anthropologie*, Paris 1994.

28 Wie ausgeprägt die jeweiligen Vorannahmen sein sollen, wird in der Forschung unter-

schiedlich gesehen. Eine Position, die darauf besteht, dass im Unterschied zu quantitativen Untersuchungen qualitative Forschungen ihre Theorien erst im Verlauf ihrer Arbeit entwickeln, vertreten ganz entschieden Barney G. Glaser/Anselm L. Strauss: *The Discovery of Grounded Theory*, New York 1967.

29 Malinowski, *Argonauten des Westlichen Pazifik*, a.a.O., S. 49.

30 James Clifford: *Über ethnographische Autorität*. In: Eberhard Berg/Martin Fuchs (Hg.): Kultur, soziale Praxis, Text. Die Krise der ethnographischen Repräsentation, Frankfurt/M. 1993, S. 109–157, S. 114.

31 Eberhard Berg/Martin Fuchs: *Phänomenologie der Differenz. Reflexionsstufen ethnographischer Repräsentation*. In: dies. (Hg.): Kultur, soziale Praxis, Text, a.a.O., S. 36.

32 Berg/Fuchs, a.a.O., S. 39; vgl. auch George E. Marcus/Drick Cushman: *Ethnographies as Texts*. In: Annual Review of Anthropology 11 (1982), S. 25–69.

33 Berg/Fuchs, a.a.O., S. 42.

34 Vgl. dazu Clifford Geertz: *The Interpretation of Cultures. Selected Essays*, New York 1973; ders.: *Dichte Beschreibung*, a.a.O.; Clifford/Marcus, *Writing Culture*, a.a.O.; Hiley/Bohman/Shusterman: *The Interpretative Turn*, a.a.O.; Marcus: *Rereading Cultural Anthropology*, a.a.O.

35 Berg/Fuchs, a.a.O., S. 50 f.

36 Paul Ricœur: *Der Text als Modell: hermeneutisches Verstehen*. In: Hans-Georg Gadamer/Gottfried Boehm (Hg.): Seminar: Die Hermeneutik und die Wissenschaften, Frankfurt/M. [2]1985, S. 83–117, S. 86.

37 Berg/Fuchs, a.a.O., S. 60.

38 Michel Leiris: *Phantom Afrika. Tagebuch einer Expedition von Dakar nach Djibouti 1931–1933*, 2 Bde. Ethnologische Schriften III, Frankfurt/M. 1980; Lévi-Strauss, *Traurige Tropen*, a.a.O.

39 Marjorie Shostak: *Nisa erzählt. Das Leben einer Nomadenfrau in Afrika*, Reinbek 1982.

40 Vincent Crapanzano: *Tuhami. Portrait eines Marokkaners*, Stuttgart 1983; Kevin Dwyer: *Moroccan Dialogues. Anthropology in Question*, Baltimore 1982.

41 Kohl, a.a.O., S. 125.

42 Zu den Bemühungen um «the other speaks back» auch Frantz Fanon: *Die Verdammten dieser Erde*, Frankfurt/M. 1967; Johannes Fabian: *Time and the Other. How Anthropology makes its Object*, New York 1983; Edward W. Said: *Orientalismus*, Frankfurt/M. u. a. 1981.

43 Vgl. Anm. 19.

44 Vgl. Christoph Wulf: *Mimesis*. In: Ralf Bohnsack/Winfried Marotzki/Michael Meuser (Hg.): Hauptbegriffe Qualitativer Sozialforschung, Opladen 2003, S. 117–119; ders.: *Mimesis und performatives Handeln*. In: ders./Michael Göhlich/Jörg Zirfas (Hg.): Grundlagen des Performativen. Eine Einführung in die Zusammenhänge von Sprache, Macht und Handeln, Weinheim u. a. 2001, S. 253–272.

45 Vgl. Clifford, *Über ethnographische Autorität*, a.a.O.; bes. S. 135 ff.

46 Aus diesen Gründen findet qualitative Forschung häufig auch in Teams statt.

47 Ein solches Verfahren ist in der qualitativen Forschung die Gruppendiskussion, in der in der Regel eine Polyphonie erreicht wird, da alle oder viele Mitglieder der Gruppe ihre Perspektiven entwickeln; auch eignet sich dieses Verfahren besonders gut, Einblick in die Vorstellungswelt einer Gruppe, in ihr Imaginäres zu bekommen.

48 Vgl. Klaus E. Müller/Alfred K. Treml (Hg.): *Wie man zum Wilden wird. Ethnopädago-gische Quellentexte aus vier Jahrhunderten*, Berlin 2002.

49 Vgl. Kohl, a. a. O., S. 17 ff.

50 Marshall Sahlins: *Islands of History*, Chicago 1985.

51 Vgl. u. a. Lévi-Strauss, *Die elementaren Strukturen der Verwandtschaft*, a. a. O.

52 Vgl. Tzvetan Todorov: *Die Eroberung Amerikas. Das Problem des Anderen*, Frankfurt/ M. 1985; ders.: *Nous et les autres. La réflexion française sur la diversité humaine*, Paris 1989; Serge Gruzinski: *La colonisation de l'imaginaire. Sociétés indigènes et occidenta-lisation dans le Mexique espagnol*, Paris 1988; ders.: *La guerre des images de Christophe Colombe à Blade Runner, 1492–2019*, Paris 1990; ders.: *La pensée métisse*, Paris 1999; Stephen Greenblatt: *Wunderbare Besitztümer. Die Erfindung des Fremden: Reisende und Entdecker*, Berlin 1994.

53 Vgl. Bernhard Waldenfels: *Der Stachel des Fremden*, Frankfurt/M. 1990; Gebauer/ Wulf, *Spiel, Ritual, Geste*, a. a. O., bes. Kap. 7, «Der Andere».

54 Vgl. auch Jean Baudrillard/Marc Guillaume: *Figures de l'altérité*, Paris 1994; Umber-to Curi/Bruna Giacomini (Hg.): *Xenos. Philosophia dello straniero*, Paradosso 2002; Dirk Naguschewski/Jürgen Trabant (Hg.): *Was heißt hier «fremd»? Studien zu Sprache und Fremdheit*, Berlin 1997; Herfried Münkler (Hg.): *Die Herausforderung durch das Fremde*, Berlin 1998.

55 Vgl. Christoph Wulf: *Anthropologie der Erziehung. Eine Einführung*, Weinheim/Basel 2001.

56 Augé, *Pour une anthropologie des mondes contemporains*, a. a. O.

57 Vgl. Marc Augé: *Un ethnologue dans le métro*, Paris 1986; ders., *Non-Lieux*, a. a. O.

58 Vgl. Homi K. Bhabha: *Die Verortung der Kultur*, Tübingen 2000.

59 Vgl. u. a. Mike Featherstone: *Undoing Culture. Globalisation, Postmodernism and Iden-tity*, London u. a. 1995; John Hutchinson/Anthony D. Smith (Hg.): *Ethnicity*, Oxford u. a. 1996; Ralf Konersmann (Hg.): *Kulturphilosophie*, Leipzig 1996; Akhil Gupta/ James Ferguson (Hg.): *Culture, Power, Place. Explorations in Critical Anthropology*, Durham u. a. 1997; Michael Herzfeld: *Cultural Intimacy. Social Poetics in the Nation-State*, New York u. a. 1997; Ralf Konersmann (Hg.): *Kulturkritik. Reflexionen in der veränderten Welt*, Leipzig 2001.

60 Jean-Paul Sartre: *Die Wörter*, Reinbek 1988, S. 144.

61 Karl-Siegbert Rehberg: *Zurück zur Kultur? Arnold Gehlens anthropologische Grund-legung der Kulturwissenschaften*. In: Helmut Brackert/Fritz Wefelmeyer (Hg.): Kultur. Bestimmungen im 20. Jahrhundert, Frankfurt/M. 1990, S. 301.

62 Vgl. Alfred L. Kroeber/Clyde Kluckhohn: *Culture. A Critical Review of Concepts and Definitions*, Harvard: Papers of the Peabody Museum of American Archaeology and Ethnology, 47 (1952).

63 Edward B. Tylor: *The Origins of Culture. Primitive Culture Pt. 1*, New York u. a. 1958, S. 1.

64 Bronislaw Malinowski: *Eine wissenschaftliche Theorie der Kultur. Und andere Aufsätze*, Frankfurt/M. 1975, S. 79.

65 Clifford Geertz: *Kulturbegriff und Menschenbild*. In: Rebekka Habermas/Niels Mink-mar (Hg.): Das Schwein des Häuptlings, Berlin 1992, S. 59.

66 Geertz, a. a. O., S. 70.

67 Geertz, a. a. O., S. 71 f.

68 Vgl. in diesem Zusammenhang auch Hans Haferkamp (Hg.): *Sozialstruktur und Kultur*, Frankfurt/M. 1990; Klaus-Peter Köpping: *Shattering Frames. Transgressions and Transformations in Anthropological Discourse and Practice*, Berlin 2002.

69 Kohl, a. a. O., S. 132.

70 Vgl. Harris, a. a. O., S. 373 ff.

71 Kohl, a. a. O., S. 150.

72 Vgl. u. a. Julian Hayes Steward: *Cultural Ecology*. In: The Encyclopedia of Social Sciences, New York, vol. 4, S. 337–344; eine auf die Umweltbedingungen bezogene Position vertritt Roy A. Rappaport: *Pigs for the Ancestors. Ritual in the Ecology of a New Guinea People*, New Haven 1968; für eine eher materialistische Position argumentiert Marvin Harris: *Kulturanthropologie. Ein Lehrbuch*, Frankfurt/M. u. a. 1989.

73 Vgl dazu auch Ernest Gellner: *Plough, Sword and Book. The Structure of Human History*, Chicago 1988.

74 Vgl. Mike Featherstone (Hg.): *Global Culture. Nationalism, Globalization and Modernity*, London u. a. 1990; David T. Goldberg (Hg.): *Multiculturalism*, Oxford u. a. 1994; Jonathan Friedman: *Cultural Identity and Global Process*, London u. a. 1994; Arjun Appadurai: *Modernity at Large. Cultural Dimensions of Globalization*, Minneapolis u. a. 1996; Ulrich Beck: *Was ist Globalisierung? Irrtümer des Globalismus – Antworten auf Globalisierung*, Frankfurt/M. 1997; Richard Münch: *Globale Dynamik, lokale Lebenswelten. Der schwierige Weg in die Weltgesellschaft*, Frankfurt/M. 1998; Pascal Dibie/Christoph Wulf (Hg.): *Vom Verstehen des Nichtverstehens. Ethnosoziologie interkultureller Begegnungen*, Frankfurt/M. 1999; Christoph Wulf/Christine Merkel (Hg.): *Globalisierung als Herausforderung der Erziehung. Theorien, Grundlagen, Fallstudien*, Münster u. a. 2002.

75 Vgl. Jean-Pierre Warnier: *La mondialisation de la culture*, Paris 1999, bes. S. 108 ff.

76 Ralf Konersmann: *Kultur als Metapher*. In: ders. (Hg.): Kulturphilosophie, Leipzig 1996, S. 354.

5. Historische Anthropologie

1 Christoph Wulf/Dietmar Kamper (Hg.): *Logik und Leidenschaft. Erträge historischer Anthropologie*, Berlin 2002.

2 Christoph Wulf (Hg.): *Vom Menschen. Handbuch Historische Anthropologie*, Weinheim/Basel 1997 (frz. Übers. 2002, ital. Übers. 2002; jap. Übers. 2004 ff.; chinesische Übers. in Vorbereitung).

3 Vgl. zu Forschungen in diesem Bereich auch die vom Interdisziplinären Zentrum für Historische Anthropologie an der Freien Universität Berlin herausgegebene Reihe *Historische Anthropologie* im Reimer Verlag, Berlin 1988 ff.: Ursula Baatz/Wolfgang Müller-Funk (Hg.): *Vom Ernst des Spiels,* 1993; Wilhelm Berger/Klaus Ratschiller/Hubert Wank: *Flucht und Kontrolle,* 1996; Marie-Anne Berr: *Technik und Körper,* 1991; Elke Dauk: *Denken als Ethos und Methode,* 1989; Marcel Dobberstein: *Musik und Mensch,* 2000; Gunter Gebauer (Hg.): *Körper- und Einbildungskraft,* 1988; Frithjof Hager (Hg.): *KörperDenken,* 1996; Susanne Hauser: *Der Blick auf die Stadt,* 1990; Birgit Hoppe: *Körper und Geschlecht,* 1991; Dietmar Kamper/Christoph Wulf (Hg.): *Die erloschene Seele,* 1988; dies. (Hg.): *Transfigurationen des Körpers,* 1989; dies. (Hg.): *Schweigen,* 1992; Ae-Ryung Kim: *Metapher und Mimesis,* 2002; Jutta Anna Kleber: *Krebstabu und Krebsschuld,* 2003; Eugen König: *Körper, Wissen, Macht,* 1989; Dieter

Lenzen (Hg.): *Melancholie als Lebensform*, 1989; ders. (Hg.): *Verbotene Wünsche*, 1991; Birke Mersmann: «*Was bleibt vom Heldentum?*», 1995; Mariannne Mischke: *Der Umgang mit dem Tod*, 1996; Eckhard Neumann: *Funktionshistorische Anthropologie der ästhetischen Produktivität*, 1996; Heide Nixdorff (Hg.): *Das textile Medium als Phänomen der Grenze – Begrenzung – Entgrenzung*, 1999; Fanny Rostek-Lühmann: *Der Kinderfänger von Hameln*, 1995; Doris Schumacher-Chilla: *Ästhetische Sozialisation und Erziehung*, 1995; Manuel Simon: *Heilige Hexe Mutter*, 1993; Michael Sonntag: *Die Seele als Politikum*, 1988; Angela Sterken: *Enthüllung der Helvetia*, 1998; Stephan Sting: *Der Mythos des Fortschreitens*, 1991; Annette M. Stross: *Ich-Identität*, 1991; Gerburg Treusch-Dieter/Wolfgang Pircher/Herbert Hrachovec (Hg.): *Denkzettel Antike*, 1989; Klaus Vogel: *Der Wilde unter den Künstlern*, 1991; Rainer Wannicke: *Sartres Flaubert*, 1990; Klaus-Michael Wimmer: *Der Andere und die Sprache*, 1988; Jörg Zirfas: *Präsenz und Ewigkeit*, 1993.

4 Vgl. Reihe *Pädagogische Anthropologie* im Beltz Verlag, Weinheim/Basel 1996 ff.: Johannes Bilstein/Gisela Miller-Kipp/Christoph Wulf (Hg.): *Transformationen der Zeit*, 1999; Johannes Bilstein/Matthias Winzen/Christoph Wulf (Hg.): *Spiel*, 2004; Bernhard Dieckmann/Stephan Sting/Jörg Zirfas (Hg.): *Gedächtnis und Bildung*, 1998; Michael Göhlich: *System, Handeln, Lernen unterstützen*, 2001; Eckart Liebau/Christoph Wulf (Hg.): *Generation*, 1996; Eckart Liebau/Gisela Miller-Kipp (Hg.): *Metamorphosen des Raums*, 1999; Eckart Liebau/Doris Schumacher-Chilla/Christoph Wulf (Hg.): *Anthropologie Pädagogischer Institutionen*, 2001; Eckart Liebau/Helge Peskoller/Christoph Wulf (Hg): *Natur*, 2003; Christoph Lüth/Christoph Wulf (Hg.): *Vervollkommnung durch Arbeit und Bildung?*, 1997; Klaus Mollenhauer/Christoph Wulf (Hg.): *Aisthesis/Ästhetik*, 1996; Gerd Schäfer/Christoph Wulf (Hg.): *Bild – Bilder – Bildung*, 1999; Stephan Sting: *Schrift, Bildung und Selbst*, 1998; Christoph Wulf (Hg.): *Anthropologisches Denken in der Pädagogik 1750–1850*, 1996; ders./Hildegard Macha/Eckart Liebau (Hg.): *Formen des Religiösen*, 2004; Jörg Zirfas: *Die Lehre der Ethik*, 1999; vgl. auch Christoph Wulf: *Einführung in die Anthropologie der Erziehung*, Weinheim/Basel 2001.

5 Vgl. für einen guten Überblick zum Thema Claudia Benthien: *Historische Anthropologie: Neuere Deutsche Literatur*. In: dies./Hans Rudolf Velten (Hg.): Germanistik als Kulturwissenschaft. Eine Einführung in neue Theoriekonzepte, Reinbek 2002, S. 56–82; vgl. auch Werner Röcke: *Historische Anthropologie. Ältere deutsche Literatur*. In: Benthien/Velten, a.a.O., S. 35–55; dazu auch Hans-Jürgen Schings (Hg.): *Der ganze Mensch. Anthropologie und Literatur im 18. Jahrhundert*, Stuttgart u.a. 1994; Wolfgang Riedel: *Anthropologie und Literatur in der deutschen Spätaufklärung. Skizze einer Forschungslandschaft*. In: Internationales Archiv für Sozialgeschichte der deutschen Literatur. Sonderheft 6. Forschungsreferate 3 (1994), S. 93–157; Jürgen Schlaeger (Hg.): *The Anthropological Turn in Literary Studies*, Yearbook of Research in English and American Literature 12, Tübingen 1996; Fernando Poyatos (Hg.): *Literary Anthropology. A New Interdisciplinary Approach to People, Signs and Literature*, Amsterdam/Philadelphia 1988; Jean-François Lyotard: *Le Différend*, Paris 1983; Gaston Bachelard: *Epistemologie. Ausgewählte Texte*, Frankfurt/M. u.a. 1974.

6 Vgl. *Paragrana* 1992–2002, Katalog und Register, vorgestellt von Benjamin Jörissen, Berlin 2003; http://para.akademie-verlag.de. Im Einzelnen handelt es sich um folgende Themen, bei denen die epistemologischen Überlegungen zur Historischen Anthropologie weiterentwickelt werden:

2 (2004): *Rausch, Sucht, Ekstase*; 1 (2004): *Praktiken des Performativen*; 1/2 (2003): *Rituelle Welten*; 2 (2002): *Kants Anthropologie*; 1 (2002): *[(v)er]SPIEL[en]*; 2 (2001): *Horizontverschiebung – Umzug ins Offene?*; 1 (2001): *Theorien des Performativen*; 2 (2000): *Inszenierungen des Erinnerns*; 1 (2000): *Metaphern des Unmöglichen*; 2 (1999): *Idiosynkrasien*; 1 (1999): *Askese*; 2 (1998): *Jenseits*; 1 (1998): *Kulturen des Performativen*; 2 (1997): *Der Mann*; 1 (1997): *Selbstfremdheit*; 2 (1996): *Leben als Arbeit?*; 1 (1996): *Die Elemente in der Kunst*; 2 (1995): *Mimesis – Poiesis – Autopoiesis*; 1 (1995): *Aisthesis*; 2 (1994): *Europa. Raumschiff oder Zeitenfloß*; 1 (1994): *Does culture matter?*; 1/2 (1993): *Das Ohr als Erkenntnisorgan*; 1 (1992): *Miniatur*.

7   Vgl. Kap. 6.

8   Vgl. Gert Mattenklott: *Der übersinnliche Leib*, Reinbek 1982.

9   Vgl. Rudolf zur Lippe: *Am eigenen Leibe. Zur Ökonomie des Lebens*, Frankfurt/M. 1978.

10 Vgl. Dieter Lenzen: *Krankheit als Erfindung. Medizinische Eingriffe in die Kultur*, Frankfurt/M. 1991.

11 Vgl. Kamper/Wulf, *Transfigurationen des Körpers*, a. a. O.

12 Vgl. Lüth/Wulf, a. a. O., sowie Paragrana 5 (1996) 2: *Leben als Arbeit?*

13 Vgl. Bilstein/Miller-Kipp/Wulf, a. a. O.

14 Vgl. Peter Köpping/Bettina Papenburg/Christoph Wulf (Hg.): *Körpermaschinen – Maschinenkörper. Mediale Transformationen*, Paragrana 14 (2005) 2.

15 Vgl. Christoph Wulf (Hg.): *Lust und Liebe. Wandlungen der Sexualität*, München 1985.

16 Vgl. Paragrana 4 (1995) 1: *Aisthesis*; Paragrana 4 (1995) 2: *Mimesis, Poiesis, Autopoiesis*; Mollenhauer/Wulf, a. a. O.; Schäfer/Wulf, a. a. O.

17 Vgl. Wulf, *Lust und Liebe*, a. a. O.

18 Vgl. auch Michel Serres: *Les cinq sens*, Paris 1985; Robert Jütte: *Geschichte der Sinne. Von der Antike bis zum Cyberspace*, München 2000.

19 Erwin Straus: *Vom Sinn der Sinne. Ein Beitrag zur Grundlegung der Psychologie*, Berlin 1935, S. 272.

20 Johann Gottfried Herder: *Über den Ursprung der Sprache*. In: ders.: Werke Bd. II: Herder und die Anthropologie der Aufklärung, München u. a. 1987, S. 251–399, S. 299.

21 Maurice Merleau-Ponty: *Das Auge und der Geist. Philosophische Essays*, Hamburg 1984, S. 16.

22 David C. Lindberg: *Auge und Licht im Mittelalter*, Frankfurt/M. 1987; vgl. auch Jean Starobinski: *Das Leben der Augen*, Frankfurt/M. 1984.

23 Vgl. Michel Foucault: *Überwachen und Strafen. Die Geburt des Gefängnisses*, Frankfurt/M. 1977; ders.: *Die Geburt der Klinik. Eine Archäologie des ärztlichen Blicks*, Frankfurt/M. u. a. 1976.

24 Vgl. Sigmund Freud: *Das Unheimliche*. In: ders.: Studienausgabe Bd. IV, Psychologische Schriften, Frankfurt/M. 1970, S. 241–274.

25 Vgl. Georges Bataille: *Die Geschichte des Auges*. In: ders.: Das obszöne Werk, Reinbek 1972, S. 5–53; vgl. auch ders.: *Der heilige Eros*, Frankfurt/Berlin/Wien 1974.

26 Johann Wolfgang Goethe: *Morphologie*. In: Goethes Werke Bd. 13. Hamburger Ausgabe in 14 Bänden, Hamburg ⁵1966, S. 56.

27 Vgl. Gert Mattenklott: *Das gefräßige Auge*. In: Dietmar Kamper/Christoph Wulf (Hg.): Die Wiederkehr des Körpers, Frankfurt/M. 1982, S. 224–240.

28 Vgl. Paragrana 2 (1993) 1–2: *Das Ohr als Erkenntnisorgan.*
29 Vgl. Eric A. Havelock: *Origins of Western Literacy*, Toronto 1976; ders.: *The Literate Revolution in Greece and its Cultural Consequences*, Princeton 1982; Jack Goody: *The Logic of Writing and the Organisation of Society*, Cambridge 1986; ders.: *The Interface between the Written and the Oral*, Cambridge 1987; Walter J. Ong: *Rhetoric, Romance, and Technology. Studies in the Interaction of Expression and Culture*, Ithaca/London 1971; ders.: *Oralität und Literalität. Die Technologisierung des Wortes*, Opladen 1987.
30 Vgl. Claudia Benthien: *Haut. Literaturgeschichte, Körperbilder, Grenzdiskurse*, Reinbek 1999.
31 Vgl. Gunther Gebauer: *Hand.* In: Wulf, *Vom Menschen*, a. a. O., S. 479–488.
32 Vgl. Gert Mattenklott: *Mund.* In: Wulf, *Vom Menschen*, a. a. O., S. 471–478.
33 Vgl. Alain Corbin: *Pesthauch und Blütenduft. Eine Geschichte des Geruchs*, Berlin 1984; Gert Mattenklott: *Nase.* In: Wulf, *Vom Menschen*, a. a. O., S. 464–470; Jürgen Raab: *Soziologie des Geruchs. Über die soziale Konstruktion olfaktorischer Wahrnehmung*, Konstanz 2001.
34 Vgl. Dietmar Kamper/Christoph Wulf: *Die erloschene Seele. Disziplin, Geschichte, Kunst, Mythos*, Berlin 1988; vgl. auch Wulf/Kamper, *Logik und Leidenschaft*, a. a. O., bes. Kap. II.
35 Vgl. Gerd Jüttemann/Michael Sonntag/Christoph Wulf (Hg.): *Die Seele. Ihre Geschichte im Abendland*, Weinheim 1991.
36 Vgl. Michael Sonntag: *Die Seele als Politikum. Psychologie und die Produktion des Individuums*, Berlin 1988; ders.: Die Seele und das Wissen vom Lebenden. Zur Entstehung der Biologie im 19. Jahrhundert. In: Jüttemann/Sonntag/Wulf, a. a. O., S. 293–318.
37 Vgl. dazu Michel Serres: *Hermes*, Bd. I–V, Berlin 1991–1994; ders.: *Hominescence*, Paris 2001.
38 Vgl. Michael Sonntag: *«Das Verborgene des Herzens». Zur Geschichte der Individualität.* Reinbek 1999.
39 Vgl. Jüttemann/Sonntag/Wulf, a. a. O.; Serres, *Hominescence*, a. a. O.
40 Vgl. u. a. Anne Hohner/Ronald Kurt/Jo Reichertz (Hg.): *Diesseitsreligion. Zur Deutung der Bedeutung moderner Kultur*, Konstanz 1999; Thomas Luckmann: *Die unsichtbare Religion*, Frankfurt/M. 1991; Michael Mitterauer: *Dimensionen des Heiligen. Annäherungen eines Historikers*, Wien u. a. 2000; Niklas Luhmann: *Die Religion der Gesellschaft*, Frankfurt/M. 2000; Hans-Georg Soeffner: *Gesellschaft ohne Baldachin. Über die Labilität von Ordnungskonstruktionen*, Weilerswist 2000; Alois Hahn: *Konstruktionen des Selbst, der Welt und der Geschichte. Aufsätze zur Kultursoziologie*, Frankfurt/M. 2000; Jacques Derrida/Gianni Vattimo (Hg.): *Die Religion*, Frankfurt/M. 2001; Wulf/Macha/Liebau, *Formen des Religiösen*, a. a. O.
41 Carsten Colpe: *Die wissenschaftliche Beschäftigung mit «Dem Heiligen» und «Das Heilige» heute.* In: Wulf/Kamper, *Logik und Leidenschaft*, a. a. O., S. 429 f.
42 Vgl. dazu Dietmar Kamper/Christoph Wulf (Hg.): *Das Heilige. Seine Spur in der Moderne*, Frankfurt/M. ²1997; Wulf/Kamper, *Logik und Leidenschaft*, a. a. O., bes. Kap. III.
43 Vgl. Dietmar Kamper/Christoph Wulf (Hg.): *Der Schein des Schönen*, Göttingen 1988; vgl. auch Wulf/Kamper, *Logik und Leidenschaft*, a. a. O., bes. Kap. IV; Paragrana 4 (1995) 1: *Aisthesis*; Mollenhauer/Wulf, *Aisthesis/Ästhetik*, a. a. O.
44 Vgl. auch Niklas Luhmann: *Liebe als Passion. Zur Codierung von Intimität*, Frankfurt/M. 1982.

45 Vgl. Dietmar Kamper/Christoph Wulf (Hg.): *Das Schicksal der Liebe*, Weinheim 1988; Wulf/Kamper, *Logik und Leidenschaft*, a. a. O., bes. Kap. IV.

46 Vgl. Dietmar Kamper/Christoph Wulf (Hg.): *Die sterbende Zeit. 20 Diagnosen*, Darmstadt u. a. 1987; Wulf/Kamper, *Logik und Leidenschaft*, a. a. O., bes. Kap. V; Reinhart Koselleck: *Vergangene Zukunft. Die Semantik geschichtlicher Zeiten*, Frankfurt/M. 1983; Martin Heidegger: *Sein und Zeit*, Tübingen 1967; Ilya Prigogine: *Vom Sein zum Werden. Zeit und Komplexität in den Naturwissenschaften*, München ³1982; Paul Virilio: *Geschwindigkeit und Politik. Ein Essay zur Dromologie*, Berlin 1980; Rudolf Wendorff: *Zeit und Kultur. Geschichte des Zeitbewußtseins in Europa*, Opladen 1980; Norbert Elias: *Über die Zeit. Arbeiten zur Wissenssoziologie 2*, Frankfurt/M. 1984; Bastian van Fraassen: *An Introduction to the Philosophy of Time and Space*, New York 1985; Hans Blumenberg: *Lebenszeit und Weltzeit*, Frankfurt/M. 1986; Philippe Ariès: *Zeit und Geschichte*, Frankfurt/M. 1988; Georg C. Tholen/Michael O. Scholl: *Zeit-Zeichen. Aufschübe und Interferenzen zwischen Endzeit und Echtzeit*, Weinheim 1990; Gilles Deleuze: *Das Zeitbild. Kino 2*, Frankfurt/M. 1991; Friedrich Kramer: *Der Zeitbaum. Grundlagen einer allgemeinen Zeittheorie*, Frankfurt/M. 1993; Wolfgang Kaempfer: *Die Zeit des Menschen. Das Doppelspiel der Zeit im Spektrum der menschlichen Erfahrung*, Frankfurt/M. 1994; Gerd de Haan: *Die Zeit in der Pädagogik. Vermittlungen zwischen der Fülle der Welt und der Kürze des Lebens*, Weinheim u. a. 1996; Bilstein/Miller-Kipp/Wulf, *Transformationen der Zeit*, a. a. O.

47 Vgl. Dietmar Kamper/Christoph Wulf (Hg.): *Schweigen. Unterbrechung und Grenze der menschlichen Wirklichkeit*, Berlin 1992; vgl. Wulf/Kamper, *Logik und Leidenschaft*, a. a. O., bes. Kap. V.

48 Vgl. Christiaan L. Hart Nibbrig: *Rhetorik des Schweigens. Versuch über den Schatten literarischer Rede*, Frankfurt/M. 1981.

49 Hartmut Böhme/Peter Matussek/Lothar Müller: *Orientierung Kulturwissenschaft. Was sie kann, was sie will*, Reinbek ²2002, S. 104; vgl. in diesem Zusammenhang auch Friedrich Kittler: *Eine Kulturgeschichte der Kulturwissenschaft*, München 2000.

50 Vgl. Wulf, *Vom Menschen*, a. a. O.

51 Vgl. Christoph Wulf/Christine Merkel (Hg.): *Globalisierung als Herausforderung der Erziehung. Theorien, Grundlagen, Fallstudien*, Münster u. a. 2002.

52 Vgl. Emmanuel Lévinas: *Zwischen uns. Versuche über das Denken an den Anderen*, München 1995; Zirfas, *Die Lehre der Ethik*, a. a. O.

53 Vgl. Liebau/Wulf, *Generation*, a. a. O.

54 Vgl. UNESCO: *Education for All. Is the World on Track?*, Paris 2002; UNESCO: *Gender and Education for All. The Leap to Equality*, Paris 2003.

Themenfelder Historischer Anthropologie

6. Der Körper als Herausforderung

1 Vgl. zur Geschichte und Theorie des Körpers u. a. Michel Bernard: *Der menschliche Körper und seine gesellschaftliche Bedeutung. Phänomen, Phantasma, Mythos*, Wiesbaden 1980; Claudia Gehrke (Hg.): *Ich habe einen Körper*, München 1981; Dietmar Kamper/Christoph Wulf (Hg.): *Die Wiederkehr des Körpers*, Frankfurt/M. 1982; dies. (Hg.): *Der andere Körper*, Berlin 1984; dies. (Hg.): *Das Schwinden der Sinne*, Frank-

furt/M. 1984; dies. (Hg.): *Transfigurationen des Körpers. Spuren der Gewalt in der Geschichte*, Berlin 1989; Barbara Duden: *Geschichte unter der Haut. Ein Eisenacher Arzt und seine Patientinnen um 1730*, Stuttgart 1987; Michel Feher u. a. (Hg.): *Fragments for the History of the Human Body*, Bd. 1–3, New York 1989; Barbara M. Stafford: *Body Criticism. Imaging the Unseen in Enlightenment Art and Medicine*, Cambridge/Mass. u. a. 1991; Bruno Huisman/François Ribes: *Les Philosophes et le corps*, Paris 1992; Thomas Alkemeyer: *Körper, Kult und Politik. Von der «Muskelreligion» Pierre de Coubertins zur Inszenierung von Macht in den Olympischen Spielen 1936*, Frankfurt/M. u. a. 1996; Mike Featherstone/Mike Hepworth/Bryan S. Turner (Hg.): *The Body. Social Process and Cultural Theory*, London u. a. 1991; Pasi Falk: *The Consuming Body*, London u. a. 1994; Paul Virilio: *Die Eroberung des Körpers. Vom Übermenschen zum überreizten Menschen*, München u. a. 1994; Judith Butler: *Körper von Gewicht. Die diskursiven Grenzen des Geschlechts*, Berlin 1995; Frithjof Hager (Hg.): *KörperDenken*, Berlin 1996; Florian Rötzer (Hg.): *Die Zukunft des Körpers*. In: Kunstforum 132/133, 1996; Elisabeth List/Erwin Fiala (Hg.): *Leib. Maschine. Bild. Körperdiskurse der Moderne und Postmoderne*, Wien 1997; Umberto Galimberti: *Les raisons du corps*, Paris 1998; Claudia Benthien: *Haut. Literaturgeschichte – Körperbilder – Grenzdiskurse*, Reinbek 1999; David Le Breton: *Anthropologie du corps et modernité*, Paris 2000; Gilles Boëtsch/Dominique Chevé (Hg.): *Le corps dans tous ses états. Regards anthropologiques*, Paris 2000; Claudia Benthien/Christoph Wulf (Hg.). *Körperteile. Eine kulturelle Anatomie*, Reinbek 2001; Hans Belting/Dietmar Kamper/Martin Schulz (Hg.): *Quel Corps. Eine Frage der Repräsentation*, München 2002; Ludger Schwarte/Christoph Wulf (Hg.): *Körper und Recht. Anthropologische Dimensionen der Rechtsphilosophie*, München 2003.

2 Vgl. Kap. 1 sowie vor allem Franz M. Wuketits: *Evolution. Die Entwicklung des Lebens*, München 2000; Friedemann Schrenk: *Die Frühzeit des Menschen. Der Weg zum Homo sapiens*, München [3]2001; André Leroi-Gourhan: *Hand und Wort. Die Evolution von Technik, Sprache und Kunst*, Frankfurt/M. 1980; Edgar Morin: *Das Rätsel des Humanen. Grundfragen einer neuen Anthropologie*, München 1974.

3 Andreas Lösch: *Genomprojekt und Moderne. Soziologische Analysen des bioethischen Diskurses*, Frankfurt/M. u. a. 2001, S. 12.

4 Vgl. Kurt Bayertz: *GenEthik. Probleme der Technisierung menschlicher Fortpflanzung*, Reinbek 1987.

5 Lösch, a. a. O., S. 17.

6 Vgl. zum Sachverhalt und zu seiner Kritik den Bericht von Hartmut Wewetzer: *Des Menschen Kern*. In: Der Tagesspiegel, 14. 2. 2004, S. 2.

7 Wolf Singer: *Der Beobachter im Gehirn. Essays zur Hirnforschung*, Frankfurt/M. 2002, S. 44 f.

8 Singer, a. a. O., S. 31 f.

9 Singer, a. a. O., S. 46 f.

10 Singer, a. a. O., S. 64.

11 Singer, a. a. O., S. 19.

12 Singer, a. a. O., S. 73.

13 Singer, a. a. O., S. 95.

14 Vgl. Gerhard Roth: *Aus der Sicht des Gehirns*, Frankfurt/M. 2003; ders.: *Fühlen, Denken, Handeln*, Frankfurt/M. 2003.

15 Singer, a. a. O., S. 111.

16 Vgl. Peter Gold/Andreas K. Engel (Hg.): *Der Mensch in der Perspektive der Kognitions-wissenschaften*, Frankfurt/M. 1998; Bernhard Andrieu: *La Chair du cerveau. Phénoménologie et Biologie de la cognition*, Mons 2002.

17 Vgl. Kap. 2 sowie vor allem Max Scheler: *Die Stellung des Menschen im Kosmos*. Gesammelte Werke Bd. 9, Bern/München 1976; Helmuth Plessner: *Die Stufen des Organischen und der Mensch*. Gesammelte Schriften Bd. IV, Frankfurt/M. 1981; Arnold Gehlen: *Der Mensch. Seine Natur und seine Stellung in der Welt*. Gesamtausgabe Bd. 3, Frankfurt/M. 1993; Gerhard Arlt: *Philosophische Anthropologie*, Stuttgart u. a. 2001; Christian Thies: *Gehlen. Zur Einführung*, Hamburg 2000.

18 Vgl. Kap. 3 sowie besonders Peter Burke: *Offene Geschichte. Die Schule der «Annales»*, Berlin 1991; Gert Dressel: *Historische Anthropologie. Eine Einführung*, Wien 1996; Richard van Dülmen: *Historische Anthropologie. Entwicklung, Probleme, Aufgaben*, Köln u. a. 2000.

19 Vgl. Kap. 4.

20 Vgl. Kap. 5 sowie Christoph Wulf: *Vom Menschen. Handbuch Historische Anthropologie*, Weinheim u. a. 1997; ders./Dietmar Kamper (Hg.): *Logik und Leidenschaft. Erträge Historischer Anthropologie*, Berlin 2002; Christoph Wulf: *Anthropologie der Erziehung*, Weinheim/Basel 2001; Dietmar Kamper/Christoph Wulf (Hg.): *Anthropologie nach dem Tode des Menschen. Vervollkommnung und Unverbesserlichkeit*, Frankfurt/M. 1994; Gunter Gebauer/Dietmar Kamper/Dieter Lenzen/Gert Mattenklott/Christoph Wulf/Konrad Wünsche: *Historische Anthropologie. Zum Problem der Humanwissenschaften heute oder Versuche einer Neubegründung*, Reinbek 1989.

21 Norbert Elias: *Über den Prozeß der Zivilisation. Soziogenetische und psychologische Untersuchungen*, 2 Bde., Frankfurt/M. [6]1978/79.

22 Vgl. Ulrich Herrmann: *Vervollkommnung des Unverbesserlichen?* In: Kamper/Wulf, Anthropologie nach dem Tode des Menschen, a. a. O., S. 132–153.

23 Gunter Gebauer/Christoph Wulf: *Spiel, Ritual, Geste. Mimetisches Handeln in der sozialen Welt*, Reinbek 1998, S. 41.

24 corpus = der Körper, clausus, a, um = geschlossen

25 Vgl. u. a. Michel Foucault: *Wahnsinn und Gesellschaft*, Frankfurt/M. 1973; ders.: *Die Ordnung der Dinge*, Frankfurt/M. 1975; ders.: *Überwachen und Strafen. Die Geburt des Gefängnisses*, Frankfurt/M. 1977; vgl. zum Werk Foucaults u. a. *Michel Foucault philosophe. Rencontre internationale, Paris 9, 10, 11 janvier 1988*, Paris 1989.

26 Dietmar Kamper: *Tod des Körpers – Leben der Sprache*. In: Gebauer u. a., Historische Anthropologie, a. a. O., S. 49–82, S. 62.

27 Max Horkheimer/Theodor W. Adorno: *Dialektik der Aufklärung. Philosophische Fragmente*, Frankfurt/M. 1988, S. 62.

28 Kamper, *Tod des Körpers – Leben der Sprache*, a. a. O., S. 61.

29 Vgl. u. a. Maurice Halbwachs: *Das Gedächtnis und seine sozialen Bedingungen*, Frankfurt/M. 1985; Aleida Assmann/Dietrich Harth (Hg.): *Mnemosyne. Formen und Funktionen der kulturellen Erinnerung*, Frankfurt/M. 1991; Jan Assmann: *Das kulturelle Gedächtnis. Schrift, Erinnerung und politische Identität in frühen Hochkulturen*, München 1992; Bernhard Dieckmann/Stephan Sting/Jörg Zirfas (Hg.): *Gedächtnis und Bildung. Pädagogisch-anthropologische Zusammenhänge*, Weinheim 1998; Harald Weinrich: *Lethe. Kunst und Kritik des Vergessens*, München [3]2000.

30 Das Problemfeld Individualität gehört zu den zentralen Fragen Historischer Anthro-

pologie, vor allem im Bereich der Erziehungswissenschaft, die weiterer Erforschung bedürfen. Einen guten Überblick bietet Käte Meyer-Drawe: *Individuum*. In: Wulf, Vom Menschen, a.a.O., S. 698–708; vgl. auch Remo Bodei: *Destini personali. L'età della colonizzazione delle coscienze*, Milano 2002; Michael Sonntag: «*Das Verborgene des Herzens*». *Zur Geschichte der Individualität*, Reinbek 1999; Käte Meyer-Drawe: *Illusionen von Autonomie. Diesseits von Ohnmacht und Allmacht des Ich*, München 1990; *Sur L'individu*. Contributions de Paul Veyne, Jean-Pierre Vernant, Louis Dumont, Paul Ricœur, Françoise Dolto, Francisco Varela, Gérard Percheron, Paris 1987; Louis Dumont: *Essais sur l'individualisme. Une Perspective anthropologique sur l'idéologie moderne*, Paris 1983; Hans Jonas: *Macht oder Ohnmacht der Subjektivität? Das Leib-Seele-Problem im Vorfeld des Prinzips der Verantwortung*, Frankfurt/M. 1981.

31 Vgl. dazu auch Christina von Braun: *Versuch über den Schwindel. Religion, Schrift, Bild, Geschlecht*, Zürich/München 2001; Remo Bodei: *Destini personali. L'età della colonizzazione delle coscienze*, Milano 2002; ders./Giuseppe Cantillo/Alessandro Ferrara/ Vanna Gessa Kuritschka/Sebastiano Maffettone (Hg.): *Ricostruzione Della Soggettività*, Napoli 2004.

32 Vgl. u. a. Susanne K. Langer: *Philosophie auf neuen Wegen. Das Symbol im Denken im Ritus und in der Kunst*, Frankfurt/M. 1987.

33 Vgl. Kap. 7 sowie besonders Gunter Gebauer/Christoph Wulf: *Mimesis. Kultur – Kunst – Gesellschaft*, Reinbek ²1998; dies., *Spiel, Ritual, Geste*, a.a.O.; dies.: *Mimetische Weltzugänge. Soziales Handeln – Rituale und Spiele – ästhetische Produktione*n, Stuttgart 2003.

34 Christoph Wulf: *Praxis*. In: Jens Kreinath/Jan Snoek/Michael Stausberg (Hg.): Theorizing Rituals: Classic Topics, Theoretical Approaches, Analytical Concepts, Annotated Bibliography, Leiden 2004 (im Erscheinen).

35 Vgl. Kap. 8 sowie besonders Christoph Wulf/Michael Göhlich/Jörg Zirfas (Hg.): *Grundlagen des Performativen. Eine Einführung in die Zusammenhänge von Sprache, Macht und Handeln*, Weinheim/München 2001; Erika Fischer-Lichte/Christoph Wulf (Hg.): *Theorien des Performativen*. Paragrana. Internationale Zeitschrift für Historische Anthropologie 10 (2001) 1; Uwe Wirth (Hg.): *Performanz. Zwischen Sprachphilosophie und Kulturwissenschaften*, Frankfurt/M. 2002; Erika Fischer-Lichte/Christoph Wulf (Hg.): *Praktiken des Performativen*. Paragrana. Internationale Zeitschrift für Historische Anthropologie 13 (2004) 1.

36 Vgl. Kap. 9 sowie besonders Christoph Wulf/Birgit Althans/Kathrin Audehm/Constanze Bausch/Michael Göhlich/Stephan Sting/Anja Tervooren/Monika Wagner-Willi/Jörg Zirfas: *Das Soziale als Ritual. Zur performativen Bildung von Gemeinschaften*, Opladen 2001; Christoph Wulf/Jörg Zirfas (Hg.): *Rituelle Welten*. Paragrana. Internationale Zeitschrift für Historische Anthropologie, 12 (2003) 1 u. 2; dies. (Hg.): *Innovation und Ritual. Jugend, Geschlecht, Schule*. Zeitschrift für Erziehungswissenschaft, Beiheft 2 (2003); Christoph Wulf/Birgit Althans/Kathrin Audehm/Constanze Bausch/ Michael Göhlich/Ruprecht Mattig/Anja Tervooren/Monika Wagner-Willi/Jörg Zirfas: *Bildung im Ritual. Schule, Familie, Jugend, Medien*, Wiesbaden 2004.

37 Vgl. Kap. 10 und besonders Jürgen Trabant: *Artikulationen. Historische Anthropologie der Sprache*, Frankfurt/M. 1998; ders.: *Mithridates im Paradies. Kleine Geschichte des Sprachdenkens*, München 2003; Wilhelm von Humboldt: *Gesammelte Schriften Bd. IV*,

Berlin 1905; Noam Chomsky: *Knowledge of Language. Its Nature, Origin, and Use*, New York u. a. 1986.

38 Vgl. Kap. 11 und besonders Hans Belting: *Bild-Anthropologie. Entwürfe für eine Bildwissenschaft*, München 2001; Gerd Schäfer/Christoph Wulf (Hg.): *Bild – Bilder – Bildung*, Weinheim 1999; Wolfgang Iser: *Das Fiktive und das Imaginäre. Perspektiven literarischer Anthropologie*, Frankfurt/M. 1991; Cornelius Castoriadis: *Gesellschaft als imaginäre Institution. Entwurf einer politischen Philosophie*, Frankfurt/M. 1984.

39 Vgl. Kap. 12 und besonders Hans-Dieter Bahr: *Den Tod denken*, München 2002; Constantin von Barloewen (Hg.): *Der Tod in den Weltkulturen und Weltreligionen*, München 1996; Thomas Macho: *Todesmetaphern. Zur Logik der Grenzerfahrung*, Frankfurt/M. 1987; Jean Baudrillard: *Der symbolische Tausch und der Tod*, München 1982.

7. Mimetische Grundlagen kulturellen Lernens

1 Vgl. Aristoteles: *Poetik*, hg. v. Manfred Fuhrmann, Stuttgart 1984.

2 Michael Tomasello: *Die kulturelle Entwicklung des menschlichen Denkens. Zur Evolution der Kognition*, Frankfurt/M. 2002, S. 189.

3 Vgl. Albert Bandura: *Self Efficacy*, New York 1997.

4 Vgl. Frans de Waal: *Der Affe und der Sushimeister. Das kulturelle Leben der Tiere*, München 2001; Dominique Lestel: *Les origines animales de la culture*, Paris 2001.

5 Vgl. Martin Dornes: *Der kompetente Säugling. Die präverbale Entwicklung des Menschen*, Frankfurt/M. 1996.

6 Vgl. Wolf Singer: *Der Beobachter im Gehirn*, Frankfurt/M. 2001.

7 Vgl. Jean-Pierre Changeux: *L'homme de vérité*, Paris 2002.

8 Walter Benjamin: *Berliner Kindheit um Neunzehnhundert*. In: Gesammelte Schriften Bd. IV.1, Frankfurt/M. 1980, S. 235–304; Sigrid Weigel: *Entstellte Ähnlichkeit. Walter Benjamins theoretische Schreibweise*, Frankfurt/M. 1997.

9 Vgl. Hartmut Böhme/Peter Matussek/Lothar Müller: *Orientierung Kulturwissenschaft. Was sie kann, was sie will*, Reinbek 2000; Alfred Schäfer/Michael Wimmer (Hg.): *Identifikation und Repräsentation*, Opladen 1999.

10 Vgl. Walter Benjamin: *Über das mimetische Vermögen*. Gesammelte Schriften Bd. II.1, 1980, S. 210 ff.; ders.: *Lehre vom Ähnlichen*. Gesammelte Schriften Bd. II.1, 1980, S. 204–210.

11 Vgl. auch Ae-Ryung Kim: *Metapher und Mimesis. Über das hermeneutische Lesen des geschriebenen Textes*, Berlin 2002; Hans Blumenberg: *Die Lesbarkeit der Welt*, Frankfurt/M. 1988; vgl. auch: Josiane Boulad-Ayoub: *Mimes et Parades. L'activité symbolique dans la vie sociale*, Paris 1995; Kendall L. Walton: *Mimesis as Make-Believe. On the Foundations of the Representational Arts*, Cambridge/London 1990.

12 Vgl. auch Nelson Goodman: *Weisen der Welterzeugung*, Frankfurt/M. 1984.

13 Vgl. Gunter Gebauer/Christoph Wulf: *Mimesis. Kultur – Kunst – Gesellschaft*, Reinbek ²1998; dies.: *Spiel, Ritual, Geste. Mimetisches Handeln in der sozialen Welt*, Reinbek 1998; dies.: *Mimetische Weltzugänge*, Stuttgart 2003.

14 Vgl. Elias Canetti: *Masse und Macht*, 2 Bde., München ²1976.

15 Vgl. René Girard: *Das Heilige und die Gewalt*, Zürich 1987; ders.: *Der Sündenbock*, Zürich 1988; ders.: *Figuren des Begehrens*, Wien u. a. 1999.

16 Vgl. auch Theodor W. Adorno: *Ästhetische Theorie*, Frankfurt/M. 1970; vgl. auch: Josef Früchtl: *Mimesis. Konstellationen eines Zentralbegriffs bei Adorno*, Würzburg 1986.

17 Vgl. Christoph Wulf (Hg.): *Vom Menschen. Handbuch Historische Anthropologie*, Weinheim/Basel 1997; ders./Dietmar Kamper (Hg.): *Logik und Leidenschaft. Erträge Historischer Anthropologie*, Berlin 2002.

18 Vgl. Hermann Koller: *Die Mimesis in der Antike. Nachahmung, Darstellung, Ausdruck*, Bern 1954.

19 Vgl. Gerald F. Else: *Imitation in the 5th Century*. In: Classical Philology, Bd. 53, H. 2 (1958), S. 73–90; G. Sörbom: *Mimesis and Art. Studies in the Origin and Early Development of an Aesthetic Vocabulary*, Uppsala 1966.

20 Zur Rolle des Mimen in der Gegenwart und jüngeren Geschichte vgl. Martina Leeker: *Mime, Mimesis und Technologie*, München 1995.

21 Vgl. Platon, *Der Staat*, 598a, Hamburg [8]1961.

22 Vgl. Ulrike Zimbrich: *Mimesis bei Platon. Untersuchungen zu Wortgebrauch, Theorie der dichterischen Darstellung und zur dialogischen Gestaltung bis zur Politeia*, Frankfurt/Bern/New York/Nancy 1984.

23 Vgl. Paul Ricœur: *Temps et récit*, 3 Bde., Paris 1983, 1984, 1985.

24 Viktor Zuckerkandl: *Mimesis*. In: Merkur, 12 (1958), S. 233.

25 Vgl. Wolfgang Iser: *Der Akt des Lesens. Theorie ästhetischer Wirkung*, München [2]1984.

26 Vgl. auch Sylviane Agacinski/Jacques Derrida/Sarah Kofman/Philippe Lacoue-Labarthe/Jean-Luc Nancy/Bernard Pautrat: *Mimesis des articulations*, Paris 1975.

27 Vgl. Girard, *Das Heilige und die Gewalt*, a.a.O.

28 Vgl. Girard, *Der Sündenbock*, a.a.O.

29 Vgl. Gebauer/Wulf, *Spiel, Ritual, Geste*, a.a.O.; dies.: *Mimetische Weltzugänge*, a.a.O.; Christoph Wulf u.a.: *Das Soziale als Ritual: Zur performativen Bildung von Gemeinschaften*, Opladen 2001; Christoph Wulf u.a.: *Bildung im Ritual. Schule, Familie, Jugend, Medien*, Opladen 2004.

30 Vgl. Michael Taussig: *Mimesis and Alterity. A Particular History of the Senses*, New York/London 1993; Alexander Henn: *Wachheit der Wesen? Politik, Ritual und Kunst der Akkulturation in Goa*, Münster u.a. 2003.

31 Auch Pierre Bourdieu war überzeugt davon, dass praktisches Wissen ein kulturelles Wissen ist und mimetisch erworben wird. Vgl. Pierre Bourdieu: *Sozialer Sinn*, Frankfurt/M. 1987.

32 Vgl. Gebauer/Wulf, *Spiel, Ritual, Geste*, a.a.O., S. 11 f.

33 Vgl. James G. Frazer: *Der goldene Zweig*, Reinbek 1989, S. 15 ff.

34 Vgl. Christoph Wulf: *Praxis*. In: Jens Kreinath/Jan Snoek/Michael Stausberg (Hg.): Theorizing Rituals: Classic Topics, Theoretical Approaches, Analytical Concepts, Annotated Bibliography, Leiden 2004 (im Erscheinen).

35 Vgl. Beate Krais/Gunter Gebauer: *Habitus*, Bielefeld 2002.

36 Vgl. Helmuth Plessner: *Ausdruck der menschlichen Natur*. Gesammelte Schriften Bd. VII., Frankfurt/M. 1982, S. 391–398.

37 Vgl. Christoph Wulf/Jörg Zirfas (Hg.): *Ritual und Innovation*. Zeitschrift für Erziehungswissenschaft, 2. Beiheft 2004.

8. Theorien und Praktiken des Performativen

1 «... particular instances of cultural organisations ...»; Milton Singer: *Traditional India: Structure and Change*, Philadelphia 1959, S. 12 f.

2 Singer, a.a.O.

3 Vgl. Ulrike Bohle/Ekkehard König: *Zum Begriff des Performativen in der Sprachwissenschaft.* In: Erika Fischer-Lichte/Christoph Wulf (Hg.): Paragrana 10 (2001) 1: Theorien des Performativen, S. 13–34; vgl. auch Sybille Krämer/Marco Stahlhut: *Das «Performative» als Thema der Sprach- und Kulturphilosophie.* In: Paragrana 10 (2001) 1, S. 35–64.

4 Vgl. Jutta Eming/Ingrid Kasten/Elke Koch/Andrea Sieber: *Emotionalität und Performativität in der Literatur des Mittelalters.* In: Paragrana 10 (2001) 1, S. 215–233.

5 Vgl. Hans-Jürgen Bachorski/Werner Röcke/Hans Rudolf Velten/Frank Wittchow: *Performativität und Lachkultur in Mittelalter und früher Neuzeit.* In: Paragrana 10 (2001) 1, S. 157–190.

6 Vgl. Horst Wenzel/Christina Lechtermann: *Repräsentation und Kinästhetik. Teilhabe am Text oder die Verlebendigung der Worte.* In: Paragrana 10 (2001) 1, S. 191–213.

7 Vgl. Erika Fischer-Lichte/Jens Roselt: *Attraktion des Augenblicks – Aufführung, Performance, performativ und Performativität als theaterwissenschaftliche Begriffe.* In: Paragrana 10 (2001) 1, S. 237–253.

8 Vgl. Lea Vergine: *Body Art and Performance. The Body as Language*, Milano 2000.

9 Christoph Wulf/Michael Göhlich/Jörg Zirfas (Hg.): *Grundlagen des Performativen. Eine Einführung in die Zusammenhänge von Sprache, Macht und Handeln*, Weinheim u. a. 2001, S. 13; vgl. auch Uwe Wirth (Hg.): *Performanz. Zwischen Sprachphilosophie und Kulturwissenschaften*, Frankfurt/M. 2002.

10 Vgl. Wolfgang Iser: *Das Fiktive und das Imaginäre. Perspektiven literarischer Anthropologie*, Frankfurt/M. 1991, S. 481 ff.

11 Vgl. Theodor W. Adorno: *Ästhetische Theorie*, Frankfurt/M. 1970.

12 Vgl. Paul Ricœur: *Temps et récit*, 3 Bde., Paris 1983 ff.

13 Vgl. Gunter Gebauer/Christoph Wulf: *Mimesis. Kultur – Kunst – Gesellschaft*, Reinbek 1992.

14 Adorno, a. a. O., S. 121.

15 Iser, a. a. O., S. 505.

16 Iser, a. a. O., S. 505 f.

17 Iser, a. a. O., S. 508.

18 Vgl. Christoph Wulf u. a.: *Das Soziale als Ritual. Zur performativen Bildung von Gemeinschaften*, Opladen 2001; ders. u. a.: *Bildung im Ritual. Schule, Familie, Jugend, Medien*, Wiesbaden 2004.

19 Vgl. Arbeitsgruppe Ritual: *Differenz und Alterität im Ritual. Eine interdisziplinäre Fallstudie.* In: Paragrana 13 (2004) 1, S. 187–249.

20 Vgl. Christoph Wulf/Jörg Zirfas (Hg.): Paragrana 12 (2003) 1+2: *Rituelle Welten*; dies. (Hg.): *Die Kultur der Rituale. Inszenierungen, Praktiken, Symbole*, München 2004; dies.: *Innovation und Ritual. Jugend, Gesellschaft, Schule.* Zeitschrift für Erziehungswissenschaft, 2. Beiheft, 2004.

21 Vgl. Christoph Wulf (Hg.): Paragrana 9 (2000) 1: *Metaphern des Unmöglichen.*

22 Vgl. die Arbeiten im Sonderforschungsbereich «Kulturen des Performativen» an der Freien Universität Berlin, bes. Erika Fischer-Lichte/Christoph Wulf (Hg.): Paragrana 10 (2001) 1: *Theorien des Performativen*; dies. (Hg.): Paragrana 13 (2004) 1: *Praktiken des Performativen.*

23 Vgl. Hans Belting: *Bild-Anthropologie. Entwürfe für eine Bildwissenschaft*, München 2001.

24 Vgl. u. a. Jürgen Trabant: *Artikulationen. Historische Anthropologie der Sprache*, Frank-furt/M. 1998; ders.: *Mithridates im Paradies. Kleine Geschichte des Sprachdenkens*, München 2003.

25 Vgl. zum zweiten Aspekt u. a. Christoph Wulf/Jörg Zirfas (Hg.): *Ikonologie des Perfor-mativen*, München 2005.

26 Vgl. Norman K. Denzin/Yvonna S. Lincoln (Hg.): *Handbook of Qualitative Research*, Thousand Oaks u. a. 1994; Uwe Flick: *Qualitative Forschung. Theorie, Methoden, An-wendung in Psychologie und Sozialwissenschaften*, Reinbek 1995; Barbara Frieberts-häuser/Annedore Prengel (Hg.): *Handbuch qualitative Forschungsmethoden in der Erziehungswissenschaft*; Ralf Bohnsack: *Rekonstruktive Sozialforschung. Einführung in qualitative Methoden*, Opladen 2003.

27 Vgl. dazu die Forschungen der fünf interdisziplinären Arbeitsgruppen des Sonderfor-schungsbereichs «Kulturen des Performativen», auf die sich die folgenden Ausführun-gen stützen: Paragrana 13 (2004) 1.

28 Maurice Merleau-Ponty: *Phänomenologie der Wahrnehmung*, Berlin 1966, S. 249.

29 Vgl. Maurice Merleau-Ponty: *Das Sichtbare und das Unsichtbare*, München 1986; vgl. auch Gunter Gebauer/Christoph Wulf: *Spiel – Ritual – Geste. Mimetisches Handeln in der sozialen Welt*, Reinbek 1998, S. 58 ff.

30 Vgl. Bernhard Waldenfels: *Sinnesschwellen. Studien zur Phänomenologie des Fremden 3*, Frankfurt/M. 1999; ders.: *Das leibliche Selbst. Vorlesungen zur Phänomenologie des Leibes*, Frankfurt/M. 2000.

31 Vgl. Gernot Böhme: *Aisthetik. Vorlesungen über Ästhetik als allgemeine Wahrneh-mungslehre*, München 2001; vgl. auch Martin Seel: *Ästhetik des Erscheinens*, München u. a. 2000; Erika Fischer-Lichte: *Ästhetische Erfahrung. Das Semiotische und das Perfor-mative*, Tübingen u. a. 2001; dies.: *Ästhetik des Performativen*, Frankfurt/M. 2004.

32 Vgl. Michel de Certeau: *Kunst des Handelns*, Berlin 1988, bes. S. 179 ff.

33 Vgl. auch Horst Wenzel: *wan die vrumen liute sint/und suln sîn spiegel dem kint. Zur kinästhetischen Wahrnehmung von Schrift und Bild im «Welschen Gast» des Thomasin von Zerclaere*. In: Christina Lechtermann/Carsten Morsch/Horst Wenzel (Hg.): Kunst der Bewegung. Kinästhetische Wahrnehmung und Probehandeln in virtuellen Wel-ten, Berlin 2004.

34 Arbeitsgruppe Wahrnehmung: *Wahrnehmung und Performativität*. In: Paragrana 13 (2004) 1, S. 15–80, S. 27 f.

35 Vgl. Arbeitsgruppe Wahrnehmung, a. a. O., S. 31 ff.

36 Waldenfels, *Sinnesschwellen*, a. a. O., S. 64.

37 Arbeitsgruppe Wahrnehmung, a. a. O., S. 51.

38 Vgl. auch Katharina Müller/Gisa Aschersleben (Hg.): *Rhythmus. Ein interdisziplinäres Handbuch*, Bern 2000.

39 Arbeitsgruppe Wahrnehmung, a. a. O., S. 65 f.

40 Arbeitsgruppe Medien: *Über das Zusammenspiel von «Medialität» und «Performativi-tät»*. In: Paragrana 13 (2004) 1, S. 129–185, S. 131.

41 Arbeitsgruppe Medien, a. a. O., S. 131 f.

42 Arbeitsgruppe Medien, a. a. O., S. 132.

43 Arbeitsgruppe Medien, a. a. O., S. 133.

44 Arbeitsgruppe Medien, a. a. O., S. 141.

45 Arbeitsgruppe Medien, a. a. O., S. 143.

46 Arbeitsgruppe Medien, a.a.O., S. 151.
47 Arbeitsgruppe Medien, a.a.O., S. 157 f.
48 Arbeitsgruppe Medien, a.a.O., S. 163.
49 Arbeitsgruppe Medien, a.a.O., S. 164.
50 Vgl. Reinhard Meyer-Kalkus: *Stimme und Sprechkünste im 20. Jahrhundert*, Berlin 2001.
51 Arbeitsgruppe Medien, a.a.O., S. 167; vgl. dazu auch Gebauer/Wulf, *Spiel – Ritual – Geste*, a.a.O., S. 80 ff.
52 Arbeitsgruppe Medien, a.a.O., S. 169.
53 Arbeitsgruppe Gender: *Begehrende Körper und verkörpertes Begehren. Interdisziplinäre Studien zu Performativität und ‹gender›*. In: Paragrana 13 (2004) 1, S. 251–309, S. 251.
54 Vgl. Judith Butler: *Gender Trouble. Feminism and the Subversion of Identity*, New York u. a. 1990; dies.: *Hass spricht. Zur Politik des Performativen*, Berlin 1998.
55 Arbeitsgruppe Gender, a.a.O., S. 259.
56 Arbeitsgruppe Gender, a.a.O., S. 280; vgl. auch Butler, *Gender Trouble*, a.a.O.
57 Vgl. u. a. Wolfgang Hegener: *Aufstieg und Fall schwuler Identität. Ansätze zur Dekonstruktion der Kategorie Sexualität*. In: Zeitschrift für Sexualforschung 6 (1993), S. 132–150.
58 Arbeitsgruppe Gender, a.a.O., S. 284.

9. Die Wiederentdeckung der Rituale

 1 Vgl. Hans-Georg Soeffner: *Die Ordnung der Rituale*, Frankfurt/M. 1995; Claude Rivière: *Les rites profanes*, Paris 1995; Catherine M. Bell: *Ritual: Perspectives and Dimensions*, New York u. a. 1997; Monique Segré (Hg.): *Mythes, rites, symboles dans la société contemporaine*, Paris 1997; Gunter Gebauer/Christoph Wulf: *Spiel, Ritual, Geste. Mimetisches Handeln in der sozialen Welt*, Reinbek 1998; Alfred Schäfer/Michael Wimmer: *Rituale und Ritualisierungen*, Opladen 1998; Andréa Belliger/David J. Krieger (Hg.): *Ritualtheorien*, Opladen/Wiesbaden 1998; Herbert Willems/Martin Jurga (Hg.): *Inszenierungsgesellschaft. Ein einführendes Handbuch*, Opladen/Wiesbaden 1998; Corina Caduff/Joanna Pfaff-Czarnecka: *Rituale heute*, Berlin 1999; Klaus-Peter Köpping/Ursula Rao: *Im Rausch des Rituals*, Münster u. a. 2000; Christoph Wulf u. a.: *Das Soziale als Ritual. Zur performativen Bildung von Gemeinschaften*, Opladen 2001; Christoph Wulf/Michael Göhlich/Jörg Zirfas (Hg.): *Grundlagen des Performativen. Eine Einführung in die Zusammenhänge von Sprache, Macht und Handeln*, Weinheim/München 2001; Christoph Wulf/Jörg Zirfas (Hg.): *Rituelle Welten*. Paragrana. Internationale Zeitschrift für Historische Anthropologie, 12 (2003) 1+2; Christoph Wulf u. a.: *Bildung im Ritual. Schule, Familie, Medien, Jugend*, Wiesbaden 2004; Christoph Wulf/Jörg Zirfas (Hg.): *Die Kultur der Rituale. Inszenierungen, Praktiken, Symbole*, München 2004; dies.: *Ritual und Innovation*. Zeitschrift für Erziehungswissenschaft, 2. Beiheft 2004.
 2 Vgl. Arbeitsgruppe Ritual: *Differenz und Alterität im Ritual*. In: Erika Fischer-Lichte/Christoph Wulf (Hg.): *Praktiken des Performativen*, Paragrana. Internationale Zeitschrift für Historische Anthropologie, 13 (2004) 1, S. 187–249.
 3 Vgl. Wulf u. a., *Das Soziale als Ritual*, a.a.O.; Wulf u. a., *Bildung im Ritual*, a.a.O.
 4 Vgl. Gebauer/Wulf, *Spiel, Ritual, Geste*, a.a.O., S. 130.

5 Vgl. Gebauer/Wulf, *Spiel, Ritual, Geste*, a. a. O., S. 135 ff.; Ronald L. Grimes: *Research in Ritual Studies*, Chicago 1985.

6 Vgl. Wulf u. a., *Das Soziale als Ritual*, a. a. O.

7 Vgl. David I. Kertzer: *Ritual, Politics and Power*, New Haven/London 1988.

8 Vgl. Dietmar Kamper/Christoph Wulf: *Das Heilige. Seine Spur in der Moderne*, Frankfurt/M. [2]1997.

9 Vgl. Feiern und Feste als schulische Rituale (Kap. 1). In: Wulf u. a., *Bildung im Ritual*, a. a. O., S. 23 ff.

10 Vgl. Kap. 11.

11 Vgl. James George Frazer: *The Golden Bough. A Study in Magic and Religion*, London u. a. 1988; Rudolf Otto: *Das Heilige. Über das Irrationale in der Idee des Göttlichen und sein Verhältnis zum Rationalen*, München 1991; Mircea Eliade: *The Sacred and the Profane*, New York 1959.

12 Vgl. Émile Durkheim: *Die elementaren Formen des religiösen Lebens*, Frankfurt/M. 2001; Arnold van Gennep: *Übergangsriten*, Frankfurt/M. 1999; Victor Turner: *On the Edge of the Bush. Anthropology as Experience*, hg. v. Edith L. B. Turner, Tucson 1985; ders.: *Das Ritual: Struktur und Anti-Struktur*, Frankfurt/M./New York 1989; ders.: *Vom Ritual zum Theater. Der Ernst des menschlichen Spiels*, Frankfurt/M. 1989.

13 Vgl. Clifford Geertz: *The Interpretation of Cultures*, New York 2002; ders.: *Local Knowledge*, London 1993; Marshall David Sahlins: *Culture and Practical Reason*, Chicago u. a. 1978; ders.: *Historical Metaphors and Mythical Realities*, Minneapolis 1981.

14 Vgl. Catherine M. Bell: *Ritual Theory, Ritual Practice*, New York u. a. 1992; dies.: *Ritual. Perspectives and Dimensions*, a. a. O.; Ronald L. Grimes: *Beginnings in Ritual Studies*, Lanham 1982; ders.: *Readings in Ritual Studies*, Upper Saddle River/N. J. 1996; Victor Turner: *Drama, Fields and Metaphors*, New York 1974; Soeffner, a. a. O.

15 Vgl. Stanley J. Tambiah: *A Performative Approach to Ritual*. In: Proceedings of the British Academy Vol. LXV, London 1979, S. 113–169; Richard Schechner: *Essays on Performance Theory 1970–1976*, New York 1977; Pierre Bourdieu: *Entwurf einer Theorie der Praxis*, Frankfurt/M. 1979; Wulf u. a., *Das Soziale als Ritual*, a. a. O.; Wulf/Göhlich/Zirfas, *Grundlagen des Performativen*, a. a. O.; Erika Fischer-Lichte/Christoph Wulf (Hg.): *Theorien des Performativen*, Paragrana. Internationale Zeitschrift für Historische Anthropologie, 10/1 (2001); Wulf u. a., *Bildung im Ritual*, a. a. O.; Erika Fischer-Lichte/Christoph Wulf (Hg.): *Praktiken des Performativen*, Paragrana. Internationale Zeitschrift für Historische Anthropologie, 13/1 (2004).

16 Vgl. Jane Ellen Harrison: *Themis. A Study of the Social Origins of Greek Religion*, London 1977.

17 Vgl. Marshall David Sahlins: *Islands of History*, Chicago u. a. 1987.

18 Vgl. Wulf u. a., *Das Soziale als Ritual*, a. a. O.; Wulf u. a., *Bildung im Ritual*, a. a. O.

19 Vgl. Christoph Wulf: *Ritual, Macht und Performanz. Die Inauguration des amerikanischen Präsidenten*. In: Wulf/Zirfas, Kultur der Rituale, a. a. O. (Anm. 1), S. 49–61.

20 Vgl. dazu auch Mary Douglas: *Ritual, Tabu und Körpersymbolik. Sozialanthropologische Studien in Industriegesellschaft und Stammeskultur*, Frankfurt/M. 1974.

21 Vgl. Georges Didi-Huberman: *Was wir sehen blickt uns an. Zur Metapsychologie des Bildes*, München 1999.

22 Vgl. Mihaly Csikszentmihalyi: *Das Flow-Erlebnis. Jenseits von Angst und Langweile: im Tun aufgehen*, Stuttgart 1985.

23 Vgl. Christoph Wulf: *Ritual und Recht. Performatives Handeln und mimetisches Wissen.* In: Ludger Schwarte/Christoph Wulf (Hg.): Körper und Recht. Anthropologische Dimensionen der Rechtsphilosophie, München 2003, S. 27–49.

24 Vgl. Wulf, *Ritual, Macht und Performanz*, a. a. O.

25 Vgl. Judith Butler: *Gender Trouble. Feminism and the Subversion of Identity*, New York u. a. 1990; dies.: *Hass spricht. Zur Politik des Performativen*, Berlin 1998.

26 Vgl. Arbeitsgruppe Gender: *Begehrende Körper und verkörpertes Begehren.* In: Fischer-Lichte/Wulf, *Praktiken des Performativen*, a. a. O., S. 251–309.

27 Vgl. Kathrin Audehm/Jörg Zirfas: *Familie als ritueller Lebensraum.* In: Wulf u. a., *Das Soziale als Ritual*, a. a. O., S. 37–116.

28 Vgl. Eckart Liebau/Gisela Miller-Kipp/Christoph Wulf (Hg.): *Metamorphosen des Raums*, Weinheim/Basel 1999; Arbeitsgruppe Wahrnehmung: *Wahrnehmung und Performativität.* In: Fischer-Lichte/Wulf, Praktiken des Performativen, a. a. O., S. 15–80.

29 Vgl. Christoph Wulf: *Zeit und Ritual.* In: Johannes Bilstein/Gisela Miller-Kipp/Christoph Wulf (Hg.): *Transformationen der Zeit. Erziehungswissenschaftliche Studien zur Chronotopologie*, Weinheim 1999, S. 112–122.

30 Vgl. dazu auch Erving Goffman: *Rahmen-Analyse. Ein Versuch über die Organisation von Alltagserfahrungen*, Frankfurt/M. 1977.

31 Vgl. Birgit Althans: *Fehlende Übergangsrituale im Islam – die produktive Leerstelle des Anderen.* In: Wulf u. a., Bildung im Ritual, a. a. O., S. 241–268.

32 Vgl. Wulf, *Zeit und Ritual*, a. a. O.

33 Vgl. Arbeitsgruppe Ritual, a. a. O.

34 Vgl. Wulf u. a., *Bildung im Ritual*, a. a. O.

35 Vgl. Christoph Wulf: *Religion und Ritual.* In: Christoph Wulf/Hildegard Macha/Eckart Liebau: Formen des Religiösen. Pädagogisch-anthropologische Annäherungen, Weinheim 2004, S. 115–125.

36 Vgl. Pierre Bourdieu: *Les rites comme actes d'institution.* In: Actes de la recherche en sciences sociales 43, Paris 1982, S. 58–63; Kathrin Audehm: *Die Macht der Sprache. Performative Magie bei Pierre Bourdieu.* In: Wulf/Göhlich/Zirfas, a. a. O. (Anm. 1), S. 101–128.

37 Vgl. Christoph Wulf/Hildegard Macha/Eckart Liebau (Hg.): *Formen des Religiösen. Pädagogisch-anthropologische Annäherungen*, Weinheim 2004.

38 Vgl. Anne Honer/Ronald Kurt/Jo Reichertz (Hg.): *Diesseitsreligion. Zur Deutung der Bedeutung moderner Kultur*, Konstanz 1999; Hans-Georg Soeffner (Hg.): *Gesellschaft ohne Baldachin. Über die Labilität von Ordnungskonstruktionen*, Weilerswist 2000.

39 Vgl. die entsprechenden Beiträge in Thomas Alkemeyer/Bernhard Boschert/Gunter Gebauer/Robert Schmidt (Hg.): *Aufs Spiel gesetzte Körper*, Konstanz 2003.

40 Vgl. Wulf/Macha/Liebau, a. a. O.

41 Vgl. Christoph Wulf: *Mimesis und performatives Handeln.* In: Wulf/Göhlich/Zirfas, a. a. O., S. 253–272.

42 Vgl. Wulf, *Mimesis und performatives Handeln*, a. a. O.

43 Vgl. Christoph Wulf: *Praxis.* In: Jens Kreinath/Jan Snoek/Michael Stausberg (Hg.): Theorizing Rituals: Classic Topics, Theoretical Approaches, Analytical Concepts, Annotated Bibliography, Leiden 2004 (im Erscheinen).

44 Vgl. Wulf/Zirfas, *Ritual und Innovation*, a. a. O.

10. Sprache zwischen Universalität und Partikularität

1 Vgl. André Leroi-Gourhan: *Hand und Wort. Die Evolution von Technik, Sprache und Kunst*, Frankfurt/M. 1980, sowie Philip Lieberman: *Uniquely Human. The Evolution of Speech, Thought, and Selfless Behavior*, Cambridge/Mass. u. a. 1991.

2 Jürgen Trabant: *Artikulationen. Historische Anthropologie der Sprache*, Frankfurt/M. 1998, S. 16.

3 Vgl. Jochen Hörisch (Hg.): *«Ich möchte ein solcher werden wie ...» Materialien zur Sprachlosigkeit des Kaspar Hauser*, Frankfurt/M. 1979.

4 Vgl. Wolf Singer: *Der Beobachter im Gehirn. Essays zur Hirnforschung*, Frankfurt/M. 2002; die Nicht-Kompensierbarkeit früher Lernerfahrungen gilt nicht nur für das Sprechen, sondern auch für die Wahrnehmungsfähigkeit. Wenn Menschen, die blind geboren wurden, nach vielen Jahren in physiologischer Hinsicht sehfähig werden, können sie dennoch nicht sehen, da die dazu erforderlichen frühen Lernprozesse die Sehfähigkeit im Gehirn nicht entwickelt haben.

5 Steven Pinker: *Der Sprachinstinkt. Wie der Geist die Sprache bildet*, München 1996, S. 58.

6 Leroi-Gourhan, a. a. O., S. 149.

7 Leroi-Gourhan, a. a. O., S. 149.

8 Trabant, a. a. O., S. 111.

9 Trabant, a. a. O., S. 112.

10 Wilhelm von Humboldt: *Gesammelte Schriften Bd. V*, Berlin 1906, S. 122.

11 Trabant, a. a. O., S. 83.

12 Trabant, a. a. O., S. 87.

13 Jürgen Trabant: *Mithridates im Paradies. Kleine Geschichte des Sprachdenkens*, München 2003.

14 «didaskalikon organon kai diakritikon tes usias». «Das Wort ist also ein belehrendes Werkzeug und ein das Wesen unterscheidendes und sonderndes, wie die Weberlade das Gewebe sondert» (Platon: *Kratylos* 388b, zit. n. Trabant, a. a. O., S. 28).

15 «ta en te psyche pathemata», zit. n. Trabant, a. a. O., S. 30.

16 «secundum placitum»; gr. «kata syntheken», zit. n. Trabant, a. a. O., S. 31.

17 Trabant, a. a. O., S. 30.

18 Trabant, a. a. O., S. 124.

19 «connaissance claire et assurée» (René Descartes: *Discours de la méthode pour bien conduire sa raison et chercher la vérité dans les sciences*, Paris 1960, S. 35; zit. n. Trabant, a. a. O., S. 132).

20 «[Die Tiere] toutefois ne peuvent parler ainsi que nous, c'est-à-dire en témoignant qu'ils pensent ce qu'ils disent» (Descartes, a. a. O., S. 96, zit. n. Trabant, a. a. O., S. 135).

21 Trabant, a. a. O., S. 155.

22 «nihil est in intellectu quod prius non fuerit in sensibus» (Locke); «nisi intellectus ipse» (Leibniz), zit. n. Trabant, a. a. O., S. 178.

23 Wilhelm von Humboldt: *Über die Verschiedenheit des menschlichen Sprachenbaues und ihren Einfluß auf die geistige Entwicklung des Menschengeschlechts*, Paderborn u. a. 1998.

24 Vgl. dazu auch Hans Rüdiger Müller: *Ästhesiologie der Bildung. Bildungstheoretische Rückblicke auf die Anthropologie der Sinne im 18. Jahrhundert*, Würzburg 1998.

25 Trabant, a. a. O., S. 221.

26 Johann Gottfried Herder: *Abhandlung über den Ursprung der Sprache*, München 1978, S. 33.

27 Wilhelm von Humboldt: *Gesammelte Schriften*. Bd. VII, Berlin 1968, S. 53.

28 Humboldt, a. a. O., S. 46.

29 Trabant, a. a. O., S. 263.

30 Trabant, a. a. O., S. 264.

31 Wilhelm von Humboldt: *Gesammelte Schriften*. Bd. IV, Berlin 1905, S. 21.

32 Wilhelm von Humboldt: *Plan einer vergleichenden Anthropologie*. In: ders.: Schriften zur Anthropologie und Geschichte. Werke in fünf Bänden Bd. 1, hg. v. Andreas Flitner/Klaus Giel, Stuttgart 1960, S. 352 f.

33 Vgl. dazu Kap. 8 zum Performativen sowie Michel de Certeau: *Kunst des Handelns*, Berlin 1988.

34 Wilhelm von Humboldt: *Gesammelte Schriften*. Bd. IV, a. a. O., S. 12.

35 Ludwig Wittgenstein: *Philosophische Untersuchungen*, § 23. Werkausgabe Bd. 1, Frankfurt/M. 1984, S. 250.

36 Wittgenstein, *Philosophische Untersuchungen*, § 569, a. a. O., S. 452.

37 Wittgenstein, *Philosophische Untersuchungen*, § 43, a. a. O., S. 262.

38 Trabant, a. a. O., S. 313.

39 Vgl. Anselm Haverkamp (Hg.): *Die Sprache der Anderen*, Frankfurt/M. 1997; Brigitte Joste/Jürgen Trabant (Hg.): *Fremdes in fremden Sprachen*, München 2001; Christoph Wulf/Christine Merkel (Hg.): *Globalisierung als Herausforderung der Erziehung. Theorien, Grundlagen, Fallstudien*, Münster u. a. 2002.

11. Bild und Imagination

1 Vgl. Maurice Mourier (Hg.): *Comment vivre avec l'image*, Paris 1989; Volker Bohn (Hg.): *Bildlichkeit. Internationale Beiträge zur Poetik*, Frankfurt/M. 1990; Georges Didi-Huberman: *Devant l'image. Question posée aux fins d'une histoire de l'art*, Paris 1990; Louis Marin: *Des pouvoirs de l'images*, Paris 1993; Régis Debray: *Vie et mort de l'image. Une histoire du regard en Occident*, Paris 1994; Gottfried Boehm (Hg.): *Was ist ein Bild?*, München 1994; Martin Jay: *Downcast Eyes. The Denigration of Vision in Twentieth Century French Thought*, Berkeley u. a. 1994; Marie-José Mondzain: *Image, icône, économie. Les sources byzantines de l'imaginaire contemporain*, Paris 1997; dies.: *L'image peut-elle tuer?*, Paris 2002; dies.: *Le commerce des regards*, Paris 2003; Georges Didi-Huberman: *Ähnlichkeit und Berührung. Archäologie, Anachronismus und Modernität des Abdrucks*, Köln 1999; Barbara Stafford: *Visual Analogy. Consciousness of the Art of Connecting*, Cambridge 1999; Alfred Schäfer/Michael Wimmer (Hg.): *Identifikation und Repräsentation*, Opladen 1999; Gerd Schäfer/Christoph Wulf (Hg.): *Bild, Bilder, Bildung*, Weinheim 1999; Laurent Gervereau: *Les images qui mentent. Histoire du visuel au XXe siècle*, Paris 2000; Hans Belting/Dietmar Kamper (Hg.): *Der zweite Blick. Bildgeschichte und Bildreflexion*, München 2000; Mike Sandbothe: *Pragmatische Medienphilosophie. Grundlegung einer neuen Disziplin im Zeitalter des Internet*, Weilerswist 2001; Annette Keck/Nicolas Pethes (Hg.): *Mediale Anatomien: Menschenbilder als Medien*, Bielefeld 2001; Hans Belting: *Bild-Anthropologie. Entwürfe für eine Bildwissenschaft*, München 2001.

2 Vgl. u. a. Sheldon Sacks (Hg.): *On Metaphor*, Chicago/London 1978; Paul Ricœur: *Die lebendige Metapher*, München 1986.

3 Ich wähle diesen Begriff hier zunächst als Synonym für Phantasie, Imagination, Einbildungskraft und Imaginäres.

4 Belting, a.a.O., S. 12.

5 Vgl. Jean-Claude Schmitt: *Le corps des images. Essais sur la culture visuelle au moyen âge*, Paris 2002.

6 Vgl. André Leroi-Gourhan: *Hand und Wort. Die Evolution von Technik, Sprache und Kunst*, Frankfurt/M. 1980.

7 Vgl. Emmanuel Anali: *Höhlenmalerei. Die Bilderwelt der prähistorischen Felskunst*, Zürich/Düsseldorf 1997.

8 Vgl. Hartmut Böhme: *Der Wettstreit der Medien im Andenken der Toten*. In: Belting/Kamper, a.a.O., S. 23–42.

9 Vgl. zur Theorie und Geschichte der Fotografie Ulrike Pilarczyk/Ulrike Mietzner: *Das Visuelle in Bildung und Erziehung. Fotografie als Quelle in den Erziehungs- und Sozialwissenschaften*, Habilitationsschrift Humboldt-Universität zu Berlin 2001.

10 Belting, a.a.O., S. 13 f.

11 Vgl. Marshall McLuhan: *The Gutenberg Galaxy. The Making of Typographic Man*, Toronto 2000; ders.: *Understanding Media. The Extensions of Man*, New York u. a. 1964 (dt. 1992).

12 Vgl. zu den Mediendiskursen u. a. Friedrich A. Kittler: *Aufschreibsysteme 1800–1900*, München 1985; ders.: *Grammophon, Film, Typewriter*, Berlin 1986; Norbert W. Bolz: *Theorie der neuen Medien*, München 1990; Derrick de Kerckhove: *Schriftgeburten. Vom Alphabet zum Computer*, München 1995; Werner Faulstich: *Das Medium als Kult. Von den Anfängen bis zur Spätantike (8. Jahrhundert)*, Göttingen 1997; ders.: *Medien zwischen Herrschaft und Revolte. Die Medienkultur der frühen Neuzeit (1400–1700)*, Göttingen 1998; Eduardo Dominguez Gomez: *La construction de la imagen*, Medellín 1998; Stefan Münker/Alexander Roesler (Hg.): *Mythos Internet*, Frankfurt/M. 1997; Dominique Wolton (Hg.): *Penser la Communication*, Paris 1997; ders.: *Internet et après. Une théorie critique des nouveaux médias*, Paris 1999; Gordon Graham: *The Internet*, London/New York 1999; Karl Ludwig Pfeiffer: *Das Mediale und das Imaginäre. Dimensionen kulturanthropologischer Medientheorie*, Frankfurt/M. 1999; Elisabeth von Samsonow/Eric Alliez (Hg.): *Telenoia. Kritik der virtuellen Bilder*, Wien 1999; Stefan Münker/Alexander Roesler/Mike Sandbothe (Hg.): *Medienphilosophie. Beiträge zur Klärung eines Begriffs*, Frankfurt/M. 2003; Régis Debray: *Einführung in die Mediologie*, Bern 2003.

13 Vgl. hierzu Marc Augé: *Pour une anthropologie des mondes contemporains*, Paris 1997; ders.: *La guerre des rêves*, Paris 1997.

14 Vgl. Serge Gruzinski: *La guerre des images de Christophe Colomb à «Blade Runner»*, Paris 1990.

15 Vgl. Fritz Kramer: *Der rote Fes. Über Besessenheit und Kunst in Afrika*, Frankfurt/M. 1987; Alexander Henn: *Wachheit der Wesen. Politik, Ritual und Kunst der Akkulturation in Goa*, Münster u. a. 2003.

16 Roland Barthes. *Die Helle Kammer. Bemerkungen zur Photographie*, Frankfurt/M. 1985.

17 Vgl. Susan Sontag: *On Photography*, New York 1977, S. 153 ff. (dt. 1984).

18 Belting, a.a.O., S. 29.

19 Vgl. Siegfried Zielinski: *Audiovisionen. Kino und Fernsehen als Zwischenspiele in der Geschichte*, Reinbek 1989.

20 Vgl. dazu u. a. Manfred Weffender (Hg.): *Cyberspace: Ausflüge in visuelle Wirklich-keiten*, Reinbek 1991; Howard Rheingold: *Virtuelle Welten. Reisen im Cyberspace*, Reinbek 1992; Florian Rötzer/Peter Weibel (Hg.): *Cyberspace. Zum weltlichen Gesamt-kunstwerk*, Wien 1993; Chris Hables Gray (Hg.): *The Cyborg Handbook*, London 1995; Nicholas Mirzoeff (Hg.): *The Visual Culture Reader*, London 1998.

21 Eric Alliez, zit. n. Belting, *Bild-Anthropologie*, a. a. O., S. 39.

22 Vgl. Rötzer/Weibel, a. a. O.; Wolfgang Müller-Funk/Hans U. Reck (Hg.): *Inszenierte Imagination. Beiträge zu einer historischen Anthropologie der Medien*, Wien u. a. 1996; Manfred Fassler (Hg.): *Alle möglichen Welten. Virtuelle Realität – Wahrnehmung – Ethik der Kommunikation*, München 1999; Kunsthochschule für Medien Köln: *Lab. Jahrbuch für Künste und Apparate*, Köln 2000; dies.: *Lab. Goodbye, Dear Pigeons*, Köln 2002.

23 Vgl. u. a. Bruno Latour/Peter Weibel (Hg.): *Iconoclash. Beyond the Image Wars in Science, Religion, and Art*, Karlsruhe/Cambridge 2002.

24 Dietmar Kamper: *Bild*. In: Christoph Wulf (Hg.): *Vom Menschen. Handbuch Hi-storische Anthropologie*, Weinheim u. a. 1997, S. 589–594, S. 592; vgl. ders.: *Wunsch*. In: Wulf, a. a. O., S. 997–1006; ders.: *Phantasie*. In: Wulf, a. a. O., S. 1007–1014; vgl. grundsätzlich ders.: *Zur Geschichte der Einbildungskraft*, München u. a. 1981; ders.: *Zur Soziologie der Imagination*, München u. a. 1986; ders.: *Macht und Ohnmacht der Phantasie*, Neuwied u. a. 1986.

25 Hans Belting hat ihnen in seiner *Geschichte des Bildes vor dem Zeitalter der Kunst* seine Aufmerksamkeit gewidmet. Allerdings hat er sich nur mit dem kultischen Bild seit dem Ausgang der Antike befasst, das immer schon auf Repräsentation angelegt ist. Bilder, die Göttern magische Präsenz verschaffen, werden als Götter- oder Götzenbil-der bezeichnet.

26 Vgl. das Kapitel «Bild und Tod» in Belting, *Bild-Anthropologie*, a. a. O., S. 143–188.

27 Gottfried Boehm: *Die Bilderfrage*. In: ders., a. a. O. (Anm. 1), S. 330.

28 Boehm, a. a. O., S. 343.

29 Vgl. Platon: *Politeia*, 598a. Werke in acht Bänden, Bd. 4, Darmstadt 1971, S. 801 f.

30 Vgl. Gunter Gebauer/Christoph Wulf (Hg.): *Mimesis. Kunst – Kultur – Gesellschaft*, Reinbek 1992, bes. Teil I.

31 Vgl. dazu Arthur C. Danto: *Abbildung und Beschreibung*. In: Boehm, a. a. O., S. 125–147, und ders.: *The Body/Body Problem. Selected Essays*, Berkeley u. a. 1999.

32 Belting, a. a. O., S. 89.

33 Vgl. dazu Jean Baudrillard: *Das Andere Selbst*, Wien 1987; vgl. auch Anm. 30.

34 Vgl. dazu u. a. Paul Virilio: *L'inertie polaire*, Paris 1990; ders.: *Krieg und Fernsehen*, München 1993; ders.: *Fluchtgeschwindigkeit*, München 1996.

35 Vgl. Jean Baudrillard: *Simulacre et simulation*, Paris 1981; ders.: *Das Andere Selbst*, a. a. O.; ders.: *La transparence du Mal*, Paris 1990; ders.: *Das System der Dinge*, Frankfurt/M. 1991; ders.: *L'illusion de la fin*, Paris 1992; ders.: *Le crime parfait*, Paris 1995.

36 Vgl. Dieter Henrich (Hg.): *Theorien der Kunst*, Frankfurt/M. 1982.

37 Auch Mitchell verwendet den Begriff der Ikonologie wieder. Im Unterschied zu Pa-nofsky will er jedoch Bilder nicht von Texten her interpretieren, sondern von diesen unterscheiden; vgl. William J. T. Mitchell: *Picture Theory. Essays on Verbal and Visual Representation*, Chicago u. a. 1994.

38 Max Imdahl: *Ikonik. Bilder und ihre Anschauung.* In: Boehm, a.a.O., S. 300–324, S. 308.

39 Imdahl, a.a.O., S. 318.

40 Imdahl, a.a.O., S. 319.

41 Bei Formulierungen wie «innere Bilderwelt», «Anähnlichung an ein Bild» und ähnlichen handelt es sich um metaphorische Formulierungen.

42 «pros to phainomenon, os phainetai»

43 «pro homaton gar esti ti poiesasthai», Aristoteles: *De anima,* III, 3, dt. *Über die Seele,* hg. v. Horst Seidl, Hamburg 1995, III.

44 Maurice Merleau-Ponty: *Das Sichtbare und das Unsichtbare,* München [2]1994, S. 175.

45 Arnold Gehlen: *Der Mensch. Seine Natur und seine Stellung in der Welt.* Gesamtausgabe Bd. 3, Frankfurt/M. 1993, S. 383.

46 Johannes Flügge: *Die Entfaltung der Anschauungskraft,* Heidelberg 1963, S. 93.

47 Gehlen, a.a.O., S. 374.

48 Vgl. Kamper, *Wunsch,* a.a.O.

49 Vgl. Wolfgang Iser: *Das Fiktive und das Imaginäre. Perspektiven literarischer Anthropologie,* Frankfurt/M. 1991, S. 293 f.

50 Theodor W. Adorno u. a.: *Der Positivismusstreit in der deutschen Soziologie,* Neuwied u. a. [3]1971, S. 62 f.

51 David Hume: *Ein Traktat über die menschliche Natur I,* Leipzig 1904, S. 38 f., zit. n. Iser, *Das Fiktive und das Imaginäre,* a.a.O., S. 300.

52 S. T. Coleridge: *Biographia Literaria I,* Oxford 1958, S. 202, zit. n. Iser, a.a.O., S. 320.

53 Vilém Flusser: *Eine neue Einbildungskraft.* In: Volker Bohn (Hg.): Bildlichkeit, Frankfurt/M. 1999, S. 115–126, S. 125 f.

54 Vgl. Jean-Paul Sartre: *Das Imaginäre. Phänomenologische Psychologie der Einbildungskraft,* Reinbek 1971.

55 Vgl. Jacques Lacan: *Das Spiegelstadium als Bildner der Ichfunktion.* In: ders.: Schriften I, Weinheim u. a. 1986; vgl. auch ders.: *Was ist ein Bild/Tableau.* In: Boehm, a.a.O., S. 75–89.

56 Cornelius Castoriadis: *Gesellschaft als imaginäre Institution. Entwurf einer politischen Philosophie,* Frankfurt/M. 1984, S. 218.

12. Tod und Alterität

1 Edgar Morin: *Das Rätsel des Humanen,* München/Zürich 1974, S. 119.

2 Vgl. Emmanuel Anali: *Höhlenmalerei. Die Bilderwelt der prähistorischen Felskunst,* Zürich/Düsseldorf 1997.

3 Vgl. dazu folgende historische Untersuchungen: Claude Sutto (Hg.): *Sentiment de la mort au moyen-âge,* Lausanne 1979; Philippe Ariès: *Geschichte des Todes,* München/Wien 1980; Michel Ragon: *L'espace de la mort. Essai sur l'architecture, la décoration et l'urbanisme funéraires,* Paris 1981; Michel Vovelle: *La mort et l'Occident. De 1300 à nos jours,* Paris 1983; vgl. mit dem Schwerpunkt in der Gegenwart Werner Fuchs: *Todesbilder in der modernen Gesellschaft,* Frankfurt/M. 1973.

4 Vgl. Alois Hahn: *Tod und Sterben in soziologischer Sicht.* In: Jan Assmann/Rolf Trauzettel (Hg.): Tod, Jenseits und Identität. Perspektiven einer kulturwissenschaftlichen Thanatologie, Freiburg 2002, S. 55–89.

5 Vgl.: Constantin von Barloewen (Hg.): *Der Tod in den Weltkulturen und Weltreligio-*

311

nen, München 1996; Zeno Bianu: *Les réligions et la mort*, Paris 1981; Marc de Smedt (Hg.): *La mort est une autre naissance*, Paris 1978; vgl. auch die Beiträge zum Wissen und zur Kunst des Sterbens von Christiane Montandon/Alain Montandon (Hg.): *Savoir mourir*, Paris 1993.

6 Vgl. zum Umgang von Kindern mit dem Tod Ginette Raimbault: *Kinder sprechen vom Tod. Klinische Probleme der Trauer*, Frankfurt/M. 1980.

7 Edgar Morin: *L'homme et la mort*, Paris 1970, S. 101.

8 Vgl. Jörn Ahrens: *Selbstmord. Die Geste des illegitimen Todes*, München 2001; Jean Améry: *Hand an sich legen. Diskurs über den Freitod*, Stuttgart 1976.

9 Vgl. Jean Guiart: *Rites de la mort*, Paris: Musée de l'homme, Ausstellungskatalog; ders.: *Les hommes et la mort. Rituels funéraires à travers le monde*, Paris 1979; Jean-Pierre Bayard: *Le sens caché des rites mortuaires*, Paris 1993.

10 Ariès, a.a.O.

11 Ariès, a.a.O., S. 778.

12 Vgl. Gerd Jüttemann/Michael Sonntag/Christoph Wulf (Hg.): *Die Seele. Ihre Geschichte im Abendland*, Weinheim 1991; Christoph Wulf/Dietmar Kamper (Hg.): *Logik und Leidenschaft*, Berlin 2002.

13 Vgl. u. a. Marianne Mischke: *Der Umgang mit dem Tod. Vom Wandel in der abendländischen Geschichte*, Berlin 1996.

14 Vgl. Jean Baudrillard: *Der symbolische Tausch und der Tod*, München 1982.

15 Vgl. Louis-Vincent Thomas: *Mort et pouvoir*, Paris 1978, S. 10; vgl. dazu auch die grundlegenden Untersuchungen von Louis-Vincent Thomas: *Anthropologie de la mort*, Paris 1975, und Vladimir Jankélévitch: *La mort*, Paris 1977.

16 Vgl. Thomas Macho: *Todesmetaphern. Zur Logik der Grenzerfahrung*, Frankfurt/M. 1987.

17 Hans-Dieter Bahr: *Den Tod denken*, München 2002.

18 Martin Heidegger: *Sein und Zeit*, Tübingen 1960, S. 258 f.

19 Bahr, a.a.O., S. 143.

20 Bahr, a.a.O., S. 144.

21 Blaise Pascal: *Gedanken*, Aphorismus 188, Wiesbaden 1947, S. 83.

22 Bahr, a.a.O., S. 147 f.

23 Bahr, a.a.O., S. 150.

Rück- und Ausblick

1 Vgl. Kap. 5, besonders die Anmerkungen 3–5; vgl. auch Kap. 4.

2 Vgl. Christoph Wulf/Dietmar Kamper (Hg.): *Logik und Leidenschaft. Erträge Historischer Anthropologie*, Berlin 2002; Christoph Wulf (Hg.): *Vom Menschen. Handbuch Historische Anthropologie*, Weinheim/Basel 1997; Erika Fischer-Lichte/Christoph Wulf (Hg.): *Praktiken des Performativen*. Paragrana. Internationale Zeitschrift für Historische Anthropologie, 13 (2004) 1.

3 Vgl. Jürgen Kocka (Hg.): *Interdisziplinarität. Praxis – Herausforderung – Ideologie*, Frankfurt/M. 1987.

4 Vgl. Peter Weingart: *Interdisziplinarität – der paradoxe Diskurs*. In: Ethik und Sozialwissenschaften, 8 (1997) 4, S. 521–529.

5 Vgl. Julie Thompson Klein: *Interdisciplinarity. History, Theory, and Practice*, Detroit 1990; dies: *Crossing Boundaries. Knowledge, Disciplinarities, and Interdisciplinarities*, Charlottesville u. a. 1996.

6 Vgl. u. a. Hans-Georg Gadamer: *Wahrheit und Methode. Grundzüge einer philosophischen Hermeneutik*, Tübingen [3]1972; Paul Ricœur: *Die lebendige Metapher*, München 1986; ders.: *Zeit und Erzählung*, Bd. 1–3, München 1988–1991; ders.: *Das Selbst als ein Anderer*, München 1996; Hans-Georg Gadamer/Gottfried Boehm (Hg.): *Seminar: Philosophische Hermeneutik*, Frankfurt/M. 1976; dies. (Hg.): *Seminar: Die Hermeneutik und die Wissenschaften*, Frankfurt/M. 1978.

7 Vgl. u. a. Hayden White: *Metahistory. Die historische Einbildungskraft im 19. Jahrhundert in Europa*, Frankfurt/M. 1991, und die dadurch angeregte Diskussion über die Rolle der Fiktion in der Geschichtswissenschaft; vgl. u. a. Peter Burke: *History and Social Theory*, Ithaca/New York 1993; Christoph Conrad/Martina Kessel (Hg.): *Geschichte schreiben in der Postmoderne. Beiträge zur aktuellen Diskussion*, Stuttgart 1994; Jacques LeGoff: *Geschichte und Gedächtnis*, Frankfurt/M. 1992; Paul Veyne: *Geschichtsschreibung – und was sie nicht ist*, Frankfurt/M. 1990.

8 Vgl. u. a. Claudia Benthien/Hans R. Velten (Hg.): *Germanistik als Kulturwissenschaft. Eine Einführung in neue Theoriekonzepte*, Reinbek 2002; Hugh J. Silverman (Hg.): *Cultural Semiosis*, New York/London 1998; H. Aram Veeser (Hg.): *The New Historicism*, New York/London 1989.

9 Vgl. u. a. Michael Wimmer: *Die Kehrseite des Menschen. Probleme und Fragen der Historischen Anthropologie*. In: Winfried Marotzki/Jan Masschelein/Alfred Schäfer (Hg.): Anthropologische Markierungen. Herausforderungen pädagogischen Denkens, Weinheim 1998, S. 85–112; Jacques Derrida: *Die Schrift und die Differenz*, Frankfurt/M. 1976; ders.: *Grammatologie*, Frankfurt/M. 1978; ders.: *Vom Geist. Heidegger und die Frage*, Frankfurt/M. 1988; ders.: *Randgänge der Philosophie*, Wien 1988; ders.: *Wie nicht sprechen. Verneinungen*, Wien 1989; ders.: *Gesetzeskraft. Der «mythische» Grund der Autorität*, Frankfurt/M. 1991; ders.: *Falschgeld. Zeit geben I*, München 1993; ders.: *Die différance*. In: Peter Engelmann (Hg.): Postmoderne und Dekonstruktion. Texte französischer Philosophen der Gegenwart, Stuttgart 1990, S. 76–113; ders.: *Semiologie und Grammatologie. Gespräch mit Julia Kristeva*. In: Engelmann, a.a.O., S. 140–164; ders.: *Heideggers Hand (Geschlecht II)*. In: Engelmann, a.a.O., S. 165–223; Colloque de Cerisy: *Le passage des frontières. Autour du travail de Jacques Derrida*, Paris 1994.

10 Vgl. Christian Rittelmeyer/Michael Parmentier: *Einführung in die pädagogische Hermeneutik*, Darmstadt 2001, hier besonders die Abhandlung von Wolfgang Klafki: *Hermeneutische Verfahren in der Erziehungswissenschaft*, S. 125 ff.

11 Vgl. u. a. Barney G. Glaser/Anselm L. Strauss: *The Discovery of Grounded Theory*, Chicago 1969; Anselm Strauss/Juliet Corbin: *Grounded Theory. An Overview*. In: Norman K. Denzin/Yvonna S. Lincoln (Hg.): Handbook of Qualitative Research, Thousand Oaks u. a. 1994, S. 273–285; Norman K. Denzin/Yvonna S. Lincoln (Hg.): *Handbook of Qualitative Research*, a.a.O.; Eckard König/Peter Zedler (Hg.): *Bilanz qualitativer Forschung*, 2 Bde., Weinheim 1995; Uwe Flick: *Qualitative Forschung. Theorie, Methoden, Anwendung in Psychologie und Sozialwissenschaften*, Reinbek 1995; Barbara Friebertshäuser/Annedore Prengel (Hg.): *Handbuch qualitative Forschungsmethoden in der Erziehungswissenschaft*, Weinheim u. a. 1997; Stefan Hirschauer/Klaus Amann (Hg.):

Die Befremdung der eigenen Kultur. Zur ethnographischen Herausforderung soziologischer Empirie, Frankfurt/M. 1997; Ronald Hitzler/Anne Honer (Hg.): *Sozialwissenschaftliche Hermeneutik*, Opladen 1997; Heinz-Hermann Krüger/Winfried Marotzki (Hg.): *Erziehungswissenschaftliche Biographieforschung*, Opladen 1996; Klaus Kraimer (Hg.): *Die Fallrekonstruktion. Sinnverstehen in der sozialwissenschaftlichen Forschung*, Frankfurt/M. 2000; Uwe Flick/Ernst von Kardorff/Ines Steinke (Hg.): *Qualitative Forschung. Ein Handbuch*, Reinbek 2000; Zeitschrift für Erziehungswissenschaft 3 (2000) 3, Schwerpunkt: *Standards qualitativer Forschung*, hg. v. Heinz-Hermann Krüger/Christoph Wulf; Ralf Bohnsack: *Rekonstruktive Sozialforschung. Einführung in qualitative Methoden*, Opladen ⁵2003.

12 Griechisch *thaumazein*

13 Vgl. u. a. die Artikel zu *Methode* und *Methodologie* in Joachim Ritter/Karlfried Gründer (Hg.): Historisches Wörterbuch der Philosophie, Bd. 5, Basel 1980, Sp. 1304 ff.

14 Vgl. Mike Featherstone (Hg.): *Global Culture. Nationalism, Globalization and Modernity*, London u. a. 1990; Charles Taylor: *Multikulturalismus und die Politik der Anerkennung*, Frankfurt/M. 1993; David T. Goldberg (Hg.): *Multiculturalism*, Oxford u. a. 1994; Jonathan Friedman: *Cultural Identity and Global Process*, London u. a. 1994; Arjun Appadurai: *Modernity at Large. Cultural Dimensions of Globalization*, Minneapolis u. a. 1996; Akhil Gypta/James Ferguson (Hg.): *Culture, Power, Place. Explorations in Critical Anthropology*, Durham/London 1997; Ulrich Beck: *Was ist Globalisierung? Irrtümer des Globalismus – Antworten auf Globalisierung*, Frankfurt/M. 1997; Richard Münch: *Globale Dynamik, lokale Lebenswelten. Der schwierige Weg in die Weltgesellschaft*, Frankfurt/M. 1998; Antony Giddens: *Der dritte Weg. Die Erneuerung der sozialen Demokratie*, Frankfurt/M. 1999; Christoph Wulf/Christine Merkel (Hg.): *Globalisierung als Herausforderung der Erziehung. Theorien, Grundlagen, Fallstudien*, Münster u. a. 2002.

15 Vgl. Manuel Castells: *The Rise of the Network Society*, Malden/Oxford 1996.

16 Vgl. Homi K. Bhabha: *Die Verortung der Kultur*, Tübingen 2000; Wolfgang Welsch: Auf dem Weg zu transkulturellen Gesellschaften. In: Paragrana. Internationale Zeitschrift für Historische Anthropologie, 10 (2001) 2, S. 254–284.

17 Vgl. Frans de Waal: *Der Affe und der Sushimeister. Das kulturelle Leben der Tiere*, München 2002; Dominique Lestel: *Les Origines animales de la culture*, Paris 2001.

18 Vgl. Christoph Wulf: *Globalisierung und kulturelle Vielfalt. Der Andere und die Notwendigkeit anthropologischer Reflexion*. In: Wulf/Merkel, a. a. O., S. 75–100.

19 Vgl. Jörg Zirfas: *Globale Ethik*. In: Wulf/Merkel, a. a. O., S. 217–247.

20 Vgl. *Learning: The Treasure Within. Report to UNESCO of the International Commission on Education for the 21ˢᵗ Century*, Paris UNESCO 1996.

21 Vgl. Ernst Ulrich v. Weizsäcker: *Erdpolitik. Ökologische Realpolitik an der Schwelle zum Jahrhundert der Umwelt*, Darmstadt 1989; Enquête-Kommission «Schutz des Menschen und der Umwelt»: *Konzept Nachhaltigkeit. Vom Leitbild zur Umsetzung*, Bonn 1998; die Agenda 21, die im Rahmen der Konferenz für Umwelt und Entwicklung der Vereinten Nationen (UNCED) 1992 in Rio de Janeiro von mehr als 170 Staaten verabschiedet wurde; Bernd Hamm: *Für eine Kultur der Zukunftsfähigkeit*. In: Wulf/Merkel, a. a. O., S. 193–216; vgl. auch die Hamburger Erklärung der Deutschen UNESCO Kommission von 2003, mit deren Verabschiedung für eine Dekade der Nachhaltigkeit

geworben wird. Hier wird Nachhaltigkeit ganz im Sinne eines möglichst sparsamen Umgangs mit den nicht erneuerbaren natürlichen Ressourcen der Erde verstanden. Erweitert wird diese Perspektive in dem Augenblick, in dem statt von nachhaltiger von zukunftsfähiger Entwicklung gesprochen wird. Denn zu einer zukunftsfähigen Entwicklung gehört auch der Umgang mit Menschenrechten, kultureller Diversität, Gewalt, Frieden und sozialer Gerechtigkeit.

Ausgewählte Literatur

Paradigmen der Anthropologie

Evolution – Hominisation – Anthropologie

Changeux, Jean-Pierre: *L'homme de vérité*, Paris 2002.

Darwin, Charles: *Die Entstehung der Arten*, Stuttgart 1963.

Dawkins, Richard: *Das egoistische Gen*, Reinbek 1996.

Eder, Klaus: *Die Entstehung staatlich organisierter Gesellschaften. Ein Beitrag zu einer Theorie sozialer Evolution*, Frankfurt/M. 1980.

Eibl-Eibesfeldt, Irenäus: *Grundriss der vergleichenden Verhaltensforschung*, 8. Aufl. München/Zürich 1999.

Fischer, Ernst Peter: *Die andere Bildung. Was man von den Naturwissenschaften wissen sollte*, 6. Aufl. München 2002.

Leakey, Richard/Lewin, Roger: *Der Ursprung des Menschen. Auf der Suche nach den Spuren des Humanen*, Frankfurt/M. 1993.

Leroi-Gourhan, André: *Hand und Wort. Die Evolution von Technik, Sprache und Kunst*, Frankfurt/M. 1980 (frz. 1965).

Markl, Hubert: *Natur als Kulturaufgabe. Über die Beziehung des Menschen zur lebendigen Natur*, Stuttgart 1986.

Maturana, Humberto/Varela, Francisco J.: *Der Baum der Erkenntnis. Die biologischen Wurzeln menschlichen Erkennens*, Bern/München 1987.

Mayr, Ernst: *Eine neue Philosophie der Biologie*, München/Zürich 1991.

Morin, Edgar: *Das Rätsel des Humanen. Grundfragen einer neuen Anthropologie*, München 1974.

Pöppel, Ernst: *Grenzen des Bewußtseins. Über Wirklichkeit und Welterfahrung*, München 1987.

Roth, Gerhard: *Aus der Sicht des Gehirns*, Frankfurt/M. 2003.

Schrenk, Friedemann: *Die Frühzeit des Menschen. Der Weg zum Homo sapiens*, 3. Aufl. München 2001.

Singer, Wolf: *Der Beobachter im Gehirn*, Frankfurt/M. 2002.

de Waal, Frans: *Der Affe und der Sushimeister. Das kulturelle Leben der Tiere*, München 2002.

Wuketits, Franz M.: *Gene, Kultur und Moral. Soziobiologie – Pro und Contra*, Darmstadt 1990.

Wuketits, Franz M.: *Evolution. Die Entwicklung des Lebens*, München 2000.

Philosophische Anthropologie

Arlt, Gerhard: *Philosophische Anthropologie*, Stuttgart 2001.

Dux, Günther: *Für eine Anthropologie in historisch-genetischer Absicht: Kritische Überlegungen zur philosophischen Anthropologie Helmuth Plessners.* In: Günther Dux/Ulrich Wenzel (Hg.): Der Prozeß der Geistesgeschichte. Studien zur ontogenetischen und historischen Entwicklung des Geistes, Frankfurt/M. 1994, S. 92–115.

Gehlen, Arnold: *Gesamtausgabe*, hg. v. Karl-Siegbert Rehberg, Frankfurt/M. 1977 ff.

Gehlen, Arnold: *Der Mensch. Seine Natur und seine Stellung in der Welt.* Gesamtausgabe Bd. 3, hg. v. Karl-Siegbert Rehberg, Frankfurt/M. 1993.

Groethuysen, Bernhard: *Philosophische Anthropologie*, München 1969.

Krüger, Hans-Peter: *Zwischen Lachen und Weinen.* Bd. 1: Das Spektrum menschlicher Phänomene, Berlin 1999.

Landmann, Michael: *Philosophische Anthropologie*, Berlin 1969.

Plessner, Helmuth: *Gesammelte Schriften*, 10 Bde., hg. v. Günter Dux/Odo Marquard/Elisabeth Ströker, Frankfurt/M. 1980 ff.

Plessner, Helmuth: *Die Stufen des Organischen und der Mensch.* Gesammelte Schriften Bd. IV, hg. v. Günter Dux/Odo Marquard/Elisabeth Ströker, Frankfurt/M. 1981.

Rehberg, Karl-Siegbert: *Zurück zur Kultur? Arnold Gehlens anthropologische Grundlegung der Kulturwissenschaften.* In: Helmut Brackert/Fritz Wefelmeyer (Hg.): Kultur. Bestimmungen im 20. Jahrhundert, Frankfurt/M. 1990, S. 276–316.

Scheler, Max: *Gesammelte Werke*, 16 Bde., hg. v. Manfred S. Frings, Bern u. a. 1971 ff.

Scheler, Max: *Die Stellung des Menschen im Kosmos.* In: Max Scheler: Späte Schriften. Gesammelte Werke Bd. 9, hg. v. Manfred S. Frings, Bern u. a. 1976.

Schüßler, Kersten: *Helmuth Plessner. Eine intellektuelle Biographie*, Berlin/Wien 2000.

Thies, Christian: *Gehlen. Zur Einführung*, Hamburg 2000.

Anthropologie in der Geschichtswissenschaft

Althoff, Gerd: *Die Macht der Rituale. Symbolik und Herrschaft im Mittelalter*, Darmstadt 2003.

Ariès, Philippe: *Geschichte der Kindheit*, München 1975.

Ariès, Philippe/Duby, Georges: *Die Geschichte des privaten Lebens*, 5 Bde., Frankfurt/M. 1989–1994.

Bock, Gisela: *Geschichte, Frauengeschichte, Geschlechtergeschichte.* In: Geschichte und Gesellschaft, 14 (1988) 3, S. 364 ff.

Braudel, Fernand: *Das Mittelmeer und die mediterrane Welt in der Epoche Philippe II.*, 3 Bde., Frankfurt/M. 1990.

Burke, Peter: *Offene Geschichte. Die Schule der «Annales»*, Berlin 1991.

de Certeau, Michel: *Das Schreiben der Geschichte*, Frankfurt/M. u. a. 1991.

Chartier, Roger: *Cultural History. Between Practices and Representations*, Cambridge 1988.

Conrad, Christoph/Kessel, Martina (Hg.): *Geschichte schreiben in der Postmoderne. Beiträge zur aktuellen Diskussion*, Stuttgart 1994.

Delumeau, Jean: *Angst im Abendland. Die Geschichte kollektiver Ängste im Europa des 14. bis 18. Jahrhunderts*, Reinbek 1985.

Dinzelbacher, Peter (Hg.): *Europäische Mentalitätsgeschichte. Hauptthemen in Einzeldarstellungen*, Stuttgart 1993.

Dressel, Gert: *Historische Anthropologie. Eine Einführung*, Wien 1996.

Duby, Georges: *Die drei Ordnungen. Das Weltbild des Feudalismus*, Frankfurt/M. 1981.

van Dülmen, Richard: *Historische Anthropologie. Entwicklung, Probleme, Aufgaben*, Köln 2000.

Flaig, Egon: *Ritualisierte Politik. Zeichen, Gestik und Herrschaft im Alten Rom*, Göttingen 2003.

Ginzburg, Carlo: *Der Käse und die Würmer. Die Welt eines Müllers um 1600*, Berlin 1990.

Gurjewitsch, Aaron J.: *Das Weltbild des mittelalterlichen Menschen*, 4. Aufl. München 1989.

Habermas, Rebekka/Minkmar, Niels (Hg.): *Das Schwein des Häuptlings*, Berlin 1992.

Historische Anthropologie. Kultur, Gesellschaft, Alltag, Köln u. a. 1993 ff.

LeGoff, Jacques: *Die Geburt des Fegefeuers. Vom Wandel des Weltbildes im Mittelalter*, Stuttgart 1984.

LeGoff, Jacques (Hg.): *Der Mensch des Mittelalters*, 2. Aufl. Frankfurt/M. u. a. 1990.

LeRoy Ladurie, Emmanuel: *Mantaillou. Ein Dorf vor dem Inquisitor 1294–1324*, Frankfurt/M. u. a. 1980.

Lüdtke, Alf (Hg.): *Alltagsgeschichte. Zur Rekonstruktion historischer Erfahrungen und Lebensweisen*, Frankfurt/M. 1989.

Medick, Hans: *Weben und Überleben in Laichingen 1650–1900. Lokalgeschichte als allgemeine Geschichte*, Göttingen 1996.

Mitterauer, Michael: *Dimensionen des Heiligen. Annäherungen eines Historikers*, Wien u. a. 2000.

Raulff, Ulrich (Hg.): *Mentalitäten-Geschichte*, Berlin 1987.

Reinhard, Wolfgang: *Lebensformen Europas. Eine historische Kulturanthropologie*, München 2004.

Kulturanthropologie

Augé, Marc: *Pour une anthropologie des mondes contemporains*, Paris 1994.

Berg, Eberhard/Fuchs, Martin (Hg.): *Kultur, soziale Praxis, Text. Die Krise der ethnographischen Repräsentation*, Frankfurt/M. 1993.

Bruner, Jerome S.: *The Culture of Education*, Cambridge u. a. 1996.

Clifford, James/Marcus, George E.: *Writing Culture. The Poetics and Politics of Ethnography*, Berkeley u. a. 1986.

Evans-Pritchard, Edward E.: *Theorien über primitive Religionen*, Frankfurt/M. 1981.

Feest, Christian F./Kohl, Karl-Heinz (Hg.): *Hauptwerke der Ethnologie*, Stuttgart 2001.

Geertz, Clifford: *Dichte Beschreibung. Beiträge zum Verstehen kultureller Systeme*, Frankfurt/M. 1983.

Gellner, Ernest: *Plough, Sword and Book. The Structure of Human History*, Chicago u. a. 1988.

Gruzinski, Serge: *La colonisation de l'imaginaire. Sociétés indigènes et occidentalisation dans le Mexique espagnol*, Paris 1988.

Harris, Marvin: *The Rise of Anthropological Theory. A History of Theories of Cultures*, Updated Ed. Walnut Creek/CA u. a. 2001.

Kaschuba, Wolfgang: *Einführung in die europäische Ethnologie*, München 1999.

Kohl, Karl-Heinz: *Ethnologie – die Wissenschaft vom kulturell Fremden. Eine Einführung*, München 1993.

Leiris, Michel: *Die eigene und die fremde Kultur*. Ethnologische Schriften Bd. I, hg. v. Hans-Jürgen Heinrichs, Frankfurt/M. 1985.

Lévi-Strauss, Claude: *Strukturale Anthropologie*, 2 Bde., Frankfurt/M. 1977.

Lévi-Strauss, Claude: *Traurige Tropen*, Frankfurt/M. 1978.

Malinowski, Bronislaw K.: *Eine wissenschaftliche Theorie der Kultur. Und andere Aufsätze*, Frankfurt/M. 1975.

Malinowski, Bronislaw K.: *Argonauten des westlichen Pazifik. Ein Bericht über Unternehmungen und Abenteuer der Eingeborenen in den Inselwelten von Melanesisch-Neuguinea*. Schriften Bd. 1, hg. v. Fritz Kramer, Frankfurt/M. 1979 (engl. Erstausgabe 1922).

Mauss, Marcel: *Soziologie und Anthropologie*, 2 Bde., München u. a. 1975.

Mead, Margaret: *Jugend und Sexualität in primitiven Gesellschaften*. Bd. 1: *Kindheit und Jugend in Samoa* (orig. 1928); Bd. 2: *Kindheit und Jugend in Neuguinea* (orig. 1930); Bd. 3: *Geschlecht und Temperament in drei primitiven Gesellschaften* (orig. 1935), München 1970.

Sahlins, Marshall: *Kultur und praktische Vernunft*, Frankfurt/M. 1981.

Stagl, Justin: *Kulturanthropologie und Gesellschaft*, 2. Aufl. Berlin 1981.

Todorov, Tzvetan: *Die Eroberung Amerikas. Das Problem des Anderen*, Frankfurt/M. 1985.

Valsiner, Jaan: *Culture and Human Development*, London u. a. 2000.

Historische Anthropologie

Assmann, Aleida/Harth, Dietrich (Hg.): *Mnemosyne. Formen und Funktionen der kulturellen Erinnerung*, Frankfurt/M. 1991.

Assmann, Jan: *Das kulturelle Gedächtnis. Schrift, Erinnerung und politische Identität in frühen Hochkulturen*, München 1999.

Blumenberg, Hans: *Höhlenausgänge*, Frankfurt/M. 1989.

Böhme, Gernot: *Anthropologie in pragmatischer Hinsicht. Darmstädter Vorlesungen*, Frankfurt/M. 1985.

Böhme, Hartmut/Gottwald, Franz-Theo/Holtorf, Christian/Macho, Thomas/Schwarte, Ludger/Wulf, Christoph (Hg.): *Tiere. Die andere Anthropologie*, Köln u. a. 2004.

Böhme, Hartmut/Matussek, Peter/Müller, Lothar: *Orientierung Kulturwissenschaft. Was sie kann, was sie will*, Reinbek 2000.

Brackert, Helmut/Wefelmeyer, Fritz (Hg.): *Kultur. Bestimmungen im 20. Jahrhundert*, Frankfurt/M. 1990.

von Braun, Christina: *Versuch über den Schwindel. Religion, Schrift, Bild, Geschlecht*, Zürich u. a. 2001.

Dux, Günter: *Historisch-genetische Theorie der Kultur*, Weilerswist 2000.

Elias, Norbert: *Über den Prozeß der Zivilisation*, 2 Bde., 16. Aufl. Frankfurt/M. 1991.

Foucault, Michel: *Überwachen und Strafen. Die Geburt des Gefängnisses*, Frankfurt/M. 1994.

Gebauer, Gunter (Hg.): *Anthropologie*, Leipzig 1998.

Gebauer, Gunter/Kamper, Dietmar/Lenzen, Dieter/Mattenklott, Gert/Wulf, Christoph/Wünsche, Konrad: *Historische Anthropologie. Zum Problem der Humanwissenschaften heute oder Versuche einer Neubegründung*, Reinbek 1989.

Hahn, Alois: *Konstruktionen des Selbst, der Welt und der Geschichte. Aufsätze zur Kultursoziologie*, Frankfurt/M. 2000.

Jüttemann, Gerd/Sonntag, Michael/Wulf, Christoph (Hg.): *Die Seele. Ihre Geschichte im Abendland*, Weinheim 1991.

Kamper, Dietmar: *Geschichte und menschliche Natur. Die Tragweite gegenwärtiger Anthropologie-Kritik*, München 1973.

Kamper, Dietmar/Wulf, Christoph (Hg.): *Die Wiederkehr des Körpers*, Frankfurt/M. 1982.

Kamper, Dietmar/Wulf, Christoph (Hg.): *Anthropologie nach dem Tode des Menschen. Vervollkommnung und Unverbesserlichkeit*, Frankfurt/M. 1994.

Kittler, Friedrich A.: *Eine Kulturgeschichte der Kulturwissenschaft*, München 2000.

Lenzen, Dieter: *Mythologie der Kindheit. Die Verewigung des Kindlichen in der Erwachsenenkultur. Versteckte Bilder und vergessene Geschichten*, Reinbek 1985.

Liebau, Eckart/Wulf, Christoph (Hg.): *Generation*, Weinheim u. a. 1996.

Montandon, Alain (Hg.): *L'hospitalité. Accueil de l'étranger dans l'histoire et les cultures*, Paris 2004.

Morin, Edgar: *La méthode 5. L'humanité de l'humanité. L'identité humaine*, Paris 2001.

Paragrana. Internationale Zeitschrift für Historische Anthropologie, hg. v. Christoph Wulf (geschäftsführend) u. a., Berlin 1992 ff.

Schings, Hans-Jürgen (Hg.): *Der ganze Mensch. Anthropologie und Literatur im 18. Jahrhundert*, Stuttgart u. a. 1994.

Sloterdijk, Peter: *Sphären*, 3 Bde., Frankfurt/M. 2004.

Soeffner, Hans-Georg: *Gesellschaft ohne Baldachin. Über die Labilität von Ordnungskonstruktionen*, Weilerswist 2000.

Wenzel, Horst: *Hören und Sehen, Schrift und Bild. Kultur und Gedächtnis im Mittelalter*, München 1995.

Wulf, Christoph (Hg.): *Vom Menschen. Handbuch Historische Anthropologie*, Weinheim u. a. 1997.

Wulf, Christoph: *Einführung in die Anthropologie der Erziehung*, Weinheim u. a. 2001.

Wulf, Christoph/Kamper, Dietmar (Hg.): *Logik und Leidenschaft. Erträge Historischer Anthropologie*, Berlin 2002.

Themenfelder Historischer Anthropologie

Der Körper als Herausforderung

Agamben, Giorgio: *Homo sacer*, Frankfurt/M. 2002.

Belting, Hans/Kamper, Dietmar/Schulz, Martin (Hg.): *Quel Corps? Eine Frage der Repräsentation*, München 2002.

Benthien, Claudia/Wulf, Christoph (Hg.): *Körperteile. Eine kulturelle Anatomie*, Reinbek 2001.

Böhme, Gernot: *Aisthetik. Vorlesungen über Ästhetik als allgemeine Wahrnehmungslehre*, München 2001.

Featherstone, Mike/Hepworth, Mike/Turner, Bryan S. (Hg.): *The Body. Social Process and Cultural Theory*, London u. a. 1991.

Feher, Michel (Hg.): *Fragments for a History of the Human Body*, 3 Bde., New York 1989.

Galimberti, Umberto: *Les raisons du corps*, Paris 1998.

Kamper, Dietmar/Wulf, Christoph (Hg.): *Die Wiederkehr des Körpers*, Frankfurt/M. 1982.

Kamper, Dietmar/Wulf, Christoph (Hg.): *Transfigurationen des Körpers. Spuren der Gewalt in der Geschichte*, Berlin 1989.

LeBreton, David: *Anthropologie du corps et modernité*, Paris 2000.

zur Lippe, Rudolf: Am eigenen Leibe. Zur Ökonomie des Lebens, Frankfurt/M. 1978.

Merleau-Ponty, Maurice: *Phänomenologie der Wahrnehmung*, Berlin 1966.

Merleau-Ponty, Maurice: *Das Sichtbare und das Unsichtbare*, München 1986.

Scarry, Elaine: *Der Körper im Schmerz. Die Chiffren der Verletzlichkeit und die Erfindung der Kultur*, Frankfurt/M. 1992.

Schwarte, Ludger/Wulf, Christoph (Hg.): *Körper und Recht. Anthropologische Dimensionen der Rechtsphilosophie*, München 2003.

Shilling, Chris: *The Body and Social Theory*, London u. a. 1993.

Stafford, Barbara M.: *Body Criticism. Imaging the Unseen in Enlightment Art and Medicine*, Cambridge/Mass. u. a. 1991.

Waldenfels, Bernhard: *Sinnesschwellen. Studien zur Phänomenologie des Fremden 3*, Frankfurt/M. 1999.

Waldenfels, Bernhard: *Das leibliche Selbst. Vorlesungen zur Phänomenologie des Leibes*, Frankfurt/M. 2000.

Wulf, Christoph (Hg.): *Vom Menschen. Handbuch Historische Anthropologie*, Weinheim u. a. 1997.

Wulf, Christoph/Kamper, Dietmar (Hg.): *Logik und Leidenschaft. Erträge Historischer Anthropologie*, Berlin 2002.

Mimetische Grundlagen kulturellen Lernens

Agacinski, Sylviane/Derrida, Jacques/Kofman, Sarah/Lacoue-Labarthe, Philippe/Nancy, Jean-Luc/Pautrat, Bernard: *Mimesis des articulations*, Paris 1975.

Auerbach, Erich: *Mimesis. Dargestellte Wirklichkeit in der abendländischen Literatur*, 7. Aufl. Bern u.a. 1982.

Bandura, Albert: *Self Efficacy*, New York 1997.

Früchtl, Josef: *Mimesis. Konstellationen eines Zentralbegriffs bei Adorno*, Würzburg 1986.

Gebauer, Gunter/Wulf, Christoph: *Mimesis. Kultur – Kunst – Gesellschaft*, Reinbek 1992.

Gebauer, Gunter/Wulf, Christoph: *Spiel, Ritual, Geste. Mimetisches Handeln in der sozialen Welt*, Reinbek 1998.

Gebauer, Gunter/Wulf, Christoph: *Mimetische Weltzugänge. Soziales Handeln – Rituale und Spiele – ästhetische Produktionen*, Stuttgart 2003.

Girard, René: *Das Heilige und die Gewalt*, Zürich 1987.

Girard, René: *Der Sündenbock*, Zürich 1988.

Goodman, Nelson: *Weisen der Welterzeugung*, Frankfurt/M. 1984.

Kim, Ae-Ryung: *Metapher und Mimesis. Über das hermeneutische Lesen des geschriebenen Textes*, Berlin 2002.

Koller, Hermann: *Die Mimesis in der Antike. Nachahmung, Darstellung, Ausdruck*, Bern 1954.

Leeker, Martina: *Mime, Mimesis und Technologie*, München 1995.

Plessner, Helmuth: *Zur Anthropologie der Nachahmung*. In: Helmuth Plessner: Ausdruck der menschlichen Natur. Gesammelte Schriften Bd. VII, hg. v. Günter Dux/Odo Marquard/Elisabeth Ströker, Frankfurt/M. 1982, S. 389–398.

Ricœur, Paul: *Zeit und Erzählung*, 3 Bde., München 1988–1991.

de Tarde, Gabriel: *Die Gesetze der Nachahmung*, Frankfurt/M. 2003.

Taussig, Michael: *Mimesis and Alterity. A Particular History of the Senses*, New York u. a. 1993.

Tomasello, Michael: *Die kulturelle Entwicklung des menschlichen Denkens. Zur Evolution der Kognition*, Frankfurt/M. 2002.

Theorien und Praktiken des Performativen

Arbeitsgruppe «Gender»: *Begehrende Körper und verkörpertes Begehren. Interdisziplinäre Studien zu Performativität und ‹gender›*. In: Praktiken des Performativen. Paragrana. Internationale Zeitschrift für Historische Anthropologie, 13 (2004) 1, hg. v. Erika Fischer-Lichte/Christoph Wulf, S. 251–309.

Arbeitsgruppe «Medien»: *Über das Zusammenspiel von «Medialität» und «Performativität»*. In: Praktiken des Performativen. Paragrana. Internationale Zeitschrift für Historische Anthropologie, 13 (2004) 1, hg. v. Erika Fischer-Lichte/Christoph Wulf, S. 129–185.

Arbeitsgruppe «Ritual»: *Differenz und Alterität. Eine interdisziplinäre Fallstudie*. In: Praktiken des Performativen. Paragrana. Internationale Zeitschrift für Historische Anthropologie, 13 (2004) 1, hg. v. Erika Fischer-Lichte/Christoph Wulf, S. 187–249.

Arbeitsgruppe «Wahrnehmung»: *Wahrnehmung und Performativität*. In: Praktiken des Performativen. Paragrana. Internationale Zeitschrift für Historische Anthropologie, 13 (2004) 1, hg. v. Erika Fischer-Lichte/Christoph Wulf, S. 15–80.

Arbeitsgruppe «Wissen(schaft)»: *Diskursivierung der Performativen*. In: Praktiken des Performativen. Paragrana. Internationale Zeitschrift für Historische Anthropologie, 13 (2004) 1, hg. v. Erika Fischer-Lichte/Christoph Wulf, S. 81–127.

Austin, John L.: *Zur Theorie der Sprechakte*, 2. Aufl. Stuttgart 1979.

Butler, Judith: *Gender Trouble. Feminism and the Subversion of Identity*, New York u. a. 1990.

Butler, Judith: *Hass spricht. Zur Politik des Performativen*, Berlin 1998.

de Certeau, Michel: *Kunst des Handelns*, Berlin 1988.

Fischer-Lichte, Erika: *Ästhetische Erfahrung. Das Semiotische und das Performative*, Tübingen u. a. 2001.

Fischer-Lichte, Erika: *Performative Ästhetik*, Frankfurt/M. 2004.

Praktiken des Performativen. Paragrana. Internationale Zeitschrift für Historische Anthropologie, 13 (2004) 1, hg. v. Erika Fischer-Lichte/Christoph Wulf.

Schechner, Richard: *Essays on Performance Theory 1970–1976*, New York 1977.

Schramm, Helmar (Hg.): *Bühnen des Wissens. Interferenzen zwischen Wissenschaft und Kunst*, Berlin 2003.

Theorien des Performativen. Paragrana. Internationale Zeitschrift für Historische Anthropologie 10 (2001) 1, hg. v. Erika Fischer-Lichte/Christoph Wulf.

Wirth, Uwe (Hg.): *Performanz. Zwischen Sprachphilosophie und Kulturwissenschaften*, Frankfurt/M. 2002.

Wulf, Christoph/Göhlich, Michael/Zirfas, Jörg (Hg.): *Grundlagen des Performativen. Eine Einführung in die Zusammenhänge von Sprache, Macht und Handeln*, Weinheim u. a. 2001.

Die Wiederentdeckung der Rituale

Bell, Catherine M.: *Ritual Theory, Ritual Practice*, New York u. a. 1992.

Bell, Catherine M.: *Ritual. Perspectives and Dimensions*, New York u. a. 1997.

Belliger, Andréa/Krieger, David J. (Hg.): *Ritualtheorien. Ein einführendes Handbuch*, Opladen 1998.

Bourdieu, Pierre: *Les rites comme des actes d'institution*. In: Actes de la recherche en science sociales, 43 (1982), S. 58–63.

Bourdieu, Pierre: *Entwurf einer Theorie der Praxis*, Frankfurt/M. 1979.

Douglas, Mary: *Ritual, Tabu und Körpersymbolik. Sozialanthropologische Studien in Industriegesellschaft und Stammeskultur*, Frankfurt/M. 1974.

Gebauer, Gunter/Wulf, Christoph (Hg.): *Praxis und Ästhetik*, Frankfurt/M. 1993.

Gebauer, Gunter/Wulf, Christoph: *Spiel, Ritual, Geste. Mimetisches Handeln in der sozialen Welt*, Reinbek 1998.

Geertz, Clifford: *Dichte Beschreibung. Beiträge zum Verstehen kultureller Systeme*, Frankfurt/M. 1983.

van Gennep, Arnold: *Übergangsriten*, Frankfurt/M. 1999.

Goffman, Erving: *Rahmen-Analyse. Ein Versuch über die Organisation von Alltagserfahrungen*, Frankfurt/M. 1980.

Grimes, Ronald L. (Hg.): *Readings in Ritual Studies*, Upper Saddle River/N. J. 1996.

Hahn, Alois: *Konstruktionen des Selbst, der Welt und der Geschichte. Aufsätze zur Kultursoziologie*, Frankfurt/M. 2000.

Köpping, Klaus-Peter/Rao, Ursula (Hg.): *Im Rausch des Rituals. Gestaltung und Transformation der Wirklichkeit in körperlicher Performanz*, Münster u. a. 2000.

Ritual und Innovation. Zeitschrift für Erziehungswissenschaft, 2. Beiheft (2004), hg. v. Christoph Wulf/Jörg Zirfas.

Rituelle Welten. Paragrana. Internationale Zeitschrift für Historische Anthropologie, 12 (2003) 1–2, hg. v. Christoph Wulf/Jörg Zirfas.

Soeffner, Hans-Georg: *Die Ordnung der Rituale. Die Auslegung des Alltags 2*, Frankfurt/M. 1992.

Turner, Victor: *Das Ritual. Struktur und Anti-Struktur*, Frankfurt/M. 1989a.

Turner, Victor: *Vom Ritual zum Theater. Der Ernst des menschlichen Spiels*, Frankfurt/M. u. a. 1989b.

Wulf, Christoph/Althans, Birgit/Audehm, Kathrin/Bausch, Constanze/Göhlich, Michael/Sting, Stephan/Tervooren, Anja/Wagner-Willi, Monika/Zirfas, Jörg: *Das Soziale als Ritual. Zur performativen Bildung von Gemeinschaften*, Opladen 2001.

Wulf, Christoph/Althans, Birgit/Audehm, Kathrin/Bausch, Constanze/Göhlich, Michael/Mattig, Ruprecht/Tervooren, Anja/Wagner-Willi, Monika/Zirfas, Jörg: *Bildung im Ritual. Schule, Familie, Jugend, Medien*, Wiesbaden 2004.

Wulf, Christoph/Zirfas, Jörg (Hg.): *Die Kultur des Rituals. Inszenierungen, Praktiken, Symbole*, München 2004.

Sprache zwischen Universalität und Partikularität

Chomsky, Noam: *Cartesian Linguistics. A Chapter in the History of Rationalist Thought*, New York u. a. 1966.

Chomsky, Noam: *Sprache und Geist*, Frankfurt/M. 1970.

Herder, Johann G.: *Abhandlung über den Ursprung der Sprache*. In: Johann Gottfried

Herder: Herder und die Anthropologie der Aufklärung. Werke Bd. II, hg. v. Wolfgang Pross, München u. a. 1987.

von Humboldt, Wilhelm: *Werke in fünf Bänden*, hg. v. Andreas Flitner/Klaus Giel, Darmstadt 1960–1983.

Poulain, Jacques: *De l'homme. Éléments d'anthrobiologie philosophique du langage*, Frankfurt/M. 2001.

Trabant, Jürgen: *Zeichen des Menschen. Elemente der Semiotik*, Frankfurt/M. 1989.

Trabant, Jürgen: *Artikulationen. Historische Anthropologie der Sprache*, Frankfurt/M. 1998.

Trabant, Jürgen: *Mithridates im Paradies. Kleine Geschichte des Sprachdenkens*, München 2003.

Wittgenstein, Ludwig: *Philosophische Untersuchungen*. In: Ludwig Wittgenstein: Werkausgabe. Bd. 1, Frankfurt/M. 1984.

Wygotski, Lew S.: *Denken und Sprechen*, Frankfurt/M. 1969.

Bild und Imagination

Augé, Marc: *La guerre des rêves. Exercices d'ethno-fiction*, Paris 1997.

Belting, Hans: *Bild und Kunst. Eine Geschichte des Bildes vor dem Zeitalter der Kunst*, München 1990.

Belting, Hans: *Bild-Anthropologie. Entwürfe für eine Bildwissenschaft*, München 2001.

Boehm, Gottfried (Hg.): *Was ist ein Bild?*, München 1994.

Böhme, Gernot: *Aisthetik. Vorlesungen über Ästhetik als allgemeine Wahrnehmungslehre*, München 2001.

Bolz, Norbert: *Theorie der neuen Medien*, München 1990.

Castoriadis, Cornelius: *Gesellschaft als imaginäre Institution. Entwurf einer politischen Philosophie*, Frankfurt/M. 1984.

Debray, Régis: *Einführung in die Mediologie*, Bern u. a. 2003.

Didi-Huberman, Georges: *Was wir sehen blickt uns an. Zur Metapsychologie des Bildes*, München 1999.

Fassler, Manfred (Hg.): *Alle möglichen Welten. Virtuelle Realität – Wahrnehmung – Ethik der Kommunikation*, München 1999.

Faulstich, Werner: *Das Medium als Kult. Von den Anfängen bis zur Spätantike (8. Jahrhundert)*, Göttingen 1997.

Faulstich, Werner: *Medien zwischen Herrschaft und Revolte. Die Medienkultur der frühen Neuzeit (1400–1700)*, Göttingen 1998.

Flügge, Johannes: *Die Entfaltung der Anschauungskraft*, Heidelberg 1963.

Flusser, Vilém: *Eine neue Einbildungskraft*. In: Vilém Flusser: Lob der Oberflächlichkeit. Für eine Phänomenologie der Medien, Bensheim u. a. 1993, S. 251–331.

Iser, Wolfgang: *Das Fiktive und das Imaginäre. Perspektiven literarischer Anthropologie*, Frankfurt/M. 1991.

Kamper, Dietmar: *Zur Geschichte der Einbildungskraft*, München u. a. 1981.

Kamper, Dietmar: *Zur Soziologie der Imagination*, München u. a. 1986.

Kamper, Dietmar: *Unmögliche Gegenwart. Zur Theorie der Phantasie*, München 1995.

de Kerckhove, Derrick: *Schriftgeburten. Vom Alphabet zum Computer*, München 1995.

Kittler, Friedrich: *Aufschreibesysteme 1800–1900*, München 1985.

Marin, Louis: *Des pouvoirs de l'image. Glosses*, Paris 1993.

325

McLuhan, Marshall: *The Gutenberg Galaxy. The Making of Typographic Man*, Toronto 1962.

McLuhan, Marshall: *Die magischen Kanäle. Understanding Media*, Düsseldorf 1968.

Mersch, Dieter: *Was sich zeigt. Materialität, Präsenz, Ereignis*, München 2002.

Mitchell, William J. T.: *Picture Theory. Essays on Verbal and Visual Representation*, Chicago u. a. 1994.

Mollenhauer, Klaus/Wulf, Christoph (Hg.): *Aisthesis/Ästhetik. Zwischen Wahrnehmung und Bewußtsein*, Weinheim 1996.

Mondzain, Marie-José: *Image, icône, économie. Les sources byzantines de l'imaginaire contemporain*, Paris 1997.

Panofsky, Erwin: *Ikonographie und Ikonologie (1939/1955)*. In: Ekkehard Kaemmerling (Hg.): Ikonographie und Ikonologie. Theorien, Entwicklung, Probleme, Köln 1979, S. 207–225.

Pfeiffer, Karl L.: *Das Mediale und das Imaginäre. Dimensionen kulturanthropologischer Medientheorie*, Frankfurt/M. 1999.

Sartre, Jean-Paul: *Das Imaginäre. Phänomenologische Psychologie der Einbildungskraft*, Reinbek 1971.

Schäfer, Gerd/Wulf, Christoph (Hg.): *Bild – Bilder – Bildung*, Weinheim u. a. 1999.

Seel, Martin: *Ästhetik des Erscheinens*, München u. a. 2000.

Sontag, Susan: *Über Fotografie*, 11. Aufl. Frankfurt/M. 1999.

Weibel, Peter/Rötzer, Florian: *Cyberspace. Zum medialen Gesamtkunstwerk*, München 1993.

Welsch, Wolfgang (Hg.): *Die Aktualität des Ästhetischen*, München 1993.

Wulf, Christoph/Kamper, Dietmar/Gumbrecht, Hans Ulrich (Hg.): *Ethik der Ästhetik*, Berlin 1994.

Tod und Alterität

Ahrens, Jörn: *Selbstmord. Die Geste des illegitimen Todes*, München 2001.

Ariès, Philippe: *Geschichte des Todes*, München/Wien 1980.

Bahr, Hans-Dieter: *Den Tod denken*, München 2002.

von Barloewen, Constantin (Hg.): *Der Tod in den Weltkulturen und Weltreligionen*, München 1996.

Baudrillard, Jean: *Der symbolische Tausch und der Tod*, München 1982.

Enright, Dennis J. (Hg.): *The Oxford Book of Death*, Oxford/New York 1983.

Fuchs, Werner: *Todesbilder in der modernen Gesellschaft*, Frankfurt/M. 1973.

Jankélévitch, Vladimir: *La mort*, Paris 1977.

Landsberg, Paul Ludwig: *Die Erfahrung des Todes*, Frankfurt/M. 1973.

Macho, Thomas: *Todesmetaphern. Zur Logik der Grenzerfahrung*, Frankfurt/M. 1987.

Morin, Edgar: *L'homme et la mort*, Paris 1970.

Vovelle, Michel: *La mort et l'Occident de 1300 à nos jours*, Paris 1983.

Rück- und Ausblick

Barret-Ducrocq, Françoise (Hg.): *Quelle Mondialisation?*, Paris 2002.

Beck, Ulrich: *Was ist Globalisierung? Irrtümer des Globalismus – Antworten auf Globalisierung*, Frankfurt/M. 1997.

Bohnsack, Ralf: *Rekonstruktive Sozialforschung. Einführung in qualitative Methoden*, 5. Aufl. Opladen 2003.

Denzin, Norman K./Lincoln, Yvonna S. (Hg.): *Handbook of Qualitative Research*, Thousand Oaks u. a. 1994.

Featherstone, Mike: *Undoing Culture. Globalisation, Postmodernism and Identity*, London u. a. 1995.

Flick, Uwe: *Qualitative Forschung. Theorie, Methoden, Anwendung in Psychologie und Sozialwissenschaften*, Reinbek 1995.

Hutchinson, John/Smith, Anthony D. (Hg.): *Ethnicity*, Oxford/New York 1996.

Münch, Richard: *Globale Dynamik, lokale Lebenswelten. Der schwierige Weg in die Weltgesellschaft*, Frankfurt/M. 1998.

Ricœur, Paul: *Das Selbst als ein Anderer,* München 1996.

Stenou, Katérian (Hg.): UNESCO: Déclaration universelle de L'Unesco sur la diversité culturelle. Commentaires et propositions, Série Diversité culturelle No 2, Paris 2003.

Todorov, Tzvetan: *Abenteuer des Zusammenlebens. Versuch einer allgemeinen Anthropologie,* Berlin 1996.

Weingart, Peter: *Interdisziplinarität – der paradoxe Diskurs.* In: Ethik und Sozialwissenschaften, 8 (1997) 4, S. 521–529.

Wolton, Dominique: *L'autre mondialisation,* Paris 2003.

Wulf, Christoph/Merkel, Christine (Hg.): *Globalisierung als Herausforderung der Erziehung. Theorien, Grundlagen, Fallstudien,* Münster u. a. 2002.

Personenregister

Sachregister